民法总则的诞生

民法总则重要草稿及
立法过程背景介绍

杜 涛 / 主编

编写说明

《中华人民共和国民法总则》已由中华人民共和国第十二届全国人民代表大会第五次会议于2017年3月15日通过，自2017年10月1日起施行。为了配合《中华人民共和国民法总则》的宣传、学习和实施，我们编写了这本《民法总则的诞生：民法总则重要草稿及立法过程背景介绍》，以民法总则几个重要草稿的变化为载体，反映立法的过程和背景，为读者理解和把握相关内容提供参考。

本书由全国人大常委会法制工作委员会民法室副主任杜涛担任主编，参加编写工作的还有民法室的其他同志。

编者

2017年7月

目 录

《中华人民共和国民法总则(草案征求意见稿)》介绍………… 1
草案征求意见稿……………………………………………… 29

从草案征求意见稿到草案一次审议稿介绍…………………… 50
草案一次审议稿花脸稿(以征求意见稿为底稿)…………… 96
草案一次审议稿干净稿……………………………………… 121

从草案一次审议稿到草案二次审议稿介绍…………………… 144
草案二次审议稿花脸稿(以一审稿为底稿)………………… 187
草案二次审议稿干净稿……………………………………… 213

从草案二次审议稿到草案三次审议稿介绍…………………… 237
草案三次审议稿花脸稿(以二审稿为底稿)………………… 272
草案三次审议稿干净稿……………………………………… 297

从草案三次审议稿到大会草案介绍…………………………… 321
大会草案花脸稿(以三审稿为底稿)………………………… 351
大会草案干净稿……………………………………………… 376

从大会草案到民法总则介绍…………………………………… 400
民法总则花脸稿(以大会草案为底稿)……………………… 416
民法总则……………………………………………………… 441

后记…………………………………………………………… 465

《中华人民共和国民法总则（草案征求意见稿）》介绍

一、民法总则立法的总体背景

这次民法总则的立法工作，从一开始就是作为民法典编纂工作的一部分考虑和进行的。社会主义市场经济本质上是法治经济，编纂民法典是健全社会主义市场经济制度，完善中国特色社会主义法律体系的必然要求，也是保障经济持续健康发展的现实需要。同时，民法典也是社会生活的百科全书。改革开放初期，立法机关就组织过民法典的起草工作，由于民法涉及面广，内容复杂，当时制定一部完备的民法典条件还不具备，为了加快民事立法，就按照"成熟一个通过一个"的工作思路，先将那些急需的、比较成熟的部分，制定为民事单行法。现行的《中华人民共和国继承法》（以下简称《继承法》）、《中华人民共和国民法通则》（以下简称《民法通则》）、《中华人民共和国担保法》（以下简称《担保法》）、《中华人民共和国合同法》（以下简称《合同法》）就是在这种背景下制定的。同时还在一大批其他法律中作出了有关民事规范的法律规定。1986年4月六届全国人大第四次会议通过的《民法通则》，包括第一章基本原则、第二章公民（自然人）、第三章法人、第四章民事法律行为和代理、第五章民事权利、第六章民事责任、第七章诉讼时效、第八章涉外民事关系的法律适用和第九章附则，共9章156条，被认为是当时背景下具体而微之小民法典。1999年3月九届全国人大第二次会议通过的《合同法》，共23章428条。作为规范市场交易行为的一部基本法律，合同法是我国民事立法上的一个里程碑，反映了现代市场经济的共同规则，也是民法典的重要内容。随着民事法律规范体系的不断完善，司法实践积累了不少经验，民法理论研究成果也日益丰富。合同法通过以后，民法学界陆续提出了若干民法典草案建议稿。

2002年，根据九届全国人大常委会立法规划和常委会工作报告关于"要加快物权法的起草和民法典的编纂工作"的要求,全国人大常委会立法工作机构在已有民事法律和物权法草案起草的基础上,参考学者建议稿、司法解释、国外立法等材料,起草了民法草案。2002年12月,九届全国人大常委会第三十一次会议对民法草案进行了审议。民法草案共9编、1209条,10万余字,第一编总则、第二编物权法、第三编合同法、第四编人格权法、第五编婚姻法、第六编收养法、第七编继承法、第八编侵权责任法、第九编涉外民事关系的法律适用法。草案中的合同法、婚姻法、收养法和继承法作为2002年前颁布的法律,是直接汇编到民法草案中的。2004年10月,全国人大法律委员会在十届全国人大常委会第十二次会议关于物权法草案的情况汇报中提出,九届全国人大常委会第三十一次会议对《中华人民共和国民法(草案)》进行了初次审议。"不少常委会组成人员以及有关方面认为,民法涉及面广、内容复杂,一并研究修改历时较长,以分编审议通过为宜,当前应抓紧制定物权法。十届全国人大常委会立法规划列入了民法草案中的物权法、侵权责任法和涉外民事关系的法律适用法。今年的立法计划要求将物权法草案提请常委会再次审议……法律委员会根据常委会组成人员以及地方、部门和专家的意见,对民法草案第二编物权法进行了修改,形成了《中华人民共和国物权法(草案)》。"此后,物权法草案又经过全国人大常委会5次审议,2007年3月十届全国人大第五次会议审议通过了《中华人民共和国物权法》(以下简称《物权法》),共19章,247条。其后,2009年12月十一届全国人大常委会第十二次会议通过了《中华人民共和国侵权责任法》(以下简称《侵权责任法》),共12章,92条。2010年10月十一届全国人大常委会第十七次会议通过《中华人民共和国涉外民事关系法律适用法》(以下简称《涉外民事关系法律适用法》),共8章,52条。至此,民法通则的各部分制度,除了民法总则方面的相关内容外,基本都在各民法单行法中很大程度地丰富了。此后,全国人大常委会立法工作机构在修改民事诉讼法、消费者权益保护法等立法工作之外,也继续进行着民法典相关的研究工作。

党的十八届四中全会提出了"编纂民法典"这一重大立法任务。编纂民法典是对现行民事法律规范进行系统整合,编纂一部适应中国特色社会主义发展要求,符合我国国情和实际,体例结构严谨、规范合理、内容协调一致的法典。编纂民法典不是制定全新的民事法律,而是对现行分别规定的民事法律规范进行科学整理;也不是简单的法律汇编,法律汇编不对法律进行修改，而法典编纂不仅要去除重复的规定，删繁就简，还要对已经不适应现实情况的现行规定进行修改完善，对经济社会生活中出现的新情况、新问题作出有针对性的新规定。改革开放以来，我国分别制定了《民法通则》《继承法》《中华人民共和国收养法》（以下简称《收养法》）《担保法》《合同法》《物权法》《侵权责任法》等一系列民事法律，修改了《中华人民共和国婚姻法》（以下简称《婚姻法》），在经济社会发展中发挥了重要作用。近年来，人民群众和社会各方面对编纂民法典的呼声比较高。编纂民法典已经具备了较好的主客观条件。经同有关方面反复研究，编纂工作按照"两步走"的工作思路进行：第一步，编纂民法典总则编（即中华人民共和国民法总则），经全国人大常委会审议后，提请2017年3月召开的十二届全国人大第五次会议审议通过；第二步，编纂民法典各分编，拟于2018年整体提请全国人大常委会审议，经全国人大常委会分阶段审议后，争取于2020年3月将民法典各分编一并提请全国人民代表大会会议审议通过，从而形成统一的民法典。按照进度服从质量的要求，具体安排可作必要调整。全国人大常委会法工委民法室从2015年年初开始，就本着"两步走"的思路，在先前工作的基础上，着眼于民法总则的内容，梳理民法通则的规定，分析重点相关的司法解释，整理比对学者建议稿总则部分，了解国外立法例以及新发展，并以此为基础着手起草民法总则的民法室室内稿。

二、形成民法总则草案征求意见稿期间的主要立法活动

2015年1月28日

全国人大常委会法制工作委员会召开民法典编纂工作座谈会，研究启动民法典编纂工作及民法总则起草工作，法工委副主任信春鹰主持会议。最高人民法院、最高人民检察院、国务院法制办、中国社会科学院、中国法学会等五家民法典编纂工作参加单位的同志和王利明、孙宪忠、尹田、杨立新、李永军、王轶等专家参加了会议。大家就民法典编纂的总体思路、民法典的体例结构、民法典编纂的工作步骤、民法典编纂的工作方式以及民法总则的起草等问题发表了意见。

2015年3月20日

全国人大常委会法制工作委员会召开民法典编纂工作协调小组第一次会议，法工委主任李适时主持会议，法工委副主任信春鹰参加会议并介绍了

民法典编纂的工作思路和下一步的工作考虑。最高人民法院、最高人民检察院、国务院法制办公室、中国社会科学院、中国法学会等五家单位的负责同志,以及胡康生同志和王利明、孙宪忠、崔建远等专家参加了会议并发表意见。

2015年3月31日

为求有的放矢,法工委民法室草就民法总则室内初稿,分为一般规定、自然人、法人、非法人组织、法律行为、代理、民事权利的行使和保护、诉讼时效和除斥期间、期日与期间与附则10章,共128条。初步起草的大体思路包括:遵循理论界和实务界的通说和相对共识;从体例结构到具体内容要体现民商法的共通性规则;内容取舍上把握问题导向,着眼于法律意义上的民法总则,而非学理意义上的民法总论。

2015年4月15日至19日

法工委民法室赴江西、广东,就民法总则立法进行调研,分别在江西省高级人民法院、景德镇市中级人民法院、深圳市中级人民法院、深圳前海合作区人民法院召开座谈会,了解司法实践中遇到哪些涉及民法总则的突出问题,听取法官对民法总则立法的建议。

2015年4月28日

法工委民法室召开法人制度相关问题座谈会,重点了解如何针对事业单位、社会团体、民办非企业单位和基金会等组织进行法人分类,如何规定不具备法人资格的其他组织的民事主体地位,以及上述这些组织的实际情况、存在的突出问题、今后改革的方向和立法建议等。中央机构编制委员会办公室事业单位登记管理局,国务院法制办公室社会管理法制司,民政部政策法规司、民间组织管理局、基层政权和社区建设司,教育部法制办公室,农业部经管司、政法司,住房和城乡建设部法规司,国家卫生和计划生育委员会法制司,国家工商总局法规司的同志参加了会议,介绍情况并发表意见。

2015年5月11日

法工委民法室召开监护制度相关问题座谈会,了解监护制度的有关情况及存在的问题,听取相关立法建议。最高人民法院民一庭、研究室,民政部社会事务司、社会福利和慈善事业促进司、政策法规司,国家卫生计生委疾控局、法制司,团中央权益部,全国妇联权益部,中华全国律师协会未成年人保护专业委员会、民事专业委员会的同志参加了会议,介绍情况并发表意见。

2015年5月13日至15日

法工委副主任信春鹰带领民法室的同志赴福建就民法总则立法进行调研,在福州市召开座谈会,听取福建省高级人民法院、法制办、民政厅、福州市中级人民法院等部门和全国人大代表、学者、律师对民法总则立法的意见。在厦门市召开座谈会,听取厦门市中级人民法院、漳州市中级人民法院、泉州市中级人民法院以及厦门市基层法院对民法总则立法的意见。

2015年5月20日

法工委与中国法学会在江苏省南京市联合召开民法总则立法座谈会,听取江苏省法学会、南京大学、复旦大学、浙江大学、山东大学、武汉大学、吉林大学、华东政法大学、西南政法大学、中山大学、烟台大学、南京师范大学共12家法学教学研究机构的民商法专家学者对民法总则的立法意见。

2015年5月21日至22日

法工委民法室赴江苏就民法总则立法进行调研,在南京市召开基层法院、基层民政部门、居委会及律师座谈会,在宜兴市宜城街道仓浦村召开基层民政部门及村委会座谈会,了解实践中监护制度的实施情况、面临的突出问题,听取完善监护制度的立法意见。

2015年6月3日

法工委民法室与国家宗教局座谈,听取国家宗教事务局政法司的同志对宗教活动场所民事主体地位有关情况的介绍。

2015年8月28日

法工委民法室形成民法总则(2015年8月28日民法室室内稿),内容包括:第一章一般规定;第二章自然人,其中第一节民事权利能力和民事行为能力、第二节监护、第三节宣告失踪和宣告死亡、第四节个体工商户、农村承包经营户;第三章法人,其中第一节一般规定、第二节机关和事业单位法人、第三节社团法人、第四节捐助法人(另一方案:财团法人);第四章其他组织;第五章法律行为,其中第一节一般规定、第二节意思表示、第三节法律行为的效力、第四节法律行为的附条件和附期限;第六章代理,其中第一节一般规定、第二节委托代理、第三节代理关系的终止;第七章民事权利的行使和保护;第八章期间和时效,其中第一节期间、第二节诉讼时效、第三节除斥期间;第九章附则。共9章,160条。

2015年9月14日至16日

法工委民法室在机关办公楼第二会议室召开民法总则立法专家座谈会,为期3天,听取对民法总则(2015年8月28日民法室室内稿)的意见和建议。参加会议的有:中国社会科学院梁慧星、孙宪忠,中国人民大学王利明、杨立新、张新宝、王轶、刘春田,北京大学尹田、常鹏翱、刘凯湘,清华大学崔建远,中国政法大学李永军、王卫国、赵旭东,烟台大学郭明瑞,复旦大学刘士国,厦门大学徐国栋,浙江大学张谷,中南财经政法大学张红等专家以及中国社会科学院、中国法学会两家民法典编纂参加单位的同志。

2015年9月30日

法工委民法室形成民法总则(2015年9月30日民法室室内稿),9月30日稿与8月28日稿相比,主要是修改了关于法人部分的规定。

2015年10月8日至10日

法工委民法室在最高人民法院法官之家召开民法总则立法法院系统座谈会,听取最高人民法院、最高人民检察院和国务院法制办公室三家民法典编纂工作参加单位和部分地方法院的法官对民法总则(2015年9月30日民法室室内稿)的意见和建议。参加会议的有:最高人民法院审判委员会专职委员杜万华和研究室、民一庭、民二庭、民三庭、民四庭、环资庭、司改办的同志,新疆、江苏、重庆、黑龙江、山东、广西、北京、江西、湖南、广东、四川、上海、福建、浙江、湖北、江苏等省市区高级人民法院的同志,以及最高人民检察院法律政策研究室、国务院法制办政府法制协调司的同志。

2015年10月27日

法工委民法室召开民法总则监护问题座谈会,听取对民法总则(2015年9月30日民法室室内稿)监护部分的意见和建议。民政部社会事务司、社会福利和慈善事业促进司、政策法规司,国家卫生计生委疾控局、法制司、医政医管局,团中央权益部,全国妇联权益部,中国残联维权部,北京青少年法律援助与研究中心、北京安定医院等单位的同志,北京大学马忆南,中国人民大学朱岩、龙翼飞,中国政法大学费安玲、夏吟兰,中国社会科学院曲相霏等专家和部分律师参加了会议并发表意见。

2015年10月28日

法工委民法室召开民法总则法人问题座谈会,听取对民法总则(2015年9月30日民法室室内稿)法人部分的意见和建议。中编办事业单位登记管理局,国务院法制办政府法制协调司,民政部民间组织管理局、政策法规司,农业部政法司、经管司,国家工商总局法规司,国家宗教事务局政策法规司,中华全国供销合作总社,全国律协等单位的同志,北京大学王成,中国人民大学刘俊海,中国政法大学柳经纬、于飞、王涌等专家参加了会议并发表意见。

2015年11月1日至6日

法工委民法室赴广东、浙江,就是否赋予宗教活动场所法人地位问题进行调研,分别在广州市、深圳市,杭州市、宁波市了解情况,听取宗教事务部门、宗教团体和宗教界人士的意见,走访宗教活动场所。

2015年11月17日至18日

法工委民法室赴法工委基层立法联系点湖北省襄阳市就民法总则的有关问题进行走访调研。调研组分别走访了襄阳市襄城区檀溪湖社区居委会和怡和苑小区业主委员会,与其负责同志和居民代表进行了座谈交流。

2015年11月18日至19日

法工委民法室赴湖南省长沙市就民办学校和民办医院民事主体的有关问题进行走访调研。调研组走访了湖南信息学院和湖南旺旺医院,与其负责同志进行了座谈交流;并召开由省人大法制委、教科文卫委,省高级法院,教育厅,卫计委,民政厅和全国人大代表参加的座谈会。

2015年12月9日

法工委民法室形成民法总则(2015年12月9日民法室室内稿)。内容包括:第一章一般规定;第二章自然人,其中第一节民事权利能力和民事行为能力、第二节监护、第三节宣告失踪和宣告死亡、第四节个体工商户、农村承包经营户;第三章法人,其中第一节一般规定、第二节营利性法人、第三节非营利性法人;第四章其他组织;第五章民事法律行为,其中第一节一般规定、第二节意思表示、第三节民事法律行为的效力、第四节民事法律行为的附条件和附期限;第六章代理,其中第一节一般规定、第二节委托代理、第三节代理关系的终止;第七章民事权利及其行使和保护;第八章期间和时效,其中第一节期间、第二节诉讼时效、第三节除斥期间;第九章附则。共9章,161条。

2015年12月30日

法工委委务会讨论民法总则(2015年12月9日民法室室内稿)。

2016年1月28日

全国人大常委会法制工作委员会召开民法典编纂工作协调小组第二次会议,法工委主任李适时主持会议。会议总结民法总则立法的前期工作,研究部署下一步工作。最高人民法院、最高人民检察院、国务院法制办公室、中国社会科学院、中国法学会五家单位的负责同志参加了会议并发表意见。

2016年2月3日

全国人大常委会法制工作委员会形成中华人民共和国民法总则(草案)(征求意见稿)。征求意见稿分为10章,共158条。法制工作委员会将征求意见稿印发省、自治区、直辖市的人大常委会,以及中央有关部门、有关人民团体和社会组织、部分高等院校和研究机构、基层立法联系点和一些全国人大代表征求意见。

三、民法总则草案征求意见稿的主要内容和立法背景

(一)关于一般规定

1. 民事主体的范围

征求意见稿第二条规定:"中华人民共和国民法调整平等主体的自然人、法人、其他组织之间的人身关系和财产关系。"

民法总则到底是规定两主体,还是三主体,历来存在不同意见。《民法通则》第二条规定:"中华人民共和国民法调整平等主体的公民之间、法人之间、公民和法人之间的财产关系和人身关系。"该条规定了两主体。在2002年九届全国人大常委会第三十一次会议审议的民法草案起草过程中,这是一个争论激烈的问题。最终民法草案第一编总则第二条规定:"中华人民共和国民法调整平等主体的自然人之间、法人之间、自然人和法人之间的财产关系和人身关系。"即与民法通则的规定基本一致,也是规定了两主体。

在起草民法总则过程中,争论继续。有的意见提出,承认其他组织的民事主体地位,理论上存在重大问题。有民事权利能力,才有主体资格。其他组织没有民事权利能力,如果赋予其主体资格,承认其民事主体地位,相关民法理论都要推倒重来。实务中出现的非法人团体的情况,只是为了签合同、诉讼等的操作方便。签合同可以,但权利义务最终不是他的,责任也不是他的。从实际情况看,合同法上给一个当事人资格,诉讼法上给一个原被

告资格就足够了。有的意见提出,到底"其他组织"包括哪些组织,至今都还是一个争论很大,搞不太清楚的问题。多数意见认为,立法应当结合国情,结合实际,已经有几十部法律规定了"其他组织"作为民事活动的主体,合伙企业法、个人独资企业法等法律也对典型的其他组织作了明确规定,应当承认其他组织的民事主体地位。有的提出,解决其他组织的民事主体地位问题,一个办法是修改法人的概念,放宽到可以承担无限责任;另一个办法是将其他组织单独规定为一类民事主体。还是后一种办法好,法人和有限责任联系在一起在我国已经深入人心,而且还牵扯行政管理、税收等问题,难以调整。有的提出,民事主体的范围,不存在一个客观的标准,而是由共识决定,由国家立法决断。因此,民法总则从起草之初,就采用了三主体的模式。民法室初稿曾借鉴有的专家建议稿,使用了"非法人组织"的表述,同时作为第四章的章名,并规定:"非法人组织是指不具有法人资格但依法能够以自己名义参加民事活动的组织。"后来大家讨论,一是感觉拗口,二是考虑到大量法律已经因循使用"其他组织"的概念,存在民法总则将来与这些法律协调衔接的问题,便在起草2015年8月28日民法室室内稿时就已改为"其他组织"。

2. 民法法源

征求意见稿第九条规定:"处理民事关系,应当依照法律规定;法律没有规定的,也可以适用习惯,但不得违背公序良俗。"

关于法律规定,有的意见提出,应当增加列举行政法规、地方性法规、司法解释等,这些也都是民法法源。有的意见认为,不同于针对具体事项的规范,在抽象性规范中提及"法律",包括应当适用的各种具体的规范类型,乃不言自明,不但简洁,包容性也好。征求意见稿第七条规定的"民事活动应当遵守法律",其中的"法律"也同此意涵。并不影响行政法规、地方性法规、司法解释等依照立法法的相关规定,作为民法的法源。这种意见得到采纳。

关于习惯,不少意见反对在民法总则中规定习惯作为民法法源。理由是:一是,不利于法制统一。由于习惯具有地域性,各地习惯都不同,如规定习惯为民法的法律渊源,将导致对同一法律问题,各地法官依不同习惯处理将做出不同裁判,有损法制统一性、权威性。二是,不便于司法操作。对于特定民事纠纷,是否存在相应的习惯,面临当事人该如何举证证明、法官如何判断习惯是否有效等问题。三是,不利于移风易俗。四是,有悖于法治精神。强调习惯的效力,将不利于民众规则意识的养成,与法制建设相矛盾。有的意见提出,可以在民法典各分编引入具体习惯作为补充性的法律渊源,可以限制习惯的领域和范围,实践中容易达成共识。多数意见赞成规定习惯,认为合同法、物权法、海商法、婚姻法等法律以及司法解释都规定了在法律法规没有规定时习惯对当事人具有约束力。在司法实践中将习惯用于认定案件事实、辅助裁判说理、填补法律漏洞、平衡各方利益的情况也不少,后两项作用在一定程度上就具有法律渊源的功能。我国幅员辽阔,民族众多,在特定地域、行业、民族内还有一些习惯难以一时彻底革新,习惯成为调整人际关系的有效规则。而且,我国的民事立法中引入了较多西方法律规范,这些规则未必适合特定领域的现实需要。因此,将习惯作为民事法律的渊源既能满足社会现实的需要,也能调和民事立法与当地社情民意间的矛盾,以充分实现自治,实现形式正义与实质正义的统一,有助于优化社会治理,有利于填补法律漏洞。这种意见得到采纳。

关于法理,多数专家建议稿都规定法理作为民法法源。认为法理应作为法律渊源的理由包括:法理作为法律的基本精神和学理,将其作为法律渊源可以弥补民事法律规范的不周延性。将法理作为民法的渊源,则可防止出现民法典因有漏洞无法解决新问题的局面,克服民法典的滞后性,实现民法典的灵活性。法理作为民法的法律渊源,不仅民法理论界普遍认可,且在其他很多国家、地区的民法典中都有类似规定。但也有不少意见反对规定法理。有的意见提出,法理的内涵不明确,外延难界定。目前在我国,往往是对于同一法律问题学者众说纷纭,缺乏权威性。有的意见提出,我国法官队伍人数众多而素质参差不齐,如果法律明文规定"可以适用法理",难免导致滥用。依靠专家意见也会有问题,司法实践已有反映,有的专家对同一法律问题出具过自相矛盾的意见。因此,规定法理可能引发新的司法不公。有的意见提出,依照我国文化传统,规定法理作为民法法源势必为公众质疑:并非明文规范的法理何以对其具有约束力。有的意见认为,适用法理乃是庸人自扰,没有必要。对于法律规定不完善之处,完全可借助司法解释、法律的类推适用或适用基本原则等手段解决。规定法理作为民法法源的其他国家和地区民法典多不规定基本原则,我国民法规定的平等、自愿、公平、诚实信用等基本原则,体现的就是民法的基本精神和法理。征求意见稿采纳了这些意见,在第九条中没有规定法理。

3. 国际条约的适用

《民法通则》第一百四十二条第二款规定:"中华人民共和国缔结或者参加的国际条约同中华人民共和国的民事法律有不同规定的,适用国际条约的规定,但中华人民共和国声明保留的条款除外。"有的意见提出,民法总则应当继续保留民法通则的这一规定。这是在处理民事关系时解决国际条约与国内法冲突的基本规范,海商法、民用航空法、票据法、民事诉讼法也都有与此内容相同的规定。有的意见则认为,这个问题较为复杂,民法通则的这一规定过于简单绝对,国际条约与国内法的冲突实质涉及国际条约在一个国家法律体系中的效力等级。国际条约对一国生效后,无论是被直接适用,还是被转换适用,都存在与该国其他法律的效力等级问题。根据我国缔结条约程序法的规定,不同国际条约的缔结程序是不同的,有的必须经全国人大常委会决定批准,有的只需国务院核准,有的由有关部门签署即对我国生效。从法理上讲,经过不同程序缔结的国际条约应具有不同法律效力。全国人大常委会决定批准的国际条约,与我国的法律应处于同一位阶;国务院核准的国际条约,与行政法规属于同一位阶;无须决定批准或者核准的国际条约,其效力与部门规章相同。效力较高的法律可以推翻效力较低的国际条约在国内的实施。因此,在我国泛泛规定"国际条约优先于国内法"是不妥当的,适宜的做法是根据不同效力等级的国际条约确定与国内法律的关系。根据国际条约的性质,有的国际条约对当事人是强制性规范,有的国际条约对当事人是任意性规范。任意性规范取决于当事人的选择,不一定优先于国内法。强制性规范与国内法冲突时,到底是选择绝对遵守国际条约还是维护国内法的权威,也不是一个单纯的立法技术问题。有的意见提出,知识产权虽然也属于民事领域,但知识产权国际条约通常不能直接在国内适用,而是要转化为国内法。法院只能适用我国国内知识产权法。当我国知识产权法与国际条约相冲突时,我国立法机关有义务修改国内法,但法院不能直接适用国际条约。有的意见认为,这一问题应当由宪法或者立法法规定较为妥当,这也是国外的通常做法。综合这些意见,征求意见稿对此暂不规定,留待以后继续研究。另外,在2010年10月十一届全国人大常委会第十七次会议对涉外民事关系法律适用法草案三审时,全国人大法律委员会关于《中华人民共和国涉外民事关系法律适用法(草案)》审议结果的报告中也提出,"还有一个问题需要说明。有的常委委员和专家建议在本法中规定国际条约的适用问题。法律委员会经同最高人民法院和有关专家研究,国际条约涉及面广,情况复杂,对国际条约的适用问题,各方面有不同意见,实践中也有不同做法。在本法中对国际条约的适用问题不作规定为宜。本法对该问题不作规定,民法通则、民事诉讼法等法律中有关规定仍然适用,以后在其他法律中还可以再作规定。据了解,国外一般也不在法律适用法中规定国际条约的适用问题。"

(二)关于自然人

1. 限制民事行为能力的未成年人年龄下限

征求意见稿第十七条规定:"六周岁以上的未成年人是限制民事行为能力人,可以独立实施纯获利益的民事法律行为或者与其年龄、智力相适应的民事法律行为;其他民事法律行为由其法定代理人代理,或者征得其法定代理人同意后实施。"第十八条规定:"不满六周岁的未成年人是无民事行为能力人,由其法定代理人代理实施民事法律行为。"

民法总则立法过程中,对限制民事行为能力的未成年人年龄下限应当如何规定,有不同意见。有的提出,应当保持法律规定的延续性,维持民法通则规定的十周岁不动。有的建议适当降低,降到八周岁或者七周岁。从2015年8月28日民法室室内稿开始,采纳的是降为六周岁的意见。归纳起来,建议规定为六周岁的意见认为,虽然民法通则对此规定为十周岁,下降幅度较大,但基本符合我国此年龄阶段未成年人的心智成熟程度与认知能力水平,也同我国《义务教育法》第十一条关于年满六周岁的儿童须接受义务教育的规定相协调,在实践中易于执行、掌握,操作性较好。外国立法例多是"七周岁",但一般立法年代较早,规定六周岁是符合社会发展的。有人提出六周岁的孩子还没有是非观念,这样规定不利于对孩子的保护。民法上限制行为能力的年龄下限,是一种"地板"标准,只要未成年人能够独立从事一些简单的、与年龄智力相适应的、但也属于民事法律行为的活动,比如买文具、图书、零食,或者大家戏称的"打酱油",那么就应当是法律意义上的限制民事行为能力人。真的需要是非观的,肯定是与年龄智力不相适应的,对此法律规定得也很清楚,由其法定代理人代理或者经其法定代理人同意、追认,否则是无效的。哪怕是十周岁的孩子把家里的牛卖了十块钱,发生纠纷,任何法院也不会认为这是与其年龄智力相适应,何况是六周岁。这也是

"限制"两字的本意。外国立法例规定"七周岁",则确实是在几十年前立法者认为低于七周岁的孩子不能独立从事任何法律应当承认效力的民事法律行为,包括纯获利益的行为,因为也是民事法律行为,比如接受赠与行为。一些认为六周岁标准太低的意见,并非认为现在六周岁的孩子不能独立从事"打酱油"的民事法律行为,甚至有的一面认为六周岁标准太低,一面还建议规定低于六周岁的孩子也可以独立从事纯获利益的民事法律行为,而只是觉得能独立从事的活动还不够多,认为八周岁甚至十周岁时就够多了。那么,这个"够多"是一种什么标准呢,应当说不是严谨的法律标准,而只是一种情感上的标准。这个事情,看似个小问题,里面体现着大观念。制定民法典一个相当大的意义在于其宣扬的精神价值,即以人为本,尊重人格,尊重人的价值,认可人的能力,保护人的权利。这要贯彻到一个一个的规定中,体现在一点一滴。降低年龄下限,才真正是为了保护未成年人的权益,体现了尊重孩子的意愿表达。限制民事行为能力年龄下限,涉及的是行为能力,民事行为的核心是意思表示。也就是说一个人的意愿能否得到法律的认可。无民事行为能力,就是干什么都不行,什么意愿都不能得到法律认可。按原来的规定,孩子不到十周岁,就是处于这种状态。改到六周岁,就是说六周岁以上的孩子,就不是完全没有民事行为能力的人了,他的意思要得到一定程度的认可和尊重。比如父母离婚孩子由谁抚养,孩子的意愿就要考虑和尊重。外国和地区的立法例,除了德国、台湾地区规定为7周岁,还有法国、日本的两分法,即成年人以下都是限制行为能力人,要表达的精神是每个人的意愿都应有可尊重之处。现在的小学生,个子不小,也有一定的智力水平,买个本子,如果告诉他这是无效的行为,这个国家的法律是不认可你有这个能力的,这不利于孩子的人格培养。立法要体现国情,也要为改变一些传统观念发挥引领作用。很多家长对孩子是打骂与包办交织着,不认为他有独立的人格,不认可也不培养他的能力。制定民法典,应当对此也有所思考。尊重孩子的意愿,认可他们的能力和价值,有利于培养孩子的健全人格,提升素质品质,促进心理健康。

2. 对成年人监护制度的修改补充完善

征求意见稿考虑现实的社会需求,借鉴国外发展经验,在成年人监护制度方面花了不少精力,在民法通则相关规定的基础上修改补充完善,加大保护力度。表现在三个方面:一是,把精神病的提法改为不能辨认自己行为,把精神衰退、智力减弱的情况包括进来,由法院结合医疗诊断以及社会生活的一般判断来认定。这也符合各国相关法律制度方面的改革发展趋势,使得存在精神障碍的成年人能够通过法律制度获得监护人,参加社会活动,融入社会生活。二是,增加了意定监护制度。征求意见稿第二十九条规定:"具有完全民事行为能力的成年人,可以在近亲属或者其他愿意承担监护责任的个人、组织中事先协商确定自己的监护人。监护人在该成年人丧失或者部分丧失民事行为能力时,依法承担监护责任。"国外发展趋势是尊重成年人自我决定权,这也是成年人监护制度改革的核心所在。我国老年人权益保障法对此有规定,这次吸收到民法总则征求意见稿中。三是,征求意见稿第三十条第四款规定:"成年人的监护人履行监护职责应当最大程度地尊重被监护人的意愿,保障并协助被监护人独立实施与其智力、精神健康状况相适应的民事法律行为。"

在成年人监护问题上,征求意见稿的规定没有采纳两方面的意见:

一是,把成年人监护制度变更为成年人照护制度。这种意见提出,我国作为《残疾人权利公约》的缔约国,有很多法律改革任务,其中一项就是民法中的行为能力与监护制度。以权利限制的方式保护弱者权利,不符合现代立法精神。应当将"替代决策模式"转变为"协助决策模式"。未采纳这种意见,一方面是考虑到法律制度的稳定性,另一方面也是考虑到我国的实际情况。在行为能力的缺失标准上如果放的太宽,也会带来可能侵害权利的问题,司法、行政等公权力就要介入较多,加以监督,在我国操作性存在问题。比如,德国1992年《对成年人监护及保佐照顾法律的改革法》几乎全面废止了监护和保佐制度,转为照护制度。这种照护的性质是一种补充援助,不再以全面接管方式包办被照护人的私人事务。但同时,法律还规定了照护监督人。与此适应,设立有专门法院以及其他监督机构。还具体规定照护人处理被照护人的重大事务时要取得法院或者监督机构的同意。同时,前面提到的征求意见稿对成年人监护制度在三方面所作的修改补充完善,加大了对行为能力缺失的成年人的保护力度,在一定程度上反映了《残疾人权利公约》规定的精神。

二是,使监护制度覆盖到失能但未失智的成年人。征求意见稿规定的成年人监护制度,核心还是把行为能力的缺失标准,或者说监护的标准放在"失智",而不包括"失能"。对此,多数意见还是要维持民法通则以来我国民法在监护问题上的基本态度,即着眼于自然人从事民事法律行为方面的能力缺失。民事法律行为的核心要素乃是意思表示,对失能但不失智的成年人包括老年人的照护问题,可以通过完善老年人权益保障法等法律,制定专门的法规,出台相关政策等解决,不一定非要与民事主体的行为能力,与监护制度挂钩。日本2000年对监护制度进行改革,扩大成年人法定监护的保护对象,包括精神障碍者、高龄者和智力障碍者,但也并不包括身体障碍者。

3. 个人合伙

民法通则在自然人一章中规定了个人合伙。有的意见提出,个人合伙纠纷在实践中大量存在,应当继承民法通则有关个人合伙的规定,以规范入伙、退伙、债务承担等问题。有的意见认为,个人合伙与自然人存在着明显区别,在其他组织中规定比较好。有的意见提出,合伙企业组织性强,应当放到其他组织中去规定,个人合伙组织性弱,可以归到合伙合同,以后在民法典合同法分编中补充作为一个典型合同加以规定。有的意见提出,合同法可以解决合伙人之间的问题,但是合伙人对外的连带责任问题必须由民法总则规定。鉴于合伙企业法已经作出了全面规定,民法总则对个人合伙可以在民法通则规定的基础上适当简化一些,作一些原则性的规定。综合这些意见,征求意见稿在自然人部分没有保留个人合伙的规定。对于个人合伙而言,其合伙协议应当适用合同法的规定,自不待言,至于其他组织一章是否也能够涵盖个人合伙,还涉及是否要规定其他组织一概应当登记,如果不是一律都要登记,不登记的能否作为组织体看待,以及如何处理其外部关系等问题,留待以后在其他组织一章再作研究。

(三)关于法人

征求意见稿第三章法人分为第一节一般规定、第二节营利性法人、第三节非营利性法人。供专家座谈会讨论的2015年8月28日民法室室内稿法人一章分为第一节一般规定、第二节机关和事业单位法人、第三节社团法人、第四节捐助法人(另一方案:财团法人)。供法院系统座谈会讨论的2015年9月30日民法室室内稿与2015年8月28日民法室室内稿相比,最大的改动就是将法人的分类调整为与后来的征求意见稿一致。

法人如何分类是民法总则立法过程中讨论热烈的问题。有的意见提出,应将社团法人与财团法人作为法人的基本分类。与营利性法人和非营利性法人的分类模式相比,社团法人、财团法人的分类具有以下优点:一是,不会出现重复性规定。社团法人与财团法人的规则是根本不同的。二是,不会列举不完全,并为今后法人的发展留下了空间。社团法人、财团法人是依法人的基本构造和法律特征进行的分类,这种分类不是社会写实式的,而是理论抽象式的,有无限的弹性。社会上再出现新种类的法人,都可以纳入其中。社团、财团法人分类难以涵盖的法律现象,目前公认的只有一个一人公司,但也有其解释方法。三是,依基本构造和法律特征进行的法人分类,能形成真正的民法规范。真正的民法规范不应以国家视角,而应以私人视角来考虑和设计,即一个私人如何利用民法上的制度达到自己的目的。社团法人、财团法人的分类首先考虑的是,一个私人想要设立法人时,他应当去找一群人还是应当找一笔钱。然后,民法总则法人部分应当设计法人设立者之间、设立后的成员之间、成员与法人之间、成员与法人机关之间、法人机关与法人之间,以及成员、法人机关、法人与第三人之间的利益关系及冲突解决机制,这些都是私人之间的相处规则,而非国家愿望的表达。有的意见则主张将法人分为营利性法人与非营利性法人主要理由:一是,民法通则未采纳社团法人和财团法人的分类方法,但并未因此影响法人制度在实践中的运转。社团法人和财团法人的名称亦不符合中国人的观念认识。二是,社团法人与财团法人无本质区别,社团中有财产,财团中也有人。财团法人也有意思形成机关。三是,社团法人与财团法人只是传统大陆法系的分类方法,美国是将法人划分为营利性法人和非营利性法人的,并有专门的非营利性法人法。四是,采用营利性法人和非营利性法人的分类,符合中国现实的需求。非营利性法人能否从事营利性活动,其基本组织结构是什么,理事等高管负有哪些法定义务,关联交易如何规制等问题,现行法律均缺少顶层设计,需要归纳提炼出来。这将促进社会团体法人、民办非企业单位、基金会等非营利性组织的健康快速发展,进而推动我国社会事业的大发展。在民法总则中作出原则规定,以后还可以制定专门的非营利性法人法。有的意见认为,传统民法理论采"社团法人"与"财团法人"的基本分类,意在揭示法人设立之组织基础为人的结合体抑或为财产之结合体,具有重要理论意义。我国立法迄未采用"社团"及"财团"的概念。登记实务中使用的"社会团体"概念,与民法所谓"社团"概念并不相同。二十世纪后期出现的一人公司亦与"社团"为人的集合体的本质不符。"财团"概念也有难为一般人理解之虞。因此，建议不采用"社团法人"与"财团法人"这一分类。虽民法立法不采"社团法人"与"财团法人"的分类，但并不妨碍民法理论研究运用"社团法人"和"财团法人"概念作为分析工具。有的意见提出，将法人划分为营利性法人和非营利性法人与现行法律体系相吻合，在兼顾现实方面是一个好的选择。社团法人与财团法人的分类方法有一定的好处，但目前我国的法律规范体系不是按照这个分类体系来设计的，如果采用，大量法律法规尤其是涉及类型强制的法律法规将面临修改。因此，征求意见稿将法人分为营利性法人和非营利性法人。

（四）关于其他组织

征求意见稿第四章专章规定其他组织，这一章的核心条文有三个。第一个是第七十八条，第一款规定："其他组织是不具有法人资格但依法能够以自己的名义从事民事活动的组织。"第二款规定："其他组织包括个人独资企业、合伙企业等。"第二个是第八十条规定："其他组织应当依法登记。"第三个是第八十二条规定："其他组织的债务先以其财产清偿，不足以清偿的，由其成员或者设立人清偿，法律另有规定的除外。"其他条文都是比照法人一章的规定，对其他组织的设立条件、主要负责人、解散等重要事项作的规定。最后第八十五条还进一步规定，其他组织除适用本章规定外，参照适用第三章第一节一般规定中的有关规定。可以看出，这一章的主要立法宗旨就是在民法总则中表明除自然人、法人以外，承认还有"其他组织"这个第三类的民事主体，其根本特征是依法能够以自己的名义从事民事活动，但不具有法人资格，其他组织要依法登记，其他组织的成员或者设立人要对其他组织的债务承担无限责任。此外，第七十八条第二款列举了个人独资企业和合伙企业这两个普遍认可的其他组织类型，后面加个"等"字表明并非只有这两种。在民法总则立法过程中，对于其他组织各方面提出不少意见。关于章名，有的意见建议使用"非法人组织"的表述，有的意见提出，已经有几十部法律规定了"其他组织"，还是保持连续性为好。关于其他组织的类型，有的意见提出，应当补充列举村民委员会、居民委员会、业主委员会等。关于法人的分支机构是不是其他组织，有的意见认为，既然允许法人分支机构以自己的名义从事民事活动，就应当作为其他组织看待，最高人民法院有关司法解释也是这么处理的。有的则认为,法人的分支机构属于法人组织体的一部分,并非法人以外的另一民事主体。法人分支机构不发生单独解散和单独清算问题,法人解散时进行清算,将对属于该法人总部及该法人分支机构的资产一并清算。关于其他组织是否都要登记,有的意见认为,规定其他组织作为第三类民事主体,核心要求是应当具备组织体的特征,如果不登记,难以认定其组织体的特征,处理其对外关系时,到底是组织还是个人与他人发生民事法律关系,也易生纠纷。有的意见则认为,其他组织不应只包括那些登记从事经营等活动的组织,社会中大量存在群众自娱自乐的文艺、体育等组织,也会进行采买设备等民事活动,还有图书编写组这样的组织,以此名义与出版社签订合同。这些都应当涵盖在其他组织的范围内,而都要求其登记显然不现实也无必要。这些问题都很重要,有的还较为复杂,留待进一步妥善研究修改。

(五)关于民事权利

1. 权利章内容的变化

2015年8月28日民法室室内稿只规定了一个有关民事权利的专章,即"第七章民事权利的行使和保护",里面规定了6个条文,前面两个规定了民事主体行使权利受法律保护和权利不得滥用,后面4个条文都是关于民事责任的。到了2015年12月9日民法室室内稿,这个专章变成了"民事权利及其行使和保护",内容增加到15条,除了后面增加一条关于二人以上承担民事责任的规定,主要是在前面增加了8个条文列举性的条文,规定出物权、债权(包括债的发生原因以及无因管理和不当得利的基本规定)、知识产权、人格权、身份权、继承权和股权等权利。到征求意见稿,新增了一章,即"第五章民事权利",把这几个列举民事权利的条文挪进去,第七章相应变成第八章,章名又变回"民事权利的行使和保护",基本还是原来的内容,增加了一条"民事主体从事民事活动应当保护环境、节约资源"。共8条。也就是说,征求意见稿关于民事权利有两章,分别是第五章"民事权利"和第七章"民事权利的行使和保护"。

立法过程中对于民事权利的规定,有不同意见。有的认为,民法通则规定民事权利一章是特定历史时期的产物,合同法、物权法等单行法律已分别作了细化规定,民法典各分编本就是对各种民事权利的规定,总则不必重复。而且，也不符合总则"提取公因式"的原理。有的意见提出，民法总则规定民事权利，应当针对那些共同性规则，包括民事权利的基本分类，如支配权、请求权、形成权等；民事权利与知识产权、商事权利的关系；关于民事权利取得、消灭的基本规则；民事权利行使的规则；民事权利的限制和剥夺；民事权利的保护等。有的认为，保护民事权利是民法的核心。党的十八届四中全会提出了关于实现公民权利保障法治化的要求，为了凸显对民事权利的尊重，加强对民事权利的保护，同时也为民法典各分编和民商事特别法律具体规定民事权利提供依据，应当设专章规定民事权利的种类和内容。征求意见稿设"第五章民事权利"，就是这种意见的体现。

2. 权利客体

是否专章规定权利客体，是立法过程中讨论的一个重点问题。供专家座谈会讨论的 2015 年 8 月 28 日民法室室内稿中没有专章规定权利客体，但民法室将中国法学会提供的专家建议稿中的民事权利客体一章作为附件，供座谈会讨论。该建议稿民事权利客体一章分为三节，第一节"物"，除规定不动产、动产外，还规定了脱离人体的器官、血液、骨髓、组织、精子、卵子，以及动物等。第二节"有价证券"。第三节"其他民事权利客体"，包括人格利益和身份利益，智力成果，商业标记和信息，网络虚拟财产，财产权利等。

有的意见认为，从民法体系化的角度讲，作为民事法律关系的主体、客体和内容三要素之一的权利客体是必不可少的，且规定新型权利客体可以为民法的发展留出空间，建议专章规定权利客体。有的意见认为，对于现行法律已经规定的那些客体来说，如果单列一章，大部分内容将是从物权法等民事单行法已有规定中抽取出来，各种权利的客体差异较大，难以归纳出一般性规则，如果只规定一些概念性条款加以罗列，以为宣示，不但将来与民法典分编重复，实际意义也不大。不少意见提出，涉及新型客体的问题，情况复杂。现有法律未作规定，提出问题较多的包括人体器官、胚胎、动物、网络虚拟财产、网络账号等方面，而这些问题涉及法律、医学、伦理、新技术发展等多个领域，争议较大，目前也缺乏司法实务经验。对这些问题，可以考虑在继续深入研究，取得一定共识的基础上，在下一步整理编纂民法典各分编过程中，通过补充完善物权法、继承法等法律的相关内容加以解决。这样也合乎整个民法典的体例逻辑。有的认为，买卖器官，买卖胎盘，人工胚胎继承，甚至炼出舍利归谁所有，以及动物的特殊性等问题，牵涉甚广，不只是民法问题,还涉及等医学问题、伦理问题、动物保护问题。法律没有规定怎么办?可以通过个案处理,类似国外衡平法的精神,以法律的公平正义原则为指导,结合个案的实际情况来解决问题。这也是一种探索总结经验取得共识的过程。实践可供讨论的材料太少,立法将是纸上谈兵拍脑袋,难以科学严谨,还可能不当影响新问题的合理解决,事与愿违,引出更大的纷争。人工生殖、代孕等都是随着科学发展而产生的问题。有的学者希望法律的体系完整,法律不能只是为了完整而完整,要考虑有没有追求完美的基础和条件。民法总则法条有没有,可以不影响课堂上民法学总论的完整,相关的复杂的问题都可以拿出来教学、讨论,也是理越辩越明的过程,也是为立法充实理论储备。有的提出,伴随着网络信息技术发展和应用产生的虚拟财产,像游戏装备、Q币、比特币,等等,产生机制、存在形态、依附载体各有不同,难以科学准确地规定,这些东西变得很快,过段时间又推陈出新。还有账号、电子邮箱、云盘等,又与身份关系相关,不只是简单的财产。有的提出,关于网络虚拟财产,还有作为碳排放交易客体的排放配额或者减排单位。这些东西都有一个"新"的特点,伴随着社会生活的丰富多彩,市场交易的花样翻新,体现出人民群众是最有智慧的。对于这些,国外也没有多少成熟的理论和立法例。明显有问题的,就出台强制性规定,否则法无明文不禁止,实践出真知,逐渐发现规律,形成共识。出现了纠纷,法院没有法律直接的规定,就用自愿公平诚实信用那些原则,或者去探求实质的法律关系,言之成理即可。实务中有个案子就是商场的员工在电脑系统里搞了很多虚假消费的信息,这样就产生不少消费积分,换取积分可以兑换的商品。法院判决书讲了一通道理,定了个职务侵占,也不无道理。对这些东西从法律科学角度看属于什么性质,研究得不多,在有限的研究中,争论还不小。总体都属于一种创设出来的价值。碳排放领域是政府基于公权力规定配额,创设价值载体。有的虚拟财产,比如游戏装备、积分等,在网络领域与非网络领域都有,属于商家创设价值载体,消费者投入增值。有的认为属于财产权,但似乎又没有独立的财产价值。有的认为本质上属于一种债权债务关系的安排。商家的行为,出售商品或者提供服务,只不过是在换取对价过程中搞出的花样。这个花样基于买卖的性质和规模又有不同,比如有的积分能转让,有的不能转让。网络游戏的商家提供的是服务,那些虚拟财产,以电磁记录的方式存储于商家的服务器,其价值规则也离不开商家的创设安排。

所以归根到底也还是服务与消费过程中的一种债权债务关系的约定,类似于与消费挂钩的折扣,即使涉及受让的第三人,也不过是第三人加入到了这种关系当中。综合这些意见,征求意见稿没有对新型客体作出规定,对于传统的那些民事权利客体,既然征求意见稿时增加了民事权利一章,对各种权利的表述自然也就涉及其客体。

3. 人格权

征求意见稿第五章专章规定民事权利,其中第八十六条规定"民事主体依法享有物权"。第八十七条规定:"民事主体依法享有债权。"第八十八条规定:"民事主体依法享有知识产权。"第八十九条第一款规定:"自然人享有生命、健康、姓名、肖像、名誉、荣誉、隐私等权利。"第二款规定:"法人、其他组织享有名称、名誉、荣誉等权利。"第九十条规定:"自然人因婚姻、家庭关系产生的人身权利受法律保护。"第九十一条规定:"民事主体依法享有继承权、股权等其他民事权利。"

民法总则立法过程中,对于如何规定人格权有不同意见。一方面意见认为,人格权存在于民事主体自身的权利,不是存在于人与人之间关系上的权利,其与人格相始终,不可分离。建议在民法总则民事主体部分规定人格权,并在以后民法典侵权责任编中对人格权的保护作进一步的充实和完善。另一方面意见认为,民法总则中可不规定人格权,以后民法典应将人格权独立成编。首先,独立成编符合民法体系的内在逻辑。人身关系和财产关系是民法的调整对象,财产权方面已制定了物权法、合同法等,身份权方面也制定了婚姻法、收养法等,从体系上讲,还缺少人格权部分的立法。其次,独立成编是对我国民事立法经验的继承和总结。民法通则设专节规定了人身权利,对人格权作了较为系统和集中的规定,并被实践证明是成功的、先进的立法经验,应当继承。再次,从理论上讲,人格权与人格是完全不同的概念,人格制度解决取得权利和承担义务的资格问题,人格权制度解决人格权的权利内容、行使、效力等问题。侵权责任法主要解决人格权受到侵害后如何救济的问题,难以具体规定人格权的种类、内容、效力和行使规则等。最后,从内容上讲,随着经济社会的发展,人格权的种类和内容越来越丰富,有的人格利益也可以进行商业利用,如肖像、名称的转让使用等,这些内容具体而复杂,难以也不宜在民事主体部分作出规定。对于征求意见稿在民事权利一章对人格权规定的方式,有的认为,这样处理与上述第一种意见不同,没有体现人格权与其他权利性质不同,人格权与人格不可分离,不适用法律行为,不适用诉讼时效,须规定在自然人部分。也没有采纳第二种意见在民法总则中不规定人格权的建议,但又表现出人格权可以与其他几类权利并列,并无性质上的差别。这样的处理,说明只是从立法体例上考虑,认为人格权内容较少,不宜单列一编,于是就放在总则,但也没有写在自然人部分,而是与其他权利并列规定在民事权利一章。这就反映出只是体例安排上的考虑,而无涉理论问题。上述两方面意见争论的一个基础是传统大陆法系民法典总则部分的体例,并没有"民事权利"部分,因为列举一些民事权利,不符合民法总则"合并同类项"原理。征求意见稿为宣示权利,在民法总则中规定"民事权利"一章,将各种民事权利的核心内容,罗列在一处。民法通则也是在第五章"民事权利",用第四节专节规定"人身权",主要内容是人格权。"文革"之深痛,殷鉴不远,与其他民事权利并列一节规定人格权,意义重大,体现了立法要符合国情。征求意见稿的规定,也是基本维持民法通则的格局精神。有的意见提出,立法模式的背后,也存在着立法技术、立法力量与立法的急迫性等方面的因素,不一定都是反映了对某种理论的取舍或者对重要性的判断。从理论的角度说,每一种权利都有其特殊性,合同有相对性,物权有对世性,人格权与人格紧密相连。但也不妨碍法律把这些权利并列规定,民法通则就是这样规定的,不能说就错了。从重要性的角度说,当初先着手制定合同法,其后再制定物权法,谁更重要呢?民法典的编纂也存在一个紧迫性的问题,现代社会人格权领域有不少问题要研究,特别是互联网技术、信息技术的迅猛发展与应用带来的问题,还有生物工程技术的发展应用带来的问题,国际上看都是一些新问题,争论不小,需要立法力量的投入。即使最终没有表现为民法典里的一编,将来研究清楚了,也可以搞单行法。如果讲权利宣示,谁也不能说知识产权由单行法具体规定是因为重要性不够。大陆法系发达国家,先有民法典了,对人格权方面的规定,有的加到民法典里,也有的制定单行法。哪怕是就事论事的单行法,也不能说不重要,许多时候其实就是立法技术问题。

(六)关于民事法律行为

1."民事法律行为"的概念

征求意见稿第九十二条规定:"民事法律行为是自然人、法人或者其他组织通过意思表示设立、变更和终止民事权利和民事义务的行为。"

起草民法总则过程中,不少意见认为,民法通则规定的"民事法律行为"限于合法行为,没有包括无效行为、可撤销行为和效力待定的法律行为。建议参考其他国家和地区的立法,采用"法律行为"的概念。法律行为的核心要素是意欲达到一定法律效果的意思表示,无论是合法行为、无效行为、可撤销行为,还是效力待定行为,本质上都是基于意思表示实施的法律行为。供专家座谈会讨论的2015年8月28日民法室室内稿和供法院系统座谈会讨论的2015年9月30日民法室室内稿,第五章的章名都是"法律行为",使用了"法律行为"的表述。此后,又有意见提出,民法通则规定的"民事法律行为"的用语符合我国立法的表述习惯,可以在保留这一用语的同时,借鉴其他国家和地区的立法,重新界定其内涵,使其既包括合法有效的法律行为,也包括无效、可撤销和效力待定的法律行为。因此,征求意见稿作出了调整,第五章章名使用了"民事法律行为"的用语,但调整了"民事法律行为"的内涵。通过第九十二条的规定表明,其含义已不同于民法通则规定的"民事法律行为"。

2. 效力性强制性规定

征求意见稿第一百条规定:"民事法律行为具备下列条件的有效:(一)行为人具有相应的民事行为能力;(二)意思表示真实;(三)不违反法律、行政法规的效力性强制性规定,不违背公序良俗。"第一百一十二条规定:"违反法律、行政法规的效力性强制性规定或者违背公序良俗的民事法律行为无效。"从2015年8月28日民法室室内稿开始,一直就是这样规定。与以往法律相比,最大的变化就是在"强制性规定"前面增加了"效力性"三字。依照《合同法》第五十二条第五项的规定,"违反法律、行政法规的强制性规定"的合同无效。制定合同法当时的立法本意是,对这个"强制性规定"不能机械地理解,而应当是只有在不否定相关合同的效力就不能体现某一强制性规定的立法目的和宗旨的情况下,合同才无效。

关于这个问题,在起草民法总则过程中,综合各方面意见并梳理最高人民法院有关司法解释,了解到以下几方面情况:一是,合同法司法解释具体规定了效力性强制性规定。《合同法》1999年施行后,一些法院对《合同法》第五十二条第五项规定的适用存在不合理不适当的情况,既造成经济的浪费,也影响了市场交易的安全稳定和当事人权利的保护。经过多年理论和实践的探讨,法学界和实务界在这个问题上逐渐形成了共识,具体表现就是2009年最高人民法院关于《适用〈中华人民共和国合同法〉若干问题的解释(二)》第十四条的规定,即合同法第五十二条第五项规定的"强制性规定",是指效力性强制性规定。最高人民法院《关于当前形势下审理民商事合同纠纷案件若干问题的指导意见》(法发〔2009〕40号,2009年7月7日)第十五条后半段提出,"人民法院应当注意根据《合同法解释(二)》第十四条之规定,注意区分效力性强制规定和管理性强制规定。违反效力性强制规定的,人民法院应当认定合同无效;违反管理性强制规定的,人民法院应当根据具体情形认定其效力。"也就是说,违反管理性强制规定的,合同并不当然无效。二是,如何理解效力性强制性规定。如果合同行为本身即绝对地损害强制性规定保护的国家利益或者社会公共利益,该强制性规定对于该合同行为来说就是效力性强制性规定。法院就应当认定该合同无效。有的效力性强制性规定直接表达了合同无效,如《中华人民共和国消费者权益保护法》(以下简称《消费者权益保护法》)第二十六条规定,经营者以格式条款排除或者限制消费者权利、减轻或者免除经营者责任的,其内容无效。《合同法》第五十三条规定,合同中针对造成对方人身伤害的免责条款无效。有的效力性强制性规定虽未直接规定合同无效,但相关合同如果有效,就会与该强制性规定的立法目的和宗旨直接冲突,例如有关禁止走私、禁止赌博、禁止买卖枪支之类的强制性规定。三是,如何理解管理性强制规定。法律、行政法规的管理性强制规定并不表明合同行为本身即绝对地损害国家利益或者社会公共利益,其立法目的往往是通过管理来实现某种秩序,可以通过对违反该类规定的行为进行处罚,就可以实现该类规定的立法目的。管理性强制规定大概可以分为以下三类:(1)涉及主体资格。如建设工程合同中承包方需要一定的资质等。比如,《中华人民共和国公司法》第十二条有关公司经营范围的规定,《中华人民共和国企业破产法》第二十四条有关破产管理人资格的规定,《中华人民共和国城市房地产管理法》第五十八条有关房地产中介需取得营业执照的规定,《中华人民共和国公务员法》第五十三条对公务员禁止从事营利性活动的限制。这些并不妨碍其违反资格限制签订的合同的效力。然而,如《中华人民共和国保险法》和《中华人民共和国证券法》有关保险业与证券业从业资格的规定,虽然调整的对象是主体资格,但从其立法目的来看,涉及重大公共利益和市场秩序,仅通过对违反该类规定的行为进行处罚,可能就不足以实现其立法目的。(2)涉及履行批准备案等手续。如《城市房地产管理法》第五十四条有关租赁合同需要备案的规定。最高人民法院《关于融资租赁合同纠纷案件适用法律问题的解释》第三条就规定,"根据法律、行政法规规定,承租人对于租赁物的经营使用应当取得行政许可的,人民法院不应仅以出租人未取得行政许可为由认定融资租赁合同无效。"(3)涉及某些行为管理方面的要求。如《中华人民共和国商业银行法》第三十九条关于商业银行资产负债比例管理的规定。最高人民法院《关于信用社违反商业银行法有关规定所签借款合同是否有效的答复》(法经〔2000〕27号函,2000年1月19日)就认为,"商业银行法第三十九条是关于商业银行资产负债比例管理方面的规定。它体现中国人民银行更有效地强化对商业银行(包括信用社)的审慎监管,商业银行(包括信用社)应当依据该条规定对自身的资产负债比例进行内部控制,以实现盈利性、安全性和流动性的经营原则。商业银行(包括信用社)所进行的民事活动如违反该条规定的,人民银行应按照商业银行法的规定进行处罚,但不影响其从事民事活动的主体资格,也不影响其所签订的借款合同的效力。"再如《招标投标法》第三条第一款规定,以下的三种项目必须经过招标投标:(一)大型基础设施、公用事业等关系社会公共利益、公众安全的项目;(二)全部或者部分使用国有资金投资或者国家融资的项目;(三)使用国际组织或者外国政府贷款、援助资金的项目。再如,《证券法》第八十六条有关投资者持有一个上市公司已发行股份的5%应当公告,且公告期内不得买卖的规定。根据最高人民法院2009年的"指导意见",违反管理性强制规定的,合同并不当然无效,法院应当根据具体情形认定其效力。这个"根据具体情形认定其效力"的过程,实际上就是权衡相互冲突的利益的过程,即在管理性强制性规定所保护的利益与避免造成经济浪费,维护市场交易的安全稳定和保护当事人权益这个价值之间进行平衡考量。考虑到学界在这个问题上已有高度共识,司法机关经过多年实践也形成了较为明确的理解并积累了丰富的经验。因此,民法总则草案征求意见稿作出上述规定。

3. 民事法律行为一般有效要件

征求意见稿第一百条规定:"民事法律行为具备下列条件的有效:(一)行为人具有相应的民事行为能力;(二)意思表示真实;(三)不违反法律、行政法规的效力性强制性规定,不违背公序良俗。"

本条以《民法通则》第五十五条为基础,意趣相同。对于是否在民法总则中继续保留这样一个民事法律行为一般有效要件条文,有不同意见,有的意见建议删去,理由是后面的条文已经针对民事行为能力、意思表示、违反强制性规定或者违背公序良俗等要素分别明确规定了无效、可撤销、效力待定等效力情形,就没有必要正面规定有效条件,规定不但逻辑性差,还可能带来理解和适用上的混乱与矛盾。而且,外国和地区多数立法例并不规定法律行为的生效要件,而仅规定各种瑕疵法律行为的种类与效力。有的意见则建议保留,理由是考虑到社会生活的复杂性和变动性,如果法院遇到法律没有具体规定的新型纠纷,可以直接引用这一规定作为认定合同是否有效的裁判依据,使得法律规范对社会生活具有更强的适应性。征求意见稿最终保留了这条规定。

(七)关于代理

1. 间接代理

征求意见稿没有规定间接代理。有的意见提出,间接代理在实践中经常运用,商事代理中的隐名代理非常重要,司法实践中的证券代持问题、商家销售代理问题等都是以隐名代理的方式出现的。建议统筹处理好民事代理和商事代理的关系。有的意见提出,如果对间接代理作出规定,就要考虑由此所产生的体系效应。本章的很多条文比如代理人的行为能力、表见代理等都要重新设计。有的意见提出,民法总则中代理的定义应当沿用传统的代理定义,以直接代理为原则,对间接代理的特殊规则可以放在分则中规定。综合这些意见,此问题留待进一步研究。

2. 表见代理

征求意见稿第一百二十八条规定:"行为人没有代理权、超越代理权或者代理权终止后,仍然实施代理行为,相对人有理由相信行为人有代理权的,代理行为有效。"

关于这一条的内容,2015年8月28日民法室室内稿和2015年9月30日民法室室内稿都在第一百三十一条规定了两款,第一款规定:"行为人没有代理权、超越代理权或者代理权终止后以被代理人名义实施法律行为,相对人有理由相信行为人有代理权的,代理行为有效。"第二款规定:"有下列情形之一的,不适用前款规定:(一)伪造他人的公章、营业执照、合同书或者授权委托书等,假冒他人的名义实施法律行为的;(二)被代理人的公章、营业执照、合同书或者授权委托书等遗失、被盗,或者与行为人特定的职务关系已经终止,并且已经以合理方式公告或者通知,相对人应当知悉的;(三)法律规定的其他情形。"第二款基本上是最高人民法院有关司法解释的内容,室内稿加以规定以便征求意见,如各方面对此有相当共识,可以将这一司法解释的内容吸收为法律规定。在法院系统座谈会上,不少法官认为第二款列举式的规定难以穷尽实践中的情况,建议删去。征求意见稿接受这一意见,删去了第二款。

(八)关于诉讼时效

1. 诉讼时效期间

征求意见稿第一百四十五条第一款规定:"向人民法院请求保护民事权利的诉讼时效期间为五年,法律另有规定的除外。"《民法通则》第一百三十五条规定:"向人民法院请求保护民事权利的诉讼时效期间为二年,法律另有规定的除外。"多年来理论界和实务界基本一致认为两年太短,不利于保护民事权利。也有少数意见认为两年期间诉讼时效经过长期实践,社会公众已经普遍接受,可以不作调整。供专家座谈会讨论的2015年8月28日民法室室内稿和供法院系统座谈会讨论的2015年9月30日民法室室内稿规定了两个方案,首选方案五年,另一方案三年。有的意见提出,考虑到现代化市场经济的发展要求加快经济流转,随着信息技术的发展,网络的普及与通讯的快捷使得权利的行使更加方便,将普通时效期间改为三年为宜。有的意见提出,立法应当考虑国情与本土文化。我国司法实践反映的超过诉讼时效期间的情况,很多是当事人碍于熟人社会的风气、情面,拖延追讨。而且,外国和地区民法普通诉讼时效期间一般也较长。有的意见提出,目前法律知识的普及还很不够,大量民众,尤其是弱势群体不知有诉讼时效这回事,期间太短不利于保护这些人的合法权益。还有不少意见认为两个方案都有道理,立法机关定夺即可。综合这些意见,征求意见稿删去另一方案,规定诉讼时效期间为五年。

2. 请求返还财产是否适用诉讼时效的规定

征求意见稿第一百五十二条规定:"下列请求权不适用诉讼时效:(一)请求停止侵害、排除妨碍、消除危险;(二)登记的物权人请求返还财产;

(三)其他依法不适用诉讼时效的请求权。"民法总则立法过程中,对于第一百五十三条的第二项要不要规定"登记的"三字,有不同意见。有的意见认为,无论是否登记,物权人请求返还财产都不应当适用诉讼时效。物权人请求返还财产适用诉讼时效与物权请求权的性质不相符。物权请求权性质上是保障物权实现的从属性权利,其作用在于对抗他人的非法侵害,确保物权人权利的实现,其应当与物权本身共始终。否则,缺少物权请求权保护的物权将无法获得有效的保护,使物权人对物的所有形如虚设。有的意见则认为,法律设立诉讼时效制度的目的是为了督促权利人及时行使权利,避免影响经济秩序的稳定,以及合理利用司法资源。物权请求权与债权请求权同是请求权,甚至可以说都是债权,所保护和体现的价值也并无实质上的差别,为了实现诉讼时效制度的目的与功能,也不宜厚此薄彼。物权人怠于行使请求权,带来丧失占有、使用、收益、处分的支配权的后果,与债权人怠于行使请求权,带来不能实现债权的后果,别无二致,同样不难理解。而且,对于司法实践来说,这种预设前提的理论区分并无太大意义,事过多年,如果没有登记作为显而易见的证据,当事人主张自己是物权人而请求返还财产,对方往往不会承认,就要经过审理确认,而如果审理又与设立诉讼时效制度的目的——避免年长日久证据收集困难,浪费司法资源——相冲突了。有的意见认为,诉讼时效的适用范围要符合诉讼时效制度对民事主体特定类型的请求权限制的正当性,这种正当性不是从当事人之间进行考虑的,而是针对不特定第三人。权利人长期不行使权利,不特定第三人可能并不知情,误以为义务人享有物权,基于信赖与之发生各种法律关系。不特定第三人的信赖利益被认为是社会公共利益的一种重要类型,需要进行保护。对于停止侵害、排除妨碍、消除危险以及登记的物权人请求返还财产的请求权,不涉及不特定第三人,即使权利人长期不行使,也不影响不特定第三人的信赖利益,所以不应当适用诉讼时效。因此,征求意见稿规定,登记的物权人请求返还财产,不适用诉讼时效。

草案征求意见稿

目　录

第一章　一般规定
第二章　自然人
　第一节　民事权利能力和民事行为能力
　第二节　监　护
　第三节　宣告失踪和宣告死亡
　第四节　个体工商户、农村承包经营户
第三章　法　人
　第一节　一般规定
　第二节　营利性法人
　第三节　非营利性法人
第四章　其他组织
第五章　民事权利
第六章　民事法律行为
　第一节　一般规定
　第二节　意思表示
　第三节　民事法律行为的效力
　第四节　民事法律行为的附条件和附期限
第七章　代　理
　第一节　一般规定
　第二节　委托代理
　第三节　代理关系的终止
第八章　民事权利的行使和保护
第九章　期间和时效
　第一节　期　间
　第二节　诉讼时效

第三节　除斥期间
第十章　附　则

第一章　一般规定

第一条　为了保护民事主体的民事权益,正确调整民事关系,维护社会和经济秩序,促进社会和经济发展,根据宪法,制定本法。

第二条　中华人民共和国民法调整平等主体的自然人、法人、其他组织之间的人身关系和财产关系。

第三条　民事主体的法律地位一律平等。

第四条　民事主体依法自愿从事民事活动。

第五条　民事活动应当遵循公平原则。

第六条　民事活动应当遵循诚实信用原则。

第七条　民事活动应当遵守法律,不得违背公序良俗。

第八条　民事主体的民事权益受法律保护,任何单位和个人不得侵犯。

第九条　处理民事关系,应当依照法律规定;法律没有规定的,也可以适用习惯,但不得违背公序良俗。

第十条　其他法律对民事关系另有规定的,依照其规定。

第十一条　在中华人民共和国领域内的民事活动,适用中华人民共和国法律,但法律另有规定的除外。

第二章　自 然 人

第一节　民事权利能力和民事行为能力

第十二条　自然人从出生时起到死亡时止,具有民事权利能力,依法享有民事权利,承担民事义务。

第十三条　自然人的民事权利能力一律平等。

第十四条　自然人出生和死亡的时间,以户籍登记的时间为准。有其他证据足以推翻户籍登记时间的,以相关证据表明的时间为准。

第十五条　涉及胎儿利益保护,胎儿出生时为活体的,其出生前即视为具有民事权利能力。

第十六条 十八周岁以上的自然人是成年人,具有完全民事行为能力,可以独立实施民事法律行为,是完全民事行为能力人。

十六周岁以上不满十八周岁的自然人,以自己的劳动收入为主要生活来源的,视为完全民事行为能力人。

第十七条 六周岁以上的未成年人是限制民事行为能力人,可以独立实施纯获利益的民事法律行为或者与其年龄、智力相适应的民事法律行为;其他民事法律行为由其法定代理人代理,或者征得其法定代理人同意后实施。

第十八条 不满六周岁的未成年人是无民事行为能力人,由其法定代理人代理实施民事法律行为。

第十九条 不能辨认自己行为的成年人是无民事行为能力人,由其法定代理人代理实施民事法律行为。

六周岁以上的未成年人不能辨认自己行为的,适用前款规定。

第二十条 不能完全辨认自己行为的成年人是限制民事行为能力人,可以独立实施纯获利益的民事法律行为或者与其智力、精神健康状况相适应的民事法律行为;其他民事法律行为由其法定代理人代理,或者征得其法定代理人同意后实施。

第二十一条 无民事行为能力人、限制民事行为能力人的监护人是其法定代理人。

第二十二条 不能辨认或者不能完全辨认自己行为的成年人的利害关系人,可以向人民法院申请宣告其为无民事行为能力人或者限制民事行为能力人。

被人民法院宣告为无民事行为能力人或者限制民事行为能力人的,根据其智力、精神健康恢复的状况,经本人、利害关系人或者有关组织申请,人民法院可以宣告其为限制民事行为能力人或者完全民事行为能力人。

第二十三条 自然人以户籍登记的居所为住所。

经常居所与住所不一致的,经常居所视为住所。

第二节 监 护

第二十四条 未成年人的父母是未成年人的监护人。

未成年人的父母已经死亡或者没有监护能力的,由下列人员中有监护能力的人担任监护人:

(一)祖父母、外祖父母;

(二)成年兄、姐;

(三)关系密切的其他亲属、朋友愿意承担监护责任,经未成年人住所地的居民委员会、村民委员会或者民政部门同意的。

第二十五条 无民事行为能力或者限制民事行为能力的成年人,由下列人员中有监护能力的人担任监护人:

(一)配偶;

(二)父母;

(三)成年子女;

(四)其他近亲属;

(五)关系密切的其他亲属、朋友愿意承担监护责任,经被监护人住所地的居民委员会、村民委员会或者民政部门同意的。

第二十六条 监护人可以协议确定。协议确定监护人的,应当听取限制民事行为能力的被监护人的意见。

第二十七条 对担任监护人有争议的,由被监护人住所地的居民委员会、村民委员会或者民政部门根据最有利于被监护人的原则指定,对指定不服的,可以向人民法院提起诉讼;也可以直接向人民法院提起诉讼,由人民法院根据最有利于被监护人的原则指定。

居民委员会、村民委员会、民政部门或者人民法院指定监护人,应当听取限制民事行为能力的被监护人的意见。

依照第一款规定指定监护人之前,被监护人的人身、财产及其他合法权益处于无人保护状态的,由被监护人住所地的居民委员会、村民委员会、法律规定的有关组织或者民政部门担任临时监护人。

监护人被指定后,不得擅自变更。擅自变更的,不免除被指定的监护人的监护责任。

第二十八条 没有本法第二十四条、第二十五条规定的监护人的,由被监护人住所地的居民委员会、村民委员会、法律规定的有关组织或者民政部门担任监护人。

第二十九条 具有完全民事行为能力的成年人,可以在近亲属或者其他愿意承担监护责任的个人、组织中事先协商确定自己的监护人。监护人在该成年人丧失或者部分丧失民事行为能力时,依法承担监护责任。

第三十条 监护人依法行使监护的权利,受法律保护。

监护人应当按照最有利于被监护人的原则履行监护职责,保护被监护人的身心健康,照顾被监护人的生活,保护被监护人的财产权益及其他民事权益。除为被监护人利益外,不得处分被监护人的财产。

未成年人的监护人应当履行对被监护人的教育和管理职责;根据被监护人的年龄和智力状况,在作出与被监护人权益有关的决定时,尊重被监护人的意愿。

成年人的监护人履行监护职责应当最大程度地尊重被监护人的意愿,保障并协助被监护人独立实施与其智力、精神健康状况相适应的民事法律行为。

监护人不履行监护职责或者侵害被监护人民事权益的,应当承担责任。

第三十一条 监护人可以将监护职责部分或者全部委托给他人。因被监护人的侵权行为需要承担民事责任的,由监护人依法承担;受托人有过错的,承担相应责任。

第三十二条 监护人有下列情形之一的,人民法院根据有关人员或者单位的申请,撤销监护人的资格,并根据最有利于被监护人的原则依法为其指定新的监护人:

(一)实施严重损害被监护人身心健康行为的;

(二)怠于履行监护职责,或者无法履行监护职责并且拒绝将监护职责部分或者全部委托给他人,导致被监护人处于危困状态的;

(三)有其他严重侵害被监护人合法权益的行为的。

前款规定的有关人员或者单位包括:其他有监护资格的人员,被监护人住所地的居民委员会、村民委员会、学校、医疗卫生机构、妇女联合会、残疾人联合会、民政部门等。

前款规定的人员和组织未及时向人民法院提出申请的,民政部门应当向人民法院提出申请。

第三十三条 人民法院撤销监护人的资格之前,可以视情况先行中止其履行监护职责,由被监护人住所地的居民委员会、村民委员会、法律规定的有关组织或者民政部门担任临时监护人。

第三十四条 原监护人被人民法院撤销监护人的资格之后,确有悔改情形的,经其申请,人民法院可以视情况恢复其监护人的资格,人民法院指定的监护人同时终止与被监护人的监护关系。

第三十五条 有下列情形之一的,除本法另有规定外,监护关系终止:

(一)被监护人取得或者恢复完全民事行为能力的;

(二)监护人丧失监护能力的;

(三)被监护人或者监护人死亡的;

（四）经人民法院认定监护关系应当终止的其他情形。

监护关系终止后，被监护人仍然需要监护的，应当依法另行确定监护人。

第三节　宣告失踪和宣告死亡

第三十六条　自然人下落不明满二年的，利害关系人可以向人民法院申请宣告其为失踪人。

下落不明的时间，从失去失踪人音讯之日起计算。战争期间下落不明的，下落不明的时间自战争结束之日起计算。

第三十七条　失踪人的财产由其配偶、父母、成年子女或者关系密切的其他亲属、朋友代管。代管有争议、没有以上规定的人或者以上规定的人无能力代管的，由人民法院指定的人代管。

第三十八条　财产代管人应当妥善管理失踪人的财产，维护其财产权益。

失踪人所欠税款、债务和应付的其他费用，由财产代管人从失踪人的财产中支付。

财产代管人因故意或者重大过失造成失踪人财产损失的，应当承担赔偿责任。

第三十九条　财产代管人不履行代管职责、侵害失踪人财产权益或者丧失代管能力的，失踪人的利害关系人可以向人民法院申请变更财产代管人。

财产代管人有正当理由的，可以向人民法院申请另行确定财产代管人。

第四十条　被宣告失踪的人重新出现，经本人或者利害关系人申请，人民法院应当撤销失踪宣告。

被宣告失踪的人重新出现，有权要求财产代管人及时向其移交有关财产并报告财产代管情况。

第四十一条　自然人有下列情形之一的，利害关系人可以向人民法院申请宣告其死亡：

（一）下落不明满四年的；

（二）因意外事故下落不明满二年的。

因意外事故下落不明，经有关机关证明该自然人不可能生存的，申请宣告死亡不受二年期间的限制。

下落不明的时间计算，适用本法第三十六条第二款的规定。

第四十二条　利害关系人有的申请宣告死亡，有的申请宣告失踪，符合本法规定的宣告死亡条件的，人民法院应当宣告死亡。

第四十三条 被宣告死亡的人,宣告死亡的判决作出之日视为其死亡的日期。

第四十四条 自然人被宣告死亡的,不影响其在被宣告死亡后实施的民事法律行为的效力。

第四十五条 被宣告死亡的人重新出现,经本人或者利害关系人申请,人民法院应当撤销死亡宣告。

第四十六条 被宣告死亡的人与配偶的婚姻关系,自死亡宣告之日起消灭。死亡宣告被撤销时,其配偶未再婚的,夫妻关系自撤销死亡宣告之日起自行恢复;其配偶再婚的,夫妻关系不自行恢复。

第四十七条 在被宣告死亡期间,被宣告死亡的人的子女被他人依法收养的,在死亡宣告被撤销后,不得仅以未经本人同意而主张解除收养关系。

第四十八条 被撤销死亡宣告的人有权请求返还财产。依照继承法取得其财产的自然人、法人或者其他组织,应当返还原物;无法返还原物的,应当给予补偿。

利害关系人隐瞒真实情况致使他人被宣告死亡而取得其财产的,除应当返还原物外,还应当对因此造成的损失承担赔偿责任。

第四节 个体工商户、农村承包经营户

第四十九条 自然人经依法注册登记,从事工商业经营的,为个体工商户。个体工商户可以起字号。

第五十条 农村集体经济组织的成员,依法取得农村土地承包经营权,从事家庭承包经营的,为农村承包经营户。

第五十一条 个体工商户的债务,个人经营的,以个人财产承担;家庭经营的,以家庭财产承担。

农村承包经营户的债务,以家庭财产承担。

第三章 法 人

第一节 一般规定

第五十二条 法人是具有民事权利能力和民事行为能力,依法独立享有民事权利和承担民事义务的组织。

法人的民事权利能力和民事行为能力,从法人成立时产生,到法人终止时消灭。

第五十三条 法人应当具备下列条件:

(一)依法成立;

(二)有必要的财产或者经费;

(三)有自己的名称、组织机构和住所;

(四)能够独立承担民事责任。

第五十四条 依照法律或者法人章程规定,代表法人从事民事活动的负责人,是法人的法定代表人。

法定代表人以法人名义从事的民事活动,其后果由法人承受。

法人的权力机构或者章程对于法定代表人的代表权范围的限制,不得对抗善意第三人。

第五十五条 法定代表人因执行职务造成他人损害的,由法人承担民事责任。

法人承担民事责任后,根据法律或者法人章程的规定,可以向有过错的法定代表人追偿。

第五十六条 法人以其登记的住所为住所。法人登记的住所与其主要办事机构所在地不一致的,以法人的主要办事机构所在地为住所。

第五十七条 法人在其存续期间,合并、分立或者其名称、组织形式、设立目的、注册资本、住所、法定代表人等变更的,应当依法向登记机关申请变更登记。

第五十八条 登记机关应当通过信息公示系统依法及时公示法人登记的有关信息。

实际情况与法人登记的事项不符的,不得对抗善意第三人。

第五十九条 法人合并、分立的,其权利和义务由变更后的法人享有和承担。

第六十条 有下列情形之一的,法人解散:

(一)法人章程规定的存续期间届满或者法人章程规定的其他解散事由出现的;

(二)法人的权力机构决议解散的;

(三)法人依法被吊销营业执照、责令关闭或者被撤销的;

(四)法律规定的其他情形。

第六十一条 法人解散的,清算义务人应当及时组成清算组进行清算。

清算义务人怠于履行清算义务的,主管机关或者利害关系人可以申请人民法院指定有关人员组成清算组进行清算。

公司以外的法人的清算程序参照适用《中华人民共和国公司法》关于公司清算程序的规定。

法人经清算后剩余的财产,根据法人章程的规定或者法人权力机构的决议处理,法律、行政法规另有规定的除外。

依法清算终结,并完成法人注销登记时,法人终止。

第六十二条 清算义务人怠于履行清算义务,造成法人财产损失的,应当在造成损失范围内对法人债务承担责任。

清算义务人怠于履行清算义务,导致法人主要财产、账册、重要文件等灭失,无法进行清算的,对法人债务承担连带责任。

第六十三条 法人被宣告破产的,依法完成法人注销登记时,法人终止。

第六十四条 法人可以依法设立分支机构。法律、行政法规规定分支机构应当办理登记的,依照其规定。

分支机构经法人授权,以自己的名义从事民事活动,由此产生的民事责任,分支机构经营管理的财产不足以清偿的,由法人承担。

第六十五条 设立人对法人设立过程中的债务承担责任;设立人为两人以上的,承担连带责任。

设立人为设立法人从事的民事活动,其后果在法人成立后由法人承受。

第二节　营利性法人

第六十六条 以取得利润并分配给其成员为目的成立的法人,为营利性法人。

公司等营利性组织,属于营利性法人。

第六十七条 营利性法人,经依法登记,取得法人资格。

法律、行政法规规定须经有关机关批准的,依照其规定。

成立营利性法人应当具备的条件,依照法律的规定;成立营利性法人应当履行的程序,依照法律或者行政法规的规定。

第六十八条 营利性法人的权力机构为成员大会。

法律、行政法规对营利性法人的权力机构另有规定的,依照其规定。

第六十九条 营利性法人设董事会或者执行董事的,董事会或者执行董事为其执行机构,董事长、执行董事或者经理为其法定代表人;没有设董事会或者执行董事的,其章程规定的主要负责人为该法人的执行机构和法定代表人。

法律、行政法规对营利性法人的执行机构、法定代表人另有规定的,依照其规定。

<h3 style="text-align:center">第三节　非营利性法人</h3>

第七十条　为公益目的或者其他非营利目的成立的法人,为非营利性法人。

非营利性法人不得向其成员或者设立人分配利润。

为公益目的成立的非营利性法人终止时,不得分配剩余财产;其剩余财产应当按照章程的规定用于公益目的;不能按照章程规定处理的,由主管机关划归性质、宗旨相同或者相似的以公益为目的的法人,并向社会公告。

第七十一条　具备法人条件,为实现公益目的,利用国有资产设立的事业单位,经依法登记,取得法人资格;依法不需要办理法人登记的,从成立之日起,具有法人资格。

法律、行政法规规定须经有关机关批准的,依照其规定。

第七十二条　具备法人条件,基于会员共同意愿,为实现公益目的或者会员共同利益等非营利目的设立的社会团体,经依法登记,取得法人资格;依法不需要办理法人登记的,从成立之日起,具有法人资格。

法律、行政法规规定须经有关机关批准的,依照其规定。

第七十三条　社会团体法人应当设会员大会或者会员代表大会等权力机构。

社会团体法人应当设理事会等执行机构。社会团体法人的理事长或者会长等主要负责人是社会团体法人的法定代表人。

第七十四条　具备法人条件,为实现公益目的或者其他非营利目的,以捐助人的捐助财产设立的基金会、宗教活动场所等,经依法登记,取得捐助法人资格。

法律、行政法规规定须经有关机关批准的,依照其规定。

第七十五条　捐助法人应当设理事会等执行机构。捐助法人的理事长等主要负责人是捐助法人的法定代表人。

捐助法人应当设监事会等监督机构或者监事等监督人。

第七十六条　有独立经费的机关、承担行政职能的法定机构从成立之日起,具有机关法人资格,可以从事为履行职能所需要的民事活动。

第七十七条　机关法人被撤销的,其民事责任由继续行使其职权的机关法人承担;没有继续行使其职权的机关法人的,由撤销该机关法人的机关法承担。

第四章　其他组织

第七十八条　其他组织是不具有法人资格但依法能够以自己的名义从事民事活动的组织。

其他组织包括个人独资企业、合伙企业等。

第七十九条　其他组织应当具备下列条件：

（一）依法成立；

（二）有必要的财产；

（三）有自己的名称、组织机构和住所；

（四）法律规定的其他条件。

第八十条　其他组织应当依法登记。

法律、行政法规规定须经有关机关批准的，依照其规定。

第八十一条　代表其他组织从事民事活动的人，是其他组织的主要负责人。

第八十二条　其他组织的债务先以其财产清偿，不足以清偿的，由其成员或者设立人清偿，法律另有规定的除外。

第八十三条　有下列情形之一的，其他组织解散：

（一）设立人或者其成员决定解散的；

（二）章程或者组织规章规定的存续期间届满的；

（三）章程或者组织规章规定的其他解散事由出现的；

（四）法律规定的其他情形。

第八十四条　其他组织解散的，应当依法进行清算。

依法清算终结，并完成注销登记时，其他组织终止。

第八十五条　其他组织除适用本章规定外，参照适用本法第三章第一节的有关规定。

第五章　民事权利

第八十六条　民事主体依法享有物权。

物权是权利人依法对特定的物享有直接支配和排他的权利，包括所有权、用益物权、担保物权。

物包括不动产和动产。法律规定权利作为物权客体的,依照其规定。

第八十七条 民事主体依法享有债权。

因合同、侵权行为、无因管理、不当得利以及法律的其他规定,在当事人之间产生的特定的权利义务关系,为债权债务关系。享有权利的人是债权人,负有义务的人是债务人。

没有法定的或者约定的义务,为避免他人利益受损失进行管理或者服务的,有权请求受益人偿还由此而支付的必要费用。

没有合法根据,取得不当利益,造成他人损失的,应当将取得的不当利益返还受损失的人。

第八十八条 民事主体依法享有知识产权。

知识产权是指就下列内容所享有的权利:

(一)文学、艺术和自然科学、社会科学、工程技术等作品;

(二)专利;

(三)商标;

(四)原产地标记;

(五)商业秘密;

(六)集成电路布图设计;

(七)植物新品种;

(八)发现;

(九)法律、行政法规规定的其他智力成果。

第八十九条 自然人享有生命、健康、姓名、肖像、名誉、荣誉、隐私等权利。

法人、其他组织享有名称、名誉、荣誉等权利。

第九十条 自然人因婚姻、家庭关系产生的人身权利受法律保护。

第九十一条 民事主体依法享有继承权、股权等其他民事权利。

第六章 民事法律行为

第一节 一般规定

第九十二条 民事法律行为是自然人、法人或者其他组织通过意思表示设立、变更和终止民事权利和民事义务的行为。

第九十三条 民事法律行为可以基于单方的意思表示成立,也可以基于双方或者多方的意思表示一致成立。

法人、其他组织的决议行为应当依照法律或者章程规定的召集程序和表决规则成立。

第九十四条 民事法律行为可以采用书面形式、口头形式或者其他形式。法律规定或者当事人约定采用特定形式的，应当采用特定形式。

第九十五条 民事法律行为自成立时生效，法律另有规定或者当事人另有约定的除外。行为人非依法律规定或者取得对方同意，不得擅自变更或者解除民事法律行为。

第二节 意思表示

第九十六条 以对话方式作出的意思表示，相对人了解其内容时生效。以非对话方式作出的意思表示，到达相对人时生效。

以非对话方式作出的采用数据电文形式的意思表示，相对人指定特定系统接收数据电文的，该数据电文进入该特定系统时生效；未指定特定系统的，相对人知道该数据电文进入其系统时生效。当事人对采用数据电文形式的意思表示的生效时间另有约定的，按照其约定。

以公告方式作出的意思表示，公告发布时生效。

无相对人的意思表示，表示完成时生效，法律另有规定的除外。

第九十七条 行为人可以明示或者默示作出意思表示。

不作为的默示，只有在法律另有规定、当事人另有约定或者另有习惯时，才可以视为意思表示。

第九十八条 行为人可以撤回意思表示，撤回意思表示的通知应当在意思表示到达相对人之前或者与意思表示同时到达相对人。

第九十九条 有相对人的意思表示的解释，应当按照所使用的词句，结合相关条款、行为的性质和目的、习惯、受领人的合理信赖以及诚实信用原则，确定意思表示的含义。

无相对人的意思表示的解释，不能拘泥于所使用的词句，应当结合相关条款、行为的性质和目的、习惯以及诚实信用原则，确定行为人的真实意思。

第三节 民事法律行为的效力

第一百条 民事法律行为具备下列条件的有效：

（一）行为人具有相应的民事行为能力；

(二)意思表示真实;

(三)不违反法律、行政法规的效力性强制性规定,不违背公序良俗。

第一百零一条 无民事行为能力人实施的民事法律行为无效。

第一百零二条 限制民事行为能力人实施的民事法律行为,经法定代理人同意或者追认后有效,但纯获利益的民事法律行为或者与其年龄、智力、精神健康状况相适应而实施的民事法律行为,不必经法定代理人同意或者追认。

相对人可以催告法定代理人在一个月内予以追认。法定代理人未作表示的,视为拒绝追认。民事法律行为被追认之前,善意相对人有撤销的权利。撤销应当以通知的方式作出。

第一百零三条 行为人与相对人串通,以虚假的意思表示实施的民事法律行为无效,但双方不得以虚假的意思表示无效对抗善意第三人。

第一百零四条 基于重大误解实施的民事法律行为,行为人有权请求人民法院或者仲裁机构予以变更或者撤销。

第一百零五条 一方以欺诈手段,使对方在违背真实意思的情况下实施的民事法律行为,受欺诈方有权请求人民法院或者仲裁机构予以变更或者撤销。

第一百零六条 第三人实施欺诈行为,使一方在违背真实意思的情况下实施的民事法律行为,对方知道或者应当知道该欺诈行为的,受欺诈方有权请求人民法院或者仲裁机构予以变更或者撤销。

第一百零七条 一方或者第三人以胁迫手段,使对方在违背真实意思的情况下实施的民事法律行为,受胁迫方有权请求人民法院或者仲裁机构予以变更或者撤销。

第一百零八条 显失公平的民事法律行为,受损害方有权请求人民法院或者仲裁机构予以变更或者撤销。

第一百零九条 乘人之危的民事法律行为,受损害方有权请求人民法院或者仲裁机构予以变更或者撤销。

第一百一十条 民事法律行为因重大误解、欺诈、显失公平、乘人之危被变更或者撤销的,不得对抗善意第三人。

第一百一十一条 有下列情形之一的,撤销权消灭:

(一)当事人自知道或者应当知道撤销事由之日起一年内没有行使撤销权的;

(二)当事人受胁迫,自胁迫行为终止之日起一年内没有行使撤销权的;

(三)当事人知道撤销事由后明确表示或者以自己的行为放弃撤销权的。

当事人自民事法律行为发生之日起五年内没有行使撤销权的,该撤销权消灭。

第一百一十二条 违反法律、行政法规的效力性强制性规定或者违背公序良俗的民事法律行为无效。

第一百一十三条 无效和被撤销的民事法律行为,从民事法律行为开始时起就没有法律约束力。

第一百一十四条 民事法律行为无效、被撤销或者确定不发生效力后,行为人因该行为取得的财产,应当予以返还;不能返还或者没有必要返还的,应当折价补偿。有过错的一方应当赔偿对方因此所受到的损失,各方都有过错的,应当各自承担相应的责任。法律另有规定的,依照其规定。

民事法律行为部分无效,不影响其他部分效力的,其他部分仍然有效。

第四节 民事法律行为的附条件和附期限

第一百一十五条 民事法律行为可以附条件,但依照其性质不得附条件的除外。附生效条件的民事法律行为,自条件成就时生效。附解除条件的民事法律行为,自条件成就时失效。

第一百一十六条 当事人为自己的利益不正当地阻止条件成就的,视为条件已成就;不正当地促成条件成就的,视为条件不成就。

第一百一十七条 民事法律行为可以附期限,但依照其性质不得附期限的除外。附生效期限的民事法律行为,自期限届至时生效。附终止期限的民事法律行为,自期限届满时失效。

第七章 代 理

第一节 一般规定

第一百一十八条 代理人在代理权限内,以被代理人名义实施的民事法律行为,对被代理人发生效力。

依照法律规定、当事人约定或者民事法律行为的性质,应当由本人亲自实施的民事法律行为,不得代理。

第一百一十九条 代理包括委托代理、法定代理和指定代理。

委托代理人按照被代理人的委托行使代理权;法定代理人依照法律的规定

行使代理权;指定代理人按照人民法院或者依法有权指定的单位的指定行使代理权。

法定代理和指定代理,本章没有规定的,适用本法和其他法律有关规定。

第一百二十条 代理人不履行职责造成被代理人损害的,应当承担民事责任。

代理人和第三人恶意串通,损害被代理人民事权益的,由代理人和第三人承担连带责任。

第二节　委托代理

第一百二十一条 委托代理可以采用书面形式、口头形式或者其他形式。法律规定或者当事人约定采用特定形式的,应当采用特定形式。

书面委托代理的授权委托书应当载明代理人的姓名或者名称、代理事项、权限和期间,并由被代理人签名或者盖章。

第一百二十二条 代理人为数人的,应当共同行使代理权,法律另有规定或者当事人另有约定的除外。

第一百二十三条 代理人知道或者应当知道被授权代理的事项违法仍然实施代理行为,或者被代理人知道或者应当知道代理人的代理行为违法未作反对表示的,由被代理人和代理人承担连带责任。

第一百二十四条 代理人不得以被代理人的名义与自己实施民事法律行为,法律另有规定或者被代理人同意、追认的除外。

代理人不得以被代理人的名义与其同时代理的其他人实施民事法律行为,法律另有规定或者被代理的双方同意、追认的除外。

第一百二十五条 代理人需要转委托第三人代理的,应当取得被代理人的同意或者得到其追认。

转委托代理经被代理人同意或者追认的,被代理人可以就代理事务直接指示转委托的第三人,代理人仅就第三人的选任及其对第三人的指示承担责任。

转委托代理未经被代理人同意或者追认的,代理人应当对转委托的第三人的行为承担责任,但在紧急情况下代理人为了维护被代理人的利益需要转托他人代理的除外。

第一百二十六条 执行法人或者其他组织工作任务的人,就其职权范围内的事项,可以以法人或者其他组织的名义实施民事法律行为,由法人或者其他组织承担民事责任。

法人或者其他组织对其工作人员职权范围的限制,不得对抗善意第三人。

第一百二十七条 行为人没有代理权、超越代理权或者代理权终止后,仍然实施代理行为,未经被代理人追认的,代理行为无效。

相对人可以催告被代理人在一个月内予以追认。被代理人未作表示的,视为拒绝追认。无权代理人实施的行为被追认之前,善意相对人有撤销的权利。撤销应当以通知的方式作出。

无权代理人实施的行为未被追认的,善意相对人有权要求无权代理人履行债务或者就其受到的损害要求无权代理人赔偿,但赔偿的范围不得超过代理行为有效时所能获得的利益。

相对人知道或者应当知道代理人无权代理的,相对人和代理人按照各自的过错承担责任。

第一百二十八条 行为人没有代理权、超越代理权或者代理权终止后,仍然实施代理行为,相对人有理由相信行为人有代理权的,代理行为有效。

第三节 代理关系的终止

第一百二十九条 有下列情形之一的,委托代理终止:

(一)代理期间届满或者代理事务完成的;
(二)被代理人取消委托或者代理人辞去委托的;
(三)代理人丧失民事行为能力的;
(四)代理人或者被代理人死亡的;
(五)作为代理人或者被代理人的法人、其他组织终止的。

第一百三十条 被代理人死亡后有下列情形之一的,委托代理人实施的代理行为有效:

(一)代理人不知道并且不应当知道被代理人死亡的;
(二)被代理人的继承人均予以承认的;
(三)授权中明确到代理事项完成时代理权终止的;
(四)在被代理人死亡前已经实施,在被代理人死亡后为了被代理人继承人的利益继续完成的。

第一百三十一条 有下列情形之一的,法定代理或者指定代理终止:

(一)被代理人取得或者恢复民事行为能力的;
(二)代理人丧失民事行为能力的;
(三)被代理人或者代理人死亡的;
(四)指定代理的人民法院或者依法有权指定的单位取消指定的;

（五）法律规定的其他情形。

第八章　民事权利的行使和保护

第一百三十二条　民事主体行使民事权利受法律保护。

除非为了公共利益的需要并依照法律规定的权限和程序，不得限制民事权利。

为了公共利益的需要，依照法律规定的权限和程序对民事权利进行限制的，应当给予补偿。

第一百三十三条　行使民事权利，不得违反法律、行政法规的规定，不得违背公序良俗，不得损害他人合法权益。违反前款规定的，应当依法承担民事责任。

第一百三十四条　民事主体从事民事活动应当保护环境、节约资源，防止、减少环境污染和生态破坏。

第一百三十五条　民事主体应当依照法律规定或者当事人约定履行民事义务。

民事主体不履行或者不完全履行民事义务的，应当依法承担民事责任。

第一百三十六条　二人以上不履行或者不完全履行民事义务的，应当依法分担责任或者承担连带责任。

第一百三十七条　承担民事责任的方式主要有：

（一）停止侵害；

（二）排除妨碍；

（三）消除危险；

（四）返还财产；

（五）恢复原状；

（六）修理、重作、更换；

（七）赔偿损失；

（八）支付违约金；

（九）消除影响、恢复名誉；

（十）赔礼道歉。

以上承担民事责任的方式，可以单独适用，也可以合并适用。

第一百三十八条　因不可抗力不能履行民事义务的，不承担民事责任，法律另有规定的除外。

不可抗力是指不能预见、不能避免并不能克服的客观情况。

第一百三十九条 民事主体因同一行为应当承担民事责任、行政责任和刑事责任的,不影响依法承担民事责任;民事主体的财产不足以支付的,先承担民事责任。

第九章 期间和时效

第一节 期 间

第一百四十条 民法所称的期间按照公历年、月、日、小时计算。

第一百四十一条 按照小时计算期间的,自规定或者约定的时间起算。

按照日、月、年计算期间的,开始的当日不算入,自下一日起算。

第一百四十二条 按照月、年计算期间的,最后一月与期间起算日相应日的前一日为期间的最后一日;最后一月没有相应日的,最后一月的结束日为期间的最后一日。

第一百四十三条 期间的最后一日是法定休假日的,以法定休假日结束的次日为期间的最后一日。

期间的最后一日的截止时间为二十四点。有业务时间的,按照业务时间确定。

第一百四十四条 期间的计算方法依照本法的规定,法律另有规定或者当事人另有约定的除外。

第二节 诉讼时效

第一百四十五条 向人民法院请求保护民事权利的诉讼时效期间为五年,法律另有规定的除外。

诉讼时效期间自权利人知道或者应当知道权利受到损害以及造成损害的义务人之日起开始计算,法律另有规定的除外。但是,自权利受到损害之日起超过二十年的,人民法院不予保护,有特殊情况的,人民法院可以延长。

第一百四十六条 主权利诉讼时效期间届满,从权利诉讼时效期间随之届满。

第一百四十七条 诉讼时效期间届满后,义务人自愿履行的,不受诉讼时效限制;义务人同意履行的,不得以诉讼时效期间届满为由抗辩。

人民法院不得主动适用诉讼时效的规定。

第一百四十八条 在诉讼时效期间的最后六个月内,因下列障碍不能行使请求权的,诉讼时效中止:

(一)不可抗力;

(二)无民事行为能力人、限制民事行为能力人没有法定代理人、指定代理人,或者法定代理人、指定代理人死亡、丧失代理权、丧失民事行为能力;

(三)继承开始后未确定继承人或者遗产管理人;

(四)权利人被义务人或者其他人控制;

(五)其他导致权利人不能行使请求权的障碍。

自中止时效的原因消除之日起满六个月,诉讼时效期间届满。

第一百四十九条 无民事行为能力人或者限制民事行为能力人与其法定代理人或者指定代理人之间的请求权的诉讼时效,自该法定代理关系或者指定代理关系终止之日起开始计算。

第一百五十条 有下列情形之一的,诉讼时效中断,从中断或者有关程序终结时起,诉讼时效期间重新计算:

(一)权利人向义务人提出履行请求的;

(二)义务人同意履行义务的;

(三)权利人提起诉讼或者申请仲裁的;

(四)其他与提起诉讼或者申请仲裁具有同等效力的情形。

第一百五十一条 对连带权利人或者连带义务人中的一人发生诉讼时效中断的,对全部连带权利人或者连带义务人均发生诉讼时效中断的效力。

第一百五十二条 下列请求权不适用诉讼时效:

(一)请求停止侵害、排除妨碍、消除危险;

(二)登记的物权人请求返还财产;

(三)其他依法不适用诉讼时效的请求权。

第一百五十三条 诉讼时效的期间、计算方法以及中止、中断的事由由法律规定,当事人约定无效。

当事人预先放弃诉讼时效利益的无效。

第三节 除斥期间

第一百五十四条 法律规定或者当事人约定的撤销权、解除权等权利的存续期间,为除斥期间。

除斥期间届满后,当事人的撤销权、解除权等权利消灭。

第一百五十五条 除斥期间自权利人知道或者应当知道权利产生之日起开始计算,法律另有规定的除外。

第一百五十六条 除斥期间不适用本法有关诉讼时效中止、中断和延长的规定,法律另有规定的除外。

第十章 附 则

第一百五十七条 本法所称的"以上"、"以下"、"以内"、"届满",包括本数;所称的"不满"、"以外",不包括本数。

第一百五十八条 本法自　　年　月　日起施行。

从草案征求意见稿到草案一次审议稿介绍

一、从草案征求意见稿到草案一次审议稿期间的重要立法活动

2016年2月23日

全国人大常委会法制工作委员会召开民法典编纂工作沟通会,法工委副主任张荣顺主持会议。会议就民法典编纂下一步工作,与最高人民法院、最高人民检察院、国务院法制办公室、中国社会科学院、中国法学会等五家单位沟通情况并听取意见。

2016年4月13日至14日

根据中德合作法律项目的安排,法工委民法室和德国技术合作公司在北京召开中德民法总则国际研讨会。会议邀请鲁尔大学法学院院长温德尔(Peter A. Windel)教授、律师施密特(Justus Schmidt-Ott)博士等德国专家,王利明、孙宪忠、尹田、杨立新、崔建远、李永军、赵旭东等中方专家,就民法总则的法人制度、权利客体、民事法律行为和诉讼时效等问题进行了研讨。

2016年5月23日

全国人大常委会法制工作委员会召开民法典编纂工作协调小组第三次会议,法工委主任李适时主持会议,法工委副主任张荣顺参加会议。最高人民法院、最高人民检察院、国务院法制办公室、中国社会科学院、中国法学会等五家单位的负责同志参加了会议并发表意见。

2016年5月20日

法工委民法室形成民法总则(征求意见稿2016年5月20日修改稿)。内容包括:第一章一般规定,第二章自然人,其中第一节民事权利能力和民事行为能力、第二节监护、第三节宣告失踪和宣告死亡、第四节个体工商户、农村承包经营户,第三章法人,其中第一节一般规定、第二节营利性法人、第三节非营利性法人,第四章其他组织,第五章民事权利,第六章民事法律行

为,其中第一节一般规定、第二节意思表示、第三节民事法律行为的效力、第四节民事法律行为的附条件和附期限,第七章代理,其中第一节一般规定、第二节委托代理、第三节代理的终止,第八章民事责任,第九章诉讼时效和除斥期间,其中第一节诉讼时效、第二节除斥期间,第十章期间的计算,第十一章附则。共11章,175条。

2016年5月24日

法工委民法室形成民法总则(征求意见稿2016年5月24日修改稿)。

2016年5月26日

法工委委务会讨论民法总则(征求意见稿2016年5月24日修改稿)。

2016年5月27日

法工委民法室召开座谈会,听取部分全国人大代表对民法总则(征求意见稿5月20日修改稿)的意见,法工委主任李适时主持会议,法工委副主任张荣顺参加会议。河南省宝丰县人民法院闹店镇法庭庭长朱正栩,上海市长宁区虹桥社区(街道)虹储居民区党总支书记、区老龄委主任朱国萍,中国社会科学院法学研究所欧美法研究中心主任、长江学者孙宪忠,北京市天达共和律师事务所主任李大进,北京市金杜(广州)律师事务所合伙人吴青,广东省广州市律师协会《广州律师》杂志主编陈舒,湖南省人民政府参事、湖南秦希燕联合律师事务所主任秦希燕,河北省邯郸市人民检察院党组副书记、常务副检察长贾春梅,九三学社中央委员、北京市信利律师事务所执业律师、合伙人阎建国等9位全国人大代表参加会议并发表意见。

2016年5月27日

法工委民法室形成民法总则(征求意见稿2016年5月27日修改稿)。

2016年5月30日

法工委民法室在机关办公楼第四会议室召开专家座谈会,听取对民法总则(征求意见稿2016年5月27日修改稿)的意见和建议,法工委副主任张荣顺主持会议。中国社会科学院梁慧星,中国人民大学王利明、杨立新,北京大学尹田,清华大学崔建远,中国政法大学李永军、赵旭东等专家参加会议并发表意见。

2016年6月27日

法工委主任李适时向十二届全国人大常委会第二十一次会议作民法总则草案的说明。

2016年6月28日

十二届全国人大常委会第二十一次会议对民法总则(草案)进行分组审议。

二、从草案征求意见稿到草案一次审议稿期间的主要修改情况和立法背景

(一)关于一般规定

1. 章名

草案征求意见稿规定第一章的章名为"一般规定"。

有的意见建议,将第一章分为两节,第一节规定立法目的、调整对象和基本原则,第二节规定法律适用、法律解释等内容。有的意见建议,分为"本法的适用"和"基本原则"两节。有的意见提出,第一章标题"一般规定"过于口语化,且其他章比如第六章、第七章中也有"一般规定",同是"一般规定",但内涵不一,建议章名修改为"基本原则和适用范围"或者"基本原则"。经研究,草案一次审议稿将第一章章名修改为"基本原则"。

2. 维护交易安全

草案征求意见稿第一章没有规定维护交易安全的内容。

有的意见提出,民法典采取民商合一的立法模式,有必要专门规定一条商事活动的基本原则:"商事活动应遵循交易自由、交易公平、交易迅捷、交易确定、交易安全的原则。"有的意见提出,交易安全不仅适用于商事活动,普通民事活动也要遵循交易安全原则。经研究,在征求意见稿第六条增加一款作为第二款规定:"民事主体从事民事活动,应当自觉维护交易安全。"

3. 绿色原则

草案征求意见稿未对人与自然和谐发展原则作出规定。

有的意见建议,明确规定人与自然和谐发展原则,贯彻可持续发展理念,有利于构建生态时代下人与自然的新型关系,顺应了绿色立法潮流,可以成为民法总则的亮点和特色。建议增加规定:"民事活动应当节约资源、保护环境,促进人与自然和谐发展。"有的意见提出,保护环境和节约资源作为宣传理念很好,但很难作为法律原则适用,可能被扩大适用导致一些民事法律行为无效或者被撤销,建议慎重规定或者缩小适用范围。经研究,草案

一次审议稿增加规定了人与自然和谐发展原则。第七条规定:"民事主体从事民事活动,应当保护环境、节约资源,促进人与自然和谐发展。"

4. 守法原则

草案征求意见稿第七条规定:"民事活动应当遵守法律,不得违背公序良俗。"

有的意见提出,为了更好地体现"法无禁止即可为"的私法精神,建议删除"应当遵守法律"。有的意见建议,将"应当遵守法律"修改为"不得违反法律的禁止性规定"或者"不得违反旨在保护个人利益的强制性法律"。有的意见提出,"公序良俗"的含义不清楚,建议修改为"公共利益、社会公德或者善良风俗"或者"公共秩序或者善良风俗"。有的意见提出,"公序良俗"涵盖不了"社会公共利益",建议对二者的关系再作研究。有的意见提出,"公序良俗"表述精炼,涵盖内容广,也符合大陆法系国家和地区民法典的立法通例,全国人大常委会在关于姓名权的立法解释中已经使用过"公序良俗"的概念,建议民法总则继续使用这个概念。有的意见建议本条增加规定"不得损害他人合法权益"。经研究,草案一次审议稿对本条作了适当修改。第八条规定:"民事主体从事民事活动,应当遵守法律,不得违背公序良俗,不得损害他人合法权益。"

5. 权利、义务和责任相适应

草案征求意见稿第一章没有规定有关民事主体履行义务、承担责任的内容。

有的意见提出,当前社会不少当事人只注重自己的权利,不愿意履行自己的义务,不想承担应当承担的责任,因此应当强化人们的义务和责任意识,建议民法总则增加规定:"民事主体从事民事活动应当遵循权利、义务和责任相适应的原则。"有的意见提出,民法总则是一部权利法,不宜过于强调民事主体的义务和责任,并且权利、义务和责任三者之间的关系非常复杂,很难说三者一定完全适应。经研究,在征求意见稿第九条增加一款作为第二款规定:"民事主体行使权利的同时,应当履行法律规定的或者当事人约定的义务,承担相应责任。"

6. 民法法源

草案征求意见稿第九条规定:"处理民事关系,应当依照法律规定;法律没有规定的,也可以适用习惯,但不得违背公序良俗。"

有的意见提出,"法律"有广义和狭义之分,建议明确本条"法律"的具体范围。有的意见认为,本条中的"法律"应当包括法律、法律解释、行政法规、地方性法规、自治条例和单行条例、司法解释。有的意见认为,"法律"包括法律、行政法规。有的意见认为,"法律"包括法律、行政法规,还可以再放宽到地方性法规。有的意见提出,"习惯"不好界定,可能导致法官自由裁量权过大,有损司法裁判的权威性,建议删除。有的意见提出,习惯有民间习惯、商事习惯、行规行约、国际惯例等,建议明确习惯的判断标准。有的意见提出,"处理民事关系"的表述不妥,搭配也不恰当,建议改为"处理民事纠纷"。经研究,草案一次审议稿将"处理民事关系"修改为"处理民事纠纷"。此外,按照其他民事基本法的惯常处理方式,这里的"法律"作广义解释,具体范围还应当依照立法法的相关规定。第十条规定:"处理民事纠纷,应当依照法律规定;法律没有规定的,可以适用习惯,但是不得违背公序良俗。"

(二)关于自然人

1. 出生时间和死亡时间

草案征求意见稿第十四条规定:"自然人出生和死亡的时间,以户籍登记的时间为准。有其他证据足以推翻户籍登记时间的,以相关证据表明的时间为准。"

有的意见提出,户籍登记是行政管理的需要,户籍登记是传来证据,出生、死亡证明是原始证据,出生、死亡证明记载的时间比户籍登记的时间更为客观、详细,建议以出生、死亡证明记载的时间认定自然人出生和死亡的时间;没有出生、死亡证明的,以户籍登记的时间或者参照户籍登记等其他有关证明认定。经研究,草案一次审议稿采纳了这一意见,第十五条规定:"自然人的出生时间和死亡时间,以出生证明、死亡证明记载的时间为准;没有出生证明、死亡证明的,以户籍登记的时间为准。有其他证据足以推翻以上时间的,以相关证据证明的时间为准。"

2. 胎儿利益的保护

草案征求意见稿第十五条规定:"涉及胎儿利益保护,胎儿出生时为活体的,其出生前即视为具有民事权利能力。"

有的意见建议,将本条修改为:"涉及胎儿利益保护的,视为已经出生,法律另有规定的除外。"有的意见提出,"胎儿出生时为活体的"的表述容易使人产生误解,将"胎儿出生时为活体"作为胎儿享有民事权利能力的必要条件,要等待其出生之后才可以向法院起诉。而按照立法目的,胎儿自母亲怀孕之时起就被视为具有民事权利能力,无须待到其出生,即可行使继承权、损害赔偿请求权及相应的诉权等权利。如果"胎儿将来出生时为死体",因保护胎儿利益的法律政策目的落空,则溯及至母亲怀孕之时否定其民事权利能力。宜从反面将"胎儿将来出生时为死体",作为溯及至怀胎之时消灭其民事权利能力的条件。建议本条分为两款,第一款规定:"凡涉及胎儿利益保护的,胎儿视为具有民事权利能力。"第二款规定:"胎儿出生时为死体的,其民事权利能力视为自始不存在。"经研究,草案一次审议稿采纳了这一意见,第十六条规定:"涉及遗产继承、接受赠与等胎儿利益的保护,胎儿视为具有民事权利能力。但是,胎儿出生时未存活的,其民事权利能力自始不存在。"

3. 限制民事行为能力的未成年人

草案征求意见稿第十七条规定:"六周岁以上的未成年人是限制民事行为能力人,可以独立实施纯获利益的民事法律行为或者与其年龄、智力相适应的民事法律行为;其他民事法律行为由其法定代理人代理,或者征得其法定代理人同意后实施。"

有的意见提出,六周岁儿童的辨识能力和判断能力仍然不足,建议将"六周岁"适当提高到"七周岁""八周岁"或者"十周岁"。有的意见建议,认真研究调整限制民事行为能力人年龄的依据和现实可行性。有的意见提出,规定为"六周岁"基本符合我国此年龄阶段未成年人的心智成熟程度与认知能力水平,也同我国年满六周岁的儿童须接受义务教育的规定相协调,在实践中易于执行、掌握,操作性较好。有的意见建议,将"纯获利益"修改为"纯获法律利益"。有的意见提出,"纯获利益行为"原则的运用在实践中很复杂,建议作类型化规定。有的意见建议,明确规定六周岁以上的未成年人可以独立实施小额的日常生活性法律行为。有的意见提出,限制民事行为能力的未成年人实施其他民事法律行为既可以是在征得其法定代理人同意后实施,也可以是在事后获得法定代理人的同意,建议将"征得其法定代理人同意后实施"修改为"征得其法定代理人的同意"。经研究,草案一次审议稿采纳了部分意见,但仍然维持了限制民事行为能力人的年龄下限为"六周岁"的规定,留待进一步研究。第十八条第一款规定:"六周岁以上不满十八周岁的未成年人,为限制民事行为能力人,可以独立实施纯获利益的民事法律行为或者与其年龄、智力相适应的民事法律行为;实施其他民事法律行为由其法定代理人代理,或者征得其法定代理人的同意。"

4. 无民事行为能力人

草案征求意见稿第十八条规定:"不满六周岁的未成年人是无民事行为能力人,由其法定代理人代理实施民事法律行为。"草案征求意见稿第十九条第一款规定:"不能辨认自己行为的成年人是无民事行为能力人,由其法定代理人代理实施民事法律行为。"第二款规定:"六周岁以上的未成年人不能辨认自己行为的,适用前款规定。"

有的意见建议增加规定:"无民事行为能力人可以实施纯获利益的民事法律行为。"有的意见建议增加规定,无民事行为能力人可以从事小额日常生活性交易行为。有的意见认为,无民事行为能力人缺乏基本的辨识能力,不宜从事任何民事法律行为。经研究,草案一次审议稿未对本条的内容作出修改。

5. 宣告无民事行为能力或者限制民事行为能力

草案征求意见稿第二十二条第一款规定:"不能辨认或者不能完全辨认自己行为的成年人的利害关系人,可以向人民法院申请宣告其为无民事行为能力人或者限制民事行为能力人。"第二款规定:"被人民法院宣告为无民事行为能力人或者限制民事行为能力人的,根据其智力、精神健康恢复的状况,经本人、利害关系人或者有关组织申请,人民法院可以宣告其为限制民事行为能力人或者完全民事行为能力人。"

有的意见建议,增加申请宣告不能辨认自己行为的六周岁以上未成年人为无民事行为能力人的规定。有的建议明确第二款"有关组织"的范围。有的意见提出,"有关组织"应当包括居民委员会、村民委员会、医疗卫生机构、残疾人联合会和民政部门等。有的意见提出,第一款将申请宣告人仅限于"利害关系人"范围过窄,可能导致应当宣告却无人申请的情况发生,并且第二款已增加规定"其他组织"可以申请宣告恢复民事行为能力,建议在第一款相应增加"有关组织"为申请宣告人。有的意见提出,第一款是认定成年人为无民事行为能力或者限制民事行为能力,是对成年人意思能力和行为自由的重大限制,必须严格掌握申请主体的范围。有的意见提出,民事诉讼法规定了"认定公民无民事行为能力、限制民事行为能力案件"的特别程序,采用的是"认定",而不是"宣告",民法总则也应与民事诉讼法的规定相统一。此外,保障残疾人生活正常化已经成为国际上对残疾人保护的新理念,对成年人的无民事行为能力或者限制民事行为能力状况通过法院进行宣告,不符合保护新理念,将会对其的日常生活、工作造成不必要的影响,建议将本条中的将"宣告"修改为"认定"。经研究,草案一次审议稿采纳了部分意见,将"宣告"修改为"认定",并对第二款规定的"有关组织"的范围作了界定。第二十三条第一款规定:"不能辨认或者不能完全辨认自己行为的成年人的利害关系人,可以向人民法院申请认定其为无民事行为能力人或者限制民事行为能力人。"第二款规定:"被人民法院认定为无民事行为能力人或者限制民事行为能力人的,根据其智力、精神健康恢复的状况,经本人、利害关系人或者有关组织申请,人民法院可以认定其恢复为限制民事行为能力人或者完全民事行为能力人。"第三款规定:"前款规定的有关组织包括:本人住所地的居民委员会、村民委员会、学校、医疗卫生机构、妇女联合会、残疾人联合会、依法设立的老年人组织、民政部门等。"

6. 自然人的住所

草案征求意见稿第二十三条第一款规定:"自然人以户籍登记的居所为住所。"第二款规定:"经常居所与住所不一致的,经常居所视为住所。"

有的意见建议采用2016年1月起施行的《居住证暂行条例》中的"常住户口所在地""居住地"的表述,将本条修改为:"自然人以户籍登记的常住户口所在地为住所。居住地与住所不一致的,居住地视为住所"。有的意见提出,第二款出现两处"住所",容易引起歧义,建议将第一处"住所"修改为"户籍登记的居所"。有的意见建议,明确"经常居所"的界定标准,比如可以借鉴司法解释的内容,规定"公民离开住所地最后连续居住一年以上的地方,为经常居住地。但住医院治病的除外。"有的意见建议,明确"未办理户籍登记的,经常居所视为住所",并对既未办理户籍登记,又无经常居所的自然人,如何确定其住所作出规定。有的意见建议,增加规定:"自然人由其户籍登记地迁出后至迁入另一地之前,无经常居所的,仍以其原户籍登记地为住所"。有的意见建议,增加规定:"无民事行为能力人、限制民事行为能力人以其监护人的住所为住所"。有的意见认为,有些内容仍以司法解释规定为宜。经研究,草案一次审议稿将两款合并为一条,未作实质修改。第二十四条规定:"自然人以户籍登记的居所为住所;经常居所与住所不一致的,经常居所视为住所。"

7. 监护一节在民法典中的位置

草案征求意见稿将监护制度规定在自然人一章中,作为民事主体制度的重要内容,对监护人的范围、监护争议解决程序、意定监护、监护职责、撤销监护人资格等作出规定,构建起了监护制度的基本框架。

有的意见提出,从立法科学性、体系化看,民法总则对监护只宜作简略性的规定,监护的主要内容应该放在亲属法或者婚姻家庭法中进行规定。一是,符合民法典的总分体例。民法总则应当规定民法典中具有共性、总括性和普遍性的内容,监护作为弥补民事主体行为能力的一项制度,可以在总则中用一个或者几个条文作出原则性规定,监护制度的具体内容可在婚姻家庭编细化展开,既能保持监护制度的独立性,也维护了民法典的整体性和协同性。二是,符合监护制度的双重法律属性。现代监护制度兼具私法和公法两种性质。一方面,监护的主体依然以亲属关系为主;另一方面,国家公权力作为监护制度的监督者和最后的责任承担者,确保未成年人和其他无民事行为能力人或者限制民事行为能力人权益的实现。三是,符合大陆法系民法典的体系化传统。监护制度是亲权制度的延伸,与亲属法密切相关,很多国家和地区的民法典均将监护的主要内容放在亲属编予以规定。四是,有利于监护制度的完善与发展。监护制度涉及内容广泛,放在亲属编中,可以规定得更具体、更具有操作性,克服总则内容过于简约原则的不足。有的意见认为,监护制度的核心功能在于对自然人行为能力进行补足。20世纪中叶以后,人们把自然人放在更核心的地位,整个的规则是以对人的权利的尊重和救济为主要思路,将监护制度放在自然人一章中的行为能力之后,是合适的,具有理论基础性、体系逻辑性和制度衔接性。有的意见认为,将监护制度放在民法总则的自然人部分,还是放在婚姻家庭编,从理论上和逻辑体系上,都是可以讲得通,也是行得通的。监护是保障无民事行为能力人和限制民事行为能力人的权益,弥补其民事行为能力不足的法律制度,紧接着自然人民事行为能力制度作出规定,也具有逻辑合理性。我国的监护制度不仅包括家庭监护,还包括社会监护和国家监护。如果说在"自然人"一章规定监护制度存在体例问题,在婚姻家庭编中规定社会监护和国家监护也同样存在体例问题。另外,民法通则规定的监护制度已经实施了三十余年,实践中出现了很多新情况新问题急需解决,若放到婚姻家庭编规定,还要经过较长时间才能出台,不利于当前实践需要。经研究,草案一次审议稿仍然维持了草案征求意见稿对监护制度的体例安排,在"自然人"一章中对监护的重要制度作出规定。

8. 家庭义务和责任

草案征求意见稿未在监护制度中对家庭义务和责任作出规定。

有的意见提出,草案征求意见稿规定的"监护"是一个广义概念,既包括未成年人的父母作为监护人,也包括父母之外的其他人担任监护人。大陆法系国家或者地区民法典普遍区分亲权与监护。亲权是指父母基于身份关系对未成年人子女进行教养、保护等权利义务的总和。而监护的适用前提是亲权人死亡或者亲权人丧失管理权。基于父母与未成年子女之间的权利义务不完全等同于其他监护人与未成年人之间的权利义务,民法总则草案应当明确区分亲权与监护。有的意见认为,民法通则施行三十多年来,监护的内涵已在其他很多法律中得以巩固,已经深入社会管理和司法实践,影响到社会生活的方方面面,也已经获得群众的广泛接受。在这种情况下,不宜再改变监护的含义。亲权与监护之间的主要差异之处,即父母与未成年子女之间的权利义务,可以考虑在婚姻家庭法等相关立法中作出区别规定。有的意见认为,家庭是社会的细胞,是社会稳定的基础,家庭监护是我国监护制度的主要形式。父母对未成年子女的抚养、教育和保护义务,子女对父母的赡养、照顾和保护的义务,是家庭监护的基础。即使不区分亲权与监护,但也应当在监护制度中将父母子女之间的法律义务进一步明确化、法定化,强调家庭义务和责任,弘扬中华民族的传统美德,促进家庭关系的和睦。经研究,草案一次审议稿增加了家庭义务和责任的相关规定。第二十五条第一款规定:"父母对未成年子女负有抚养、教育和保护的义务。"第二款规定:"子女对无民事行为能力或者限制民事行为能力的父母负有赡养、照顾和保护的义务。"

9. 将"有关组织"纳入监护人的范围

草案征求意见稿第二十四条、第二十五条规定了具有监护资格的人的范围,一类是被监护人的近亲属,另一类是关系密切的其他亲属、朋友愿意承担监护责任,经未成年人住所地的居民委员会、村民委员会或者民政部门同意的。

有的意见提出,随着我国公益事业的发展,有监护意愿和能力的社会组织不断增多,由社会组织担任监护人是家庭监护的有益补充,也可以缓解国家监护的压力,建议明确规定这类公益类组织可以担任监护人。有的意见提出,监护人的选任对被监护人权益的保护影响重大,法律可以允许公益类组织担任监护人,但应当在信誉、财产和工作人员等方面作出严格的限制,可以由未成年人住所地的居民委员会、村民委员会或者民政部门进行把关。经研究,草案一次审议稿采纳了这一意见,增加了有关组织担任监护人的规定。第二十六条第二款第三项和第二十七条第四项规定:"其他愿意承担监护责任的个人或者有关组织,经被监护人住所地的居民委员会、村民委员会或者民政部门同意的。"

10. 担任监护人的顺序

草案征求意见稿第二十四条、第二十五条对具有监护资格的人的范围作了规定,但未规定担任监护人的顺序。

有的意见提出,如果设定担任监护人的顺序,就会使监护人的确定过于僵化,实践中往往存在后一顺序的监护人各方面条件更适宜担任监护人的情况。同时,联合国《儿童权利公约》明确将"儿童利益最大化"作为基本原则。如果设定顺序,可能不利于选择最有利于儿童的监护人,这是否违反了"儿童利益最大化"原则,有必要进一步研究,建议不规定顺序,或者规定"按照最有利于被监护人的原则确定监护人"。有的意见提出,实践中很多情况下具有监护资格的人互相推脱,都不愿意担任监护人,导致监护无从设立,无民事行为能力人或者限制民事行为能力人的权益得不到保护。应当在立法中明确具有监护资格的人担任监护人的顺序。设定顺序的目的主要在于防止具有监护资格的人之间互相推卸责任,这并不违反"儿童利益最大化",有人担任监护人总比都推卸、没人担任强。经研究,草案一次审议稿增加了担任监护人顺序的规定。第二十六条、第二十七均规定:"由下列人员中有监护能力的人依次担任监护人"。

11. 遗嘱监护

草案征求意见稿未对遗嘱监护作出规定。

有的意见提出,虽然大陆法系国家和地区普遍规定了遗嘱监护制度,允许父母通过遗嘱的形式为未成年人子女指定监护人,但该制度仍然面临一系列问题,例如父母指定的监护人不一致怎么办,父母指定的监护人随着情况变化已经不适合担任监护人怎么办,父母指定的监护人与其他具有监护资格的人的关系如何处理,等等。有的意见提出,遗嘱监护制度有助于满足实践中一些父母在生前为其需要监护的子女作出监护安排的要求,体现了对父母意愿的尊重,也有利于更好地保护被监护人的利益,立法应当予以认可。至于遗嘱监护制度面临的具体问题,都是可以在实践中予以解决的。经研究,草案一次审议稿增加规定了遗嘱监护制度。第二十六条第三款规定:"未成年人的父母可以通过遗嘱指定未成年人的监护人;其父、母指定的监护人不一致的,以后死亡一方的指定为准。"

12. 协议确定监护人

草案征求意见稿第二十六条规定:"监护人可以协议确定。协议确定监护人的,应当听取限制民事行为能力的被监护人的意见。"

有的意见建议,明确可以进行协议监护的主体,将"监护人可以协议确定"修改为"有监护资格的人之间可以协议确定监护人"。有的意见建议,对未成年人的父母是否可以协议确定监护人作进一步研究。有的意见提出,可以进行协议监护的主体比较复杂,难以直接规定清楚。例如,未成年人的父母丧失监护能力后,是否也可以与其他具有监护资格的人协议确定监护人;协议确定监护人是否要所有具有监护资格的人都作为协议主体,部分具有监护资格的人协议确定监护人的法律效力是否会受到影响等。有的意见建议,增加规定确定监护人后应经居委会、村委会、民政部门登记或者备案。有的意见建议增加规定:"协议不得违背最有利于被监护人的原则。"有的意见建议将"协议确定监护人的,听取限制民事行为能力的被监护人的意见"修改为"被监护人为限制民事行为能力人的,应当考虑其意愿"。有的意见提出,无民事行为能力的被监护人,不具有独立的辨识能力和清晰的表达能力,但不意味着这些被监护人没有真实意愿,协议确定监护人时也应当结合各种情况,去探求并充分尊重无民事行为能力的被监护人的真实意愿。经研究,草案一次审议稿采纳了部分意见。第二十八条规定:"监护人可以协议确定。协议确定监护人的,应当尊重被监护人的意愿。"

13. 兜底监护人

草案征求意见稿第二十八条规定:"没有本法第二十四条、第二十五条规定的监护人的,由被监护人住所地的居民委员会、村民委员会、法律规定的有关组织或者民政部门担任监护人。"

有的意见提出,如果本条规定的四种主体之间相互推诿怎么办,本条实际上不具有可操作性,建议把国家监护作为监护人缺失的兜底条款,规定统一由民政部门代表国家行使监护权。有的意见提出,监护人住所地的村民委员会、居民委员会人员少、事务多、经费紧张,不具备担任监护人的条件,在实践中难以操作,建议删去村民委员会、居民委员会担任监护人的规定。有的意见建议将"民政部门"修改为"民政部门指定的学校、医院、福利机构等组织"。有的意见提出,民政部门实践中已经承担起未成年人的兜底性监护责任,但对于成年精神病人的兜底性监护责任恐怕是无力承担,村民委员会、居民委员会担任监护人是对当前民政部门担任监护人的有力补充,应当保留。有的意见提出,"法律规定的有关组织"即有关公益类组织担任监护人,经居民委员会、村民委员会、民政部门同意即可,属于草案征求意见稿第二十四条、第二十五条规定的具有监护资格的人的范围,不属于本条规定的兜底监护人的范围,建议删去"法律规定的有关组织"。经研究,草案一次审议稿删去"法律规定的有关组织"。第三十条规定:"无本法第二十六条、第二十七条规定的具有监护资格的人的,监护人由被监护人住所地的居民委员会、村民委员会或者民政部门担任。"

14. 意定监护

草案征求意见稿第二十九条规定:"具有完全民事行为能力的成年人,可以在近亲属或者其他愿意承担监护责任的个人、组织中事先协商确定自己的监护人。监护人在该成年人丧失或者部分丧失民事行为能力时,依法承担监护责任。"

有的意见建议将"可以在"修改为"可以与",并删除"中",避免产生歧义。有的意见建议,在"近亲属"前增加"有监护能力的"。有的意见建议,本条即是意定监护制度的法定依据,建议删除"依法承担监护责任"中的"依法"。有的意见提出,意定监护对被监护人权益影响较大,建议明确"事先协商确定自己的监护人"的法定形式为书面形式。有的意见建议,增设有关意定监护监督人的选任及其职责的规定,监护的启动要经过监护监督人的同意,如果事先确定的监护人不履行监护职责或者侵害被监护人民事权益时,监护监督人可以提起诉讼。有的意见建议,明确意定监护优先于法定监护。有的意见建议,增加规定:"事先协商确定的个人、组织,届时没有能力履行监护义务的,按照本法有关规定确定监护人。"有的意见认为,意定监护制度在我国属于比较新的制度,仍然有待实践中的进一步探索和研究,并且民法总则主要规定民事基本原则和一般规则,本条先对意定监护制度作出原则性规定即可,至于意定监护与法定监护的关系,意定监护监督人的选任及职责等,可以根据下一步实践探索情况,在民法典分编或者其他相关法律中作出规定。经研究,草案一次审议稿采纳了部分意见。第三十一条规定:"具有完全民事行为能力的成年人,可以与近亲属、其他愿意承担监护责任的个人或者有关组织事先协商,以书面形式确定自己的监护人。监护人在该成年人丧失或者部分丧失民事行为能力时,承担监护责任。"

15. 监护权利、职责和责任

草案征求意见稿第三十条第一款规定行使监护权利受法律保护;第二款规定了一般性的监护职责;第三款、第四款分别规定了未成年人和成年人的监护人履行监护职责应当遵循的原则;第五款规定了监护责任。

有的意见建议,增加监护人权利的相关规定。有的意见提出,无须对行使监护的权利进行强调。有的意见建议,增加有关监护人的具体职责、义务的规定。对成年人的监护或者具有一定财产的未成年人的监护中,都涉及对被监护人财产的监管,应当明确规定监护人负有谨慎、勤勉等义务。有的意见提出,第二款中"除为被监护人利益外"的表述过于笼统,较难界定,建议进一步细化。有的意见提出,第二款规定了监护人的职责,但是该规定对监护人职责的内容涵盖不全,也比较零散,建议将"保护被监护人的身心健康,照顾被监护人的生活,保护被监护人的财产权益及其他民事权益"修改为:"保护被监护人的人身、财产及其他合法权益"。有的意见提出,第四款中"成年人的监护人履行监护职责应当最大程度地尊重被监护人的意愿"中的"最大程度"词义过于模糊,建议删除。有的意见建议,将第四款"尊重被监护人的意愿"修改为"被监护人具有相应意思能力的场合,不得违反其意思"。有的意见提出,"尊重自我决定权"和"维持生活正常化"已经成为国际上成年人监护制度发展的新理念,本条第四款规定成年人的监护人应当"最大程度地"尊重被监护人的意愿是顺应国际发展理念的需要,体现了未成年人监护和成年人监护的不同特点,是具有积极意义的。有的意见提出,第三、四款的部分内容与第二款相关规定存在意思重复。第三、四款有关规定并非仅针对成年人或者未成年人,比如,第三款的"教育和管理职责"同时适用于未成年人以及限制民事行为能力或者无民事行为能力的成年人。建议将第二、三、四款合并表述为:"监护人应当按照最有利于被监护人的原则履行监护职责,尊重被监护人的意愿,保护被监护人的人身、财产等权益,对被监护人进行管理和教育,代理被监护人实施法律行为;除为被监护人利益外,不得处分被监护人的财产。"有的意见建议,删去第五款"侵害被监护人民事权益的"中的"民事"。有的意见提出,本条共五款内容,作为一个条文内容过多,建议拆成两条进行规定。经研究,草案一次审议稿对本条的内容重新进行了整合,并拆分成两条。第三十二条对监护权利和监护责任作出规定。第三十二条第一款规定:"监护人依法行使监护的权利,受法律保护。"第二款规定:"监护人不履行监护职责或者侵害被监护人合法权益的,应当承担责任。"第三十三条对监护职责的履行作出规定。第三十三条第一款规定:"监护人应当按照最有利于被监护人的原则履行监护职责,保护被监护人的人身、财产及其他合法权益;除为被监护人利益外,不得处分被监护人的财产。"第二款规定:"未成年人的监护人履行监护职责,应当根据被监护人的年龄和智力状况,在作出与被监护人权益有关的决定时,尊重被监护人的意愿。"第三款规定:"成年人的监护人履行监护职责,应当最大程度地尊重被监护人的意愿,保障并协助被监护人独立实施与其智力、精神健康状况相适应的民事法律行为。"

16. 监护职责的委托

草案征求意见稿第三十一条规定:"监护人可以将监护职责部分或者全部委托给他人。因被监护人的侵权行为需要承担民事责任的,由监护人依法承担;受托人有过错的,承担相应责任。"

有的意见提出,被监护人的侵权行为一概由监护人承担责任,是否妥当,被监护人是否也要承担一定的责任,建议进一步研究。有的意见建议,对"他人"的资格作出限制。有的意见建议,将"相应责任"修改为"连带责任"。有的意见提出,只有受托人存在"故意或重大过失",才承担赔偿责任。有的意见提出,如果为有偿委托,应由监护人和受托人共同承担连带责任;如果为无偿委托,应由监护人依法承担,受托人有过错的,承担相应责任。有的意见提出,监护职责暂时委托给他人时具体的责任承担问题,属于侵权责任法的内容,民法总则对此可不作规定,建议删去本条。经研究,草案一次审议稿删去了本条规定。

17. 撤销监护人资格

草案征求意见稿第三十二条第一款规定:"监护人有下列情形之一的,

人民法院根据有关人员或者单位的申请,撤销监护人的资格,并根据最有利于被监护人的原则依法为其指定新的监护人:(一)实施严重损害被监护人身心健康行为的;(二)怠于履行监护职责,或者无法履行监护职责并且拒绝将监护职责部分或者全部委托给他人,导致被监护人处于危困状态的;(三)有其他严重侵害被监护人合法权益的行为的。"第二款规定:"前款规定的有关人员或者单位包括:其他有监护资格的人员,被监护人住所地的居民委员会、村民委员会,学校、医疗卫生机构、妇女联合会、残疾人联合会、民政部门等。"第三款规定:"前款规定的人员和组织未及时向人民法院提出申请的,民政部门应当向人民法院提出申请。"

有的意见建议,在第一款第二项中增加"或者拒不履行监护职责"。有的意见建议,在第一款中增加一项"严重侵害被监护人财产权"。有的意见建议,增加一项"拒不履行监护职责导致未成年人流离失所或者生活无着"。有的意见建议,增加一项"监护人与被监护人系夫妻,监护人或者被监护人提出离婚的"。有的意见提出,医疗卫生机构、妇女联合会、残疾人联合会只是可能发现监护人侵害被监护人利益的机构,规定这些机构可以将情况通报给居民委员会、村民委员会或是民政部门,再由三个主体申请撤销监护人资格,这样可以有效解决互相推诿的情况发生。有的意见提出,一些老年人组织也致力于维护老年人合法权益,对于严重侵害老年被监护人合法权益的,应当允许这些老年人组织申请撤销监护人资格,建议第二款的申请主体增加"依法设立的老年人组织"。有的意见提出,第二款与第三款均规定了"民政部门",语义上存在冲突。有的意见建议,将第三款中的"前款规定的人员和组织"修改为"除民政部门以外的人员或者单位"。有的意见提出,撤销监护人资格的情况很复杂,在很多情形下民政部门也不掌握情况,建议删除第三款。经研究,草案一次审议稿在第二款的申请主体中增加"依法设立的老年人组织",并作了一些文字修改,基本维持了草案征求意见稿的规定。

18. 撤销监护人资格过程中的临时监护

草案征求意见稿第三十三条规定:"人民法院撤销监护人的资格之前,可以视情况先行中止其履行监护职责,由被监护人住所地的居民委员会、村民委员会、法律规定的有关组织或者民政部门担任临时监护人。"

有的意见提出,本条规定的内容主要是考虑到撤销监护人资格的程序可能会持续较长时间,为了防止监护人继续侵害被监护人合法权益,设立临时监护。征求意见稿第二十七条第三款已经对临时监护制度作了原则性规定,本条可以在实践中参照适用,没有必要再单独设立一个条文。经研究,草案一次审议稿删去了本条内容。

19. 恢复监护人资格

草案征求意见稿第三十四条规定:"原监护人被人民法院撤销监护人的资格之后,确有悔改情形的,经其申请,人民法院可以视情况恢复其监护人的资格,人民法院指定的监护人同时终止与被监护人的监护关系。"

有的意见提出,恢复原监护人资格的规定和程序过于简单,建议增加"征询相关人员或者单位的意见",同时明确"确有悔改情形"的具体内容。有的意见提出,原监护人具有下列情形之一的,一般不应恢复监护人资格:(一)性侵害、出卖未成年人的;(二)多次遗弃致重伤的;(三)因侵害被监护人行为被判处五年以上有期徒刑的。有的意见提出,符合什么条件可以恢复监护人资格,情况复杂,法律不宜作出具体规定,应当在实践中由法院根据具体情况作出判断。有的意见提出,"人民法院指定的监护人同时终止与被监护人的监护关系"的规定不妥,人民法院指定的监护人与被监护人的监护关系是一种自动终止,而不是由人民法院指定的监护人去终止监护关系。经研究,本条内容基本维持了征求意见稿的规定,在文字上作出适当修改。第三十五条规定:"原监护人被人民法院撤销监护人资格后,确有悔改情形的,经其申请,人民法院可以视情况恢复其监护人资格,人民法院指定的新监护人与被监护人的监护关系同时终止。"

20. 申请宣告失踪的条件

草案征求意见稿第三十六条第一款规定:"自然人下落不明满二年的,利害关系人可以向人民法院申请宣告其为失踪人。"第二款规定:"下落不明的时间,从失去失踪人音讯之日起计算。战争期间下落不明的,下落不明的时间自战争结束之日起计算。"

有的意见建议,将第二款中的"失踪人"修改为"该自然人",使表述更为清晰规范。有的意见建议增加规定:"因意外事故下落不明的,自意外事故发生之日起计算。"有的意见建议,在发生重大自然灾害或重大事故时,缩短"二年"的期限。有的意见提出,意外事件发生之日一般也是该自然人失去音讯之日,因意外事故下落不明,从失去该自然人音讯之日起计算,是没有问题的。有的意见提出,因意外事故下落不明的,意外事故发生之时并不一定马上失去联系,从失去该自然人音讯之日起计算,表述更为准确。经研究,草案一次审议稿对这一条仅作了个别文字修改。

21. 确定财产代管人

草案征求意见稿第三十七条规定:"失踪人的财产由其配偶、父母、成年子女或者关系密切的其他亲属、朋友代管。代管有争议、没有以上规定的人或者以上规定的人无能力代管的,由人民法院指定的人代管。"

有的意见提出,自然代管不清晰不规范,影响后续相关民事法律行为的效力,容易产生问题,建议将本条修改为:"人民法院判决宣告失踪的,应当同时在失踪人的配偶、父母、成年子女或者关系密切的其他亲属、朋友中指定财产代管人。"有的意见建议增加规定:"失踪人有监护人的,失踪人财产由其监护人代管。"有的意见建议,将"由人民法院指定的人代管"修改为"人民法院根据利害关系人的申请指定代管人。"有的意见建议,明确哪些主体可以申请人民法院指定代管人。有的意见建议,法院可以指定的财产代管人除自然人外,增加"有关组织"。有的建议,增加规定:"失踪人的财产确定代管人后,应当在失踪人住所地的居民委员会、村民委员会进行登记。"有的意见建议,将本条两句话分为两款,使表述层次更清晰。经研究,草案一次审议稿除将本条分成两款外,其他未作改动。第三十八条第一款规定:"失踪人的财产由其配偶、父母、成年子女或者其他愿意担任财产代管人的人代管。"第二款规定:"代管有争议,没有前款规定的人,或者前款规定的人无代管能力的,由人民法院指定的人代管。"

22. 申请宣告死亡的条件

草案征求意见稿第四十一条第一款规定:"自然人有下列情形之一的,利害关系人可以向人民法院申请宣告其死亡:(一)下落不明满四年的;(二)因意外事故下落不明满二年的。"第二款规定:"因意外事故下落不明,经有关机关证明该自然人不可能生存的,申请宣告死亡不受二年期间的限制。"第三款规定:"下落不明的时间计算,适用本法第三十六条第二款的规定。"

有的意见提出,"意外事故"一般指人为事故,建议将"意外事故"修改为"意外事件",有的建议修改为"不可抗力",有的建议修改为"战争或者意外事故"。有的意见建议,增加一项"因重大自然灾害下落不明满一年的"。有的意见建议,明确可以申请宣告死亡的利害关系人的范围和顺序。有的意见提出,如果配偶、父母或其他近亲属不同意宣告死亡的,其他利害关系人不得申请宣告死亡。有的意见建议,明确自然人的配偶未申请或者不同意宣告死亡的,其婚姻关系存续。有的意见认为,法律不应当规定申请宣告死亡的顺序,因为如果顺序在先的当事人不申请,则失踪人长期不能被宣告死亡,使得与其相关的法律关系长期不能稳定,例如继承不能发生、遗产不能分割等,对利害关系人的利益损害很大,与法律规定宣告死亡制度的初衷相悖。经研究,草案一次审议稿除作个别文字调整外,基本未作改动。第四十二条第一款规定:"自然人有下列情形之一的,利害关系人可以向人民法院申请宣告其死亡:(一)下落不明满四年的;(二)因意外事件,下落不明满二年的。"第二款规定:"因意外事件下落不明,经有关机关证明该自然人不可能生存的,申请宣告死亡不受二年时间的限制。"第三款规定:"下落不明的时间计算,适用本法第三十七条第二款的规定。"

23. 宣告死亡死亡日期的确定

草案征求意见稿第四十三条规定:"被宣告死亡的人,宣告死亡的判决作出之日视为其死亡的日期。"

有的意见建议,将"宣告死亡的判决作出之日"修改为"判决宣告之日"。有的意见提出,宣告死亡的日期应为判决载明的推定死亡之日,而非判决作出之日。有的意见建议增加规定,自然人被宣告死亡后,如有证据证明其自然死亡日期,应当允许撤销宣告死亡判决,死亡日期以自然死亡日期为准。有的意见提出,宣告死亡的日期有两种方案,即判决中确定的日期和判决作出之日,法官根据具体情况可以大致推断死亡日期的,应当以判决中确定的日期为准;法官无法推断死亡日期的,应以判决作出之日为准。经研究,草案一次审议稿采纳了部分意见。第四十四条规定:"被宣告死亡的人,人民法院宣告死亡的判决作出之日或者判决确定的日期视为其死亡的日期。"

24. 死亡宣告对婚姻关系的影响

草案征求意见稿第四十六条规定:"被宣告死亡的人与配偶的婚姻关系,自死亡宣告之日起消灭。死亡宣告被撤销时,其配偶未再婚的,夫妻关系自撤销死亡宣告之日起自行恢复;其配偶再婚的,夫妻关系不自行恢复。"

有的意见建议,增加规定被宣告死亡人在被宣告死亡期间再婚的法律后果。有的意见提出,"夫妻关系自撤销死亡宣告之日起自行恢复"容易引起纠纷,建议将夫妻关系是否恢复的决定权交由当事人自行选择。有的意见建议,增加规定"但其配偶不愿恢复的除外",有的建议增加规定"双方均不愿意自行恢复的除外"。经研究,草案一次审议稿采纳了部分意见。第四十七条规定:"被宣告死亡的人与配偶的婚姻关系,自死亡宣告之日起消灭。死亡宣告被撤销,其配偶未再婚的,夫妻关系自撤销死亡宣告之日起自行恢复,任何一方不愿意自行恢复的除外;其配偶再婚的,夫妻关系不自行恢复。"

25. 死亡宣告对收养关系的影响

草案征求意见稿第四十七条规定:"在被宣告死亡期间,被宣告死亡的人的子女被他人依法收养的,在死亡宣告被撤销后,不得仅以未经本人同意而主张解除收养关系。"

有的意见建议增加规定:"对收养关系有争议的,可以向人民法院起诉,人民法院应当根据有利于子女原则或者十岁以上子女个人意愿作出判决和裁定。"有的意见建议,在"解除收养关系"后增加"但收养人和被收养人同意解除的除外"。有的意见提出,依据收养法的规定,送养人同意是收养关系的有效条件,被宣告死亡的人重新出现后,"未经本人同意"对应的主张应当是收养关系无效,而不是解除收养关系。经研究,草案一次审议稿采纳了部分意见。第四十八条规定:"被宣告死亡的人在被宣告死亡期间,其子女被他人依法收养的,在死亡宣告被撤销后,不得仅以未经本人同意而主张收养关系无效。"

26. 个体工商户和农村承包经营户的体例安排

草案征求意见稿第四节对个体工商户、农村承包经营户作了规定。

有的意见提出,个体工商户、农村承包经营户均非准确的法律概念,如为一人经营,应为从事经营活动的自然人个人,如为二人以上共同经营,则其性质应为合伙,将个体工商户、农村承包经营户作为一种不同于自然人的特殊主体规定并不妥当,建议删除本节内容。有的意见认为,对超过一定经营规模、雇员人数多的个体工商户应当作为个人独资企业,不再享受国家对个体工商户的宽松管理和税收优惠。有的意见提出,实践中对个体工商户是商自然人还是组织存在争议,建议对个体工商户的法律地位作出明确规定。有的意见建议,明确农村承包经营户的法律属性、内部关系和外部民事法律行为的效果。有的意见建议,将第四节移到第四章"其他组织"中规定。

有的意见认为,个体工商户从业者众多,全国现在已经登记的个体工商户有五千多万,对扩大就业、促进经济发展,具有重要意义,当前不宜删除;实行家庭承包经营为基础、统分结合的双层经营体制是党在农村长期的基本政策,并由宪法予以确定,农村土地承包法规定的承包方也是以农村承包经营户为单位,取得农村土地承包经营权。而且,农村集体产权制度改革正在探索进行中,当前不宜删除也不宜修改农村承包经营户的基本内容。经研究,草案一次审议稿保留了对个体工商户、农村承包经营户的规定。

27. 个体工商户的债务承担

草案征求意见稿第五十一条第一款规定:"个体工商户的债务,个人经营的,以个人财产承担;家庭经营的,以家庭财产承担。"

有的意见建议,在"以个人财产承担"后增加"但经营所得用于家庭共同生活的,以家庭财产承担"。有的意见提出,个体工商户有时难以区分个人经营和家庭经营,建议增加规定:"无法区分个人经营和家庭经营的,以家庭财产承担"。经研究,草案一次审议稿采纳了部分意见。第五十二条第一款规定:"个体工商户的债务,个人经营的,以个人财产承担;家庭经营的,以家庭财产承担;无法区分个人经营和家庭经营的,以家庭财产承担。"

(三)关于法人

1. 法人的成立条件

草案征求意见稿第五十三条规定:"法人应当具备下列条件:(一)依法成立;(二)有必要的财产或者经费;(三)有自己的名称、组织机构和住所;(四)能够独立承担民事责任。"

有的意见建议,将"法人应当具备下列条件"修改为"法人设立,应当具备下列条件"。有的意见建议,将第一项修改为"依照法定程序设立"。有的意见建议,将第二项中的"必要"修改为"独立"。有的意见建议,删除第二项中的"或者经费"。有的意见提出,国家正在探索进行公司注册资本登记制度改革,取消最低注册资本限制,实行注册资本认缴登记制,可以暂不规定法人应当有必要财产的条件,以便为改革留有空间。有的意见建议,将第三项中的"住所"修改为"场所"。有的意见建议,删除第四项。有的意见建议,增加一项兜底规定"法律规定的其他条件"。有的意见提出,有些法人的设立必须要经过有关机关的批准,建议对此加以规定。有的意见建议,法人独立承担民事责任是法人区别其他组织的主要特征,应当单列一条规定。经研究,草案一次审议稿采纳了部分意见。第五十四条第一款规定:"法人应当依法成立。"第二款规定:"法人应当有自己的名称、组织机构和住所。法人成立的具体条件和程序,依照法律的规定。"第三款规定:"设立法人,法律规定须经有关机关批准的,依照其规定。"单列一条,第五十六条规定:"法人以其全部财产独立承担民事责任。"

2. 法人的住所

草案征求意见稿第五十六条规定:"法人以其登记的住所为住所。法人登记的住所与其主要办事机构所在地不一致的,以法人的主要办事机构所在地为住所。"

有的意见建议,与公司法的规定保持一致,将本条修改为"法人以其主要办事机构所在地为住所"。有的意见提出,登记的住所具有公信力,应以登记的住所为住所,并删除"法人登记的住所与其主要办事机构所在地不一致的,以法人的主要办事机构所在地为住所"。有的提出,法人登记的住所与其主要办事机构所在地不一致时,法人应当及时到登记机关申请变更登记。有的意见提出,有的法人依法不需要办理登记,没有登记的住所,建议对此类法人的住所作出规定。经研究,草案一次审议稿只采纳了部分意见,主要仍延续征求意见稿的规定。第五十九条第一款规定:"法人以登记的住所为住所。"第二款规定:"法人的主要办事机构所在地与住所不一致的,其主要办事机构所在地视为住所。"第三款规定:"法人依法不需要办理登记的,其主要办事机构所在地为住所。"

3. 法人登记公示

草案征求意见稿第五十八条第一款规定:"登记机关应当通过信息公示系统依法及时公示法人登记的有关信息。"第二款规定:"实际情况与法人登记的事项不符的,不得对抗善意第三人。"

有的意见提出,本条第一款规定的是登记信息公示问题,第二款规定的是法人的实际情况与登记事项不符能否对抗第三人的问题,建议分两条作出规定。有的意见提出,第二款的规定逻辑上存在歧义,到底是法人的实际情况不得对抗善意第三人,还是法人登记的事项不得对抗善意第三人不清楚,建议将立法的本意规定得更清楚一些,修改为"法人登记事项与实际情况不符的,善意信赖登记事项的第三人受法律保护"。经研究,草案一次审议稿采纳了这些意见。第六十一条规定:"法人的实际情况与其登记的事项不一致的,不得对抗信赖登记的善意第三人。"第六十二条规定:"登记机关应当通过信息公示系统依法及时公示法人登记的有关信息。"

4. 法人清算

草案征求意见稿第六十一条第一款规定:"法人解散的,清算义务人应当及时组成清算组进行清算。"第二款规定:"清算义务人怠于履行清算义务的,主管机关或者利害关系人可以申请人民法院指定有关人员组成清算组进行清算。"第三款规定:"公司以外的法人的清算程序参照适用《中华人民共和国公司法》关于公司清算程序的规定。"第四款规定:"法人经清算后剩余的财产,根据法人章程的规定或者法人权力机构的决议处理,法律、行政法规另有规定的除外。"第五款规定:"依法清算终结,并完成法人注销登记时,法人终止。"

有的意见提出,本条的内容过多,建议区分层次,分条规定。有的意见建议,对"清算义务人"作出明确界定。有的意见提出,非营利性法人清算不应参照适用公司清算程序的规定。有的意见建议,将第三款修改为"公司以外的法人的清算程序,法律、行政法规有规定的,适用有关规定;法律、行政法规没有规定的,参照适用《中华人民共和国公司法》关于公司清算程序的规定"。有的意见提出,对于成立时不需要办理登记的法人,其终止并不以"完成法人注销登记"为条件,建议在第五款增加除外规定。经研究,草案一次审议稿采纳了这些意见,将本条分为三条作出规定。第六十五条第一款规定:"法人解散的,清算义务人应当及时组成清算组进行清算。"第二款规定:"法人的董事、理事等执行机构成员为清算义务人,但是法人章程另有规定,法人权力机构另有决议,或者法律另有规定的除外。"第三款规定:"清算义务人怠于履行清算义务的,主管机关或者利害关系人可以申请人民法院指定有关人员组成清算组进行清算。"第六十六条第一款规定:"公司的清算程序和清算组职权,适用公司法的有关规定。"第二款规定:"公司以外的法人的清算程序和清算组职权,依照有关法律的规定;没有规定的,参照适用公司法的有关规定。"第六十七条第一款规定:"清算期间,法人存续,但是不得从事与清算无关的活动。"第二款规定:"法人清算后的剩余财产,根据法人章程的规定或者法人权力机构的决议处理,法律另有规定的除外。"第三款规定:"清算终结,并完成法人注销登记时,法人终止;法人依法不需要办理登记的,清算终结时,法人终止。"

5. 法人分支机构

草案征求意见稿第六十四条第一款规定:"法人可以依法设立分支机构。法律、行政法规规定分支机构应当办理登记的,依照其规定。"第二款规定:"分支机构经法人授权,以自己的名义从事民事活动,由此产生的民事责任,分支机构经营管理的财产不足以清偿的,由法人承担。"

有的意见提出,法人分支机构是否应当登记,不宜由行政法规来规定。有的意见建议删除"经法人授权",以避免产生不必要的纠纷。有的意见提出,分支机构从事民事活动产生的民事责任,应由法人直接承担,公司法也是这么规定的。有的意见认为,分支机构从事民事活动产生的民事责任,应当由分支机构先承担,再由法人来兜底。经研究,草案一次审议稿采纳了部分意见。第七十条第一款规定:"法人可以依法设立分支机构。法律规定分支机构应当办理登记的,依照其规定。"第二款规定:"分支机构以自己的名义从事民事活动,由此产生的民事责任由法人承担。"

6. 法人设立人的责任

草案征求意见稿第六十五条第一款规定:"设立人对法人设立过程中的债务承担责任;设立人为两人以上的,承担连带责任。"第二款规定:"设立人为设立法人从事的民事活动,其后果在法人成立后由法人承受。"

有的意见建议对设立人进行界定。有的意见提出,应当并区分成功设立法人和未成功设立法人两种情况,分别规定责任的承担。有的意见建议修改为:"设立人为设立法人从事的民事活动,其后果在法人成立前由设立人承受,在法人成立后由法人承受。若法人未成立,则由设立人承担;设立人为两人以上的,承担连带责任"。有的意见提出,应当区分设立人订立合同是以自己的名义还是以拟设立公司的名义来确定责任承担。草案一次审议稿采纳了部分意见。第七十一条规定:"设立人为设立法人从事的民事活动,其法律后果在法人成立后由法人承受;法人未成立的,其法律后果由设立人承受,设立人为二人以上的,承担连带责任。"

7. 合作社法人

草案征求意见稿未对合作社法人作出规定。

有的意见提出,鉴于农民专业合作社法第四条已经明确规定农民专业合作社经登记后取得法人资格,建议在民法总则中对农民专业合作社的法律地位作出明确规定。有的意见建议,将合作社法人规定在第二节"营利性法人"中。有的意见提出,合作社难以归入营利性法人和非营利性法人之中。一方面,合作社并不以取得利润并分配给其成员为主要目的,难以作为营利性法人。如果将合作社向社员返还部分盈余视为"取得利润并分配给其成员",把合作社归类为营利性法人,与传统合作社理论不一致,也需要考虑社会的接受程度。另一方面,合作社向社员返还盈余,与非营利性法人不得向其成员分配利润的禁止性规定相冲突,难以作为非营利性法人。如果将合作社归为非营利性法人,就需要同时明确合作社可按交易额(量)向社员返还部分盈余,但不视为向其成员分配利润。经研究,草案一次审议稿在法人第一节一般规定中增加规定合作社法人。第七十二条规定:"法律对合作社法人有规定的,依照其规定。"

8. 法人的分类

草案征求意见稿将法人分为营利性法人和非营利性法人两大类。

有的意见建议,对营利性法人和非营利性法人的划分方法再作斟酌。有的意见建议维持民法通则的分类方法。有的意见建议采用大陆法系社团法人和财团法人的基本分类。有的意见建议,采用双重划分标准,先将法人分为公法人与私法人,再将私法人进一步划分为社团法人和财团法人。有的意见建议,先区分公法人、私法人,在私法人概念下再区分营利性法人和非营利性法人。有的意见提出,赞成征求意见稿营利性法人与非营利性法人的基本分类,该分类方法与民法通则的分类一脉相承,并进一步发展了民法通则的分类方法,分类规则简单具体,更好地解决法人与外部的关系问题,是一种重功能轻形式的正确取向,是科学的,更符合我国社会观念对法人的认识。经研究,草案一次审议稿对营利性法人和非营利性法人的分类未作修改。

9. 营利性法人定义

草案征求意见稿第六十六条第一款规定:"以取得利润并分配给其成员为目的成立的法人,为营利性法人。"第二款规定:"公司等营利性组织,属于营利性法人。"

有的意见建议,对第一款规定的"成员"作具体界定。有的意见建议,在第一款增加规定"从事营利性活动"的条件。有的意见提出,并非所有的公司都是营利性法人,保险法上存在"相互保险公司"之类的非营利性的公司,实践中还存在着以公司制方式运营的非营利性法人,如中国证券登记结算有限责任公司、中国金融期货交易所股份有限公司等,建议删除第二款。有的意见建议增加第二款列举的"营利性组织"的类型,包括"农民专业合作社""合作社法人""全民所有制企业、中外合作企业等具有法人资格的企业"。经研究,草案一次审议稿采纳了部分意见。第七十三条第一款规定:"以取得利润并分配给其股东或者其他出资人等成员为目的成立的法人,为营利性法人。"第二款规定:"营利性法人包括有限责任公司、股份有限公司和其他企业法人等。"

10. 营利性法人登记

草案征求意见稿第六十七条第一款规定:"营利性法人,经依法登记,取得法人资格。"第二款规定:"法律、行政法规规定须经有关机关批准的,依照其规定。"第三款规定:"成立营利性法人应当具备的条件,依照法律的规定;成立营利性法人应当履行的程序,依照法律或者行政法规的规定。"

有的意见建议,将第一款、第二款合并为一款。有的意见建议,将第三款中的"依照法律的规定"修改为"依照法律、行政法规的规定"。有的意见建议,将第三款中的"法律或者行政法规"修改为"法律、行政法规"。有的意见提出,第三款的内容过于琐细,第一款的"依法登记"即可涵盖。有的意见建议,增加营利性法人的变更登记、注销登记和登记的效力等有关规定。经研究,草案一次审议稿采纳了部分意见,同时考虑到已经在第一节增加规定"设立法人,法律规定须经有关机关批准的,依照其规定",删去这一条的第二款、第三款。第七十四条规定:"营利性法人,经依法登记成立,取得法人资格。"

11. 超范围经营

草案征求意见稿未对法人超越登记的经营范围从事经营活动的效力作出规定。

有的意见提出,超范围经营的效力问题很重要,直接影响当事人的权利和交易安全。最高人民法院《关于适用〈中华人民共和国合同法〉若干问题的解释(一)》第十条规定:"当事人超越经营范围订立合同,人民法院不因此认定合同无效。但违反国家限制经营、特许经营以及法律、行政法规禁止经营规定的除外。"这一规定具有普遍共识,应当将其上升为法律,以发挥法律的引领作用。经研究,草案一次审议稿采纳了这一意见。第七十七条规定:"营利性法人超越登记的经营范围从事经营活动的,依法承担相应的责任,但是除违反法律、行政法规的效力性强制性规定外,民事法律行为有效。"

12. 营利性法人的社会责任

草案征求意见稿未对营利性法人的社会责任作出规定。

有的意见建议,参考公司法的规定,对营利性法人的社会责任作出规定。经研究,草案一次审议稿采纳了这一意见。第七十八条规定:"营利性法人从事经营活动,必须遵守法律、行政法规,遵守社会公德、商业道德,诚实信用,接受政府和社会公众的监督,承担社会责任。"

13. 成员滥用权利

草案征求意见稿未对营利性法人的成员滥用权利问题作出规定。

有的意见提出,公司法关于股东不得滥用股东权利,不得滥用公司法人独立地位和股东有限责任的规定具有重要意义,其精神理念适用于全部营利性法人,建议在民法总则中加以规定。经研究,草案一次审议稿采纳了这一意见。第七十九条规定:"营利性法人的成员应当遵守法律、行政法规和法人章程,依法行使成员权利,不得滥用成员权利损害法人或者其他成员的利益,不得滥用法人独立地位和成员有限责任损害法人债权人的利益。"

14. 非营利性法人的剩余财产分配

草案征求意见稿第七十条第三款规定:"为公益目的成立的非营利性法人终止时,不得分配剩余财产;其剩余财产应当按照章程的规定用于公益目的;不能按照章程规定处理的,由主管机关划归性质、宗旨相同或者相似的以公益为目的的法人,并向社会公告。"

有的意见提出,对于非营利性法人终止时剩余财产的归属问题,应当区别情况,采取相对灵活的制度安排,为专门立法保留空间。有三种修改方案:一是,规定"法人终止后,设立人可以以其设立资金为限,取得剩余财产,其余部分继续用于公益目的;但设立为捐助法人的,终止时不得向其设立人分配剩余财产"。二是,规定"为公益目的成立的非营利性法人终止时,其剩余财产的分配,法律有规定的,从其规定;法律未作规定的,不得分配"。三是,删除本款,剩余财产的处理由相关法律作出规定。有的意见建议,将本款修改为:"为公益目的成立的非营利性法人终止时,财产中与设立人的投入同等数额的财产可以由设立人收回,剩余部分不得分配"。有的意见建议,删除第三款中的"以公益为目的",非营利性法人都不得分配剩余财产。有的意见建议,将第三款中的"为公益目的成立的非营利性法人"修改为"捐助法人"。有的意见提出,为公益目的成立的非营利性法人终止时,不得分配剩余财产是各国和地区的通行做法,能够防止以设立非营利性法人为途径,赚取社会荣誉、税收优惠等,再通过分配剩余财产达到营利目的。有的意见提出,剩余财产用于公益目的,除按照章程的规定以外,法人的权力机构也可以通过决议作出安排。有的意见提出,"主管机关划归"的表述,行政色彩过重,且主管机关并非所有人,由其来划归不妥。有的意见建议删除主管机关划归的规定。有的意见建议,采用慈善法的相关表述,将"由主管机关划归"修改为"由主管机关主持转给"。有的意见建议,明确主管机关划归的条件、程序,并规定应当听取设立人的意见。经研究,草案一次审议稿采纳了部分意见,总体上仍维持草案征求意见稿的精神。第八十一条第三款规定:"为公益目的成立的非营利性法人终止时,不得向其成员或者设立人分配剩余财产;其剩余财产应当按照章程的规定或者权力机构的决议用于公益目的;不能按照法人章程规定或者权力机构的决议处理的,由主管机关主持转给宗旨相同或者相近的以公益为目的的法人,并向社会公告。"

15. 事业单位法人

草案征求意见稿第七十一条第一款规定:"具备法人条件,为实现公益目的,利用国有资产设立的事业单位,经依法登记,取得法人资格;依法不需要办理法人登记的,从成立之日起,具有法人资格。"

有的意见提出,分类推进事业单位改革正在进行中,民法总则是否要对事业单位作明确规定,应当进一步研究。有的意见提出,从方向上看,民办非企业单位法人可以分流为民办事业单位法人和捐助法人两类,建议删除"利用国有资产设立"这一限定,将现实中大量存在的法人型民办非企业单位包括进来。有的意见提出,《中共中央国务院关于分类推进事业单位改革的指导意见》对事业单位的分类是依据社会功能而不是所有制形式,明确提出"鼓励社会力量兴办公益事业",十八届三中全会《中共中央关于全面深化改革若干重大问题的决定》也提出"建立各类事业单位统一登记管理制度",建议不再把"利用国有资产设立"作为界定事业单位的标准。有的意见提出,不强调事业单位的所有制,有利于差额拨款的事业单位获取社会投资,也可以为部分民办非企业单位法人向民办事业单位转型预留制度空间。有的意见提出,民办教育界多年来希望落实同等法律地位,将民办学校也作为事业单位法人。有的意见提出,上海证券交易所等会员制的证券、期货交易所属于事业单位法人,但大多并非利用国有资产设立。经研究,草案一次审议稿删除征求意见稿关于事业单位法人"利用国有资产设立"的条件。第八十二条规定:"具备法人条件,为实现公益目的设立的事业单位,经依法登记成立,取得事业单位法人资格;依法不需要办理法人登记的,从成立之日起,具有事业单位法人资格。"

16. 捐助法人

征求意见稿第七十四条第一款规定:"具备法人条件,为实现公益目的或者其他非营利目的,以捐助人的捐助财产设立的基金会、宗教场所等,经依法登记,取得捐助法人资格。"

有的意见建议,将捐助法人分别规定为基金会法人和宗教活动场所法人,不笼统规定为捐助法人。理由主要有:一是,"捐助法人"的名称限制了这些法人的财产来源,如我国宗教活动场所的财产来源是多样的,有政府划拨、僧尼劳动生产所得、历史沿袭、捐助等等。二是,捐助法人的概念在立法和实践中少有采用,也易与慈善组织等概念混淆,同时基金会与宗教活动场所在财产来源、活动目的等方面也不尽一致。有的意见提出,捐助法人的概念选择,不仅摆脱了财团法人理论的困境,厘清了捐助人与法人财产之间的关系,符合语言习惯,同时也为将来可能出现的新法人形态预留了空间,值得肯定。建议进一步明确捐助人的身份,将本条中的"捐助人"修改为"国家、自然人、法人或者其他组织"。明确国家可以作为捐助人,为宋庆龄基金会等慈善组织正名,也有利于区分政府监管和捐助法人之间的关系。有的意见提出,宗教事务条例正在修订中,建议对是否有必要将宗教活动场所纳入非营利性法人范畴作进一步研究。有的意见提出,有必要对宗教活动场所的法人资格在民法总则中予以明确规定,但并非所有的宗教活动场所都具有法人资格,具备法人条件的宗教活动场所,可以根据自身需求,自主决定是否申请法人登记,取得捐助法人资格。经研究,草案一次审议稿维持了捐助法人的概念,并将宗教活动场所单列一款作出规定。第八十六条第一款规定:"具备法人条件,为实现公益目的,以捐助财产设立的基金会等,经依法登记成立,取得捐助法人资格。"第二款规定:"依法设立的宗教活动场所,具备法人条件的,可以申请法人登记,取得捐助法人资格。"

17. 捐助人权利

草案征求意见稿未对捐助人权利作出规定。

有的意见提出,捐助法人的财产来源于捐助人的奉献,对捐助法人使用捐助财产应有严格的监督。建议增加规定,捐助法人对捐助财产的管理运用应当符合法人章程的要求。捐助人对捐助法人使用捐助财产的情况有权监督。经研究,草案一次审议稿采纳了这一意见。第八十八条第一款规定:"捐助人有权向捐助法人查询捐助财产的使用、管理情况,并提出意见和建议,捐助法人应当及时、如实答复。"第二款规定:"捐助法人的决策机构、执行机构或者其法定代表人作出的决定违反捐助法人章程的,捐助人等利害关系人或者主管机关可以请求人民法院予以撤销。"

18. 机关法人

草案征求意见稿第七十六条规定:"有独立经费的机关、承担行政职能的法定机构从成立之日起,具有机关法人资格,可以从事为履行职能所需要的民事活动。"

有的意见提出,机关法人是公法人,不是非营利性法人,建议将机关法人等公法人的有关规定移到"一般规定"一节,规定"机关法人等公法人从事民事活动的,适用本法"即可,或者将其单列一节。有的意见提出,草案征求意见稿将机关法人作为非营利性法人处理,这与目前国际通行的非营利性法人的定义不同。机关法人应当是公法人,不是非营利性法人。非营利性法人的一个要点就是"非政府组织",即公法人以外的社会组织。由政府出资的事业单位法人、社会团体法人中的人民团体也是公法人。有的意见建议,对"承担行政职能的法定机构"的表述再作研究。一是,承担行政职能的法定机构是改革试点中的提法,不宜在民法总则中固定下来。承担行政职能的法定机构不列入行政机关序列的公共机构,属于承担行政职能的事业单位,并非机关法人,应纳入事业单位范畴。二是,从深圳等地开展法定机构改革试点的实践来看,法定机构一般按照事业单位进行登记管理。例如,深圳根据《城市规划发展研究中心管理办法》设立了规划研究中心,按事业法人登记。三是,承担行政职能的法定机构无法涵盖人大、政协等党政机关。有的意见建议,将本条修改为:"国家机关、承担行政职能的法定特设机构、参加中国人民政治协商会议的人民团体、由国务院机构编制管理机关核定的社会团体等为公法人,可以从事为履行职能所需要的民事活动"。理由是:按照草案征求意见稿将银监会、证监会、保监会等作为法定特设机构的逻辑,则应当对其他已经存在的与机关法人性质相同的人民团体等一并规范。对法定特设机构,也可考虑按照现行的制度定位,将其归类为事业单位。有的意见建议明确村民委员会和居民委员会等基层自治组织的法人地位,以弥补特别法的不足。有的意见提出,认可某一组织为法人,主要是立法政策问题,有无独立的经费,并非公法人的必要条件。经研究,草案一次审议稿对草案征求意见稿关于机关法人的规定未作改动,继续听取意见。

19. 集体经济组织法人

草案征求意见稿未对集体经济组织法人作出规定。

有的意见提出,物权法等法律已将农村集体经济组织作为独立的民事主体,民事诉讼中也将农村集体经济组织作为独立的诉讼主体,建议增加关于农村集体经济组织的规定,明确农村集体经济组织的主体地位及成员资格的认定标准和程序,为进一步单独立法提供支持。有的意见提出,目前在不发达地区,农民集体组织同时又是集体经济组织,有的农村集体经济组织成立了专业合作社等,具有法人资格,有的则不具有,这些问题都需要考虑。有的意见建议,将农村集体经济组织划分为符合法人条件的农村集体经济组织和不符合法人条件的农村集体经济组织,分别放在"法人""其他组织"中规定。有的意见建议,将农村集体经济组织放在"其他组织"中规定。有的意见提出,如何认定农民集体或农村集体经济组织成员资格,实践中问题很多,不仅关系到广大农民的切身利益,也关系到城镇化进程,是制定民法总则不能回避的问题。经研究,草案一次审议稿未对集体经济组织法人作出规定,留待进一步研究,听取意见。

20. 关于其他非营利法人

有的意见建议,在非营利性法人中增加关于民办非企业单位法人的规定。有的意见建议,将法人型民办非企业单位规定为"社会服务机构法人"。具体方案:一是,将社会服务机构法人单列一条,规定"具备法人条件,为实现公益目的,主要利用非国有资产设立的社会服务机构,经依法登记,取得法人资格";二是,将社会服务机构纳入捐助法人的范畴,将第七十四条中的"基金会"增加"社会服务机构"。有的意见建议,明确企业年金、职业年金、证券投资基金等财产集合的法人资格。有的意见建议,明确国库具有法人地位,可以将其归入特殊的公法人。经研究,草案一次审议稿对这些意见暂不采纳,留待进一步听取意见。

(四)其他组织

1. 章名

草案征求意见稿采用了"其他组织"的章名。

有的意见提出,"其他组织"不是规范的法律语言,不宜将其作为一类民事主体的名称。建议将"其他组织"修改为"非法人组织"。有的意见提出,作为民事主体的"其他组织"与各部法律中普遍使用的"其他组织"的概念并不完全一致,例如作为民事主体的"其他组织"要求应当依法登记。有的意见建议修改为"非法人团体",有的意见建议修改为"其他民事主体"。经研究,草案一次审议稿采用了"非法人组织"的章名。

2. 类型

草案征求意见稿第七十八条第二款规定:"其他组织包括个人独资企业、合伙企业等。"

有的意见提出,本款不能穷尽列举其他组织的类型,建议不以列举的方式作出规定,删除本款。有的意见提出,本款列举的其他组织类型较少,现实生活中还存在很多不具备法人资格的其他组织从事民事活动的情况,建议适当增加列举项,例如法人依法设立的分支机构,不具有法人资格的中外合作经营企业、外资企业和乡镇、街道、村办企业,不具有法人资格的从事非营利性社会服务活动的社会组织,以及符合法律规定和条件的其他非法人组织。有的意见建议,明确业主大会和业主委员会、村民委员会和居民委员会是否可以作为第三类民事主体"其他组织"。有的意见提出,业主大会和业主委员会、村民委员会和居民委员会情况较为复杂,例如是否有财产,是否有能力承担民事责任等,情况不一,不宜笼统规定这些组织是民事主体。经研究,草案一次审议稿采纳了部分意见。第九十一条第二款规定:"非法人组织包括个人独资企业、合伙企业、营利性法人或者非营利性法人依法设立的分支机构等。"

3. 其他组织的条件

草案征求意见稿第七十九条规定:"其他组织应当具备下列条件:(一)依法成立;(二)有必要的财产;(三)有自己的名称、组织机构和住所;(四)法律规定的其他条件。"

有的意见建议修改第二项,修改方案包括"有必要的财产或经费""有必要的财产及成员""有享有处分权的财产""有法律规定的财产"等。有的意见建议删除第二项。有的意见建议将第三项修改为"有自己的名称、章程和住所"。有的意见提出,其他组织范围较广,各类型差别较大,法律对财产、组织机构等情况的要求均不一样,建议删除本条,其他组织具体的成立条件应当符合相关单行法规定的条件,由登记部门在办理登记时予以审查。经研究,草案一次审议稿删除了本条。

4. 责任承担

草案征求意见稿第八十二条规定:"其他组织的债务先以其财产清偿,不足以清偿的,由其成员或者设立人清偿,法律另有规定的除外。"

有的意见提出,其他组织作为独立的民事主体,具有相对于其成员或者设立人的财产,其他组织的债务也应当先以该组织的财产承担,支持草案征求意见稿的规定。有的意见提出,其他组织并不能独立承担民事责任,其与法人最大的区别就是,其他组织的成员或者设立人对该组织的债务承担无限责任,这应当作为非法人组织责任承担的一般规则。有的意见提出,当其他组织的财产不足以清偿债务时,投资人应当承担无限责任,以自己的其他财产予以清偿,但没有必要一定要以该其他组织的财产先来清偿。经研究,草案一次审议稿作出修改。第九十三条规定:"非法人组织的成员或者设立人对该组织的债务承担无限责任。法律另有规定的,依照其规定。"

5. 住所

草案征求意见稿未对其他组织的住所作出规定。

有的意见认为,住所是民事主体从事民事活动的中心场所,有必要对其他组织的住所作出明确规定。经研究,草案一次审议稿增加了非法人组织住所的规定。第九十五条第一款规定:"非法人组织以登记的住所为住所。"第二款规定:"非法人组织的主要办事机构所在地与住所不一致的,其主要办事机构所在地视为住所。"

(五)关于民事权利

1. 民事权利、民事权利的行使和保护的篇章结构

草案征求意见稿第五章规定了民事权利,第八章规定了民事权利的行使和保护。

有的意见提出,民法通则专章规定民事权利,是在没有合同法、物权法、侵权责任法和知识产权相关法律等民事单行法的背景下,就债权、物权等权利作出原则性规定,对于建构民事法律体系、普及权利意识起了重要作用。在上述民事单行法已经制定并且将来会与民法总则共同组成民法典的情况下,仍然专章规定民事权利并不妥当。从将来的民法典体系和历史沿革等角度统筹考虑,民事权利由民法典分编规定即可。有的意见建议,民法总则只用一个条文在合适位置列举民事主体享有的民事权利。有的意见提出,为了凸显民事权利的重要性,加强对民事权利的保护,同时也为民法典各分编和民商事特别法律具体规定民事权利提供依据,设专章规定民事权利的种类和内容很有必要。有的意见提出,民法总则体现民商合一,涵盖了商法、知识产权法等,将分别规定在各单行法律中的民事权利作出统一归纳和描述是合适的。有的意见建议,将第五章的章名修改为"民事权利的种类",有的建议修改为"民事权益"。有的意见提出,第五章的规定过于简单,建议明确相关权利的基本原则、权能内容、客体范围等。有的意见提出,可以先就民事主体依法享有的民事权利作出概括性规定,然后再规定权利的具体内容。有的意见建议,以民事权利客体为主线重新改造第五章,将章名修改为"民事权利客体"。有的意见建议,增加关于民事权利客体的规定,规定民事权利客体的概念、范围等内容。对一些新型民事权利客体,如虚拟财产、金融财产、数据、共有物、动物、自然生态空间、人体脱离物以及遗体等在本章中作出规定。有的意见建议单设一章规定权利客体。有的意见提出,第五章"民事权利"与第八章"民事权利的行使和保护"在逻辑上无法并列。有的意见建议,将第五章和第八章合并。合并后分三节:第一节是一般规定,包括概念、分类以及行使保护,确认之诉、形成之诉、救济之诉等;第二节规定民事权利的客体;第三节规定民事权利的行使与保护。有的意见建议合并为"民事权利及其行使、保护"一章。有的意见建议合并为"民事权利的基本规定"一章。有的意见建议分为民事权利的种类、民事权利的行使与保护两节。有的意见建议,将第八章关于民事权利行使的条文并入本章。内容包括:民事权利的一般规定,民事权利的种类,民事权利与民事义务关系,民事权利的行使等。经研究,草案一次审议稿第五章仍只规定民事权利,补充了一些内容,但不包括权利的行使和保护。

2. 人身权利的位置

草案征求意见稿民事权利一章先规定财产权利,再规定人身权利。有的意见提出,草案征求意见稿第二条规定:"中华人民共和国民法调整平等主体的自然人、法人、其他组织之间的人身关系和财产关系。"人身关系在前,财产关系在后,与此保持一致,民事权利一章内容应当按照人身权利在前、财产权利在后的顺序规定。经研究,草案一次审议稿采纳了这一意见,将人身权利调整到财产权利之前进行规定。

3. 人格权

草案征求意见稿第八十九条第一款规定:"自然人享有生命、健康、姓名、肖像、名誉、荣誉、隐私等权利。"第二款规定:"法人、其他组织享有名称、名誉、荣誉等权利。"

有的意见建议对人格权作补充规定,具体包括"身体权""人身自由权""人格尊严""信用权""个人信息权""性自主权""婚姻自主权""形象权"等,以及对"声音""住所"等享有的相关权利。有的意见建议,增加规定"死者的人格利益"。有的意见建议,增加规定:"死者的姓名、肖像、名誉、隐私等利益受侵害时,死者的近亲属或者关系密切的朋友有权提出保护请求。"有的意见提出,侵害荣誉实际上是侵害名誉,建议删除"荣誉"或者修改为"商誉"。有的意见建议,对法人不规定荣誉权,规定法人的商业信誉属于名誉权。有的意见提出,我国宪法将人身自由和人格尊严作为公民重要的权利予以规定。《宪法》第三十七条规定,中华人民共和国公民的人身自由不受侵犯。任何公民,非经人民检察院批准或者决定或者人民法院决定,并由公安机关执行,不受逮捕。禁止非法拘禁和以其他方法非法剥夺或者限制公民的人身自由,禁止非法搜查公民的身体。《宪法》第三十八条规定,中华人民共和国公民的人格尊严不受侵犯。禁止用任何方法对公民进行侮辱、诽谤和诬告陷害。建议在民法总则中增加人身自由和人格尊严的相关规定。经研究,草案一次审议稿采纳了部分意见,增加一条规定人身自由和人格尊严。同时,增加规定"身体权""婚姻自主权"。第九十九条规定:"自然人的人身自由、人格尊严受法律保护。"第一百条第一款规定:"自然人享有生命权、健康权、身体权、姓名权、肖像权、名誉权、荣誉权、隐私权、婚姻自主权等权利。"

4. 网络虚拟财产

草案征求意见稿未对网络虚拟财产作出规定。

有的意见建议,增加规定"网络虚拟财产受法律保护"。有的意见建议,明确将网络虚拟财产、动物和遗体等纳入民法上物的概念范围。有的意见提出,有的网络虚拟财产符合物权性质,属于物权客体,有的网络虚拟财产符合债权性质,属于债权客体,将其纳入不同权利内容即可,无需专门作出规定。有的意见提出,对网络虚拟财产的内涵、权利属性争议较大,存在各种学说,其中最主要的是物权说和债权说,民法总则宜作出原则规定。经研究,草案一次审议稿将"物"从草案征求意见稿第八十六条中单独作为一条,并增加规定网络虚拟财产。第一百零四条规定:"物包括不动产和动产。法律规定具体权利或者网络虚拟财产作为物权客体的,依照其规定。"

5. 单方允诺

草案征求意见稿第八十七条第二款规定:"因合同、侵权行为、无因管理、不当得利以及法律的其他规定,在当事人之间产生的特定的权利义务关系,为债权债务关系。享有权利的人是债权人,负有义务的人是债务人。"

有的意见提出,悬赏广告等单方允诺不同于合同,属于单方法律行为,无需双方的合意,即使相对人不知道允诺的存在也可以产生债的效力。建议增加规定。有的意见提出,多年来对单方允诺是独立的债的发生原因还是属于要约一直存在争议,本条既然是在民法总则中对债的发生原因作总括性规定,可以借此机会对这个问题加以明确。经研究,一次审议稿增加规定单方允诺。第一百零五条第二款规定:"债权是因合同、单方允诺、侵权行为、无因管理、不当得利以及法律的其他规定,权利人请求特定义务人为一定行为的权利。"

6. 知识产权

草案征求意见稿第八十八条第二款规定:"知识产权是指就下列内容所享有的权利:(一)文学、艺术和自然科学、社会科学、工程技术等作品;(二)专利;(三)商标;(四)原产地标记;(五)商业秘密;(六)集成电路布图设计;(七)植物新品种;(八)发现;(九)法律、行政法规规定的其他智力成果。"

有的意见提出,应将知识产权的法定性、专有性、地域性和时间性等本质属性反映出来,规定为:"知识产权是权利人依法对智力成果、工商业标识以及其他知识产品在法定的区域和期限内享有的专有权利"。此外,将列举客体对象的表述方式改为直接陈述权利,即专利权、商标权、植物新品种权等。有的意见提出,本条规定过于详细,建议概括规定。有的意见提出,第一项只涉及著作权的客体,还应当包括与著作权相关的权利的客体。有的意见建议,将第一项简化为"作品"。有的意见提出,《与贸易有关的知识产权协议》没有采用原产地标记的概念,而是采用地理标志的概念。《中华人民共和国商标法》(以下简称《商标法》)第十六条对地理标志的注册、使用及概念作了规定。《商标法实施条例》第四条规定,商标法第十六条规定的地理标志,可以依照商标法和本条例的规定,作为证明商标或者集体商标申请注册。因此,第四项已经被包含在第三项商标中,不宜与专利、商业秘密等并列,建议删除第四项。有的意见提出,原产地标记是更广泛的概念,除了地理标志外,还包括原产国标记,原产国标记是指用于指示一项产品来源于某个国家或地区的标识以及与产地有关的各种证书等,不具有知识产权的特征,建议将第四项修改为"地理标志"。有的意见提出,发现不具有创造性,是人类认识世界的范畴,普遍认为知识产权并不包括发现,建议删除第二款第八项。有的意见建议,参照相关公约,将"发现"修改为"科学发现"。有的意见提出,第九项中的"智力成果"的范围过窄,无法涵盖工商业标记等其他无形财产。有的意见提出,知识产权的客体是否都是智力成果存在一定争议,如商标、商号是商业标识,建议将"智力成果"修改为"内容"。有的意见建议,增加规定一些内容,包括"邻接权""表演、录音、录像、播放等传播者权""商号权""商誉权""非物质文化遗产权""制止不正当竞争权"等。有的意见建议,将大数据开发利用形成的智力劳动成果纳入保护范畴。有的意见建议,将证券、期货交易的行情和信息等数据库作为独立、新型的知识产权客体予以保护。经研究,草案一次审议稿采纳了部分意见,一是,将第一项"文学、艺术和自然科学、社会科学、工程技术等作品"修改为"作品"。二是,将第四项"原产地标记"修改为"地理标记"。三是,删除"发现"。四是,增加一项规定"数据信息"。五是,将"智力成果"修改为"内容"。第一百零八条第二款规定:"知识产权是指权利人依法就下列客体所享有的权利:(一)作品;(二)专利;(三)商标;(四)地理标记;(五)商业秘密;(六)集成电路布图设计;(七)植物新品种;(八)数据信息;(九)法律、行政法规规定的其他内容。"

(六)民事法律行为

1. 虚假表示

草案征求意见稿第一百零三条规定:"行为人与相对人串通,以虚假的意思表示实施的民事法律行为无效,但双方不得以虚假的意思表示无效对抗善意第三人。"

有的意见建议,明确虚假的意思表示所隐藏的民事法律行为的效力。有的建议增加一款:"虚假表示所掩盖的真实意思表示,符合法律规定条件的,有效。"经研究,草案一次审议稿采纳了这一意见。第一百二十四条第二款规定:"行为人以虚假的意思表示隐藏的民事法律行为,依照有关法律规定处理。"

2. 显失公平和乘人之危

草案征求意见稿第一百零八条规定:"显失公平的民事法律行为,受损害方有权请求人民法院或者仲裁机构予以变更或者撤销。"第一百零九条规定:"乘人之危的民事法律行为,受损害方有权请求人民法院或者仲裁机构予以变更或者撤销。"

有的意见建议,将"乘人之危"合并到"受胁迫的民事法律行为"中。有的意见建议将"乘人之危的民事法律行为"修改为"暴利行为"。有的意见提出,乘人之危与显失公平,共同本质均在于双方当事人的权利义务显失均衡。二者的差别仅在于,前者强调一方利用了对方处于危急等不利情势,即学说上所称的主观要件,而后者不强调主观要件。从裁判实务来看,乘人之危的构成要件过严,而显失公平的构成要件过宽。实践中主张乘人之危而获得法院支持的可能性极小,而主张显失公平获得法院支持的可能性要大得多。建议将乘人之危与显失公平合并为一个条文,仍称"显失公平",这不仅符合民法原理,与国外立法例一致,也更有利于保护当事人合法权益,维护市场交易公正性,并方便法院裁判。有的意见提出,对"显失公平的民事法律行为",一概可以变更或者撤销不合适,建议对"显失公平"进一步作出条件限制。经研究,草案一次审议稿对"显失公平"作了限定,包括乘人之危的情形,同时删去乘人之危一条。第一百二十九条规定:"一方利用对方处于困境、缺乏判断能力或者对自己信赖等情形,致使民事法律行为成立时显失公平的,受损害方有权请求人民法院或者仲裁机构予以撤销。"

3. 恶意串通行为

草案征求意见稿未对恶意串通行为作出规定。

有的意见提出,民法通则和合同法均规定了"双方恶意串通,损害国家、集体或者第三人利益的法律行为无效"。实践中,双方串通损害他人合法权益的案件并不少见,建议对此作出规范。经研究,草案一次审议稿增加了该内容。第一百三十三条规定:"行为人与相对人恶意串通,损害他人合法权益的民事法律行为无效。"

4. 变更权

草案征求意见稿对重大误解、欺诈、胁迫、显失公平等可撤销民事法律行为,都规定相关当事人"有权请求人民法院或者仲裁机构予以变更或者撤销"。

有的意见提出,对于意思表示存在瑕疵的民事法律行为,法律赋予受损害一方以撤销权,使当事人双方恢复到成立该民事法律行为之前的状态,以消除意思表示瑕疵的影响,合乎情理。再赋予受损害一方以变更权,则属于矫枉过正,意味着仅凭当事人一方的意思就可以变更当事人之间的权利义务关系,有悖于民法的平等原则和意思自治原则,也不符合法院或者仲裁机构居中裁判的原则,难以令对方当事人信服。经研究,草案一次审议稿采纳了这一意见,删去重大误解、欺诈、胁迫、显失公平各条中的"变更"。

(七)代理

1. 指定代理

草案征求意见稿第一百一十九条第一款规定:"代理包括委托代理、法定代理和指定代理。"

有的意见认为,指定代理与法定代理有一定区别,一是,指定代理人需要人民法院或者法律规定的有关单位等特定机关来选定,而法定代理是基于法律规定自动产生的。二是,在指定代理中,即使由特定机关选定,在许多情况下还需要获得被指定人的同意或者征求其意见。比如,草案征求意见稿第二十七条第二款规定,居民委员会、村民委员会、民政部门或者人民法院指定监护人,应当听取限制民事行为能力的被监护人的意见。而法定代理没有这种限制。法定代理的产生不需要被代理人的同意。三是,在指定代理中,代理的事务是特别限定的,而法定代理的事务范围比较宽泛。有的意见认为,两者只是在确定具体的代理人时存在区别,法定代理由法律直接规定,指定代理由特定机关根据法律来指定。但无论是法定代理还是指定代理,其代理权都来源于法律的直接规定,代理人都是在法律规定的代理权限内来履行代理职责。指定代理相比法定代理,仅是多了一个指定程序,完全可以纳入法定代理的范畴,在法律上和实务中区别意义不大。经研究,草案一次审议稿取消了指定代理这一类型,将其纳入法定代理的范围中加以规范。第一百四十三条第一款规定:"代理包括委托代理和法定代理。"

2. 间接代理

草案征求意见稿未对间接代理作出规定。

有的意见认为,在民法总则中应当对直接代理和间接代理均作出规定。有的意见认为,在民法总则中仅规定直接代理即可,间接代理应当在合同法中作规定。有的意见认为,间接代理不是真正的代理,只有在特殊情况下基于法律的特别规定才会发生代理的部分效力,在合同法分编中作出规定即可,民法总则没有必要专门作规定。有的意见认为,在民法总则中可以主要规定直接代理,但也应当对间接代理作一个概括性规定,可以起到与民法典分编和其他单行法相衔接的作用。经研究,草案一次审议稿增加规定间接代理,基本就是《合同法》第四百零二条的内容。第一百四十二条规定:"代理人在代理权限内以自己的名义与第三人实施民事法律行为,第三人知道代理人与被代理人之间的代理关系的,该民事法律行为直接约束被代理人和第三人,但是有确切证据证明该民事法律行为只约束代理人和第三人的除外。"

3. 表见代理

草案征求意见稿第一百二十八条规定:"行为人没有代理权、超越代理权或者代理权终止后,仍然实施代理行为,相对人有理由相信行为人有代理权的,代理行为有效。"

有的意见建议增加规定:"代理行为中,相对人对代理人的代理权限有必要的审核义务。未尽此义务的,不能认定其合理信赖行为人有代理权。"有的意见认为,表见代理制度设立的目的即是为了保护善意相对人的利益,在善意相对人的利益与被代理人的利益之间寻找一个恰当的平衡。本条中"相对人有理由相信行为人有代理权"的表述不明确,建议规定较为具体的判断标准,或者从反面对不得适用表见代理的典型情形作出列举性规定。有的意见认为,表见代理的实践情况非常复杂,难以对不得适用表见代理的典型情形作出列举性规定。经研究,草案一次审议稿增加规定了不适用表见代理的具体情形。第一百五十二条规定:"行为人没有代理权、超越代理权或者代理权终止后,仍然实施代理行为,相对人有理由相信行为人有代理权的,代理行为有效,但是有下列情形之一的除外:(一)行为人伪造他人的公章、合同书或者授权委托书等,假冒他人的名义实施民事法律行为的;(二)被代理人的公章、合同书或者授权委托书等遗失、被盗,或者与行为人特定的职务关系已经终止,并且已经以合理方式公告或者通知,相对人应当知悉的;(三)法律规定的其他情形。"

(八)关于民事权利的行使与保护

1. 章名

草案征求意见稿第八章章名为"民事权利的行使与保护"。

有的意见建议,将草案征求意见稿第一百三十二至一百三十四条有关民事权利行使的内容移到第一章或者第五章,将本章章名修改为"民事责任",并增加民事责任减轻、免除和竞合等规定。有的意见提出,第一百三十三、一百三十四条的内容,第一章第七条、第八条已经涵盖,第一百三十五条至一百三十七条为分则的内容,第一百三十八条、一百三十九条可以移至第一章第九条之后,这样就可以删除本章。经研究,草案一次审议稿对本章中民事权利保护的规定作相应处理,不再规定这部分内容,将本章章名修改为"民事责任"。

2. 行使民事权利受法律保护

草案征求意见稿第一百三十二条第一款规定:"民事主体行使民事权利受法律保护。"第二款规定:"除非为了公共利益的需要并依照法律规定的权限和程序,不得限制民事权利。"第三款规定:"为了公共利益的需要,依照法律规定的权限和程序对民事权利进行限制的,应当给予补偿。"

有的意见建议,对第三款中的"给予补偿"作出修改,修改方案包括"给予及时、充分、合理的补偿""给予及时充分的补偿""给予公正合理的补偿""及时给予合理补偿""给予及时、合理的补偿""及时补偿"等。有的意见提出,知识产权法律明确规定了对著作权、专利权和商标权的限制,有些限制无需给予权利人补偿,建议在第三款后增加规定"对知识产权的限制依照知识产权法的相关规定"。有的意见提出,在一些领域尤其是证券期货领域,为了维护市场秩序和金融安全,必要时需依法对市场主体的相关权利进行限制,一概要求予以补偿不妥当,建议明确公共利益的内涵,并对补偿增加例外情形。有的意见提出,本条第二款、第三款看似保护民事权利,实则为侵犯民事权利提供途径。这一规定将法律对不动产等财产权的限制扩大到整个民事权利,在法律对公共利益、政府相关权限和程序、补偿标准等规定不完善的情况下,容易成为民事权利受侵犯的口袋条款,建议斟酌。经研究,同时考虑第一章第八条可以涵盖本条第一款的内容,草案一次审议稿删除本条规定。

3. 权利不得滥用

草案征求意见稿第一百三十三条规定:"行使民事权利,不得违反法律、行政法规的规定,不得违背公序良俗,不得损害他人合法权益。""违反前款规定的,应当依法承担民事责任。"

有的意见提出,禁止权利滥用也是民法基本原则,建议将本条调整至第一章。有的意见提出,第七条中已包含了本条内容,建议删除本条。有的意见建议,将本条修改为:"行使民事权利,不得损害他人合法权益,不得损害公共利益。以加害他人或者不正当竞争等为目的行使民事权利,应当依法承担相应的民事责任。"有的意见建议,将本条修改为:"禁止权利滥用。前款所称的权利滥用,是指权利人主要以损害他人为目的,或者权利人获利微小而他人损害巨大的情形。"有的意见建议,将第一款中的"法律、行政法规的规定"修改为"法律、行政法规的禁止性和限制性规定",有的意见建议修改为"法律、行政法规的强制性规定"。经研究,草案一次审议稿将这一条合并至第一章第八条,表述为"不得损害他人合法权益"。第八条规定:"民事主体从事民事活动,应当遵守法律,不得违背公序良俗,不得损害他人合法权益。"

4. 保护环境和节约资源

草案征求意见稿第一百三十四条规定:"民事主体从事民事活动应当保护环境、节约资源,防止、减少环境污染和生态破坏。"

有的意见提出,本条规定的内容与民事权利的行使和保护无直接关系,而是带有提倡性质的民法原则,建议移至第一章作为基本原则。有的意见提出,本条属于倡导性内容,是否有必要在民法典中规定值得商榷。有的意见提出,环境保护的相关法律规范是公法的内容,在环境保护法等相关法律中已有明确规定,私法规定略显生硬,且本条规定过于原则,操作性不强,建议删除本条。有的意见建议,将"民事主体从事民事活动"修改为"民事主体行使民事权利"。有的意见建议,增加规定"促进人与自然的和谐发展"。经研究,草案一次审议稿将本条移至第一章进行规定。第七条规定:"民事主体从事民事活动,应当保护环境、节约资源,促进人与自然和谐发展。"

5. 按份责任和连带责任

草案征求意见稿第一百三十六条规定:"二人以上不履行或者不完全履行民事义务的,应当依法分担责任或者承担连带责任。"

有的意见提出,本条应当在民法典分编中规定。有的意见建议,将本条修改为:"两个或两个以上当事人对其共同民事义务或共同债务,负有共同责任,其不履行或不完全履行其共同民事义务的,应当依法分担责任或者承担连带责任。"有的意见提出,"分担责任"的表述不够规范,建议修改为"承担按份责任"。有的意见建议,规定连带责任制度的具体内容,包括外部关系和内部关系。经研究,草案一次审议稿采纳了部分意见,增加两条分别规定按份责任和连带责任。第一百五十八条规定:"二人以上依法承担按份责任的,责任人按照各自责任份额向权利人承担民事责任。"第一百五十九条规定:"二人以上依法承担连带责任的,每一个责任人应当向权利人承担全部民事责任。责任人实际承担责任超过其应当承担份额的,可以向其他连带责任人追偿。"

6. 民事责任的方式

草案征求意见稿第一百三十六条第一款规定了承担民事责任的方式。

有的意见提出,生态破坏和环境修复具有特殊性,现有的民事责任方式难以涵盖。最高人民法院《关于审理环境民事公益诉讼案件适用法律若干问题的解释》中对修复生态环境、赔偿服务功能损失等责任方式已有明确规定。为了给司法实务提供立法依据,建议在本条中增加规定"修复生态环境"。有的意见建议增加规定"惩罚性赔偿"。有的意见提出,本条实为侵权责任法关于民事责任的规定,放在总则不恰当。责任方式在具体制度中均有体现,建议删除本条。有的意见建议,将"修理、重作、更换"修改为合同法的"继续履行、采取补救措施"。有的意见建议删除"赔礼道歉"。经研究,草案一次审议稿采纳了部分意见,在第五项"恢复原状"后增加规定"修复生态环境"。

7. 其他

有的意见建议,增加规定对他人行使民事权利适度容忍义务。有的意见提出,正当防卫和紧急避险有双重身份,一是作为民事权利的保护方法,二是作为侵权责任的免责事由,应当在民事权利的行使和保护一章中加以规定。有的意见建议增加规定"见义勇为"和"自助"。有的意见建议增加规定"民事责任竞合"。有的意见建议增加有关举证责任的规定。经研究,草案一次审议稿采纳了部分意见,增加四条规定,分别规定正当防卫、紧急避险、见义勇为和民事责任的竞合。

(九)期间和时效

1. 体例结构

草案征求意见稿将期间和时效作为第九章进行规定,分三节:第一节期间;第二节诉讼时效;第三节除斥期间。

有的意见提出,期间与时效是不同的法律概念,具有不同的法律意义,建议分设两章规定。有的建议提出,第一节的内容,实际是"期间和期日的计算方法",而不是"期间",并不属于实体规则,而属于附属规则。而第三节规定的"除斥期间"才是真正的"期间",属于实体规则,但章名中却未提及"除斥期间",章名与内容不符。第二节规定诉讼时效,是第九章的主要内容,章名仅称"时效",亦欠妥。民法时效,包括诉讼时效与取得时效,本章仅规定诉讼时效,未涉及取得时效,因此章名中应为"诉讼时效"。有的意见建议,本章仅规定诉讼时效与除斥期间,章名修改为"诉讼时效与除斥期间",沿袭民法通则的先例,将第一节"期间的计算方法",安排在第十章附则。经研究,草案一次审议稿将第九章的章名修改为"诉讼时效与除斥期间",并将第九章第一节期间的内容单列一章,作为第十章,章名为"期间的计算"。

2. 诉讼时效期间

草案征求意见稿第一百四十五条第一款规定:"向人民法院请求保护民事权利的诉讼时效期间为五年,法律另有规定的除外。"

有的意见认为,民法通则规定的二年的诉讼时效期间确实过短,不利于保护债权人利益,赞同诉讼时效期间延长为五年。有的意见认为,二年的诉讼时效期间施行多年，群众也已经接受，建议维持不变。有的意见认为，从保护债权人利益出发，诉讼时效期间确实有必要在二年的基础上适当延长。但是诉讼时效制度的设立目的即是督促当事人及时行使权利，维护社会交易秩序的稳定，并且过长的诉讼时效期间，不利于证据的收集、调查，建议将"五年"的诉讼时效期间缩短到"三年"。经研究，草案一次审议稿将诉讼时效期间缩短到"三年"。第一百六十七条第一款规定："向人民法院请求保护民事权利的诉讼时效期间为三年，法律另有规定的除外。"

3. 分期履行债务诉讼时效期间起算规则

草案征求意见稿未对分期履行债务诉讼时效期间起算规则作出规定。

有的意见认为，对当事人约定同一债务分期履行的，应当从每一期债务履行期限届满之日起算。有的意见认为，分期履行不同于定期履行。房租三个月支付一次、工资一个月支付一次属于定期履行债务，其各个债务都是相互独立的，每一个债务的诉讼时效期间都是自每一期履行期间届满之日起分别起算。但是分期履行债务仍然是同一债务，只不过履行方式上分期进行，例如同一批货款分期支付，最后一期履行完才是对同一债务的完整履行，其诉讼时效期间起算点当然从最后一期债务履行期限届满之日起算。有的意见提出，最高人民法院《关于审理民事案件适用诉讼时效制度若干问题的规定》第五条规定，当事人约定同一债务分期履行的，诉讼时效期间从最后一期履行期限届满之日起计算。这一规定在司法实务中施行多年，取得了较好的司法效果，建议民法总则予以吸收。经研究，草案一次审议稿将司法解释的内容上升为法律。第一百六十八条规定："当事人约定同一债务分期履行的，诉讼时效期间从最后一期履行期限届满之日起计算。"

4. 诉讼时效期间届满的法律效果

草案征求意见稿第一百四十七条第一款规定："诉讼时效期间届满后，义务人自愿履行的，不受诉讼时效限制；义务人同意履行的，不得以诉讼时效期间届满为由抗辩。"

有的意见建议，将本款修改为："诉讼时效期间届满，义务人自愿履行或者同意履行的，不得以诉讼时效期间届满为由抗辩。"有的意见建议修改为："诉讼时效期间届满后，义务人可以放弃时效利益。诉讼时效期间届满，义务人履行义务后，不得请求返还。诉讼时效期间届满后，义务人同意履行义务或者为义务履行提供担保的，不得以不知诉讼时效期间届满为由请求撤销或者再行提出抗辩。"有的意见提出,诉讼时效期间届满,义务人可以拒绝履行义务,属于诉讼时效效力的原则规定。而义务人自愿履行,不受诉讼时效的限制,属于例外规定。法律条文的设置,应当先规定原则,后规定例外。经研究,草案一次审议稿增加了一款规定。第一百六十九条第一款规定:"诉讼时效期间届满的,义务人可以提出不履行义务的抗辩。"第二款规定:"诉讼时效期间届满后,义务人自愿履行的,不受诉讼时效限制;义务人同意履行的,不得以诉讼时效期间届满为由抗辩。"

5. 不适用诉讼时效的请求权

草案征求意见稿第一百五十二条规定:"下列请求权不适用诉讼时效:(一)请求停止侵害、排除妨碍、消除危险;(二)登记的物权人请求返还财产;(三)其他依法不适用诉讼时效的请求权。"

有的意见提出,诉讼时效制度的设立目的是维护交易秩序的稳定,而要求支付赡养费、抚养费、扶养费等属于婚姻家庭法规定的法定扶养义务,与市场交易无关,不应适用诉讼时效,并且司法实践中也都是这么做的。经研究,草案一次审议稿采纳了这一意见,第一百七十五条增加规定"请求支付赡养费、抚养费或者扶养费"不适用诉讼时效。

草案一次审议稿花脸稿
（以征求意见稿为底稿）

目　录

第一章　~~一般规定~~**基本原则**

第二章　自然人
　第一节　民事权利能力和民事行为能力
　第二节　监　护
　第三节　宣告失踪和宣告死亡
　第四节　个体工商户、农村承包经营户

第三章　法　人
　第一节　一般规定
　第二节　营利性法人
　第三节　非营利性法人

第四章　~~其他~~**非法人**组织

第五章　民事权利

第六章　民事法律行为
　第一节　一般规定
　第二节　意思表示
　第三节　民事法律行为的效力
　第四节　民事法律行为的附条件和附期限

第七章　代　理
　第一节　一般规定
　第二节　委托代理
　第三节　代理~~关系~~的终止

第八章　民事~~责任~~**权利的行使和保护**

第九章　~~期间~~**诉讼时效**和**除斥期间**~~时效~~
　第一节　期　间

第二节　诉讼时效

第三节　除斥期间

第　章　期间的计算

第十章　附　则

第一章　~~一般规定~~基本原则

第一条　为了保护~~民事主体~~自然人、法人和非法人组织的~~民事~~合法权益，~~正确~~调整民事关系，维护社会和经济秩序，~~促进~~适应中国特色社会~~主义~~和经济发展~~要求~~，根据宪法，制定本法。

第二条　~~中华人民共和国~~民~~事~~法律调整作为平等~~民事~~主体的自然人、法人、其他组织之间的人身关系和财产关系。

第三条　民事主体的法律地位一律平等。

第四条　民事主体~~依法自愿~~从事民事活动，应当遵循自愿原则，按照自己的意思设立、变更和终止民事关系。

第五条　民事~~主体从事民事~~活动，应当遵循公平原则，合理确定各方的权利和义务。

第六条　民事~~主体从事民事~~活动，应当遵循诚实信用原则。

民事主体从事民事活动，应当自觉维护交易安全。

第　条　民事主体从事民事活动，应当保护环境、节约资源，促进人与自然和谐发展。

第七条　民事~~主体从事民事~~活动，应当遵守法律，不得违背公序良俗，不得损害他人合法权益。

第八条　民事主体合法的人身、财产民事权益受法律保护，任何单位和组织或者个人不得侵犯。

民事主体行使权利的同时，应当履行法律规定的或者当事人约定的义务，承担相应责任。

第九条　处理民事~~纠纷~~关系，应当依照法律规定；法律没有规定的，也可以适用习惯，但~~是~~不得违背公序良俗。

第十条　其他法律对民事关系另有特别规定的，依照其规定。

第十一条　在中华人民共和国领域内的民事活动，适用中华人民共和国法律，但中华人民共和国法律另有规定的除外。

草案一次审议稿花脸稿（以征求意见稿为底稿）

第二章 自 然 人

第一节 民事权利能力和民事行为能力

第十二条 自然人从出生时起到死亡时止,具有民事权利能力,依法享有民事权利,承担民事义务。

第十三条 自然人的民事权利能力一律平等。

第十四条 自然人出生时间和死亡的时间,以出生证明、死亡证明记载的时间为准;没有出生证明、死亡证明的,以户籍登记的时间为准。有其他证据足以推翻户籍登记以上时间的,以相关证据表证明的时间为准。

第十五条 涉及遗产继承、接受赠与等胎儿利益的保护,胎儿视为具有民事权利能力。但是,胎儿出生时为活体未存活的,其出生前即视为具有民事权利能力自始不存在。

第十六条 十八周岁以上的自然人是成年人,具有为完全民事行为能力人,可以独立实施民事法律行为,是完全民事行为能力人。

十六周岁以上不满十八周岁的自然人,以自己的劳动收入为主要生活来源的,视为完全民事行为能力人。(移至第十七条并修改)

第十七条 六周岁以上不满十八周岁的未成年人,是为限制民事行为能力人,可以独立实施纯获利益的民事法律行为或者与其年龄、智力相适应的民事法律行为;实施其他民事法律行为由其法定代理人代理,或者征得其法定代理人的同意后实施。

十六周岁以上不满十八周岁的未成年人,以自己的劳动收入为主要生活来源的,视为完全民事行为能力人。

第十八条 不满六周岁的未成年人,是为无民事行为能力人,由其法定代理人代理实施民事法律行为。

第十九条 不能辨认自己行为的成年人,是为无民事行为能力人,由其法定代理人代理实施民事法律行为。

六周岁以上的未成年人不能辨认自己行为的,适用前款规定。

第二十条 不能完全辨认自己行为的成年人,是为限制民事行为能力人,可以独立实施纯获利益的民事法律行为或者与其智力、精神健康状况相适应的民事法律行为;实施其他民事法律行为由其法定代理人代理,或者征得其法定代理人<u>的同意</u><mark>后实施</mark>。

第二十一条 无民事行为能力人、限制民事行为能力人的监护人是其法定代理人。

第二十二条 不能辨认或者不能完全辨认自己行为的成年人的利害关系人，可以向人民法院申请<mark>宣告</mark><u>认定</u>其为无民事行为能力人或者限制民事行为能力人。

被人民法院<mark>宣告</mark><u>认定</u>为无民事行为能力人或者限制民事行为能力人的，根据其智力、精神健康恢复的状况，经本人、利害关系人或者有关组织申请，人民法院可以<mark>宣告</mark><u>认定</u>其<u>恢复</u>为限制民事行为能力人或者完全民事行为能力人。

<mark>前款规定的有关组织包括：本人住所地的居民委员会、村民委员会，学校、医疗卫生机构、妇女联合会、残疾人联合会、依法设立的老年人组织、民政部门等。</mark>

第二十三条 自然人以户籍登记的居所为住所<mark>；经常居所与住所不一致的，经常居所视为住所</mark>。

<mark>经常居所与住所不一致的，经常居所视为住所。</mark>

第二节 监 护

<u>第　　条 父母对未成年子女负有抚养、教育和保护的义务。</u>

<u>子女对无民事行为能力或者限制民事行为能力的父母负有赡养、照顾和保护的义务。</u>

第二十四条 未成年人的父母是未成年人的监护人。

未成年人的父母已经死亡或者没有监护能力的，由下列人员中有监护能力的人<u>依次</u>担任监护人：

（一）祖父母、外祖父母；

（二）<mark>成年</mark>兄、姐；

（三）<mark>关系密切</mark>的其他<mark>亲属</mark>、朋友愿意承担监护责任<u>的个人或者有关组织</u>，经未成年人住所地的居民委员会、村民委员会或者民政部门同意的。

<u>未成年人的父母可以通过遗嘱指定未成年人的监护人；其父、母指定的监护人不一致的，以后死亡一方的指定为准。</u>

第二十五条 无民事行为能力或者限制民事行为能力的成年人，由下列人员中有监护能力的人<u>依次</u>担任监护人：

（一）配偶；

（二）父母；

(三)成年子女；

(四)其他近亲属；

(五四)关系密切的其他亲属、朋友愿意承担监护责任的个人或者有关组织，经被监护人住所地的居民委员会、村民委员会或者民政部门同意的。

第二十六条　监护人可以协议确定。协议确定监护人的，应当听取限制民事行为能力的尊重被监护人的意愿况。

第二十七条　对担任监护人有争议的，由被监护人住所地的居民委员会、村民委员会或者民政部门根据最有利于被监护人的原则指定，有关当事人对指定不服的，可以向人民法院提起诉讼；有关当事人也可以直接向人民法院提起诉讼，由人民法院根据最有利于被监护人的原则指定。

居民委员会、村民委员会、民政部门或者人民法院指定监护人，应当听取限制民事行为能力的根据最有利于被监护人的原则，尊重被监护人的意愿况。

依照本条第一款规定指定监护人之前，被监护人的人身、财产及其他合法权益处于无人保护状态的，由被监护人住所地的居民委员会、村民委员会、法律规定的有关组织或者民政部门担任临时监护人。

监护人被指定后，不得擅自变更；。擅自变更的，不免除被指定的监护人的监护责任。

第二十八条　没有无本法第二十四条、第二十五条规定的具有监护资格的人的，监护人由被监护人住所地的居民委员会、村民委员会、法律规定的有关组织或者民政部门担任监护人。

第二十九条　具有完全民事行为能力的成年人，可以在与近亲属或者、其他愿意承担监护责任的个人、或者有关组织中事先协商，以书面形式确定自己的监护人。监护人在该成年人丧失或者部分丧失民事行为能力时，依法承担监护责任。

第三十条　监护人依法行使监护的权利，受法律保护。

监护人不履行监护职责或者侵害被监护人合法权益的，应当承担责任。

第　　条　监护人应当按照最有利于被监护人的原则履行监护职责，保护被监护人的**人身、财产及其他合法权益；**身心健康，照顾被监护人的生活，保护被监护人的财产权益及其他民事权益。除为被监护人利益外，不得处分被监护人的财产。

未成年人的监护人应当履行对被监护人的教育和管理职责；，应当根据被监护人的年龄和智力状况，在作出与被监护人权益有关的决定时，尊重被监护人的意愿。

成年人的监护人履行监护职责,应当最大程度地尊重被监护人的意愿,保障并协助被监护人独立实施与其智力、精神健康状况相适应的民事法律行为。
监护人不履行监护职责或者侵害被监护人民事权益的,应当承担责任。

第三十一条 监护人可以将监护职责部分或者全部委托给他人。因被监护人的侵权行为需要承担民事责任的,由监护人依法承担;受托人有过错的,承担相应责任。

第三十二条 监护人有下列情形之一的,人民法院根据有关人员或者单位的申请,撤销其监护人的资格,并根据最有利于被监护人的原则依法为其指定新的监护人:

(一)实施严重损害被监护人身心健康行为的;

(二)怠于履行监护职责,或者无法履行监护职责并且拒绝将监护职责部分或者全部委托给他人,导致被监护人处于危困状态的;

(三)有其他严重侵害被监护人合法权益的其他行为的。

前款规定的有关人员和组织或者单位包括:其他有监护资格的人员、被监护人住所地的居民委员会、村民委员会、学校、医疗卫生机构、妇女联合会、残疾人联合会、依法设立的老年人组织、民政部门等。

前款规定的有关人员和组织未及时向人民法院提出撤销监护人资格申请的,民政部门应当向人民法院提出申请。

第三十三条 人民法院撤销监护人的资格之前,可以视情况先行中止其履行监护职责,由被监护人住所地的居民委员会、村民委员会、法律规定的有关组织或者民政部门担任临时监护人。

第三十四条 原监护人被人民法院撤销监护人的资格之后,确有悔改情形的,经其申请,人民法院可以视情况恢复其监护人的资格,人民法院指定的新监护人同时终止与被监护人的监护关系同时终止。

第三十五条 有下列情形之一的,除本法另有规定外,监护关系终止:

(一)被监护人取得或者恢复完全民事行为能力的;

(二)监护人丧失监护能力的;

(三)被监护人或者监护人死亡的;

(四)经由人民法院认定监护关系应当终止的其他情形的。

监护关系终止后,被监护人仍然需要监护的,应当依法另行确定监护人。

第三节 宣告失踪和宣告死亡

第三十六条 自然人下落不明满二年的,利害关系人可以向人民法院申请宣告其为失踪人。

~~自然人~~下落不明的时间,从失去~~失踪~~该自然人音讯之日起计算。战争期间下落不明的,下落不明的时间自战争结束之日起计算。

第三十七条　失踪人的财产由其配偶、父母、成年子女或者~~关系密切的~~其他~~亲属、朋友愿意担任财产代管人的人~~代管。~~代管有争议、没有以上规定的人或者以上规定的人无能力代管的,由人民法院指定的人代管。~~

代管有争议,没有前款规定的人,或者前款规定的人无代管能力的,由人民法院指定的人代管。

第三十八条　财产代管人应当妥善管理失踪人的财产,维护其财产权益。

失踪人所欠税款、债务和应付的其他费用,由财产代管人从失踪人的财产中支付。

财产代管人因故意或者重大过失造成失踪人财产损失的,应当承担赔偿责任。

第三十九条　财产代管人不履行代管职责、侵害失踪人财产权益或者丧失代管能力的,失踪人的利害关系人可以向人民法院申请变更财产代管人。

财产代管人有正当理由的,可以向人民法院申请另行确定财产代管人。

第四十条　被宣告失踪的人重新出现,经本人或者利害关系人申请,人民法院应当撤销失踪宣告。

被宣告失踪的人重新出现,有权要求财产代管人及时向其移交有关财产并报告财产代管情况。

第四十一条　自然人有下列情形之一的,利害关系人可以向人民法院申请宣告其死亡:

(一)下落不明满四年的;

(二)因意外事~~故件~~,下落不明满二年的。

因意外事~~件故~~下落不明,经有关机关证明该自然人不可能生存的,申请宣告死亡不受二年~~期~~时间的限制。

下落不明的时间计算,适用本法第三十六条第二款的规定。

第四十二条　对同一自然人,有的利害关系人~~有的~~申请宣告**其**死亡,有的申请宣告**其**失踪,符合本法规定的宣告死亡条件的,人民法院应当宣告死亡。

第四十三条　被宣告死亡的人,**人民法院**宣告死亡的判决作出之日**或者判决确定的日期**视为其死亡的日期。

第四十四条　自然人被宣告死亡的,不影响其在被宣告死亡后实施的民事法律行为的效力。

第四十五条 被宣告死亡的人重新出现,经本人或者利害关系人申请,人民法院应当撤销死亡宣告。

第四十六条 被宣告死亡的人与配偶的婚姻关系,自死亡宣告之日起消灭。死亡宣告被撤销时,其配偶未再婚的,夫妻关系自撤销死亡宣告之日起自行恢复；,任何一方不愿意自行恢复的除外；其配偶再婚的,夫妻关系不自行恢复。

第四十七条 被宣告死亡的人在被宣告死亡期间,被宣告死亡的人的其子女被他人依法收养的,在死亡宣告被撤销后,不得仅以未经本人同意而主张解除收养关系无效。

第四十八条 被撤销死亡宣告的人有权请求返还财产。依照继承法取得其财产的自然人、法人或者其他非法人组织,应当返还原物；无法返还原物的,应当给予补偿。

利害关系人隐瞒真实情况,致使他人被宣告死亡而取得其财产的,除应当返还原物外,还应当对因由此造成的损失承担赔偿责任。

第四节 个体工商户、农村承包经营户

第四十九条 自然人经依法注册登记,从事工商业经营的,为个体工商户。个体工商户可以起字号。

第五十条 农村集体经济组织的成员,依法取得农村土地承包经营权,从事家庭承包经营的,为农村承包经营户。

第五十一条 个体工商户的债务,个人经营的,以个人财产承担；家庭经营的,以家庭财产承担；无法区分个人经营和家庭经营的,以家庭财产承担。

农村承包经营户的债务,以家庭财产承担。

第三章 法 人

第一节 一般规定

第五十二条 法人是具有民事权利能力和民事行为能力,依法独立享有民事权利和承担民事义务的组织。

法人的民事权利能力和民事行为能力,从法人成立时产生,到法人终止时消灭。(移至第五十三条后)

第五十三条 法人应当依法成立。具备下列条件：

~~(一)依法成立；~~

~~(二)有必要的财产或者经费；~~

~~(三)~~法人应当有自己的名称、组织机构和住所~~；~~。法人成立的具体条件和程序，依照法律的规定。

~~(四)能够独立承担民事责任。~~

设立法人，法律规定须经有关机关批准的，依照其规定。

第　　条　法人的民事权利能力和民事行为能力，从法人成立时产生，到法人终止时消灭。

第　　条　法人以其全部财产独立承担民事责任。

第五十四条　依照法律或者法人章程规定，代表法人从事民事活动的负责人，是法人的法定代表人。

法定代表人以法人名义从事的民事活动，其法律后果由法人承受。

法人的章程或者权力机构或者章程对于法定代表人的代表权范围的限制，不得对抗善意第三人。

第五十五条　法定代表人因执行职务造成他人损害的，由法人承担民事责任。

法人承担民事责任后，根据法律或者法人章程的规定，可以向有过错的法定代表人追偿。

第五十六条　法人以其登记的住所为住所。法人登记的住所与其主要办事机构所在地不一致的，以法人的主要办事机构所在地为住所。

法人的主要办事机构所在地与住所不一致的，其主要办事机构所在地视为住所。

法人依法不需要办理登记的，其主要办事机构所在地为住所。

第五十七条　法人在其存续期间，合并、分立或者其名称、组织形式、设立目的、注册资本、住所、法定代表人等变更登记事项发生变化的，应当依法向登记机关申请变更登记。

第五十八条　登记机关应当通过信息公示系统依法及时公示法人登记的有关信息。(移至本条后单列一条)

法人的实际情况与其法人登记的事项不一致符的，不得对抗信赖登记的善意第三人。

第　　条　登记机关应当通过信息公示系统依法及时公示法人登记的有关

信息。

第五十九条　法人合并、分立的,其权利和义务由变更后的法人享有和承担。

第六十条　有下列情形之一的,法人解散:

(一)法人章程规定的存续期间届满或者法人章程规定的其他解散事由出现的;

(二)法人的权力机构决议解散的;

(三)法人依法被吊销营业执照、登记证书,责令关闭或者被撤销的;

(四)出现法律规定的其他情形的。

第六十一条　法人解散的,清算义务人应当及时组成清算组进行清算。**法人的董事、理事等执行机构成员为清算义务人,但是法人章程另有规定,法人权力机构另有决议,或者法律另有规定的除外。**

清算义务人怠于履行清算义务的,主管机关或者利害关系人可以申请人民法院指定有关人员组成清算组进行清算。

第　条　公司的清算程序和清算组职权,适用公司法的有关规定。

公司以外的法人的清算程序和清算组职权,依照有关法律的规定;没有规定的,参照适用《中华人民共和国公司法》关于公司清算程序的有关规定。

第　条　清算期间,法人存续,但是不得从事与清算无关的活动。

法人经清算后的剩余的财产,根据法人章程的规定或者法人权力机构的决议处理,法律、行政法规另有规定的除外。

依法清算终结,并完成法人注销登记时,法人终止;法人依法不需要办理登记的,清算终结时,法人终止。

第六十二条　清算义务人怠于履行清算义务,造成法人财产损失的,应当在造成损失范围内对法人债务等承担责任。

清算义务人怠于履行清算义务,导致法人主要财产、账册、重要文件等灭失,无法进行清算的,对法人债务等承担连带责任。

第六十三条　法人被宣告破产的,依法进行破产清算并完成法人注销登记时,法人终止。

第六十四条　法人可以依法设立分支机构。法律、行政法规规定分支机构应当办理登记的,依照其规定。

分支机构经法人授权,以自己的名义从事民事活动,由此产生的民事责任,分支机构经营管理的财产不足以清偿的,由法人承担。

第六十五条　设立人对法人设立过程中的债务承担责任;设立人为两人以

上的,承担连带责任。

设立人为设立法人从事的民事活动,其**法律**后果在法人成立后由法人承受;法人未成立的,其法律后果由设立人承受,设立人为二人以上的,承担连带责任。

第　条　法律对合作社法人有规定的,依照其规定。

第二节　营利性法人

第六十六条　以取得利润并分配给其**股东或者其他出资人等**成员为目的成立的法人,为营利性法人。

营利性法人包括有限责任公司、股份有限公司和其他企业法人等**营利性组织,属于营利性法人。**

第六十七条　营利性法人,经依法登记**成立**,取得法人资格。

法律、行政法规规定须经有关机关批准的,依照其规定。

成立营利性法人应当具备的条件,依照法律的规定;成立营利性法人应当履行的程序,依照法律或者行政法规的规定。

第　条　依法设立的营利性法人,由法人登记机关发给营利性法人营业执照。营业执照签发日期为营利性法人的成立日期。

第六十八条　营利性法人的权力机构为成员大会。

法律、行政法规对营利性法人的权力机构另有规定的,依照其规定。

第六十九条　营利性法人设董事会或者执行董事的,董事会或者执行董事为其执行机构,董事长、执行董事或者经理**依照法人章程的规定担任**为其法定代表人;没有未设董事会或者执行董事的,其**法人**章程规定的主要负责人为该法人的其执行机构和法定代表人。

法律、行政法规对营利性法人的执行组织机构、法定代表人另有规定的,依照其规定。

第　条　营利性法人超越登记的经营范围从事经营活动的,依法承担相应的责任,但是除违反法律、行政法规的效力性强制性规定外,民事法律行为有效。

第　条　营利性法人从事经营活动,必须遵守法律、行政法规,遵守社会公德、商业道德,诚实信用,接受政府和社会公众的监督,承担社会责任。

第　条　营利性法人的成员应当遵守法律、行政法规和法人章程,依法行使成员权利,不得滥用成员权利损害法人或者其他成员的利益,不得滥用法人独立地位和成员有限责任损害法人债权人的利益。

第　条　本节没有规定的,适用公司法等有关法律的规定。

第三节 非营利性法人

第七十条 为公益目的或者其他非营利目的成立的法人,为非营利性法人。非营利性法人不得向其成员或者设立人分配利润。

为公益目的成立的非营利性法人终止时,不得向其成员或者设立人分配剩余财产;其剩余财产应当按照章程的规定或者权力机构的决议用于公益目的;不能按照法人章程规定或者权力机构的决议处理的,由主管机关划归性质、主持转给宗旨相同或者相近似的以公益为目的的法人,并向社会公告。

第七十一条 具备法人条件,为实现公益目的,利用国有资产设立的事业单位,经依法登记成立,取得事业单位法人资格;依法不需要办理法人登记的,从成立之日起,具有事业单位法人资格。

法律、行政法规规定须经有关机关批准的,依照其规定。

第 条 事业单位法人设理事会的,理事会为其决策机构。事业单位法定代表人按照其章程的规定产生。

法律对事业单位法人的组织机构、法定代表人另有规定的,依照其规定。

第七十二条 具备法人条件,基于会员共同意愿,为实现公益目的或者会员共同利益等非营利目的设立的社会团体,经依法登记,取得社会团体法人资格;依法不需要办理法人登记的,从成立之日起,具有社会团体法人资格。

法律、行政法规规定须经有关机关批准的,依照其规定。

第七十三条 社会团体法人应当制定章程,设会员大会或者会员代表大会等权力机构。

社会团体法人应当设理事会等执行机构。社会团体法人的理事长或者会长等主要负责人是社会团体法人的依照法人章程的规定担任法定代表人。

第七十四条 具备法人条件,为实现公益目的或者其他非营利目的,以捐助人的捐助财产设立的基金会、宗教活动场所等,经依法登记成立,取得捐助法人资格。

法律、行政法规规定须经有关机关批准的,依照其规定。

依法设立的宗教活动场所,具备法人条件的,可以申请法人登记,取得捐助法人资格。

第七十五条 捐助法人应当制定章程,设理事会、民主管理组织等决策机构、执行机构。捐助法人的理事长等主要负责人是捐助法人的依照法人章程的规定担任法定代表人。

捐助法人应当设监事会等监督机构~~或者监事等监督人~~。

第　　条　捐助人有权向捐助法人查询捐助财产的使用、管理情况,并提出意见和建议,捐助法人应当及时、如实答复。

捐助法人的决策机构、执行机构或者其法定代表人作出的决定违反捐助法人章程的,捐助人等利害关系人或者主管机关可以请求人民法院予以撤销。

第七十六条　有独立经费的机关、承担行政职能的法定机构从成立之日起,具有机关法人资格,可以从事为履行职能所需要的民事活动。

第七十七条　机关法人被撤销的,**法人终止**,其民事责任由继续履行~~使~~其职**能**~~权~~的机关法人承担;没有继续行使其职**能**~~权~~的机关法人的,由撤销该机关法人的机关法人承担。

第四章　其他非法人组织

第七十八条　~~其他~~**非法人**组织是不具有法人资格**,**但**是**依法能够以自己的名义从事民事活动的组织。

~~其他~~**非法人**组织包括个人独资企业、合伙企业、**营利性法人或者非营利性法人依法设立的分支机构**等。

第七十九条　其他组织应当具备下列条件:
~~(一)依法成立;~~
~~(二)有必要的财产;~~
~~(三)有自己的名称、组织机构和住所;~~
~~(四)法律规定的其他条件。~~

第八十条　~~其他~~**非法人**组织应当依法登记。

设立非法人组织,法律~~、行政法规~~规定须经有关机关批准的,依照其规定。

第　　条　非法人组织的成员或者设立人对该组织的债务承担无限责任。法律另有规定的,依照其规定。

第八十一条　**代表**~~其他~~**非法人**组织**可以确定一人或者数人代表该组织**从事民事活动**的人**,是其他组织的主要负责**人**。

第八十三条　其他组织的债务先以其财产清偿,不足以清偿的,由其成员或者设立人清偿,法律另有规定的除外。

第　　条　非法人组织以登记的住所为住所。

非法人组织的主要办事机构所在地与住所不一致的,其主要办事机构所在地视为住所。

第八十三条 有下列情形之一的,**其他**非法人组织解散:
(一)设立人或者其成员决定解散的;
(二)章程或者组织规章规定的存续期间届满的;
(三)章程或者组织规章规定的其他解散事由出现的;
(四)**出现**法律规定的其他情形**的**。

第八十四条 **其他**非法人组织解散的,应当依法进行清算。**清算终结,并完成注销登记时,非法人组织终止。**
~~依法清算终结,并完成注销登记时,其他组织终止。~~

第八十五条 **其他**非法人组织除适用本章规定外,参照适用本法第三章第一节的有关规定。

第五章 民事权利

第 条 自然人的人身自由、人格尊严受法律保护。

第八十九条 自然人享有生命**权**、健康**权**、**身体权**、姓名**权**、肖像**权**、名誉**权**、荣誉**权**、隐私**权**、**婚姻自主权**等权利。

法人、**其他**非法人组织享有名称**权**、名誉**权**、荣誉**权**等权利。

第九十条 自然人因婚姻、家庭关系产生的人身权利受法律保护。

第 条 民事主体依法享有的收入、储蓄、房屋、生活用品、生产工具、投资及其他财产权利受法律保护。

第八十六条 民事主体依法享有物权。

物权是权利人依法对特定的物享有直接支配和排他的权利,包括所有权、用益物权、担保物权。

第 条 物包括不动产和动产。法律规定**具体**权利**或者网络虚拟财产**作为物权客体的,依照其规定。

第八十七条 民事主体依法享有债权。

债权是因合同、**单方允诺**、侵权行为、无因管理、不当得利以及法律的其他规定,**权利人请求特定义务人为一定行为的权利**在当事人之间产生的特定的权利义务关系,为债权债务关系。享有权利的人是债权人,负有义务的人是债务人。

第 条 没有法定的或者约定的义务,为避免他人利益受损失进行管理或者服务的,有权请求受益人偿还由此而支付的必要费用。

草案一次审议稿花脸稿(以征求意见稿为底稿)

第　　条　没有合法根据,取得不当利益,造成他人损失的,应当将取得的不当利益返还受损失的人。

第八十八条　民事主体依法享有知识产权。

知识产权是指**权利人依法**就下列**客体**内容所享有的权利:

(一)文学、艺术和自然科学、社会科学、工程技术等作品;

(二)专利;

(三)商标;

(四)原产地理标记;

(五)商业秘密;

(六)集成电路布图设计;

(七)植物新品种;

(八)发现数据信息;

(九)法律、行政法规规定的其他**内容**智力成果。

第八十九条　自然人享有生命、健康、姓名、肖像、名誉、荣誉、隐私等权利。法人、其他组织享有名称、名誉、荣誉等权利。

第九十条　自然人因婚姻、家庭关系产生的人身权利受法律保护。(前两条移至第八十六条前并修改)

第　　条　自然人依法享有继承权。

第九十一条　民事主体依法享有继承权、股权等或者其他民事权利。

第　　条　法律对未成年人、老年人、残疾人、妇女、消费者等的民事权利有特别保护规定的,依照其规定。

第六章　民事法律行为

第一节　一般规定

第九十二条　民事法律行为是**指**自然人、法人或者**其他**非法人组织通过意思表示设立、变更和终止民事权利和民事义务的行为。

第九十三条　民事法律行为可以基于单方的意思表示成立,也可以基于双方或者多方的意思表示一致成立。

法人、**其他**非法人组织的决议行为应当依照法律或者章程规定的召集程序和表决规则成立。

第九十四条 民事法律行为可以采用书面形式、口头形式或者其他形式；法律规定或者当事人约定采用特定形式的，应当采用特定形式。

第九十五条 民事法律行为自成立时生效，法律另有规定或者当事人另有约定的除外。行为人非依法律规定或者取得对方同意，不得擅自变更或者解除民事法律行为。

第二节 意思表示

第九十六条 以对话方式作出的意思表示，相对人了解其内容时生效。以非对话方式作出的意思表示，到达相对人时生效。

第 条 以非对话方式作出的采用数据电文形式的意思表示，相对人指定特定系统接收数据电文的，该数据电文进入该特定系统时生效；未指定特定系统的，相对人知道或者应当知道该数据电文进入其系统时生效。当事人对采用数据电文形式的意思表示的生效时间另有约定的，按照其约定。

以公告方式作出的意思表示，公告发布时生效。

无相对人的意思表示，表示完成时生效，法律另有规定的除外。

第九十七条 行为人可以明示或者默示作出意思表示。不作为的默示，沉默只有在有法律另有规定、当事人另有约定或者另有习惯时，才方可以视为意思表示。

第九十八条 行为人可以撤回意思表示。撤回意思表示的通知应当在意思表示到达相对人之前或者与意思表示同时到达相对人。

第九十九条 有相对人的意思表示的解释，应当按照所使用的词句，结合相关条款、行为的性质和目的、习惯、受领相对人的合理信赖以及诚实信用原则，确定意思表示的含义。

无相对人的意思表示的解释，不能拘泥于所使用的词句，而应当结合相关条款、行为的性质和目的、习惯以及诚实信用原则，确定行为人的真实意思。

第三节 民事法律行为的效力

第一百条 民事法律行为具备下列条件的民事法律行为有效：

（一）行为人具有相应的民事行为能力；

（二）意思表示真实；

（三）不违反法律、行政法规的效力性强制性规定，不违背公序良俗。

第一百零一条 无民事行为能力人实施的民事法律行为无效。

第一百零二条 限制民事行为能力人实施的民事法律行为,经法定代理人同意或者追认后有效,但是纯获利益的民事法律行为或者与其年龄、智力、精神健康状况相适应而实施的民事法律行为,不需必经法定代理人同意或者追认。

相对人可以催告法定代理人在自收到通知之日起一个月内予以追认。法定代理人未作表示的,视为拒绝追认。民事法律行为被追认之前,善意相对人有撤销的权利。撤销应当以通知的方式作出。

第一百零三条 行为人与相对人串通,以虚假的意思表示实施的民事法律行为无效,但是双方均不得以虚假的意思表示无效此对抗善意第三人。

行为人以虚假的意思表示隐藏的民事法律行为,依照有关法律规定处理。

第一百零四条 基于重大误解实施的民事法律行为,行为人有权请求人民法院或者仲裁机构予以变更或者撤销。

第一百零五条 一方以欺诈手段,使对方在其违背真实意思的情况下实施的民事法律行为,受欺诈方有权请求人民法院或者仲裁机构予以变更或者撤销。

第一百零六条 第三人实施欺诈行为,使一方在违背其真实意思的情况下实施的民事法律行为,对方知道或者应当知道该欺诈行为的,受欺诈方有权请求人民法院或者仲裁机构予以变更或者撤销。

第一百零七条 一方或者第三人以胁迫手段,使对方在违背其真实意思的情况下实施的民事法律行为,受胁迫方有权请求人民法院或者仲裁机构予以变更或者撤销。

第一百零八条 一方利用对方处于困境、缺乏判断能力或者对自己信赖等情形,致使民事法律行为成立时显失公平的民事法律行为,受损害方有权请求人民法院或者仲裁机构予以变更或者撤销。

第一百零九条 乘人之危的民事法律行为,受损害方有权请求人民法院或者仲裁机构予以变更或者撤销。

第一百一十条 民事法律行为因重大误解、欺诈、显失公平、乘人之危被变更或者撤销的,不得对抗善意第三人。

第一百一十一条 有下列情形之一的,撤销权消灭:

(一)当事人自知道或者应当知道撤销事由之日起一年内没有行使撤销权的;

(二)当事人受胁迫,自胁迫行为终止之日起一年内没有行使撤销权的;

(三)当事人知道撤销事由后明确表示或者以自己的行为表明放弃撤销权的。

(四)当事人自民事法律行为发生之日起五年内没有行使撤销权的,该撤销权消灭。

第一百一十二条　违反法律、行政法规的效力性强制性规定或者违背公序良俗的民事法律行为无效。

第　　条　行为人与相对人恶意串通,损害他人合法权益的民事法律行为无效。

第一百一十三条　无效~~和~~**或者**被撤销的民事法律行为,从民事法律行为开始时起就没有法律约束力。

第一百一十四条　民事法律行为无效、被撤销或者确定不发生效力后,行为人因该行为取得的财产,应当予以返还;不能返还或者没有必要返还的,应当折价补偿。有过错的一方应当赔偿对方~~因~~**由**此所受到的损失~~;~~,各方都有过错的,应当各自承担相应的责任。法律另有规定的,依照其规定。

第　　条　民事法律行为部分无效,不影响其他部分效力的,其他部分仍然有效。

第四节　民事法律行为的附条件和附期限

第一百一十五条　民事法律行为可以附条件,但**是**依照其性质不得附条件的除外。附生效条件的民事法律行为,自条件成就时生效。附解除条件的民事法律行为,自条件成就时失效。

第一百一十六条　**附条件的民事法律行为,**当事人为自己的利益不正当地阻止条件成就的,视为条件已成就;不正当地促成条件成就的,视为条件不成就。

第一百一十七条　民事法律行为可以附期限,但**是**依照其性质不得附期限的除外。附生效期限的民事法律行为,自期限届至时生效。附终止期限的民事法律行为,自期限届满时失效。

第七章　代　　理

第一节　一般规定

第　　条　自然人、法人和非法人组织可以通过代理人实施民事法律行为。

第一百一十八条　代理人在代理权限内,以被代理人名义实施的民事法律行为,对被代理人发生效力。

依照法律规定、当事人约定或者民事法律行为的性质,应当由本人亲自实施的民事法律行为,不得代理。

第　　条　代理人在代理权限内以自己的名义与第三人实施民事法律行为,第三人知道代理人与被代理人之间的代理关系的,该民事法律行为直接约束被代理人和第三人,但是有确切证据证明该民事法律行为只约束代理人和第三人的除外。

第一百一十九条　代理包括委托代理、和法定代理和指定代理。

委托代理人按照被代理人的委托行使代理权。;法定代理人依照法律的规定行使代理权,指定代理人按照人民法院或者依法有权指定的单位的指定行使代理权。

法定代理和指定代理,本章没有规定的,适用本法和其他法律有关规定。

第一百二十条　代理人不履行职责,造成被代理人损害的,应当承担民事责任。

代理人和第三人恶意串通,损害被代理人民事合法权益的,由代理人和第三人承担连带责任。

第二节　委托代理

第一百二十一条　委托代理可以采用书面形式、口头形式或者其他形式;。法律规定或者当事人约定采用特定形式的,应当采用特定形式。

书面委托代理的授权委托书应当载明代理人的姓名或者名称、代理事项、权限和期间,并由被代理人签名或者盖章。

第一百二十二条　代理人为数人为同一委托事项的代理人的,应当共同行使代理权,法律另有规定或者当事人另有约定的除外。

第一百二十三条　代理人知道或者应当知道被授权代理的事项违法仍然实施代理行为,或者被代理人知道或者应当知道代理人的代理行为违法未作反对表示的,由被代理人和代理人应当承担连带责任。

第一百二十四条　代理人不得以被代理人的名义与自己实施民事法律行为,法律另有规定或者被代理人同意、追认的除外。

代理人不得以被代理人的名义与其同时代理的其他人实施民事法律行为,法律另有规定或者被代理的双方同意、追认的除外。

第一百二十五条　代理人需要转委托第三人代理的,应当取得被代理人的同意或者得到其追认。

转委托代理经被代理人同意或者追认的,被代理人可以就代理事务直接指示转委托的第三人,代理人仅就第三人的选任及其对第三人的指示承担责任。

转委托代理未经被代理人同意或者追认的,代理人应当对转委托的第三人的行为承担责任,但是在紧急情况下代理人为了维护被代理人的利益需要转托他第三人代理的除外。

第一百二十六条 执行法人或者其他非法人组织工作任务的人,就其职权范围内的事项,可以以法人或者其他非法人组织的名义实施民事法律行为,由对法人或者其他非法人组织发生效力承担民事责任。

法人或者其他非法人组织对其工作人员职权范围的限制,不得对抗善意第三人。

第一百二十七条 行为人没有代理权、超越代理权或者代理权终止后,仍然实施代理行为,未经被代理人追认的,代理行为无效。

相对人可以催告被代理人在自收到通知之日起一个月内予以追认。被代理人未作表示的,视为拒绝追认。无权代理人实施的行为被追认之前,善意相对人有撤销的权利。撤销应当以通知的方式作出。

无权代理人实施的行为未被追认的,善意相对人有权要求无权代理人履行债务或者就其受到的损害要求无权代理人赔偿,但是赔偿的范围不得超过代理行为有效时所能获得的利益。

相对人知道或者应当知道代理人无权代理的,相对人和代理人按照各自的过错承担责任。

第一百二十八条 行为人没有代理权、超越代理权或者代理权终止后,仍然实施代理行为,相对人有理由相信行为人有代理权的,代理行为有效。但是有下列情形之一的除外:

(一)行为人伪造他人的公章、合同书或者授权委托书等,假冒他人的名义实施民事法律行为的;

(二)被代理人的公章、合同书或者授权委托书等遗失、被盗,或者与行为人特定的职务关系已经终止,并且已经以合理方式公告或者通知,相对人应当知悉的;

(三)法律规定的其他情形。

第三节 代理关系的终止

第一百二十九条 有下列情形之一的,委托代理终止:

(一)代理期间届满或者代理事务完成的;

(二)被代理人取消委托或者代理人辞去委托的;

(三)代理人丧失民事行为能力的;

(四)代理人或者被代理人死亡的;

(五)作为代理人或者被代理人的法人、其他非法人组织终止的。

第一百三十条　被代理人死亡后,有下列情形之一的,委托代理人实施的代理行为有效:

(一)代理人不知道并且不应当知道被代理人死亡的;

(二)被代理人的继承人均予以承认的;

(三)授权中明确代理权在到代理事项完成时代理权终止的;

(四)在被代理人死亡前已经实施,在被代理人死亡后为了被代理人继承人的利益继续完成的。

作为被代理人的法人、非法人组织终止的,参照适用前款规定。

第一百三十一条　有下列情形之一的,法定代理或者指定代理终止:

(一)被代理人取得或者恢复完全民事行为能力的;

(二)代理人丧失民事行为能力的;

(三)被代理人或者代理人死亡的;

(四)指定代理的人民法院或者依法有权指定的单位取消指定的;

(五四)有法律规定的其他情形的。

第八章　民事责任权利的行使和保护

第一百三十二条　民事主体行使民事权利受法律保护。
除非为了公共利益的需要并依照法律规定的权限和程序,不得限制民事权利。
为了公共利益的需要,依照法律规定的权限和程序对民事权利进行限制的,应当给予补偿。

第一百三十三条　行使民事权利,不得违反法律、行政法规的规定,不得违背公序良俗,不得损害他人合法权益。
违反前款规定的,应当依法承担民事责任。

第一百三十四条　民事主体从事民事活动应当保护环境、节约资源,防止、减少环境污染和生态破坏。

第一百三十五条　民事主体应当依照法律规定或者当事人约定履行民事义务。

民事主体不履行或者不完全履行民事义务的,应当依法承担民事责任。

第一百三十六条　二人以上不履行或者不完全履行民事义务的,应当依法分担责任或者承担连带责任。

第　　条　二人以上依法承担按份责任的,责任人按照各自责任份额向权利人承担民事责任。

第　　条　二人以上依法承担连带责任的,每一个责任人应当向权利人承担全部民事责任。责任人实际承担责任超过其应当承担份额的,可以向其他连带责任人追偿。

第一百三十七条　承担民事责任的方式主要有:

(一)停止侵害;

(二)排除妨碍;

(三)消除危险;

(四)返还财产;

(五)恢复原状、**修复生态环境**;

(六)修理、重作、更换;

(七)赔偿损失;

(八)支付违约金;

(九)消除影响、恢复名誉;

(十)赔礼道歉。

~~以上~~前款规定的承担民事责任的方式,可以单独适用,也可以合并适用。

第一百三十八条　因不可抗力不能履行民事义务的,不承担民事责任,法律另有规定的除外。

不可抗力是指不能预见、不能避免并不能克服的客观情况。

第　　条　因正当防卫造成损害的,不承担责任。正当防卫超过必要的限度,造成不应有的损害的,正当防卫人应当承担适当的责任。

第　　条　因紧急避险造成损害的,由引起险情发生的人承担责任。如果危险是由自然原因引起的,紧急避险人不承担责任或者给予适当补偿。紧急避险采取措施不当或者超过必要的限度,造成不应有的损害的,紧急避险人应当承担适当的责任。

第　　条　为保护他人民事权益而使自己受到损害的,由侵权人承担责任,受益人可以给予适当补偿。没有侵权人、侵权人逃逸或者无力承担责任,受害人请求补偿的,受益人应当给适当补偿。

第　　条　因当事人一方的违约行为,损害对方人身、财产权益的,受损害方有权选择要求其承担违约责任或者侵权责任。

第一百三十九条　民事主体因同一行为应当承担民事责任、行政责任和刑事责任的,<u>承担行政责任或者刑事责任</u>不影响依法承担民事责任;民事主体的财产不足以支付的,先承担民事责任。

第九章 <s>期间和</s>诉讼时效<u>和除斥期间</u>

第一节 <s>期 间</s>

<s>第一百四十条 民法所称的期间按照公历年、月、日、小时计算。</s>

<s>第一百四十一条 按照小时计算期间的,自规定或者约定的时间起算。</s>

<s>按照日、月、年计算期间的,开始的当日不算入,自下一日起算。</s>

<s>第一百四十二条 按照月、年计算期间的,最后一月与期间起算日相应日的前一日为期间的最后一日;最后一月没有相应日的,最后一月的结束日为期间的最后一日。</s>

<s>第一百四十三条 期间的最后一日是法定休假日的,以法定休假日结束的次日为期间的最后一日。</s>

期间的最后一日的截止时间为二十四点。有业务时间的,按照业务时间确定。

<s>第一百四十四条 期间的计算方法依照本法的规定,法律另有规定或者当事人另有约定的除外。</s>(移至本章后单列一章并修改)

第二节 诉讼时效

第一百四十五条 向人民法院请求保护民事权利的诉讼时效期间为<s>五</s>三年,法律另有规定的除外。

诉讼时效期间自权利人知道或者应当知道权利受到损害以及<s>造成损害的</s>义务人之日起开始计算,法律另有规定的除外。但是,自权利受到损害之日起超过二十年的,人民法院不予保护,有特殊情况的,人民法院可以延长。

第一百四十六条 <s>主权利诉讼时效期间届满,从权利诉讼时效期间随之届满。</s>当事人约定同一债务分期履行的,诉讼时效期间从最后一期履行期限届满之日起计算。

第一百四十七条 诉讼时效期间届满的,义务人可以提出不履行义务的抗辩。<s>诉讼时效期间届满后,义务人自愿履行的,不受诉讼时效限制;义务人同意履行的,不得以诉讼时效期间届满为由抗辩。</s>

诉讼时效期间届满后,义务人自愿履行的,不受诉讼时效限制;义务人同意

履行的,不得以诉讼时效期间届满为由抗辩。

第 条 人民法院不得主动适用诉讼时效的规定。

第一百四十八条 在诉讼时效期间的最后六个月内,因下列障碍,不能行使请求权的,诉讼时效中止:

(一)不可抗力;

(二)无民事行为能力人或者限制民事行为能力人没有法定代理人、指定代理人,或者法定代理人、指定代理人死亡、丧失代理权、或者丧失民事行为能力;

(三)继承开始后未确定继承人或者遗产管理人;

(四)权利人被义务人或者其他人控制;

(五)其他导致权利人不能行使请求权的障碍。

自中止时效的原因消除之日起满六个月,诉讼时效期间届满。

第一百四十九条 无民事行为能力人或者限制民事行为能力人与其法定代理人或者指定代理人之间的请求权的诉讼时效,自该法定代理关系或者指定代理关系终止之日起开始计算。

第一百五十条 有下列情形之一的,诉讼时效中断,从中断或者有关程序终结时起,诉讼时效期间重新计算:

(一)权利人向义务人提出履行请求的;

(二)义务人同意履行义务的;

(三)权利人提起诉讼或者申请仲裁的;

(四)其他有与提起诉讼或者申请仲裁具有同等效力的其他情形。

第一百五十一条 对连带权利人或者连带义务人中的一人发生诉讼时效中断的,中断的效力及于对全部连带权利人或者连带义务人均发生诉讼时效中断的效力。

第一百五十二条 下列请求权不适用诉讼时效:

(一)请求停止侵害、排除妨碍、消除危险;

(二)登记的物权人请求返还财产;

(三)请求支付赡养费、抚养费或者扶养费;

(三四)其他依法不适用诉讼时效的其他请求权。

第一百五十三条 诉讼时效的期间、计算方法以及中止、中断的事由由法律规定,当事人约定无效。

当事人预先放弃对诉讼时效利益的预先放弃无效。

第三节　除斥期间

第一百五十四条　法律规定或者当事人约定的撤销权、解除权等权利的存续期间，为除斥期间。

除斥期间届满后，当事人的撤销权、解除权等权利消灭。

第一百五十五条　除斥期间自权利人知道或者应当知道权利产生之日起开始计算，法律另有规定的除外。

第一百五十六条　除斥期间不适用本法有关诉讼时效中止、中断和延长的规定，法律另有规定的除外。

第一节　期间的计算

第一百四十条　民事法律所称的期间按照公历年、月、日、小时计算。

第一百四十一条　按照小时计算期间的，自法律规定或者当事人约定的时间起算。

按照日、月、年计算期间的，开始的当日不算计入，自下一日起算。

第一百四十二条　按照月、年计算期间的，最后一月与期间起算开始当日的相应日的前一日为期间的最后一日；最后一月没有相应日的，最后一月的其结束日为期间的最后一日。

第一百四十三条　期间的最后一日是法定休假日的，以法定休假日结束的次日为期间的最后一日。

期间的最后一日的截止时间为二十四点；有业务时间的，按照到停止业务活动的时间截止确定。

第一百四十四条　期间的计算方法依照本法的规定，法律另有规定或者当事人另有约定的除外。

第十章　附　　则

第一百五十七条　本民事法律所称的"以上"、"以下"、"以内"、"届满"，包括本数；所称的"不满"、"超过"、"以外"，不包括本数。

第一百五十八条　本法自　　年　月　日起施行。

草案一次审议稿干净稿

目　录

第一章　基本原则
第二章　自然人
　第一节　民事权利能力和民事行为能力
　第二节　监　护
　第三节　宣告失踪和宣告死亡
　第四节　个体工商户、农村承包经营户
第三章　法　人
　第一节　一般规定
　第二节　营利性法人
　第三节　非营利性法人
第四章　非法人组织
第五章　民事权利
第六章　民事法律行为
　第一节　一般规定
　第二节　意思表示
　第三节　民事法律行为的效力
　第四节　民事法律行为的附条件和附期限
第七章　代　理
　第一节　一般规定
　第二节　委托代理
　第三节　代理的终止
第八章　民事责任
第九章　诉讼时效和除斥期间
　第一节　诉讼时效
　第二节　除斥期间

第十章　期间的计算

第十一章　附　则

第一章　基本原则

第一条　为了保护自然人、法人和非法人组织的合法权益,调整民事关系,维护社会和经济秩序,适应中国特色社会主义发展要求,根据宪法,制定本法。

第二条　民事法律调整作为平等民事主体的自然人、法人和非法人组织之间的人身关系和财产关系。

第三条　民事主体的法律地位一律平等。

第四条　民事主体从事民事活动,应当遵循自愿原则,按照自己的意思设立、变更和终止民事关系。

第五条　民事主体从事民事活动,应当遵循公平原则,合理确定各方的权利和义务。

第六条　民事主体从事民事活动,应当遵循诚实信用原则。

民事主体从事民事活动,应当自觉维护交易安全。

第七条　民事主体从事民事活动,应当保护环境、节约资源,促进人与自然和谐发展。

第八条　民事主体从事民事活动,应当遵守法律,不得违背公序良俗,不得损害他人合法权益。

第九条　民事主体合法的人身、财产权益受法律保护,任何组织或者个人不得侵犯。

民事主体行使权利的同时,应当履行法律规定的或者当事人约定的义务,承担相应责任。

第十条　处理民事纠纷,应当依照法律规定;法律没有规定的,可以适用习惯,但是不得违背公序良俗。

第十一条　其他法律对民事关系另有特别规定的,依照其规定。

第十二条　在中华人民共和国领域内的民事活动,适用中华人民共和国法律,中华人民共和国法律另有规定的除外。

第二章 自 然 人

第一节 民事权利能力和民事行为能力

第十三条 自然人从出生时起到死亡时止,具有民事权利能力,依法享有民事权利,承担民事义务。

第十四条 自然人的民事权利能力一律平等。

第十五条 自然人的出生时间和死亡时间,以出生证明、死亡证明记载的时间为准;没有出生证明、死亡证明的,以户籍登记的时间为准。有其他证据足以推翻以上时间的,以相关证据证明的时间为准。

第十六条 涉及遗产继承、接受赠与等胎儿利益的保护,胎儿视为具有民事权利能力。但是,胎儿出生时未存活的,其民事权利能力自始不存在。

第十七条 十八周岁以上的自然人是成年人,为完全民事行为能力人,可以独立实施民事法律行为。

第十八条 六周岁以上不满十八周岁的未成年人,为限制民事行为能力人,可以独立实施纯获利益的民事法律行为或者与其年龄、智力相适应的民事法律行为;实施其他民事法律行为由其法定代理人代理,或者征得其法定代理人的同意。

十六周岁以上不满十八周岁的未成年人,以自己的劳动收入为主要生活来源的,视为完全民事行为能力人。

第十九条 不满六周岁的未成年人,为无民事行为能力人,由其法定代理人代理实施民事法律行为。

第二十条 不能辨认自己行为的成年人,为无民事行为能力人,由其法定代理人代理实施民事法律行为。

六周岁以上的未成年人不能辨认自己行为的,适用前款规定。

第二十一条 不能完全辨认自己行为的成年人,为限制民事行为能力人,可以独立实施纯获利益的民事法律行为或者与其智力、精神健康状况相适应的民事法律行为;实施其他民事法律行为由其法定代理人代理,或者征得其法定代理人的同意。

第二十二条 无民事行为能力人、限制民事行为能力人的监护人是其法定代理人。

第二十三条 不能辨认或者不能完全辨认自己行为的成年人的利害关系人,可以向人民法院申请认定其为无民事行为能力人或者限制民事行为能力人。

被人民法院认定为无民事行为能力人或者限制民事行为能力人的,根据其智力、精神健康恢复的状况,经本人、利害关系人或者有关组织申请,人民法院可以认定其恢复为限制民事行为能力人或者完全民事行为能力人。

前款规定的有关组织包括:本人住所地的居民委员会、村民委员会,学校、医疗卫生机构、妇女联合会、残疾人联合会、依法设立的老年人组织、民政部门等。

第二十四条 自然人以户籍登记的居所为住所;经常居所与住所不一致的,经常居所视为住所。

第二节 监 护

第二十五条 父母对未成年子女负有抚养、教育和保护的义务。

子女对无民事行为能力或者限制民事行为能力的父母负有赡养、照顾和保护的义务。

第二十六条 未成年人的父母是未成年人的监护人。

未成年人的父母已经死亡或者没有监护能力的,由下列人员中有监护能力的人依次担任监护人:

(一)祖父母、外祖父母;

(二)兄、姐;

(三)其他愿意承担监护责任的个人或者有关组织,经未成年人住所地的居民委员会、村民委员会或者民政部门同意的。

未成年人的父母可以通过遗嘱指定未成年人的监护人;其父、母指定的监护人不一致的,以后死亡一方的指定为准。

第二十七条 无民事行为能力或者限制民事行为能力的成年人,由下列人员中有监护能力的人依次担任监护人:

(一)配偶;

(二)父母;

(三)子女;

(四)其他愿意承担监护责任的个人或者有关组织,经被监护人住所地的居民委员会、村民委员会或者民政部门同意的。

第二十八条 监护人可以协议确定。协议确定监护人的,应当尊重被监护人的意愿。

第二十九条　对担任监护人有争议的,由被监护人住所地的居民委员会、村民委员会或者民政部门指定,有关当事人对指定不服的,可以向人民法院提起诉讼;有关当事人也可以直接向人民法院提起诉讼,由人民法院指定。

居民委员会、村民委员会、民政部门或者人民法院指定监护人,应当根据最有利于被监护人的原则,尊重被监护人的意愿。

依照本条第一款规定指定监护人前,被监护人的人身、财产及其他合法权益处于无人保护状态的,由被监护人住所地的居民委员会、村民委员会、法律规定的有关组织或民政部门担任临时监护人。

监护人被指定后,不得擅自变更;擅自变更的,不免除被指定的监护人的监护责任。

第三十条　无本法第二十六条、第二十七条规定的具有监护资格的人的,监护人由被监护人住所地的居民委员会、村民委员会或者民政部门担任。

第三十一条　具有完全民事行为能力的成年人,可以与近亲属、其他愿意承担监护责任的个人或者有关组织事先协商,以书面形式确定自己的监护人。监护人在该成年人丧失或者部分丧失民事行为能力时,承担监护责任。

第三十二条　监护人依法行使监护的权利,受法律保护。

监护人不履行监护职责或者侵害被监护人合法权益的,应当承担责任。

第三十三条　监护人应当按照最有利于被监护人的原则履行监护职责,保护被监护人的人身、财产及其他合法权益;除为被监护人利益外,不得处分被监护人的财产。

未成年人的监护人履行监护职责,应当根据被监护人的年龄和智力状况,在作出与被监护人权益有关的决定时,尊重被监护人的意愿。

成年人的监护人履行监护职责,应当最大程度地尊重被监护人的意愿,保障并协助被监护人独立实施与其智力、精神健康状况相适应的民事法律行为。

第三十四条　监护人有下列情形之一的,人民法院根据有关人员或者组织的申请,撤销其监护人资格,并根据最有利于被监护人的原则依法为其指定新监护人:

(一)实施严重损害被监护人身心健康行为的;

(二)怠于履行监护职责,或者无法履行监护职责并且拒绝将监护职责部分或者全部委托给他人,导致被监护人处于危困状态的;

(三)有严重侵害被监护人合法权益的其他行为的。

前款规定的有关人员和组织包括:其他有监护资格的人员,被监护人住所地的居民委员会、村民委员会,学校、医疗卫生机构、妇女联合会、残疾人联合会、依法设立的老年人组织、民政部门等。

有关人员和组织未及时向人民法院提出撤销监护人资格申请的,民政部门应当向人民法院提出申请。

第三十五条 原监护人被人民法院撤销监护人资格后,确有悔改情形的,经其申请,人民法院可以视情况恢复其监护人资格,人民法院指定的新监护人与被监护人的监护关系同时终止。

第三十六条 有下列情形之一的,监护关系终止:

(一)被监护人取得或者恢复完全民事行为能力的;

(二)监护人丧失监护能力的;

(三)被监护人或者监护人死亡的;

(四)由人民法院认定监护关系终止的其他情形的。

监护关系终止后,被监护人仍然需要监护的,应当依法另行确定监护人。

第三节 宣告失踪和宣告死亡

第三十七条 自然人下落不明满二年的,利害关系人可以向人民法院申请宣告其为失踪人。

自然人下落不明的时间,从失去该自然人音讯之日起计算。战争期间下落不明的,下落不明的时间自战争结束之日起计算。

第三十八条 失踪人的财产由其配偶、父母、成年子女或者其他愿意担任财产代管人的人代管。

代管有争议,没有前款规定的人,或者前款规定的人无代管能力的,由人民法院指定的人代管。

第三十九条 财产代管人应当妥善管理失踪人的财产,维护其财产权益。

失踪人所欠税款、债务和应付的其他费用,由财产代管人从失踪人的财产中支付。

财产代管人因故意或者重大过失造成失踪人财产损失的,应当承担赔偿责任。

第四十条 财产代管人不履行代管职责、侵害失踪人财产权益或者丧失代管能力的,失踪人的利害关系人可以向人民法院申请变更财产代管人。

财产代管人有正当理由的,可以向人民法院申请另行确定财产代管人。

第四十一条 被宣告失踪的人重新出现,经本人或者利害关系人申请,人民法院应当撤销失踪宣告。

被宣告失踪的人重新出现,有权要求财产代管人及时向其移交有关财产并报告财产代管情况。

第四十二条 自然人有下列情形之一的,利害关系人可以向人民法院申请宣告其死亡:

(一)下落不明满四年的;

(二)因意外事件,下落不明满二年的。

因意外事件下落不明,经有关机关证明该自然人不可能生存的,申请宣告死亡不受二年时间的限制。

下落不明的时间计算,适用本法第三十七条第二款的规定。

第四十三条 对同一自然人,有的利害关系人申请宣告其死亡,有的申请宣告其失踪,符合本法规定的宣告死亡条件的,人民法院应当宣告死亡。

第四十四条 被宣告死亡的人,人民法院宣告死亡的判决作出之日或者判决确定的日期视为其死亡的日期。

第四十五条 自然人被宣告死亡的,不影响其在被宣告死亡后实施的民事法律行为的效力。

第四十六条 被宣告死亡的人重新出现,经本人或者利害关系人申请,人民法院应当撤销死亡宣告。

第四十七条 被宣告死亡的人与配偶的婚姻关系,自死亡宣告之日起消灭。死亡宣告被撤销,其配偶未再婚的,夫妻关系自撤销死亡宣告之日起自行恢复,任何一方不愿意自行恢复的除外;其配偶再婚的,夫妻关系不自行恢复。

第四十八条 被宣告死亡的人在被宣告死亡期间,其子女被他人依法收养的,在死亡宣告被撤销后,不得仅以未经本人同意而主张收养关系无效。

第四十九条 被撤销死亡宣告的人有权请求返还财产。依照继承法取得其财产的自然人、法人或者非法人组织,应当返还原物;无法返还原物的,应当给予补偿。

利害关系人隐瞒真实情况,致使他人被宣告死亡而取得其财产的,除应当返还原物外,还应当对由此造成的损失承担赔偿责任。

第四节 个体工商户、农村承包经营户

第五十条 自然人经依法登记,从事工商业经营的,为个体工商户。个体工商户可以起字号。

第五十一条 农村集体经济组织的成员,依法取得农村土地承包经营权,从事家庭承包经营的,为农村承包经营户。

第五十二条 个体工商户的债务,个人经营的,以个人财产承担;家庭经营的,以家庭财产承担;无法区分个人经营和家庭经营的,以家庭财产承担。

农村承包经营户的债务,以家庭财产承担。

第三章 法　人

第一节　一般规定

第五十三条 法人是具有民事权利能力和民事行为能力,依法独立享有民事权利和承担民事义务的组织。

第五十四条 法人应当依法成立。

法人应当有自己的名称、组织机构和住所。法人成立的具体条件和程序,依照法律的规定。

设立法人,法律规定须经有关机关批准的,依照其规定。

第五十五条 法人的民事权利能力和民事行为能力,从法人成立时产生,到法人终止时消灭。

第五十六条 法人以其全部财产独立承担民事责任。

第五十七条 依照法律或者法人章程规定,代表法人从事民事活动的负责人,为法人的法定代表人。

法定代表人以法人名义从事的民事活动,其法律后果由法人承受。

法人的章程或者权力机构对法定代表人的代表权范围的限制,不得对抗善意第三人。

第五十八条 法定代表人因执行职务造成他人损害的,由法人承担民事责任。

法人承担民事责任后,根据法律或者法人章程的规定,可以向有过错的法定代表人追偿。

第五十九条 法人以登记的住所为住所。

法人的主要办事机构所在地与住所不一致的,其主要办事机构所在地视为住所。

法人依法不需要办理登记的,其主要办事机构所在地为住所。

第六十条 法人在其存续期间登记事项发生变化的,应当依法向登记机关申请变更登记。

第六十一条 法人的实际情况与其登记的事项不一致的,不得对抗信赖登记的善意第三人。

第六十二条 登记机关应当通过信息公示系统依法及时公示法人登记的有关信息。

第六十三条 法人合并、分立的,其权利和义务由变更后的法人享有和承担。

第六十四条 有下列情形之一的,法人解散:
(一)法人章程规定的存续期间届满或者法人章程规定的其他解散事由出现的;
(二)法人的权力机构决议解散的;
(三)法人依法被吊销营业执照、登记证书,责令关闭或者被撤销的;
(四)出现法律规定的其他情形的。

第六十五条 法人解散的,清算义务人应当及时组成清算组进行清算。

法人的董事、理事等执行机构成员为清算义务人,但是法人章程另有规定,法人权力机构另有决议,或者法律另有规定的除外。

清算义务人怠于履行清算义务的,主管机关或者利害关系人可以申请人民法院指定有关人员组成清算组进行清算。

第六十六条 公司的清算程序和清算组职权,适用公司法的有关规定。

公司以外的法人的清算程序和清算组职权,依照有关法律的规定;没有规定的,参照适用公司法的有关规定。

第六十七条 清算期间,法人存续,但是不得从事与清算无关的活动。

法人清算后的剩余财产,根据法人章程的规定或者法人权力机构的决议处理,法律另有规定的除外。

清算终结,并完成法人注销登记时,法人终止;法人依法不需要办理登记的,清算终结时,法人终止。

第六十八条 清算义务人怠于履行清算义务,造成法人财产损失的,应当在造成损失范围内对法人债务等承担责任。

清算义务人怠于履行清算义务,导致法人主要财产、账册、重要文件等灭失,无法进行清算的,对法人债务等承担连带责任。

第六十九条 法人被宣告破产的,依法进行破产清算并完成法人注销登记时,法人终止。

第七十条 法人可以依法设立分支机构。法律规定分支机构应当办理登记的,依照其规定。

分支机构以自己的名义从事民事活动,由此产生的民事责任由法人承担。

第七十一条 设立人为设立法人从事的民事活动,其法律后果在法人成立后由法人承受;法人未成立的,其法律后果由设立人承受,设立人为二人以上的,承担连带责任。

第七十二条 法律对合作社法人有规定的,依照其规定。

第二节 营利性法人

第七十三条 以取得利润并分配给其股东或者其他出资人等成员为目的成立的法人,为营利性法人。

营利性法人包括有限责任公司、股份有限公司和其他企业法人等。

第七十四条 营利性法人,经依法登记成立,取得法人资格。

第七十五条 依法设立的营利性法人,由法人登记机关发给营利性法人营业执照。营业执照签发日期为营利性法人的成立日期。

第七十六条 营利性法人的权力机构为成员大会。

营利性法人设董事会或者执行董事的,董事会或者执行董事为其执行机构,董事长、执行董事或者经理依照法人章程的规定担任法定代表人;未设董事会或者执行董事的,法人章程规定的主要负责人为其执行机构和法定代表人。

法律对营利性法人的组织机构、法定代表人另有规定的,依照其规定。

第七十七条 营利性法人超越登记的经营范围从事经营活动的,依法承担相应的责任,但是除违反法律、行政法规的效力性强制性规定外,民事法律行为有效。

第七十八条 营利性法人从事经营活动,必须遵守法律、行政法规,遵守社会公德、商业道德,诚实信用,接受政府和社会公众的监督,承担社会责任。

第七十九条 营利性法人的成员应当遵守法律、行政法规和法人章程,依法行使成员权利,不得滥用成员权利损害法人或者其他成员的利益,不得滥用法人独立地位和成员有限责任损害法人债权人的利益。

第八十条 本节没有规定的,适用公司法等有关法律的规定。

第三节 非营利性法人

第八十一条 为公益目的或者其他非营利目的成立的法人,为非营利性法人。

非营利性法人不得向其成员或者设立人分配利润。

为公益目的成立的非营利性法人终止时,不得向其成员或者设立人分配剩余财产;其剩余财产应当按照章程的规定或者权力机构的决议用于公益目的;不能按照法人章程规定或者权力机构的决议处理的,由主管机关主持转给宗旨相同或者相近的以公益为目的的法人,并向社会公告。

第八十二条　具备法人条件,为实现公益目的设立的事业单位,经依法登记成立,取得事业单位法人资格;依法不需要办理法人登记的,从成立之日起,具有事业单位法人资格。

第八十三条　事业单位法人设理事会的,理事会为其决策机构。事业单位法定代表人按照其章程的规定产生。

法律对事业单位法人的组织机构、法定代表人另有规定的,依照其规定。

第八十四条　具备法人条件,基于会员共同意愿,为实现公益目的或者会员共同利益等非营利目的设立的社会团体,经依法登记成立,取得社会团体法人资格;依法不需要办理法人登记的,从成立之日起,具有社会团体法人资格。

第八十五条　社会团体法人应当制定章程,设会员大会或者会员代表大会等权力机构。

社会团体法人应当设理事会等执行机构。理事长或者会长等主要负责人依照法人章程的规定担任法定代表人。

第八十六条　具备法人条件,为实现公益目的,以捐助财产设立的基金会等,经依法登记成立,取得捐助法人资格。

依法设立的宗教活动场所,具备法人条件的,可以申请法人登记,取得捐助法人资格。

第八十七条　捐助法人应当制定章程,设理事会、民主管理组织等决策机构、执行机构。理事长等主要负责人依照法人章程的规定担任法定代表人。

捐助法人应当设监事会等监督机构。

第八十八条　捐助人有权向捐助法人查询捐助财产的使用、管理情况,并提出意见和建议,捐助法人应当及时、如实答复。

捐助法人的决策机构、执行机构或者其法定代表人作出的决定违反捐助法人章程的,捐助人等利害关系人或者主管机关可以请求人民法院予以撤销。

第八十九条　有独立经费的机关、承担行政职能的法定机构从成立之日起,具有机关法人资格,可以从事为履行职能所需要的民事活动。

第九十条　机关法人被撤销的,法人终止,其民事责任由继续履行其职能的机关法人承担;没有继续履行其职能的机关法人的,由撤销该机关法人的机关法人承担。

第四章　非法人组织

第九十一条　非法人组织是不具有法人资格,但是依法能够以自己的名义从事民事活动的组织。

非法人组织包括个人独资企业、合伙企业、营利性法人或者非营利性法人依法设立的分支机构等。

第九十二条　非法人组织应当依法登记。

设立非法人组织,法律规定须经有关机关批准的,依照其规定。

第九十三条　非法人组织的成员或者设立人对该组织的债务承担无限责任。法律另有规定的,依照其规定。

第九十四条　非法人组织可以确定一人或者数人代表该组织从事民事活动。

第九十五条　非法人组织以登记的住所为住所。

非法人组织的主要办事机构所在地与住所不一致的,其主要办事机构所在地视为住所。

第九十六条　有下列情形之一的,非法人组织解散:

(一)设立人或者其成员决定解散的;

(二)章程或者组织规章规定的存续期间届满的;

(三)章程或者组织规章规定的其他解散事由出现的;

(四)出现法律规定的其他情形的。

第九十七条　非法人组织解散的,应当依法进行清算。清算终结,并完成注销登记时,非法人组织终止。

第九十八条　非法人组织除适用本章规定外,参照适用本法第三章第一节的有关规定。

第五章　民事权利

第九十九条　自然人的人身自由、人格尊严受法律保护。

第一百条　自然人享有生命权、健康权、身体权、姓名权、肖像权、名誉权、荣誉权、隐私权、婚姻自主权等权利。

法人、非法人组织享有名称权、名誉权、荣誉权等权利。

第一百零一条 自然人因婚姻、家庭关系产生的人身权利受法律保护。

第一百零二条 民事主体依法享有的收入、储蓄、房屋、生活用品、生产工具、投资及其他财产权利受法律保护。

第一百零三条 民事主体依法享有物权。

物权是权利人依法对特定的物享有直接支配和排他的权利,包括所有权、用益物权、担保物权。

第一百零四条 物包括不动产和动产。法律规定具体权利或者网络虚拟财产作为物权客体的,依照其规定。

第一百零五条 民事主体依法享有债权。

债权是因合同、单方允诺、侵权行为、无因管理、不当得利以及法律的其他规定,权利人请求特定义务人为一定行为的权利。

第一百零六条 没有法定的或者约定的义务,为避免他人利益受损失进行管理或者服务的,有权请求受益人偿还由此而支付的必要费用。

第一百零七条 没有合法根据,取得不当利益,造成他人损失的,应当将取得的不当利益返还受损失的人。

第一百零八条 民事主体依法享有知识产权。

知识产权是指权利人依法就下列客体所享有的权利:

(一)作品;

(二)专利;

(三)商标;

(四)地理标记;

(五)商业秘密;

(六)集成电路布图设计;

(七)植物新品种;

(八)数据信息;

(九)法律、行政法规规定的其他内容。

第一百零九条 自然人依法享有继承权。

第一百一十条 民事主体依法享有股权或者其他民事权利。

第一百一十一条 法律对未成年人、老年人、残疾人、妇女、消费者等的民事权利有特别保护规定的,依照其规定。

第六章　民事法律行为

第一节　一般规定

第一百一十二条　民事法律行为是指自然人、法人或者非法人组织通过意思表示设立、变更、终止民事权利和民事义务的行为。

第一百一十三条　民事法律行为可以基于单方的意思表示成立，也可以基于双方或者多方的意思表示一致成立。

法人、非法人组织的决议行为应当依照法律或者章程规定的程序和表决规则成立。

第一百一十四条　民事法律行为可以采用书面形式、口头形式或者其他形式；法律规定或者当事人约定采用特定形式的，应当采用特定形式。

第一百一十五条　民事法律行为自成立时生效，法律另有规定或者当事人另有约定的除外。行为人非依法律规定或者取得对方同意，不得擅自变更或者解除民事法律行为。

第二节　意思表示

第一百一十六条　以对话方式作出的意思表示，相对人了解其内容时生效。以非对话方式作出的意思表示，到达相对人时生效。

第一百一十七条　以非对话方式作出的采用数据电文形式的意思表示，相对人指定特定系统接收数据电文的，该数据电文进入该特定系统时生效；未指定特定系统的，相对人知道或者应当知道该数据电文进入其系统时生效。当事人对采用数据电文形式的意思表示的生效时间另有约定的，按照其约定。

以公告方式作出的意思表示，公告发布时生效。

无相对人的意思表示，表示完成时生效，法律另有规定的除外。

第一百一十八条　行为人可以明示或者默示作出意思表示。

沉默只有在有法律规定、当事人约定或者习惯时，方可以视为意思表示。

第一百一十九条　行为人可以撤回意思表示。撤回意思表示的通知应当在意思表示到达相对人前或者与意思表示同时到达相对人。

第一百二十条　有相对人的意思表示的解释，应当按照所使用的词句，结合相关条款、行为的性质和目的、习惯、相对人的合理信赖以及诚实信用原则，确定意思表示的含义。

无相对人的意思表示的解释,不能拘泥于所使用的词句,而应当结合相关条款、行为的性质和目的、习惯以及诚实信用原则,确定行为人的真实意思。

第三节 民事法律行为的效力

第一百二十一条 具备下列条件的民事法律行为有效:
(一)行为人具有相应的民事行为能力;
(二)意思表示真实;
(三)不违反法律、行政法规的效力性强制性规定,不违背公序良俗。

第一百二十二条 无民事行为能力人实施的民事法律行为无效。

第一百二十三条 限制民事行为能力人实施的民事法律行为,经法定代理人同意或者追认后有效,但是纯获利益的民事法律行为或者与其年龄、智力、精神健康状况相适应的民事法律行为,不需经法定代理人同意或者追认。

相对人可以催告法定代理人自收到通知之日起一个月内予以追认。法定代理人未作表示的,视为拒绝追认。民事法律行为被追认前,善意相对人有撤销的权利。撤销应当以通知的方式作出。

第一百二十四条 行为人与相对人串通,以虚假的意思表示实施的民事法律行为无效,但是双方均不得以此对抗善意第三人。

行为人以虚假的意思表示隐藏的民事法律行为,依照有关法律规定处理。

第一百二十五条 基于重大误解实施的民事法律行为,行为人有权请求人民法院或者仲裁机构予以撤销。

第一百二十六条 一方以欺诈手段,使对方在其违背真实意思的情况下实施的民事法律行为,受欺诈方有权请求人民法院或者仲裁机构予以撤销。

第一百二十七条 第三人实施欺诈行为,使一方在违背其真实意思的情况下实施的民事法律行为,对方知道或者应当知道该欺诈行为的,受欺诈方有权请求人民法院或者仲裁机构予以撤销。

第一百二十八条 一方或者第三人以胁迫手段,使对方在违背其真实意思的情况下实施的民事法律行为,受胁迫方有权请求人民法院或者仲裁机构予以撤销。

第一百二十九条 一方利用对方处于困境、缺乏判断能力或者对自己信赖等情形,致使民事法律行为成立时显失公平的,受损害方有权请求人民法院或者仲裁机构予以撤销。

第一百三十条 民事法律行为因重大误解、欺诈、显失公平被撤销的,不得对抗善意第三人。

第一百三十一条 有下列情形之一的,撤销权消灭:

(一)当事人自知道或者应当知道撤销事由之日起一年内没有行使撤销权的;

(二)当事人受胁迫,自胁迫行为终止之日起一年内没有行使撤销权的;

(三)当事人知道撤销事由后明确表示或者以自己的行为表明放弃撤销权的;

(四)当事人自民事法律行为发生之日起五年内没有行使撤销权的。

第一百三十二条 违反法律、行政法规的效力性强制性规定或者违背公序良俗的民事法律行为无效。

第一百三十三条 行为人与相对人恶意串通,损害他人合法权益的民事法律行为无效。

第一百三十四条 无效的或者被撤销的民事法律行为,从民事法律行为开始时起就没有法律约束力。

第一百三十五条 民事法律行为无效、被撤销或者确定不发生效力后,行为人因该行为取得的财产,应当予以返还;不能返还或者没有必要返还的,应当折价补偿。有过错的一方应当赔偿对方由此所受到的损失;各方都有过错的,应当各自承担相应的责任。法律另有规定的,依照其规定。

第一百三十六条 民事法律行为部分无效,不影响其他部分效力的,其他部分仍然有效。

第四节 民事法律行为的附条件和附期限

第一百三十七条 民事法律行为可以附条件,但是依照其性质不得附条件的除外。附生效条件的民事法律行为,自条件成就时生效。附解除条件的民事法律行为,自条件成就时失效。

第一百三十八条 附条件的民事法律行为,当事人为自己的利益不正当地阻止条件成就的,视为条件已成就;不正当地促成条件成就的,视为条件不成就。

第一百三十九条 民事法律行为可以附期限,但是依照其性质不得附期限的除外。附生效期限的民事法律行为,自期限届至时生效。附终止期限的民事法律行为,自期限届满时失效。

第七章 代　　理

第一节　一般规定

第一百四十条　自然人、法人和非法人组织可以通过代理人实施民事法律行为。

第一百四十一条　代理人在代理权限内,以被代理人名义实施的民事法律行为,对被代理人发生效力。

依照法律规定、当事人约定或者民事法律行为的性质,应当由本人亲自实施的民事法律行为,不得代理。

第一百四十二条　代理人在代理权限内以自己的名义与第三人实施民事法律行为,第三人知道代理人与被代理人之间的代理关系的,该民事法律行为直接约束被代理人和第三人,但是有确切证据证明该民事法律行为只约束代理人和第三人的除外。

第一百四十三条　代理包括委托代理和法定代理。

委托代理人按照被代理人的委托行使代理权。法定代理人依照法律的规定行使代理权。

法定代理,本章没有规定的,适用本法和其他法律有关规定。

第一百四十四条　代理人不履行职责,造成被代理人损害的,应当承担民事责任。

代理人和第三人恶意串通,损害被代理人合法权益的,由代理人和第三人承担连带责任。

第二节　委托代理

第一百四十五条　委托代理可以采用书面形式、口头形式或者其他形式;法律规定或者当事人约定采用特定形式的,应当采用特定形式。

授权委托书应当载明代理人的姓名或者名称、代理事项、权限和期间,并由被代理人签名或者盖章。

第一百四十六条　数人为同一委托事项的代理人的,应当共同行使代理权,法律另有规定或者当事人另有约定的除外。

第一百四十七条　代理人知道或者应当知道代理的事项违法仍然实施代理

行为,或者被代理人知道或者应当知道代理人的代理行为违法未作反对表示的,被代理人和代理人应当承担连带责任。

第一百四十八条　代理人不得以被代理人的名义与自己实施民事法律行为,法律另有规定或者被代理人同意、追认的除外。

代理人不得以被代理人的名义与其同时代理的其他人实施民事法律行为,法律另有规定或者被代理的双方同意、追认的除外。

第一百四十九条　代理人需要转委托第三人代理的,应当取得被代理人的同意或者追认。

转委托代理经被代理人同意或者追认的,被代理人可以就代理事务直接指示转委托的第三人,代理人仅就第三人的选任及其对第三人的指示承担责任。

转委托代理未经被代理人同意或者追认的,代理人应当对转委托的第三人的行为承担责任,但是在紧急情况下代理人为了维护被代理人的利益需要转委托第三人代理的除外。

第一百五十条　执行法人或者非法人组织工作任务的人,就其职权范围内的事项,以法人或者非法人组织的名义实施民事法律行为,对法人或者非法人组织发生效力。

法人或者非法人组织对其工作人员职权范围的限制,不得对抗善意第三人。

第一百五十一条　行为人没有代理权、超越代理权或者代理权终止后,仍然实施代理行为,未经被代理人追认的,代理行为无效。

相对人可以催告被代理人自收到通知之日起一个月内予以追认。被代理人未作表示的,视为拒绝追认。无权代理人实施的行为被追认前,善意相对人有撤销的权利。撤销应当以通知的方式作出。

无权代理人实施的行为未被追认的,善意相对人有权要求无权代理人履行债务或者就其受到的损害要求无权代理人赔偿,但是赔偿的范围不得超过代理行为有效时所能获得的利益。

相对人知道或者应当知道代理人无权代理的,相对人和代理人按照各自的过错承担责任。

第一百五十二条　行为人没有代理权、超越代理权或者代理权终止后,仍然实施代理行为,相对人有理由相信行为人有代理权的,代理行为有效,但是有下列情形之一的除外:

(一)行为人伪造他人的公章、合同书或者授权委托书等,假冒他人的名义实施民事法律行为的;

(二)被代理人的公章、合同书或者授权委托书等遗失、被盗,或者与行为人特定的职务关系已经终止,并且已经以合理方式公告或者通知,相对人应当知悉的;

(三)法律规定的其他情形。

第三节 代理的终止

第一百五十三条 有下列情形之一的,委托代理终止:

(一)代理期间届满或者代理事务完成的;

(二)被代理人取消委托或者代理人辞去委托的;

(三)代理人丧失民事行为能力的;

(四)代理人或者被代理人死亡的;

(五)作为代理人或者被代理人的法人、非法人组织终止的。

第一百五十四条 被代理人死亡后,有下列情形之一的,委托代理人实施的代理行为有效:

(一)代理人不知道并且不应当知道被代理人死亡的;

(二)被代理人的继承人均予以承认的;

(三)授权中明确代理权在代理事项完成时终止的;

(四)在被代理人死亡前已经实施,在被代理人死亡后为了被代理人继承人的利益继续完成的。

作为被代理人的法人、非法人组织终止的,参照适用前款规定。

第一百五十五条 有下列情形之一的,法定代理终止:

(一)被代理人取得或者恢复完全民事行为能力的;

(二)代理人丧失民事行为能力的;

(三)被代理人或者代理人死亡的;

(四)有法律规定的其他情形的。

第八章 民事责任

第一百五十六条 民事主体应当依照法律规定或者当事人约定履行民事义务。

民事主体不履行或者不完全履行民事义务的,应当依法承担民事责任。

第一百五十七条 二人以上不履行或者不完全履行民事义务的,应当依法分担责任或者承担连带责任。

第一百五十八条 二人以上依法承担按份责任的,责任人按照各自责任份额向权利人承担民事责任。

第一百五十九条 二人以上依法承担连带责任的,每一个责任人应当向权利人承担全部民事责任。责任人实际承担责任超过其应当承担份额的,可以向其他连带责任人追偿。

第一百六十条 承担民事责任的方式主要有:

(一)停止侵害;

(二)排除妨碍;

(三)消除危险;

(四)返还财产;

(五)恢复原状、修复生态环境;

(六)修理、重作、更换;

(七)赔偿损失;

(八)支付违约金;

(九)消除影响、恢复名誉;

(十)赔礼道歉。

前款规定的承担民事责任的方式,可以单独适用,也可以合并适用。

第一百六十一条 因不可抗力不能履行民事义务的,不承担民事责任,法律另有规定的除外。

不可抗力是指不能预见、不能避免并不能克服的客观情况。

第一百六十二条 因正当防卫造成损害的,不承担责任。正当防卫超过必要的限度,造成不应有的损害的,正当防卫人应当承担适当的责任。

第一百六十三条 因紧急避险造成损害的,由引起险情发生的人承担责任。如果危险是由自然原因引起的,紧急避险人不承担责任或者给予适当补偿。紧急避险采取措施不当或者超过必要的限度,造成不应有的损害的,紧急避险人应当承担适当的责任。

第一百六十四条 为保护他人民事权益而使自己受到损害的,由侵权人承担责任,受益人可以给予适当补偿。没有侵权人、侵权人逃逸或者无力承担责任,受害人请求补偿的,受益人应当给予适当补偿。

第一百六十五条 因当事人一方的违约行为,损害对方人身、财产权益的,受损害方有权选择要求其承担违约责任或者侵权责任。

第一百六十六条 民事主体因同一行为应当承担民事责任、行政责任和刑事责任的,承担行政责任或者刑事责任不影响依法承担民事责任;民事主体的财产不足以支付的,先承担民事责任。

第九章 诉讼时效和除斥期间

第一节 诉讼时效

第一百六十七条 向人民法院请求保护民事权利的诉讼时效期间为三年,法律另有规定的除外。

诉讼时效期间自权利人知道或者应当知道权利受到损害以及义务人之日起开始计算,法律另有规定的除外。但是,自权利受到损害之日起超过二十年的,人民法院不予保护;有特殊情况的,人民法院可以延长。

第一百六十八条 当事人约定同一债务分期履行的,诉讼时效期间从最后一期履行期限届满之日起计算。

第一百六十九条 诉讼时效期间届满的,义务人可以提出不履行义务的抗辩。

诉讼时效期间届满后,义务人自愿履行的,不受诉讼时效限制;义务人同意履行的,不得以诉讼时效期间届满为由抗辩。

第一百七十条 人民法院不得主动适用诉讼时效的规定。

第一百七十一条 在诉讼时效期间的最后六个月内,因下列障碍,不能行使请求权的,诉讼时效中止:

(一)不可抗力;

(二)无民事行为能力人或者限制民事行为能力人没有法定代理人,或者法定代理人死亡、丧失代理权或者丧失民事行为能力;

(三)继承开始后未确定继承人或者遗产管理人;

(四)权利人被义务人或者其他人控制;

(五)其他导致权利人不能行使请求权的障碍。

自中止时效的原因消除之日起满六个月,诉讼时效期间届满。

第一百七十二条 无民事行为能力人或者限制民事行为能力人与其法定代理人之间的请求权的诉讼时效,自该法定代理关系终止之日起开始计算。

第一百七十三条 有下列情形之一的,诉讼时效中断,从中断或者有关程序

终结时起,诉讼时效期间重新计算:

(一)权利人向义务人提出履行请求的;

(二)义务人同意履行义务的;

(三)权利人提起诉讼或者申请仲裁的;

(四)有与提起诉讼或者申请仲裁具有同等效力的其他情形的。

第一百七十四条 对连带权利人或者连带义务人中的一人发生诉讼时效中断的,中断的效力及于全部连带权利人或者连带义务人。

第一百七十五条 下列请求权不适用诉讼时效:

(一)请求停止侵害、排除妨碍、消除危险;

(二)登记的物权人请求返还财产;

(三)请求支付赡养费、抚养费或者扶养费;

(四)依法不适用诉讼时效的其他请求权。

第一百七十六条 诉讼时效的期间、计算方法以及中止、中断的事由由法律规定,当事人约定无效。

当事人对诉讼时效利益的预先放弃无效。

第二节 除斥期间

第一百七十七条 法律规定或者当事人约定的撤销权、解除权等权利的存续期间,为除斥期间。

除斥期间届满,当事人的撤销权、解除权等权利消灭。

第一百七十八条 除斥期间自权利人知道或者应当知道权利产生之日起开始计算,法律另有规定的除外。

第一百七十九条 除斥期间不适用本法有关诉讼时效中止、中断和延长的规定。

第十章 期间的计算

第一百八十条 民事法律所称的期间按照公历年、月、日、小时计算。

第一百八十一条 按照小时计算期间的,自法律规定或者当事人约定的时间起算。

按照日、月、年计算期间的,开始的当日不计入,自下一日起算。

第一百八十二条 按照月、年计算期间的,最后一月与期间开始当日的相应日为期间的最后一日;最后一月没有相应日的,其结束日为期间的最后一日。

第一百八十三条 期间的最后一日是法定休假日的,以法定休假日结束的次日为期间的最后一日。

期间的最后一日的截止时间为二十四点;有业务时间的,到停止业务活动的时间截止。

第一百八十四条 期间的计算方法依照本法的规定,法律另有规定或者当事人另有约定的除外。

第十一章 附 则

第一百八十五条 民事法律所称的"以上"、"以下"、"以内"、"届满",包括本数;所称的"不满"、"超过"、"以外",不包括本数。

第一百八十六条 本法自　年　月　日起施行。

从草案一次审议稿到草案二次审议稿介绍

一、从草案一次审议稿到草案二次审议稿期间的重要立法活动

2016年7月5日

全国人大常委会通过中国人大网公布了民法总则草案一次审议稿,公开征求社会公众的意见。征求意见时间为一个月,从2016年7月5日至2016年8月4日。

2016年7月15日

法工委民法室召开农村集体经济组织、个体工商户、农村承包经营户相关问题座谈会,重点了解是否和如何规定农村集体经济组织、个体工商户、农村承包经营户的民事主体地位,以及上述这些组织的实际情况、存在的突出问题、今后改革的方向和立法建议等。中央农村工作领导小组办公室,最高人民法院民一庭,国务院法制办公室政府法制协调司、农林司,农业部产业政策与法规司、农村经济体制与经营管理司,国家工商总局法规司、个体司等单位的同志参加了会议,介绍情况并发表意见。

2016年8月9日至11日

法工委民法室赴湖北省武汉市就数据信息和网络虚拟财产的有关问题进行走访调研。调研组走访了东湖大数据交易中心、长江大数据交易中心,与其负责同志进行了座谈交流;并召开了由省人大法规工作室、省高级人民法院、发改委、经信委、大数据相关企业和专家学者参加的座谈会。

2016年8月11日至12日

法工委民法室赴浙江省杭州市就数据信息和网络虚拟财产的有关问题进行走访调研。调研组走访了阿里巴巴公司,与相关负责人和员工座谈交流,了解情况,听取意见。

2016年8月29日至9月1日

法工委副主任张荣顺带领民法室的同志赴安徽、江西就民法总则草案有关问题进行调研。在合肥市召开座谈会,听取了安徽省人大内务司法委员会、高级人民法院、法制办、工商局、社会科学院、法学会、律师协会,合肥市中级人民法院、民政局、妇联,合肥市瑶海区民政局、妇联对民法总则草案的意见,并到合肥市瑶海区三里街街道凤阳一村社区进行实地调研,了解有关情况,听取意见。在景德镇市召开座谈会,听取了景德镇市中级人民法院以及基层人民法院对民法总则草案的意见,并到景德镇市珠山区昌河街道昌盛社区进行实地调研,了解情况,听取意见。

2016年9月13日

法工委民法室形成民法总则草案(一次审议稿2016年9月13日修改稿)。

2016年9月18日

法工委民法室召开座谈会,听取对民法总则草案(一次审议稿2016年9月13日修改稿)的意见和建议,法工委副主任张荣顺主持会议。中国社会科学院孙宪忠,中国人民大学杨立新、王轶,中国政法大学赵旭东,中国法学会张新宝等专家和五家民法典编纂工作参加单位的同志参加会议并发表意见。

2016年9月20日

法工委民法室形成民法总则草案(一次审议稿2016年9月20日修改稿)。

2016年9月26日

法工委委务会讨论民法总则草案(一次审议稿2016年9月20日修改稿)。

2016年10月10日

全国人大常委会委员长张德江在北京主持召开民法总则草案座谈会,全国人大常委会副委员长李建国、副委员长兼秘书长王晨出席座谈会。座谈会就民法总则草案中的基本原则、民事主体、民事权利、民事责任等内容,听取中央有关部门,民法典编纂工作参加单位,华北各省自治区直辖市人大常委会负责同志,全国人大常委会法工委立法联系点江西省景德镇市人大常委会负责同志,以及部分全国人大代表和政协委员的意见。

2016年10月11日

法工委形成民法总则草案(2016年10月11日法律委员会审议稿)。

2016年10月11日

全国人大法律委员会召开会议,根据常委会组成人员的审议意见和各方面意见,审议民法总则草案(2016年10月11日法律委员会审议稿)。最高人民法院、最高人民检察院、国务院法制办公室、中国社会科学院、中国法学会等五家民法典编纂工作参加单位的有关负责同志列席会议。

2016年10月13日

全国人大常委会副委员长李建国在宁夏银川主持召开民法总则草案座谈会,全国人大常委会副秘书长信春鹰,全国人大法律委主任委员乔晓阳,全国人大常委会法工委主任李适时、副主任张荣顺出席座谈会。座谈会就民法总则草案中的基本原则、民事主体、民事权利、民事责任等内容,听取西北、东北各省自治区人大常委会负责同志,全国人大常委会法工委立法联系点甘肃省临洮县人大常委会负责同志,银川市中级人民法院负责同志,以及部分全国人大代表和专家学者的意见并进行实地调研。

2016年10月18日上午

张德江委员长主持十二届全国人大常委会第七十九次委员长会议。委员长会议建议,十二届全国人大常委会第二十四次会议继续审议民法总则草案。

2016年10月18日下午

全国人大法律委员会召开会议,审议关于《中华人民共和国民法总则(草案)》修改情况的汇报(稿)。

2016年10月31日

十二届全国人大常委会第二十四次会议举行第一次全体会议。会议听取了全国人大法律委员会副主任委员李适时作的关于民法总则草案修改情况的汇报。草案二审稿进一步修改完善了监护制度,明确了农村集体经济组织的法人地位,完善了法人制度,强化了对个人信息的保护,规定了未成年人受到性侵害的诉讼时效起算的特别规则。

2016年11月2日

十二届全国人大常委会第二十四次会议对民法总则(草案二次审议稿)进行分组审议。

二、从草案一次审议稿到草案二次审议稿期间的主要修改情况和立法背景

(一)基本原则

1. 维护交易安全原则

草案一次审议稿第六条第二款规定:"民事主体从事民事活动,应当自觉维护交易安全。"

有的意见建议,删除本款或者在营利法人的相关章节、民法典分编中予以体现。理由:一是,交易安全偏重于调整财产关系,对涉及人身关系的婚姻、亲属等领域则难以适用,不宜作为基本原则。二是,维护交易安全主要应是立法者在具体制度设计中所追求的价值目标,由国家机关在具体适用法律中予以维护,并且交易安全概念不明确,在具体的实践中难以准确判定其内涵和外延,法律可以倡导民事主体自觉维护交易安全,但不宜作为其义务。三是,该条规定的是诚实信用原则,维护交易安全是诚实信用原则的应有之义,无须赘述。有的意见建议,将本款修改为"民事主体从事商事活动应当自觉维护交易安全"。有的意见提出,维护交易安全主要适用于商事活动,是否将其作为民事主体从事所有民事活动应当遵循的基本原则应进一步研究。经研究,草案二次审议稿将维护交易安全的内容移到营利法人一节中规定。第八十七条规定:"营利法人从事经营活动,应当遵守商业道德,维护交易安全,接受政府和社会的监督,承担社会责任。"

2. 绿色原则

草案一次审议稿第七条规定:"民事主体从事民事活动,应当保护环境、节约资源,促进人与自然和谐发展。"

有的意见提出,保护环境、节约资源,促进人与自然和谐发展,在环境保护法等相关法律中都有明确的规定,与民法关联度较小,民事主体从事民事活动时实施了破坏环境的行为,违反了环境保护法的相关规定,也可以根据草案一次审议稿第八条确定行为的效力,不必作为民法的基本原则,建议删除。有的意见提出,本条与民法的规范属性、调整范围不相符合,也无法确定民事活动违反此原则的法律后果,不具有任何规范意义,建议删除。有的意见提出,本条在民法典中体现了环境保护的理念,非常赞同该规定。有的

意见提出,《宪法》第二十六条规定"国家保护和改善生活环境和生态环境",中央有关文件一般也用"生态环境"。中央提出的是"建设生态文明",生态文明的内涵一般包括节约资源、保护和修复生态以及保护环境这三方面的内容。另外,草案一次审议稿第一百六十条关于承担民事责任方式中使用的也是"生态环境",建议使用这一表述。经研究,草案二次审议稿保留了这一原则,将"保护环境"修改为"保护生态环境"。第七条规定:"民事主体从事民事活动,应当保护生态环境、节约资源,促进人与自然和谐发展。"

3. 守法原则

草案一次审议稿第八条规定:"民事主体从事民事活动,应当遵守法律,不得违背公序良俗,不得损害他人合法权益。"

有的意见提出,"应当遵守法律"是应有之义,建议删除。有的意见提出,民事活动应当是法无禁止即自由,本条规定的"应当遵守法律"的含义是指在法律范围内从事民事活动,建议修改为"不违反法律"。有的意见建议,增加规定禁止权利滥用原则。经研究,草案二次审议稿对本条作出修改。第八条规定:"民事主体从事民事活动,不得违反法律,不得违背公序良俗,不得滥用权利损害他人合法权益。"

4. 合法权益受法律保护

草案一次审议稿第九条第一款规定:"民事主体合法的人身、财产权益受法律保护,任何组织或者个人不得侵犯。"

有的意见提出,由法律规定的权利才能成为民事权利,民事权利本身就包含合法的意思,建议删除本款的"合法的"三字。有的意见提出,本款规定的民事权益限于人身权、财产权,范围太窄,不全面,建议恢复民法通则的规定,修改为"合法的民事权益受法律保护"或"自然人、法人和非法人组织的合法民事权益受法律保护,任何组织和个人不得侵犯",或者在"人身权、财产权"后加上"等权益"。经研究,草案二次审议稿采纳了上述意见。第九条第一款规定:"民事主体的人身、财产权利和其他合法权益受法律保护,任何组织或者个人不得侵犯。"

5. 权利、义务和责任相适应

草案一次审议稿第九条第二款规定:"民事主体行使权利的同时,应当履行法律规定的或者当事人约定的义务,承担相应责任。"

有的意见提出,本款中的权利应是民事权利,并非所有民事权利的行使都要履行相应的义务,建议将"权利"修改为"民事权利",并增加但书条款。有的意见提出,权利与义务相对应,责任属于违反义务的后果,三者层次不对等,不宜并列,建议删除"承担相应责任"。有的意见建议,在"承担相应责任"前,增加"不履行义务的"、或者"否则"、或者"依照法律或合同"。有的意见建议,将本款表述修改为:"民事主体应当遵循权利义务和责任相适应原则。"有的意见提出,本款规定的内容属于民事权利的保护和行使,建议移至第五章"民事权利"部分。经研究,草案二次审议稿对本款暂未修改,留待进一步听取意见。

6. 民法法源

草案一次审议稿第十条规定:"处理民事纠纷,应当依照法律规定;法律没有规定的,可以适用习惯,但是不得违背公序良俗。"

有的意见提出,本条规定的"处理民事纠纷"不太合理,建议不强调纠纷处理,修改为"法律的适用"或者"处理民事关系"。有的意见提出,本条中的"法律规定"应当严格理解为全国人大及全国人大常委会制定的法律。有的意见建议,明确本条中的"法律"包括法律解释、行政法规、地方性法规、自治条例和单行条例、司法解释等。有的意见提出,不能无限制扩张本条中的"法律"的范围,最多扩大理解到"行政法规",建议将"法律"修改为"法律、行政法规"。有的意见提出,除法律外,行政法规、地方性法规都可以成为法院裁判的依据,建议将"法律"修改为"法律、法规"。有的意见提出,按照大陆法系的理解,习惯可分为"习惯法"和"事实上的习惯",二者的区别在于是否具备法的确信,即是否经过了国家的认可。在我国现实情况下,事实上的习惯存在举证困难和法官难以确认等问题,只有适用习惯法才合乎法理,但习惯法又必须得到国家的立法确认才可以适用。因此,习惯作为法源没有必要,且在实际操作中可能引发诸多问题,建议删除。有的意见提出,民间习惯法是同国家法相对而言的,将民间习惯法简称为"习惯法"或"民间习惯"能够体现出这种相对性,建议将"习惯"改为"民间习惯"。有的意见提出,我国幅员辽阔,人口众多,各地各民族的民事习惯多有不同甚至相互冲突,不能将民事习惯不加选择地全部纳入民法法源,建议明确习惯的类型、范围、判断标准、适用原则以及当事人的举证责任等问题。有的意见提出,本条将习惯作为法源,有利于司法机关正确处理民事纠纷。但除习惯外,实践中还存在商业惯例、公约、村规民约等,建议明确规定这些法律渊源,以扩大适用空间,有利于体现法律适用的原则性与灵活性相统一。有的意见建议,将"习惯"修改为"商业习惯和惯例,以及善良的民间风俗习惯""合乎法律精神的习惯""公认的习惯""当地的风俗习惯"。有的意见建议,增加一款规定:"习惯,由拥有地方立法权的立法机关认可,具有法律效力。"有的意见建议,增加规定:"没有法律规定和可以适用的习惯时,可以适用公认的法理。"经研究,草案二次审议稿未对本条作出修改,留待进一步听取意见。

(二) 自然人

1. 胎儿利益保护

草案一次审议稿第十六条规定:"涉及遗产继承、接受赠与等胎儿利益的保护,胎儿视为具有民事权利能力。但是,胎儿出生时未存活的,其民事权利能力自始不存在。"

有的意见提出,不宜总括规定胎儿享有民事权利能力,建议参照法国、德国、日本等国立法例,分别在民法典相应部分对赠与、遗产继承、损害赔偿等事项分别作出规定。有的意见提出,本条规定的胎儿利益的保护范围过窄,应当增加"损害赔偿",或者扩大保护范围,将"涉及遗产继承、接受赠与等胎儿利益的保护"修改为"涉及胎儿利益的保护"。有的意见提出,胎儿的损害赔偿问题非常复杂,需要根据具体情况甄别判断,不宜笼统规定。有的意见提出,如果规定损害赔偿,可能带来使胎儿遭受进一步伤害的风险。有的意见提出,"未存活"在实践中可能产生歧义,容易理解为出生时是活体,但经过一定时间死亡,建议将"出生时未存活的"修改为"出生时为死体的"。经研究,草案二次审议稿采纳了部分意见。第十六条规定:"涉及遗产继承、接受赠与等胎儿利益的保护,胎儿视为具有民事权利能力。但是,胎儿出生时为死体的,其民事权利能力自始不存在。"

2. 未成年的限制民事行为能力人

草案一次审议稿第十八条第一款规定:"六周岁以上不满十八周岁的未成年人,为限制民事行为能力人,可以独立实施纯获利益的民事法律行为或者与其年龄、智力相适应的民事法律行为;实施其他民事法律行为由其法定代理人代理,或者征得其法定代理人的同意。"

有的意见提出,将限制民事行为能力人的年龄下限从十周岁调整为六周岁,要有充足的依据。未成年人生理心理成熟程度和认知能力都有所提高的说法,有些片面。六周岁儿童有了一定的学习能力,开始接受义务教育,但认知能力和辨识能力仍然不足,不具备独立实施民事法律行为的基础。民法通则规定为十周岁有一定的科学依据和实践基础。十周岁的儿童一般进入小学高年级就读,受教育的程度与获取知识的能力有了提高,单独接触社会的机会相对较多,有了一定的社会阅历,能够初步了解自己行为的一般性质和相对后果。如何合理设定限制民事行为能力人的年龄标准,需要结合实际情况作深入研究。有的意见提出,中国地域广阔,未成年人的认知情况也千差万别,城市和农村也有不同的情况,对于下调限制民事行为能力的未成年人的年龄标准问题,降多少比较适合,建议再作进一步研究。有的意见建议维持民法通则十周岁的规定。有的意见建议将"六周岁"改为"八周岁"。有的意见提出,无论是六周岁、八周岁还是十周岁,都不能独立实施所有的民事法律行为,他们实施大量的民事法律行为,都必然要由其法定代理人代理,但只要未成年人能够独立实施一部分民事法律行为,哪怕是一些简单的民事法律行为,就应当作为限制民事行为能力人看待,而无民事行为能力人则不能独立实施任何民事法律行为。这也是法律上限制民事行为能力人的本质含义。有的意见认为,将限制民事行为能力人的年龄下限从十周岁调整为六周岁是符合当前儿童心理生理发育和认知判断能力状况的,支持草案规定。经研究,鉴于各方面的分歧仍然较大,草案二次审议稿未作修改,仍然维持了"六周岁"的规定,留待进一步听取意见。

3. 限制民事行为能力人实施民事法律行为

草案一次审议稿第十八条第一款和第二十一条规定,限制民事行为能力人"实施其他民事法律行为由其法定代理人代理,或者征得其法定代理人的同意"。

有的意见提出,限制民事行为能力的未成年人实施其他民事法律行为既可以是在征得其法定代理人同意后实施,也可以是在事后获得法定代理人的追认,建议增加"或者事后获得法定代理人的追认"。经研究,草案二次审议稿采纳了这一意见。第十九条第一款和第二十二条规定,限制民事行为能力人"实施其他民事法律行为由其法定代理人代理,或者经其法定代理人同意、追认"。

4. 家庭义务和责任

草案一次审议稿第二十五条第一款规定:"父母对未成年子女负有抚

养、教育和保护的义务。"第二款规定:"子女对无民事行为能力或者限制民事行为能力的父母负有赡养、照顾和保护的义务。"

有的意见提出,本条是关于抚养赡养制度的内容,更适宜规定在民法典婚姻家庭编中,建议删除本条。有的意见提出,本条仅规定父母子女之间的权利义务关系,放在监护制度首条似有不妥,建议修改为确定监护内涵和监护人基本职责的内容。有的意见建议将第二款中的"子女"修改为"成年子女"或者"具有完全民事行为能力的子女"。有的意见提出,第二款的表述易被理解为子女对完全民事行为能力的老年人不负有赡养、照顾和保护的义务,建议修改为将"无民事行为能力或者限制民事行为能力"修改为"年老的或者无民事行为能力或者限制民事行为能力"。有的意见提出,本条内容与宪法规定的"成年子女有赡养扶助父母的义务"不一致,建议与宪法的规定保持一致。有的意见建议将第二款修改为"子女对父母负有赡养、照顾和保护的义务。"经研究,草案二次审议稿采纳了部分意见。第二十六条第一款规定:"父母对未成年子女负有抚养、教育和保护的义务。"第二款规定:"成年子女对父母负有赡养、照顾和保护的义务。"

5. 遗嘱监护

草案一次审议稿第二十六条第三款规定:"未成年人的父母可以通过遗嘱指定未成年人的监护人;其父、母指定的监护人不一致的,以后死亡一方的指定为准。"

有的意见提出,父母通过遗嘱指定监护人不符合我国国情和群众习惯,容易在父母指定的监护人与祖父母、外祖父母等亲属之间产生监护纠纷,建议再深入研究论证。有的意见提出,对于遗嘱监护,在相关理论研究成熟之前,没有必要规定。有的意见提出,"以后死亡一方的指定为准"不一定有利于被监护人,建议修改为"由未成年人住所地的居民委员会、村民委员会或者民政部门根据被指定人的实际情况,以最有利于被监护人为原则在被指定的人中确定监护人"。有的意见建议增加规定,未成年人的父母通过遗嘱指定监护人不一致时,应当适当征求未成年人的意见。经研究,草案二次审议稿采纳了部分意见。第二十七条第三款规定:"未成年人的父母可以通过遗嘱指定未成年人的监护人;其父、母指定的监护人不一致的,应当尊重被监护人的意愿,根据最有利于被监护人的原则确定。"

6. 成年人的监护人

草案一次审议稿第二十七条规定:"无民事行为能力或者限制民事行为能力的成年人,由下列人员中有监护能力的人依次担任监护人:(一)配偶;(二)父母;(三)子女;(四)其他愿意承担监护责任的个人或者有关组织,经被监护人住所地的居民委员会、村民委员会或者民政部门同意的。"

有的意见建议将配偶、父母、子女共同列为第一顺位监护人。有的意见建议将父母与配偶的顺位调换。有的意见认为,无民事行为能力或者限制民事行为能力的成年人,特别是精神障碍患者,一般终生未娶、未嫁、未生育子女,其父母死亡后,通常都由兄弟姐妹照顾。依本条第四项规定,兄弟姐妹成为监护人还要经居民委员会、村民委员会或者民政部门同意,带来诸多不便,也没有必要。建议将"成年兄弟姐妹"单列一项。有的建议将配偶、父母、子女之外的"其他近亲属"单列一项。经研究,草案二次审议稿采纳了部分意见。第二十八条规定:"无民事行为能力或者限制民事行为能力的成年人,由下列人员中有监护能力的人依次担任监护人:(一)配偶;(二)父母、子女;(三)其他近亲属;(四)其他愿意担任监护人的个人或者有关组织,经被监护人住所地的居民委员会、村民委员会或者民政部门同意的。"

7. 临时监护

草案一次审议稿第二十九条第三款规定:"依照本条第一款规定指定监护人前,被监护人的人身、财产及其他合法权益处于无人保护状态的,由被监护人住所地的居民委员会、村民委员会、法律规定的有关组织或者民政部门担任临时监护人。"

有的意见建议将临时监护单列一条,将暂时查找不到监护人、在撤销监护人资格程序期间等各种被监护人处于无人保护状态的情形均纳入临时监护范围。有的意见建议恢复草案征求意见稿中撤销监护人资格过程中的临时监护制度。有的意见认为,对于暂时查找不到监护人等情形,并不是没有监护人,与其说居民委员会、村民委员会或者民政部门担任临时监护人,倒不如说是一种临时性的照顾,并且主要是人身方面的照顾。临时监护还是应当限于依法选定监护人之前或者变更监护人期间,被监护人处于无人保护状态的情形。有的意见认为,对于暂时查找不到监护人等情形,实际情况也较为复杂,临时监护问题可以由有关单行法进行规定,不宜在民法总则中作概括性规定。经研究,草案二次审议稿对本条未作修改,但在撤销监护人资格的规定中增加"安排必要的临时监护措施"。草案第三十五条规定:"监护人有下列情形之一的,人民法院根据有关人员或者组织的申请,撤销其监护人资格,安排必要的临时监护措施,并根据最有利于被监护人的原则依法指定新监护人……"

8. 成年人的监护人履行监护职责

草案一次审议稿第三十三条第三款规定:"成年人的监护人履行监护职责,应当最大程度地尊重被监护人的意愿,保障并协助被监护人独立实施与其智力、精神健康状况相适应的民事法律行为。"

有的意见提出,"尊重自我决定权"和"维持本人生活正常化"已经成为了国际上残疾人保护的新理念。建议详细规定成年监护人的职责范围,防止成年监护人过度替代本人的自我决定权。经研究,草案二次审议稿进一步贯彻了残疾人保护新理念,对本条作出修改。第三十四条第三款规定:"成年人的监护人履行监护职责,应当最大程度地尊重被监护人的意愿,保障并协助被监护人独立实施与其智力、精神健康状况相适应的民事法律行为,对被监护人有能力独立处理的事务,监护人不得干涉。"

9. 恢复监护人资格

草案一次审议稿第三十五条规定:"原监护人被人民法院撤销监护人资格后,确有悔改情形的,经其申请,人民法院可以视情况恢复其监护人资格,人民法院指定的新监护人与被监护人的监护关系同时终止。"

有的意见建议删除本条规定。一是,草案对于监护人资格的撤销规定了严格的条件和程序,在此情况下,被打乱的监护秩序已经恢复,形成新的监护秩序。如果仅因被撤销资格的原监护人"确有悔改"就恢复其监护资格,必然打乱已得到恢复的监护秩序,制造新的矛盾。二是,"确有悔改"很难通过相关证据认定。三是,将使撤销原监护人资格并指定了新监护人后,监护关系的状态仍不确定,不利于依法指定的新监护人勤勉尽职履行职责。有的意见提出,恢复监护人资格制度有必要保留,实践中情况复杂,法律应当对此留有余地,但应当严格限定条件,建议恢复监护人资格应当仅限于父母担任监护人的情形。有的意见建议对"确有悔改情形"作具体规定。有的意见提出,恢复监护人资格,在原监护人确有悔改的基础上,还应当取得新监护人的同意或者被监护人住所地的居民委员会、村民委员会或者民政部门同意,并尊重被监护人的意愿。经研究,草案二次审议稿采纳了部分意见。第三十六条规定:"未成年人的父母被人民法院撤销监护人资格后,确有悔改情形的,经其申请,人民法院可以在尊重被监护人意愿的前提下,视情况恢复其监护人资格,人民法院指定的新监护人与被监护人的监护关系同时终止。"

10. 监护监督

草案一次审议稿未对监护监督制度作出系统规定。

有的意见提出,草案只规定监护人应当承担法律责任,但没有规定谁追究责任,通过什么途径追究,这不利于保护被监护人利益。建议借鉴国外立法例,建立监护监督人制度,明确监督监督人的具体职责。有的意见建议,加强监护的行政监督,明确民政部门代表国家行使监护监督职责。有的意见加强司法监督,由法院通过司法审查进行监护监督,由检察机关作为最后一道防线,督促民政部门及法院正确行使公权力。有的意见建议,建立以被监护人所在单位、居委会、村委会为基础的报告制度,以民政部、司法机关为主的监管机构,全面实现对监护行为的监督监管。有的意见建议,增加规定民政部门设立专门的监护监督机构,定期对辖区被监护人情况进行调查,纠正不当监护行为,撤销或者更换监护人,也可向法院提起诉讼,追究监护人的责任。有的意见提出,草案规定的撤销监护人资格制度也是一种监护监督制度,至于监护监督人对监护行为进行监督,涉及监护监督人由谁担任,如何行使监督职责等一系列问题,相关的研究和探索还不够。至于由专门的监护监督机构进行监督,涉及部门的职责配置问题,不是单独依靠民法总则能够解决的。经研究,草案二次审议稿未对监护监督制度作出系统规定。

11. 自然人下落不明的起算时间

草案一次审议稿第三十七条第二款规定:"自然人下落不明的时间,从失去该自然人音讯之日起计算。战争期间下落不明的,下落不明的时间自战争结束之日起计算。"第四十二条第三款规定:"下落不明的时间计算,适用本法第三十七条第二款的规定。"

有的意见建议,删除第四十二条第三款,因为第三十七条第二款已经规定了下落不明如何计算,无需重复规定。有的意见不赞成删去,认为第三十七条规定的是宣告失踪的问题,只适用于宣告失踪的情形,在规定宣告死亡的第四十二条有必要另行交代。有的意见建议,将第三十七条第二款单列一条,作为关于下落不明的时间如何计算的一般规定,既适用于宣告失踪的情形,也适用于宣告死亡的情形,同时删除第四十二条第三款的规定。经研究,草案二次审议稿采纳了该意见,将草案一次审议稿第三十七条第二款作文字修改后,单列一条,同时删去第四十二条第三款规定。第三十九条规定:"自然人下落不明的时间,从该自然人失去音讯之日起计算。战争期间下落不明的,下落不明的时间自战争结束之日起计算。"

12. 宣告死亡死亡日期的确定

草案一次审议稿第四十四条规定:"被宣告死亡的人,人民法院宣告死亡的判决作出之日或者判决确定的日期视为其死亡的日期。"

有的意见提出,判决作出之日受很多因素影响,例如两个人在同一事件中失踪,各自利害关系人申请宣告死亡的时间不同,法院审判人员办案效率不同,可能最终判决作出的日期也不同,不宜将判决作出之日视为死亡日期。有的意见提出,"判决作出之日"是一个不确定的日期,通常理解为判决书的落款日期,而落款日期通常早于宣判日期,是由法院内部确定的,建议将"判决作出之日"修改为"判决宣判之日"或"宣告判决之日"。有的意见提出,法院判决的宣判之日受到多种因素的影响,哪一天进行宣判由法院确定。如果以法院判决宣判之日视为其死亡日期,当事人还要再去查找法院卷宗才知道是哪一天进行宣判的,还不如规定以判决作出之日,即判决书的落款日期视为其死亡日期。有的意见建议,以失踪之日视为其死亡的日期。有的意见建议,以下落不明的法定期间届满之日视为其死亡的日期。有的意见提出,本条对确定死亡日期采用两种标准,可能造成司法判决的不统一,建议采用一种标准或者有先后适用的顺序。经研究,草案二次审议稿采纳了部分意见。第四十六条规定:"被宣告死亡的人,人民法院判决确定的日期视为其死亡的日期;判决未确定死亡日期的,判决作出之日视为其死亡的日期。"

13. 死亡宣告对婚姻关系的影响

草案一次审议稿第四十七条规定:"被宣告死亡的人与配偶的婚姻关系,自死亡宣告之日起消灭。死亡宣告被撤销,其配偶未再婚的,夫妻关系自撤销死亡宣告之日起自行恢复,任何一方不愿意自行恢复的除外;其配偶再婚的,夫妻关系不自行恢复。"

有的意见建议删除"任何一方不愿意自行恢复的除外"。一是,该除外规定不符合撤销死亡宣告的本意,死亡宣告被撤销后,失踪人的人身关系就得以恢复。假如任何一方不愿意存续婚姻关系,可以通过离婚结束婚姻关系。二是,因欠缺法定公示,该除外规定易造成婚姻关系的混乱状态,不利于保护失踪人的债权人合法权益。三是,"不愿意自行恢复"需要确定表达方式和认定标准才具可操作性。有的意见提出,将"任何一方不愿意自行恢复"作为自行恢复的"除外条件",在司法实践中较难判断、掌握,可能会增加婚姻关系的不稳定性,建议设定一个时间限制。有的意见提出,该规定体现了婚姻自由的精神,但不利于保护配偶一方的权益。被宣告死亡的人对于自己婚姻关系状况是清楚的、可预期的,死亡宣告被撤销后,其本人没有理由拒绝恢复夫妻关系;而其配偶则是自由之身,有权决定是否恢复婚姻关系,建议将不愿意自行恢复的权利仅赋予"配偶一方"。经研究,草案二次审议稿采纳了部分意见。第四十九条规定:"被宣告死亡的人的婚姻关系,自死亡宣告之日起消灭。死亡宣告被撤销的,夫妻关系自撤销死亡宣告之日起自行恢复,但其配偶再婚或者不愿意恢复的除外。"

14. 农村集体经济组织成员资格

草案一次审议稿第五十一条规定:"农村集体经济组织的成员,依法取得农村土地承包经营权,从事家庭承包经营的,为农村承包经营户。"

有的意见提出,农村集体经济组织成员身份的法律确认是农民依法享有农村土地承包经营权、宅基地使用权、征地补偿安置、集体经济收益分配等诸多财产权益的基础。为了更好保护农民尤其是农村妇女的财产权益,建议对农村集体经济组织成员资格加以界定。有的意见则认为,农村情况千差万别,农村集体经济组织的形成历史、成员构成和资产组成均不完全相同,出台全国统一的标准难以适应不同情况,不宜由法律作出统一规定。根据中央关于农村集体产权制度改革的意见,应当按照尊重历史、兼顾现实、程序规范、群众认可的原则,统筹考虑户籍关系、农村土地承包关系、对集体积累的贡献等因素,协调平衡各方利益,确认农村集体经济组织成员身份。要在目前的改革试点中,探索在群众民主协商基础上确认农村集体经济组织成员的具体程序、标准和管理办法。有的意见提出,农村集体经济组织成员资格问题可以考虑在相关单行法律中明确。经研究,草案二次审议稿未对本条作出修改。

(三)关于法人

1. 法人成立

草案一次审议稿第五十四条第一款规定:"法人应当依法成立。"第二款规定:"法人应当有自己的名称、组织机构和住所。法人成立的具体条件和程序,依照法律的规定。"第三款规定:"设立法人,法律规定须经有关机关批准的,依照其规定。"

有的意见提出,第一款"法人应当依法成立"和第二款"法人成立的具体条件和程序,依照法律的规定",建议删除一处。有的意见提出,目前很多法人成立的具体条件和程序由行政法规规定,建议第二款增加规定"行政法规"。有的意见建议在第三款中增加"行政法规"。有的意见建议,在第三款中增加"国务院决定"。有的意见提出,第三款与第二款后半句重复,建议删除第三款。经研究,草案二次审议稿采纳了部分意见,在第二款"法律"后增加规定"行政法规"。第五十六条第二款规定:"法人应当有自己的名称、组织机构和住所。法人成立的具体条件和程序,依照法律、行政法规的规定。"

2. 法人的住所

草案一次审议稿第五十九条第一款规定:"法人以登记的住所为住所。"第二款规定:"法人的主要办事机构所在地与住所不一致的,其主要办事机构所在地视为住所。"第三款规定:"法人依法不需要办理登记的,其主要办事机构所在地为住所。"

有的意见提出,依据公司法等法律的规定,法人的住所应当登记并公示,法人应当将主要办事机构所在地登记为住所,法人有依法正确登记、及时变更登记的义务。现实中,有一些公司、企业不正确登记住所,或者经常性变更住所而不登记,以逃避法律责任。本条第二款的规定不利于人民法院确定民事案件的管辖和送达工作,建议删除。有的意见提出,本条第二款很大程度上弱化了工商登记的公示效力,没有充分考虑行政管理的需要,会给工商机关在后续监管中认定失联企业并对其实施有效监管造成困难。有的意见提出,《公司法》第十条规定:"公司以其主要办事机构所在地为住所。"建议本条规定与公司法保持一致。经研究,草案二次审议稿采纳了这些意见。第六十一条规定:"法人以其主要办事机构所在地为住所。"

3. 法人登记的公示效力

草案一次审议稿第六十一条规定:"法人的实际情况与其登记的事项不一致的,不得对抗信赖登记的善意第三人。"

有的意见提出,善意第三人的概念,实际上已经含有信赖登记之意,就是指信赖登记簿的记载、不知该记载与实际状况不符的人。《物权法》第一百零六条关于善意取得的规定,并未额外规定"信赖登记"。添加"信赖登记"字样,容易使人误解为除善意之外另有信赖要件,进而要求第三人证明自己信赖登记,不利于对善意第三人的保护,与立法目的不符,建议删去"信赖登记"。有的意见建议将本条修改为:"法人应登记的事项与已登记事项不一致的,不得以未登记的事项对抗第三人。"有的意见建议对"信赖登记"作进一步阐释,或使用通俗表达。有的意见提出,本条规定不区分登记事项,不区分商法人与其他法人,一律赋予其公信力,可能会有问题。建议在公司法等单行法或者是专门的企业登记等相关法律中予以规定。经研究,草案二次审议稿删去了"信赖登记"的表述。第六十三条规定:"法人的实际情况与登记的事项不一致的,不得对抗善意第三人。"

4. 登记机关及时公示有关信息

草案一次审议稿第六十二条规定:"登记机关应当通过信息公示系统依法及时公示法人登记的有关信息。"

有的意见提出,规定法人信息公示的方法仅限于信息公示系统欠妥,建议丰富信息公开途径,或者在本条仅规定信息公开制度,在下一步立法时,再细化和明确信息公开的方式方法。有的意见建议对"及时"一词进一步明确界定。有的意见提出,本条规定了登记机关的法定义务,系公共性规范,对民法典而言属于异质性规范,规定在此处并不十分必要,删除不影响登记机关的职责履行和义务承担。有的意见建议修改为"法人登记的有关信息应当依法向社会公示"。经研究,草案二次审议稿采纳了部分意见,删去"通过信息公示系统"的表述。第六十四条规定:"登记机关应当依法及时公示法人登记的有关信息。"

5. 法人合并、分立后的权利义务承担

草案一次审议稿第六十三条规定:"法人合并、分立的,其权利和义务由变更后的法人享有和承担。"

有的意见提出,本条规定不利于债权人利益保护,且与公司法的规定不一致,不利于对债权人利益的保护,建议修改。有的意见提出,实践情况比较复杂,一律规定权利和义务由变更后的法人享有和承担不妥,建议将"享有和承担"修改为"依照相关规定或者当事人约定享有和承担"。有的意见提出,实践中有借法人分立躲避债务的情况,建议在本条最后增加规定"但是,公司分立前债权人就债务清偿达成的书面协议另有约定的除外"或者"当事人有约定的,应当按其约定"。经研究,草案二次审议稿对这一规定作出修改。第六十五条规定:"法人合并的,其权利和义务由合并后的法人享有和承担。法人分立的,其权利和义务由分立后的法人享有连带债权,承担连带债务,债权人和债务人另有约定的除外。"

6. 法人清算

草案一次审议稿六十五条第三款规定:"清算义务人怠于履行清算义务的,主管机关或者利害关系人可以申请人民法院指定有关人员组成清算组进行清算。"

有的意见提出,"怠于"强调了清算义务人不积极履行义务的主观状态,应当是只要清算义务人客观上未及时履行清算义务,主管机关或者利害关系人就可以申请人民法院指定,建议将"怠于"修改为"未及时"。经研究,草案二次审议稿采纳了这一意见。第六十八条第三款规定:"清算义务人未及时履行清算义务的,主管机关或者利害关系人可以申请人民法院指定有关人员组成清算组进行清算。"

7. 法人分支机构

草案一次审议稿第七十条第二款规定:"分支机构以自己的名义从事民事活动,由此产生的民事责任由法人承担。"

有的意见建议,将"由法人承担"修改为"先由分支机构承担,不足部分由法人承担"。有的意见建议修改为:"应由该分支机构的财产承担,不足部分由法人承担。权利人也可以向该法人主张全部权利。"有的意见提出,公司法规定分支机构的民事责任由公司承担,但民事诉讼法规定分支机构可以作为民事主体参与诉讼。分支机构依法成立,有自己的财产,以自己名义在其经营范围内实施的民事行为,其行为及行为后果与法人无异,完全可以以其财产承担民事责任,且与民事诉讼法规定的诉讼主体地位相一致,建议修改为分支机构在其财产范围内与法人承担共同责任。经研究,草案二次审议稿对这一条未作修改。

8. 设立人民事责任

草案一次审议稿第七十一条规定:"设立人为设立法人从事的民事活动,其法律后果在法人成立后由法人承受;法人未成立的,其法律后果由设立人承受,设立人为二人以上的,承担连带责任。"

有的意见提出,本条规定应当只适用于设立人为设立法人以法人的名义从事民事活动的情形。建议补充规定以自己的名义为设立法人从事民事活动的情形。最高人民法院《关于适用〈中华人民共和国公司法〉若干问题的规定(三)》第二条规定:"发起人为设立公司以自己名义对外签订合同,合同相对人请求该发起人承担合同责任的,人民法院应予支持。""公司成立后对前款规定的合同予以确认,或者已经实际享有合同权利或者履行合同义务,合同相对人请求公司承担合同责任的,人民法院应予支持。"这一规定可资借鉴。有的意见认为,设立人虽以自己的名义,但是为设立法人从事民事活动,规定相对人请求法人承担责任需有法人确认的条件并不妥当。经研究,二次审议稿增加一款作出补充规定。第七十四条第二款规定:"设立人为设立法人以自己的名义从事民事活动,造成第三人损害的,第三人有权选择请求法人或者设立人承担民事责任。"

9. 合作社法人

草案一次审议稿第七十二条规定:"法律对合作社法人有规定的,依照其规定。"

有的意见提出,本条内容不妥,相关的法人还有中外合资经营企业法人、中外合作经营企业法人、外商独资企业法人。法律规定它们都是法人,但都不是按民法规则建立起来的法人,建议将类似的特殊法人全部列出。有的意见提出,农民专业合作社对外具有营利性,对内具有互助性,建议明确农民专业合作社为营利性法人,为工商部门对其进行工商登记奠定民事法律基础。有的意见提出,合作社法人具有特殊性,按照营利性法人和非营利性法人的分类,无法将其归入单纯哪一类中,建议对本条进一步研究。有的意见提出,目前关于供销合作社还不具备制定法律的条件,正在研究起草供销合作社,待条例出台并实施后,在总结实践经验的基础上,再进一步研究制定供销合作社法。建议在本条中"法律"后增加"行政法规"。有的意见提出,法律有规定当然要适用,本条规定没有意义,建议删去。经研究,草案二次审议稿采纳了部分意见。第七十五条规定:"法律、行政法规对合作社法人有规定的,依照其规定。"

10. 农村集体经济组织的法人地位

草案一次审议稿未对农村集体经济组织的法人地位作出规定。

有的意见提出,集体经济组织法律地位不明是当前影响农村土地制度改革和农民权益保护的重大问题,是否有必要借民法总则立法机会予以规定,建议认真考虑。有的意见建议,增加规定农村集体经济组织经依法登记,取得法人资格。有的意见提出,宪法、物权法、农村土地承包法中都规定了农村集体经济组织,但民法通则没有规定。在一些经济较为发达的农村,集体经济发展迅速,集体资产规模可观,其法人地位如何认定,在法律上是模糊的。特别是在农村集体产权改革中,经由折股量化改造而成的新型集体经济组织,面临登记困惑和身份认同尴尬。当前随着农村集体产权制度改革深入推进,越来越多的集体经济组织将通过折股量化组建独立的股份合作经济组织。实践中普遍反映,改制中遇到的核心问题是股份合作经济组织法人地位不明确,客观上要求加快农村集体经济组织立法,赋予其明确的法人地位,创造其与其他各类所有制经济组织同等受到保护的法律环境。有的意见提出,根据物权法等法律规定,农村集体经济组织是农村集体资产经营管理的主体,依法代表农民集体行使农村集体资产所有权,承担经营管理事务,明确其民事主体地位有利于其从事民事活动,有利于完善农村集体经济的实现形式和运行机制,增强农村集体经济发展活力。有的意见提出,农村集体经济组织兼具地域性、社区性、内部性,不同于一般的法人组织,也不同于公益性组织,简单套用营利性法人、非营利性法人和非法人组织都难以准确界定其属性。鉴于其特殊性和唯一性,同时为制定有关农村集体经济组织的具体法律规定提供遵循和依据,建议民法总则明确规定,符合条件的农村集体经济组织作为特殊法人,可以依法登记,取得法人资格。有的意见提出,对于农村集体经济组织既要有所规定,为今后的农村改革留下制度接口,但也不能规定得过细,要给今后的改革预留制度空间。经研究,草案二次审议稿在第三章法人第一节一般规定中增加一条规定农村集体经济组织。第七十六条规定:"农村集体经济组织具备法人条件的,依法取得法人资格。"

11. 法人分类

草案一次审议稿将法人分为营利性法人和非营利性法人。

有的意见提出,有关法人分类的争议比较大,需要慎重考虑。日本、我国台湾地区都分为财团法人和社团法人,这种分类比较清晰。在我国把法人分为营利性法人和非营利性法人,实践操作上会面临一些问题。现在的法人登记主要是三个部门负责,一是工商部门,登记营利性法人,比较明确。二是编制部门,登记机关和事业单位,事业单位中又分为差额拨款、全额拨款、自收自支,如果按营利性和非营利性来划分,自收自支的事业单位怎么认定。三是民政部门,登记社会组织、基金会和民办非企业单位。如果按营利性和非营利性来划分,民办非企业单位怎么处理,包括民办医院、民办学校、民办养老机构等,如果全部定位为非营利性法人,不得分红,不得分配剩余财产,实际上是慈善组织了。自收自支事业单位和民办非企业单位都是双重性的,既有公益性,又参加经营活动,不好严格地按照营利性和非营利性划分,草案的分类标准现阶段实施起来有困难。有的意见建议,将法人分为营利性法人、非营利性法人和机关法人。有的意见提出,草案采用营利性法人和非营利性法人的分类方式,继承了民法通则按照企业和非企业进行分类的思路,比较符合我国的立法习惯,有一定的合理性。但这种分法忽视了既非以营利为目的又非以公益为目的的法人组织的存在,使得一些中间性质的社会组织不能归入法人分类中,例如农村合作社,农村集体经济组织、民办学校等,建议统筹考虑。有的意见提出,将法人分为营利性法人和非营利性法人,是非常重要的进步,草案的规定也比较成熟。强化营利法人和非营利法人的区分,对下一步法人制度改革和社会组织规范化大有好处。现在有些事业单位也在营利,甚至包括有些大学。通过完善非营利法人制度,这些行为都应该得到规范。有的意见提出,在法人分类上应坚持营利法人与非营利法人的基本分类,以解决长期以来许多组织身份不明,既享受税收等优惠政策又营利。但是对于合作社等"自益性"组织可以再设一类"自益性法人"单独规定。有的意见提出,草案按照法人设立目的和功能不同,将法人分为营利性法人和非营利性法人两类,并且不再区分法人的所有制形态,可以涵盖更多的组织形式,符合社会组织的改革发展方向,符合近年来我国法人形态的发展变化,丰富了法人组织形态,而且为非营利组织发展奠定了法律基础。有的意见提出,法人的不同分类各有利弊,社团法人与财团法人的分类可以覆盖中间法人,营利性法人和非营利性法人的分类与民法通则的衔接更好,更符合中国国情。建议采用营利性法人和非营利性法人的分类,但应吸收社团法人与财团法人分类的精神。例如,在营利性法人中加强对成员权的规范;在事业单位法人中推行法人治理结构规则,要求普遍建立理事会和监事会。有的意见提出,为使语言简洁,可将"营利性法人"和"非营利性法人"修改为"营利法人"和"非营利法人"。经研究,草案二次审议稿对营利性法人和非营利性法人的分类未作修改,文字表述上调整为营利法人和非营利法人。

12. 营利法人的定义

草案一次审议稿第七十三条第一款规定:"以取得利润并分配给其股东或者其他出资人等成员为目的成立的法人,为营利性法人。"第二款规定:"营利性法人包括有限责任公司、股份有限公司和其他企业法人等。"

有的意见提出,成员的含义不清,建议删除第一款中的"等成员"。有的意见建议,将第一款修改为:"以获取并分配利润为目的成立的法人,为营利性法人。"有的意见建议在第二款增加列举全民所有制企业、中外合作企业等其他营利性组织。有的意见建议删除第二款,为非营利性公司法人留有空间。经研究,草案二次审议稿采纳了部分意见。第七十七条第一款规定:"以取得利润并分配给其股东等出资人为目的成立的法人,为营利法人。"第二款规定:"营利法人包括有限责任公司、股份有限公司和其他企业法人等。"

13. 营利法人章程、组织机构

草案一次审议稿第七十六条第一款规定:"营利性法人的权力机构为成员大会。"第二款规定:"营利性法人设董事会或者执行董事的,董事会或者执行董事为其执行机构,董事长、执行董事或者经理依照法人章程的规定担任法定代表人;未设董事会或者执行董事的,法人章程规定的主要负责人为其执行机构和法定代表人。"第三款规定:"法律对营利性法人的组织机构、法定代表人另有规定的,依照其规定。"草案一次审议稿未对营利法人章程作出规定。

有的意见建议,考虑到章程对法人的重要性,建议草案对营利法人的章程作出原则规定。有的意见提出,成员大会含义不清,营利法人的权力机构应为股东会或者其他同类机构。有的意见提出,草案仅规定了营利性法人的权力机构和执行机构,营利性法人一般还有监督机构,建议分几条对营利性法人内部的各类组织机构及其职权都作出原则规定。经研究,草案二次审议稿采纳了这些意见。第八十条规定:"设立营利法人应当依法制定章程。"第八十一条至第八十三条分别对营利法人的权力机构、执行机构和监督机构作了规定。

14. 营利法人超范围经营

草案一次审议稿第七十七条规定:"营利性法人超越登记的经营范围从事经营活动的,依法承担相应的责任,但是除违反法律、行政法规的效力性强制性规定外,民事法律行为有效。"

有的意见提出,本条规定不妥。一是,本条属于确认民事法律行为效力的条款,民事法律行为的效力在第六章第三节专门规定,在其他章节再单独对某一类民事法律行为作出规定不合适。二是,法律确认超范围经营的民事法律行为有效,存在不良导向。三是,违反法律、行政法规的效力性强制性规定不是民事法律行为无效的唯一原因,没有违反效力性强制性规定的也可能无效,本条规定存在逻辑问题。有的意见建议删去本条。一是,本条规定不符合实际,现在除了限制经营、特许经营等领域,大多数工商登记已不再包括经营范围。二是,本条规定混淆了法律行为的效力评价体系,越权行为的本质是超越权利能力和行为能力,法律上的评价方法是判断其效力是否归属于法人,而不是有效和无效。经研究,草案二次审议稿删去本条。

15. 法人的社会责任

草案一次审议稿第七十八条规定:"营利性法人从事经营活动,必须遵守法律、行政法规,遵守社会公德、商业道德,诚实信用,接受政府和社会公众的监督,承担社会责任。"

有的意见提出,本条内容与第六条诚实信用原则、第八条遵守法律和公序良俗原则重复。诚实信用也是市场经济的道德标准,遵循诚实信用原则包含了遵守商业道德的意义。经济学和商事法学所倡导企业承担社会责任,乃是提倡公司、企业于履行法定义务之外,出资赞助救灾、环保、济贫等慈善事业。所谓"社会责任",与受国家强制力保障的法律义务性质不同,不应在民法中规定。法人的活动均应守法,不独营利性法人为然,也不独经营活动为然。这些内容不具有行为规范和裁判规范的意义和功能,建议删去。有的意见提出,这些规范并不仅仅是营利性法人应当遵守的,非营利性法人同样应当遵守,规则的设计没有独特性,不能解决问题,没有实际意义。经研究,草案二次审议稿对这一条的内容作了适当修改。第八十七条规定:

"营利法人从事经营活动,应当遵守商业道德,维护交易安全,接受政府和社会的监督,承担社会责任。"

16. 营利法人的出资人滥用出资人权利

草案一次审议稿第七十九条规定:"营利性法人的成员应当遵守法律、行政法规和法人章程,依法行使成员权利,不得滥用成员权利损害法人或者其他成员的利益,不得滥用法人独立地位和成员有限责任损害法人债权人的利益。"

有的意见提出,为防止法人成员滥用其权利,维护以独立财产、独立责任为基础的法人制度,建议明确营利法人成员滥用权利的法律后果。有的意见提出,"营利性法人的成员应当遵守法律、行政法规和法人章程,依法行使成员权利"一句不言自明,在本条规定没有太大意义,建议删去。有的意见建议,将"不得滥用成员权利"修改为"不得滥用优势地位"。有的意见建议参照公司法的有关规定对本条加以补充完善。经研究,草案二次审议稿采纳了这些意见。第八十五条第一款规定:"营利法人的出资人不得滥用出资人权利损害法人或者其他出资人的利益。法人的出资人滥用出资人权利给法人或者其他出资人造成损失的,应当依法承担民事责任。"第二款规定:"营利法人的出资人不得滥用法人独立地位和出资人有限责任损害法人债权人的利益。法人的出资人滥用法人独立地位和出资人有限责任,逃避债务,严重损害法人债权人利益的,应当对法人债务承担连带责任。"

17. 营利法人决议的效力

草案一次审议稿未对营利法人决议的效力问题作出规定。

有的意见提出,草案一次审议稿第八十八条第二款规定:"捐助法人的决策机构、执行机构或者其法定代表人作出的决定违反捐助法人章程的,捐助人等利害关系人或者主管机关可以请求人民法院予以撤销。"建议对营利性法人也补充规定这方面的内容。有的意见提出,法人权力机构或者执行机构所作决议的效力问题,是法人制度的重要组成部分。公司法规定了相关内容,民法总则应当加以吸收,使其具有更加广泛的适用性。经研究,草案二次审议稿采纳了这一意见。第八十六条第一款规定:"营利法人的权力机构、执行机构的决议内容违反法律、行政法规的无效。"第二款规定:"营利法人的权力机构、执行机构的会议召集程序、表决方式违反法律、行政法规、法人章程,或者决议内容违反法人章程的,营利法人的出资人可以请求人民法院予以撤销,但营利法人依据该决议与善意第三人形成的民事法律关系不受影响。"

18. 非营利法人的定义

草案一次审议稿第八十一条第一款规定:"为公益目的或者其他非营利目的成立的法人,为非营利性法人。"第二款规定:"非营利性法人不得向其成员或者设立人分配利润。"

有的意见提出,考虑到民办教育促进法修改时的争议,第一款中关于非营利性法人的定义,不宜仅规定"目的",而应将"不得向其成员或设立人分配利润"也规定到定义中。因为国有企业有公益性目的,却是营利的;民办学校办教育应该以公益性为先却可分为营利性或非营利性两类。有的意见提出,草案一次审议稿第七十三条第二款规定:"营利性法人包括有限责任公司、股份有限公司和其他企业法人等"。为使结构协调统一,对非营利性法人也应列举一些典型种类。经研究,草案二次审议稿采纳了这些意见。第八十九条第一款规定:"为公益目的或者其他非营利目的成立,不向其出资人或者设立人分配利润的法人,为非营利法人。"第二款规定:"非营利法人包括事业单位、社会团体、基金会、社会服务机构等。"

19. 非营利法人的剩余财产分配

草案一次审议稿第八十一条第三款规定:"为公益目的成立的非营利性法人终止时,不得向其成员或者设立人分配剩余财产;其剩余财产应当按照章程的规定或者权力机构的决议用于公益目的;不能按照法人章程规定或者权力机构的决议处理的,由主管机关主持转给宗旨相同或者相近的以公益为目的的法人,并向社会公告。"

有的意见提出,规定非营利性法人不得向其成员或者设立人分配利润,不得分配剩余财产,可能不利于吸引社会投资办教育,而在我国完全依靠政府办教育是不现实的,建议再行斟酌。有的意见提出,应充分考虑我国改革开放三十多年以来形成的具有中国特色的非营利性法人制度。长期以来我国大量的民办学校都是出资办学,并不是捐资办学。按草案一次审议稿现有规定,目前15万所民办教育机构就会面临丧失产权的情况,于法于理于情都不合适。能不能确定一种非营利性法人新模式,财产还是归其所有,但在经营的过程中,不得收取回报,不得获取利益。有的意见提出,非营利性法人不能分配剩余财产是国外的通行做法,可以防止名不副实,建议维持非营利法人不能分配剩余财产的规定。经研究,草案二次审议稿对非营利法人不能分配剩余财产单列一条规定,内容仅作个别文字调整。第九十条规定:"为公益目的成立的非营利法人终止时,不得向其出资人或者设立人分配剩余财产;其剩余财产应当按照章程的规定或者权力机构的决议用于公益目的;不能按照法人章程规定或者权力机构的决议处理的,由主管机关主持转给宗旨相同或者相近的以公益为目的的法人,并向社会公告。"

20. 社会服务机构

草案一次审议稿未对社会服务机构的法人地位作出规定。

有的意见提出,国务院1998年就制定并实施了《民办非企业单位登记管理暂行条例》,目前社会上利用非国有资产举办的、从事非营利性社会服务活动的社会组织,即民办非企业单位大量存在,在社会生活中发挥着积极作用,民法总则对此应当有所规定,明确其法人地位,有利于促进这类社会组织健康有序发展。有的意见提出,慈善法已将民办非企业单位改为社会服务机构,这一名称更能准确反映此类组织的性质和功能。有的意见提出,可以根据这类组织的性质,将其纳入捐助法人加以规范。经研究,草案二次审议稿采纳了这些意见。第九十五条第一款规定:"具备法人条件,为实现公益目的,以捐助财产设立的基金会、社会服务机构等,经依法登记成立,取得捐助法人资格。"

21. 宗教活动场所的法人地位

草案一次审议稿第八十六条第一款规定:"具备法人条件,为实现公益目的,以捐助财产设立的基金会等,经依法登记成立,取得捐助法人资格。"第二款规定:"依法设立的宗教活动场所,具备法人条件的,可以申请法人登记,取得捐助法人资格。"

有的意见提出,法人是组织而不是场所,场所如何登记,建议再推敲。有的意见提出,第一款当中已经有一个"等"字,建议删除第二款。有的意见提出,我国宗教活动场所情况复杂,其中主要以非国有资产设立的宗教活动场所在性质上属于民办非企业单位,以国有资产设立的宗教活动场所属于事业单位,不能将宗教活动场所统一定性为捐助法人。目前,对于宗教活动场所取得法人资格并没有法律限制,并且正在修订的宗教事务条例中也对此进行了规定,无需再在本条中列举,建议删除本款。有的建议将"宗教活动场所"修改为"宗教机构",有的建议修改为"宗教团体"。有的建议进一步明确宗教活动场所申请捐助法人登记的主管部门。有的意见提出,宗教活动场所的法人地位现实中有实际需求,宗教事务条例正在制定过程中,但条例没有权限规定宗教活动场所的法人地位,上位法应该作出相关规定。经研究,草案二次审议稿对宗教活动场所法人未作修改。

(四)非法人组织

1. 类型

草案一次审议稿第九十一条第二款规定:"非法人组织包括个人独资企业、合伙企业、营利性法人或者非营利性法人依法设立的分支机构等。"

有的意见提出,对非法人组织的列举并没有涵盖既有的典型类型,如乡镇企业、中外合作经营企业、不具备法人资格的合作社、不具备法人资格的从事非营利性社会服务活动的社会组织等。有的意见建议,明确信托产品、证券公司资产管理计划、基金、基金管理公司特定客户资产管理计划、保险资产管理公司资产管理产品等的法律地位。有的意见提出,对非法人组织的列举不可能穷尽所有的类型,草案列举两三个典型类型即可,其他的非法人组织类型,可根据具体情况进行判断。有的意见提出,营利性法人或者非营利性法人依法设立的分支机构属于法人的一部分,其管理的财产由法人统一调配使用,也不发生单独解散或者单独清算问题,不宜作为非法人组织这类独立的民事主体。有的意见认为,法人设立不具有法人资格的分支机构与自然人设立不具有法人资格的组织,性质上并无不同,且有关司法解释也规定分支机构属于非法人组织,本条规定没有问题。经研究,鉴于对分支机构是否属于非法人组织存在不同意见,草案二次审议稿暂且删去"非营利性法人依法设立的分支机构"。第一百条第二款规定:"非法人组织包括个人独资企业、合伙企业等。"

2. 登记

草案一次审议稿第九十二条第一款规定:"非法人组织应当依法登记。"

有的意见提出,非法人组织是否都应该进行登记值得商榷,比如骑行小队、兴趣爱好俱乐部等民间组织等松性散临时性的非法人组织没有必要登记,要求登记也缺乏操作性。有的意见建议将本款修改为:"法律规定非法人组织应当登记的,应依法登记。"有的意见认为,如果不登记,如何认定是组织体,还能不能作为非法人组织看待,需要考虑。经研究,草案二次审议稿作出相应修改。第一百零一条第一款规定:"非法人组织应当依照法律的规定登记。"

3. 住所

草案一次审议稿第九十五条第一款规定:"非法人组织以登记的住所为住所。"第二款规定:"非法人组织的主要办事机构所在地与住所不一致的,其主要办事机构所在地视为住所。"

有的意见提出,草案第九十八条已经规定,非法人组织除适用本章规定外,参照适用本法第三章第一节的有关规定。非法人组织的住所,参照适用法人住所的规定即可,没有必要单独作出规定。经研究,草案二次审议稿采纳了该意见,删除了本条规定。

(五)民事权利

1. 体例结构

有的意见提出,考虑到民法分则将有物权编、合同编以及侵权责任编,民事权利涉及物权和合同法的内容可以写得简略一些。人格权的相关规定、债法的一般规定以及因无因管理和不当得利,可以写得详细一些。有的意见建议,对民事权利一章进行分节,使本章规定更加系统、清晰,增强实践操作性,并与其他章节保持体例上的协调。有的意见建议,分为一般规定、人身权利、财产权利、知识产权、其他权利和利益五节。有的意见建议,分为民事权利的种类、民事权利的取得与消灭、民事权利的行使、民事权利的保护四节。有的意见认为,就本章现有内容分节,有的部分内容太少,有的条文不好归类,同时不分节可以突出法律对人身自由和人格尊严的保护。经研究,草案二次审议稿未对民事权利一章的体例结构作修改。

2. 人格权

草案一次审议稿第一百条第一款规定:"自然人享有生命权、健康权、身体权、姓名权、肖像权、名誉权、荣誉权、隐私权、婚姻自主权等权利。"第二款规定:"法人、非法人组织享有名称权、名誉权、荣誉权等权利。"

有的意见提出,自然人享有包括隐私权的一系列权利,而法人和非法人组织只享有名称权、名誉权和荣誉权,隐含的是法人不享有隐私权。营利性法人的商业机密、公司隐私或者不泄密条款等,好像在法律上都没有依据。有的意见提出,荣誉权能否成为侵权行为的客体需进一步研究。有的意见提出,对剥夺荣誉的救济应当通过行政或者准行政程序,建议删除"荣誉权"。有的建议,增加"自由权",删除"婚姻自主权",将其纳入"自由权"的范畴。有的意见建议,在第一款增加"生育权"。有的意见建议增加信息权、商业秘密权、性自主权、监护权等。有的意见提出,信用权是民事主体一项重要的权利,包括信用的保有权、信用利益的支配权和信用维护的权益。民事主体有权保持自己的信用不降低、不丧失和通过自己增强经济能力、加强诚信履约的努力,而使自己的信用不断提高,并使用自己的信用利益。法律应当保护民事主体的信用权,禁止任何人、组织实施包括诋毁、捏造、传播流言等侵害他人信用权的行为。通过保护名誉权的方式来保护信用权是不够的。信用和名誉有交叉,但也有很大区别,信用是对民事主体经济能力的社会评价,与道德关系不大,名誉权是对民事主体的社会综合评价,与道德的关联度更高。一些国家和地区的民法典如奥地利、德国、希腊、葡萄牙、我国台湾地区都区分信用权和名誉权,把信用权作为具体的人格权进行保护。从社会实践来看,对信用权突出保护是重要和迫切的。建议增加规定信用权,并在侵权责任等分编中作出相应的规定。有的意见提出,从理论上讲,信用是对民事主体经济能力的社会评价,名誉是对民事主体品德、才能以及其他素质的社会综合评价,名誉已经包含了信用的内容,且损毁他人名誉与损毁他人信用的民事责任也相同,没有必要将信用从名誉中分离出来单独规定。从实践情况看,目前司法实践通过对名誉权对信用进行保护,可以满足现实需要,没有必要单独对信用权作出规定。经研究,草案二次审议稿未对人格权的规定作修改。

3. 个人信息保护

草案一次审议稿未对个人信息保护作出规定。

有的意见提出,个人信息应当从草案第一百零八条的"数据信息"中分离出来,作为自然人的具体人格权予以保护。有的意见提出,个人信息是否应当明确为民事权利的客体,需进一步研究。有的意见提出,一段时间以来,非法获取、非法出售或者非法向他人提供公民个人信息的违法行为泛滥,社会危害严重,建议进一步强化对个人信息的保护。个人信息权利是公民在现代信息社会享有的重要权利,明确对个人信息的保护对于保护公民的人格尊严,使公民免受非法侵扰,维护正常的社会秩序具有现实意义,经研究,草案二次审议稿增加了对个人信息保护的规定。第一百零九条规定:

"自然人的个人信息受法律保护。任何组织和个人不得非法收集、利用、加工、传输个人信息,不得非法提供、公开或者出售个人信息。"

4. 网络虚拟财产和数据信息

草案一次审议稿第一百零四条规定:"物包括不动产和动产。法律规定具体权利或者网络虚拟财产作为物权客体的,依照其规定。"第一百零八条第二款规定:"知识产权是指权利人依法就下列客体所享有的权利:……(八)数据信息……"

有的意见提出,对网络虚拟财产、数据信息等新型民事权利客体作出规定,有助于解决虚拟财产纠纷,对信息社会的发展提供了法律保障,非常及时、必要。有的意见提出,"网络虚拟财产作为物权客体"的表述不够准确,网络虚拟财产权利不符合物权的特征,建议斟酌。有的意见提出,网络虚拟财产的财产属性毋庸置疑,但究竟属于何种财产权利客体,应待司法实践与法学研究进一步提炼。有的意见提出,虚拟财产是数据的一种形态,其上位的权利应该是数据财产权,而不是物权或者知识产权,建议单独规定"网络虚拟财产权"。有的意见建议将"网络虚拟财产"修改为"其他无形物"。有的意见提出,网络虚拟财产在既有的法律框架内完全可以找到类似制度予以规范,没有必要创设新的概念,建议删除"网络虚拟财产"。有的建议单列一条对网络虚拟财产作原则性规定,规定"网络虚拟财产受法律保护"。有的意见提出,网络虚拟财产未必只是物权客体,也可以有其他权利性质,建议专设一个条款对网络财产权利进行规定,充分表述其概念及类型。有的意见建议规定,民事主体依法享有网络财产权利。网络财产和依法收集、加工的互联网数据,受物权法、合同法和知识产权法等法律的保护。有的意见提出,能够成为数据专有权客体的,是经过加工的衍生数据,而不包括原始数据。建议将"数据信息"修改为"衍生数据"。有的意见建议在本条中单列一款规定数据信息。有的意见提出,学术界对将数据信息纳入知识产权有很大争议,许多学者认为数据信息不具有知识产权的特点,不属于知识产权。知识产权要求原创性,数据信息则排除原创。在目前理论和实践没有对数据信息的保护形成统一认识前,建议删除数据信息,待条件成熟后再作规定。有的意见提出,对于数据信息的保护,应当着眼于数据信息所承载的对象,分析其对应的权利类型,综合运用物权、债权、著作权、商标权、隐私权等进行保护,不宜都作为知识产权。有的意见建议将数据信息单独规定为民事法律关系的客体。有的建议,将"数据信息"修改为"数据库"。有的意见建议明确"数据信息"的含义。经研究,考虑到各方面对数据和网络虚拟财产的权利属性争议较大,草案二次审议稿将二者合并,单列一条作出原则规定。第一百二十四条规定:"法律对数据、网络虚拟财产的保护有规定的,依照其规定。"

5. 单方允诺

草案一次审议稿第一百零五条第二款规定:"债权是因合同、单方允诺、侵权行为、无因管理、不当得利以及法律的其他规定,权利人请求特定义务人为一定行为的权利。"

有的意见建议明确单方允诺的含义。有的意见提出,理论界和实务界对悬赏广告的性质历来存在单方行为说与合同说的争论。最高法院合同法司法解释、民事案件案由规定对悬赏广告已采合同说,为避免立法、理论和实务的混乱,建议删除"单方允诺"。经研究,草案二次审议稿删除了单方允诺的规定。第一百一十五条第二款规定:"债权是因合同、侵权行为、无因管理、不当得利以及法律的其他规定,权利人请求特定义务人为或者不为一定行为的权利。"

6. 物权平等保护、合同和侵权行为

有的意见提出,民事权利一章的内容太单薄,应当予以充实,建议参考物权法、合同法和侵权责任法的规定,对物权的平等保护,以及合同和侵权的基础性内容作出规定。经研究,草案二次审议稿采纳了这一意见,增加了相关规定。第一百一十四条规定:"民事主体的物权受法律平等保护,任何组织和个人不得侵犯。"第一百一十六条规定:"依法成立的合同,对当事人具有法律约束力。"第一百一十七条规定:"民事权益受到侵害的,被侵权人有权请求侵权人承担侵权责任。"

7. 不当得利

草案一次审议稿第一百零七条规定:"没有合法根据,取得不当利益,造成他人损失的,应当将取得的不当利益返还受损失的人。"

有的意见提出,本章规定的是民事权利,而本条则是从义务的角度进行规定,而非权利的角度,建议修改。经研究,草案二次审议稿采纳了这一意见。第一百一十九条规定:"没有合法根据,取得不当利益,造成他人损失的,受损失的人有权请求不当得利的人返还不当利益。"

8. 知识产权

草案一次审议稿第一百零八条第二款规定:"知识产权是指权利人依法就下列客体所享有的权利:(一)作品;(二)专利;(三)商标;(四)地理标记;(五)商业秘密;(六)集成电路布图设计;(七)植物新品种;(八)数据信息;(九)法律、行政法规规定的其他内容。"

有的意见提出,第一项只涉及著作权的客体,未涉及与著作权相关的权利的客体,建议增加表演、录音录像、播放等邻接权的客体。有的意见提出,第二项"专利"的表述不妥,依照专利法的规定,专利权的客体是"发明、实用新型、外观设计"。有的意见建议,将第三项修改为"注册商标",有的意见建议修改为"商标及其他能够产生识别商品和服务来源作用的标识"。有的意见提出,根据《商标法》第十六条和《商标法实施条例》第四条的相关规定,地理标志可以作为证明商标或者集体商标申请注册,地理标记已被包含在商标的范畴中,建议删除第四项。有的意见提出,"地理标记"的表述与商标法"地理标志"的表述不一致,建议修改。有的意见建议修改为"地理标识"。有的意见提出,从创造性智力成果和工商业标记两个角度,对知识产权作明确界定,否则第九项无实质意义。有的意见提出,知识产权的客体应当属于民事基本制度的范畴,依照立法法的规定,应当删去第九项中的"行政法规"。有的意见建议,将第九项中的"内容"修改为"客体",以使前后用语一致。有的意见建议,增加列举"商号""经营性资信""科学发现""传统知识"。经研究,草案二次审议稿作了如下修改:一是将"专利"修改为"发明、实用新型、外观设计";二是将"地理标记"修改为"地理标志";三是增加规定"科学发现";四是将"法律、行政法规规定的其他内容"修改为"法律规定的其他客体"。第一百二十条第二款规定:"知识产权是指权利人依法就下列客体所享有的权利:(一)作品;(二)发明、实用新型、外观设计;(三)商标;(四)地理标志;(五)商业秘密;(六)集成电路布图设计;(七)植物新品种;(八)科学发现;(九)法律规定的其他客体。"

9. 股权和其他民事权利

草案一次审议稿第一百一十条规定:"民事主体依法享有股权或者其他民事权利。"

有的意见建议,将"股权"修改为"股权等投资权益"。有的意见提出,投资形成的权利形态并不只限于股权,还包括信托权、各种期权、多种财产权组合的权利等,建议增加"其他投资性权利"。有的意见提出,除民事权利外,有些利益也应当受到法律保护,建议增加利益保护的规定。有的意见建议,单独规定"民事主体依法享有股权",增加规定"民事主体依法享有信息资源权、环境权以及其他民事权利"。有的意见建议将本条修改为:"民事主体依法享有的股权及其他投资性权利受法律保护。"有的建议,增加"营业权""生态环境权""成员权""信托受益权""信托财产权"。有的意见提出,宪法里列举了多种权利,草案列举的权利数量还不如宪法多。人民法院审判时不能援引宪法,宪法权利只有转化为民事权利才能更好地获得保护,建议进一步贯彻落实宪法精神,把宪法中已列举出来的权利尽可能地在民法当中体现出来,转化为民事权利。有的意见建议,增加规定自然人享有生育权、环境权、受教育权、网络虚拟人格名誉权、个人信息控制权、负面信息被遗忘权等,并在列举的同时增加概念性表述。经研究,草案二次审议稿增加规定其他投资性权利,并单列一条兜底性规定。第一百二十二条规定:"民事主体依法享有股权和其他投资性权利。"第一百二十三条规定:"民事主体享有法律规定的其他民事权利。"

10. 民事权利的取得

草案一次审议稿未对民事权利的取得作出规定。

有的意见建议,按照学界的通说,在本章增加规定:"民事权利可以依法律行为、事实行为、法律规定的事件或者法律的其他直接规定以及人民法院的判决等方式而取得。"有的意见提出,民事权利的取得问题较为学理化,既不通俗易懂,也没有多少作为裁判规范的意义。经研究,草案二次审议稿仍未对民事权利的取得作出规定,留待进一步听取意见。

(六)民事法律行为

1. 意思表示的生效时间

草案一次审议稿第一百一十六条规定:"以对话方式作出的意思表示,相对人了解其内容时生效。以非对话方式作出的意思表示,到达相对人时生效。"第一百一十七条第一款对以非对话方式作出的采用数据电文形式的意思表示的生效时间作出规定。第二款规定:"以公告方式作出的意思表示,公告发布时生效。"第三款规定:"无相对人的意思表示,表示完成时生效,法律另有规定的除外。"

有的意见建议,明确"对话方式""非对话方式"的含义。有的意见建议,将第一百一十六条"相对人了解其内容时生效"修改为"能够合理期待相对人了解其内容时生效",有的意见建议修改为"相对人接收到其内容并就此作出回应时生效",有的意见建议将"了解"修改为"知道"。有的意见提出,以对话方式作出的意思表示的生效时间应采客观标准。有的意见建议,增加规定"相对人妨碍意思表示的到达的,视为到达",同时对意思表示的受领能力作出规定。有的意见建议,在第一百一十七条第二款、第三款后分别增加规定"但公告另有规定或法律另有规定的除外"和"表意人在意思表示中对生效作出特别表示或法律另有规定的除外"。有的意见建议,以有无相对人作为意思表示的第一分类,有相对人的意思表示再区分为对话与非对话的方式,对意思表示生效的规定作重新整合。经研究,草案二次审议稿采纳了部分意见,对第一百一十六条、第一百一十七条重新进行整合,分为三条作出规定。第一百三十条第一款规定:"以对话方式作出的意思表示,相对人了解其内容时生效。"第二款规定:"以非对话方式作出的意思表示,到达相对人时生效。以非对话方式作出的采用数据电文形式的意思表示,相对人指定特定系统接收数据电文的,该数据电文进入该特定系统时生效;未指定特定系统的,相对人知道或者应当知道该数据电文进入其系统时生效。当事人对采用数据电文形式的意思表示的生效时间另有约定的,按照其约定。"第一百三十一条规定:"无相对人的意思表示,表示完成时生效。法律另有规定的,依照其规定。"第一百三十二条规定:"以公告方式作出的意思表示,公告发布时生效。"

2. 民事法律行为的有效要件

草案一次审议稿第一百二十一条规定:"具备下列条件的民事法律行为有效:(一)行为人具有相应的民事行为能力;(二)意思表示真实;(三)不违反法律、行政法规的效力性强制性规定,不违背公序良俗。"

有的意见建议,将"效力性强制性规定"修改为"效力性强制规定",以使语言简洁。有的意见提出,公序良俗要件是合法性要件的补充,其作为弹性兜底条款,主要是为了弥补法律的滞后性和立法者认识的局限性,将其单独列为一项可以使形式和逻辑更加严谨,建议将第三项中的"不违反法律、行政法规的效力性强制性规定"与"不违反公序良俗"作为两项分别规定。有的意见建议删除本条,理由是:第一,第一百一十五条已确立民事法律行为生效的一般规则:"民事法律行为自成立时生效,法律另有规定或者当事人另有约定的除外"。确立了"成立即有效"的规则,因此本条对于民事法律行为有效要件的列举既无必要,且重复累赘。第二,从举证责任来说,根据"民事法律行为自成立时生效"的规定,主张行为有效的人只要证明行为成立即可,无需再负担进一步的举证责任。而本条从正面描述了法律行为的有效要件,实际是强调成立未必有效,由此延伸的结果,就是主张行为有效的人还要再证明行为符合这些要件,增加了不必要的证明成本。第三,本条所列有效要件,已被全部分解为本条之后的条文。所不同的是,本条系正面规定"有效",本条之后的条文则是反面规定"无效"或者"可撤销",规范视角不同,对于司法适用产生不同的影响与导向。司法适用时,对于法律行为,法官在确认已成立后,要审查的是"是否无效",而非"是否有效",因此,不必援引本条作为有效的裁判依据,只有在出现效力瑕疵之时,才需要援引本条之后的相关条文作为无效依据。有的意见认为,法律行为是否生效与是否有效并非同一概念。有的意见提出,考虑到社会生活的复杂性和变动性,即使立法当时对社会生活中的各种情形均明确规定,随着社会生活的发展、变动,仍然还会出现一些在法律上没有具体规定的新情形,致法庭难于判断其是否有效。法庭遇到法律没有具体规定的新情形,可以直接援引本条为裁判依据。增加了法律的灵活性,体现了民法对私法自治内容的掌控,建议保留本条规定。经研究,草案二次审议稿对本条仅作个别文字修改。第一百三十六条规定:"具备下列条件的民事法律行为有效:(一)行为人具有相应的民事行为能力;(二)意思表示真实;(三)不违反法律、行政法规的效力性强制规定,不违背公序良俗。"

3. 重大误解

草案一次审议稿第一百二十五条规定:"基于重大误解实施的民事法律行为,行为人有权请求人民法院或者仲裁机构予以撤销。"

有的意见建议,明确重大误解的具体含义。有的意见建议,增加规定对因重大误解、欺诈、胁迫、显失公平所实施的民事法律行为可以申请变更。有的意见建议将"重大误解"修改为"错误",并增加误传的规定。有的意见建议,增加规定表意人有重大过失的,不得主张错误的撤销。有的意见建议,将本条修改为:"法律行为发生错误的,错误方若知其事且经理性考量本不会实施时,有权予以撤销。因传达而致意思与表示不一致的,亦同"。有的意见建议增加规定,法律行为因错误被撤销后,信赖意思表示有效而遭受损害的一方,有权请求撤销权人赔偿,但不得超过意思表示有效时所获利益。经研究,草案二次审议稿对本条未作修改。

4. 显失公平

草案一次审议稿第一百二十九条规定:"一方利用对方处于困境、缺乏判断能力或者对自己信赖等情形,致使民事法律行为成立时显失公平的,受损害方有权请求人民法院或者仲裁机构予以撤销。"

有的意见建议,在"撤销"后增加"或者变更"。有的意见建议,将"一方利用对方处于困境、缺乏判断能力或者对自己信赖等情形"修改为"一方恶意利用对方无经验、处于困境、缺乏判断能力或者明显的意志薄弱等情形"。有的意见提出,"对自己信赖"表意不明确,并且与"显失公平"直接关联性不强,建议删去。经研究,草案二次审议稿采纳了部分意见,删去"对自己信赖"。第一百四十四条规定:"一方利用对方处于困境、缺乏判断能力等情形,致使民事法律行为成立时显失公平的,受损害方有权请求人民法院或者仲裁机构予以撤销。"

5. 撤销权的行使期间

草案一次审议稿第一百三十一条规定:"有下列情形之一的,撤销权消灭:(一)当事人自知道或者应当知道撤销事由之日起一年内没有行使撤销权的;(二)当事人受胁迫,自胁迫行为终止之日起一年内没有行使撤销权的;(三)当事人知道撤销事由后明确表示或者以自己的行为表明放弃撤销权的;(四)当事人自民事法律行为发生之日起五年内没有行使撤销权的。"

有的意见建议,第四项增加规定"但胁迫处于持续状态的除外"。有的意见建议将第四项单独作为一款规定。有的意见建议,修改撤销权须通过法院或者仲裁机构行使的规定,增加一款规定撤销权人依照本法相关规定主张撤销的,自其通知到达对方时发生撤销的效力。对方有异议的,可以请求人民法院或者仲裁机构确认撤销的效力。有的意见建议,应分别规定重大误解撤销与受胁迫及其他事由的撤销期间,后者维持一年,前者则缩短为三个月。经研究,草案二次审议稿缩短了对重大误解民事法律行为的撤销权行使期间。第一百四十六条规定:"有下列情形之一的,撤销权消灭:(一)当事人自知道或者应当知道撤销事由之日起一年内、重大误解的当事人自知道或者应当知道撤销事由之日起三个月内没有行使撤销权的;(二)当事人受胁迫,自胁迫行为终止之日起一年内没有行使撤销权的;(三)当事人知道撤销事由后明确表示或者以自己的行为表明放弃撤销权的;(四)当事人自民事法律行为发生之日起五年内没有行使撤销权的。"

6. 民事法律行为的无效

草案一次审议稿第一百三十二条规定:"违反法律、行政法规的效力性强制性规定或者违背公序良俗的民事法律行为无效。"

有的意见建议明确"效力性强制性规定"的具体含义。有的意见提出,"效力性强制性规定"源自司法解释,含义不清,无法解决司法认定问题,建议删除"效力性强制性规定"中的"效力性"。有的意见认为,违反强制性规定的民事法律行为就应无效,增加限制性条件不妥。有的意见提出,本条是对第一百二十一条第三项民事法律行为有效要件的反向规定,属重复规定,建议删去。有的意见提出,可以将本条修改完善,分为两款:"违反法律、行政法规的效力性强制性规定的民事法律行为无效,依强制性规定之目的不应无效的除外。""违背公序良俗的民事法律行为无效。"经研究,草案二次审议稿仅对本条作个别文字修改,留待进一步修改。第一百四十七条规定:"违反法律、行政法规的效力性强制规定或者违背公序良俗的民事法律行为无效。"

(七)代理

1. 代理人的民事责任

草案一次审议稿第一百四十四条第一款规定:"代理人不履行职责,造成被代理人损害的,应当承担民事责任。"

有的意见提出,代理人"不履行职责"概括不全面,草案第一百五十六条第二款规定,民事主体不履行或者不完全履行民事义务的,应当依法承担民事责任,建议本款与草案一次审议稿第一百五十六条第二款规定相统一,增加"不完全履行职责"。经研究,草案二次审议稿采纳了该意见。第一百五十九条第一款规定:"代理人不履行或者不完全履行职责,造成被代理人损害的,应当承担民事责任。"

2. 适用表见代理的除外情形

草案一次审议稿第一百五十二条规定:"行为人没有代理权、超越代理权或者代理权终止后,仍然实施代理行为,相对人有理由相信行为人有代理权的,代理行为有效,但是有下列情形之一的除外:(一)行为人伪造他人的公章、合同书或者授权委托书等,假冒他人的名义实施民事法律行为的;(二)被代理人的公章、合同书或者授权委托书等遗失、被盗,或者与行为人特定的职务关系已经终止,并且已经以合理方式公告或者通知,相对人应当知悉的;(三)法律规定的其他情形。"

有的意见提出,表见代理的情况比较复杂,而且法院在认定的过程中,受各种因素的干扰。在现代信息发达的情况下,只要给予足够合理的注意,给被代理人打一个电话,就可以证实这个代理权是否有效,不需要搞表见代理,增加很多纠纷,增加诉讼成本。有的意见建议,进一步明确表见代理的构成要件,即权利外观要件和主观因素要件。有的意见建议,将"但是有下列情形之一的除外"修改为"但下列被代理人不具有可归责性的情形除外"。有的意见提出,表见代理排除适用的类型化可通过司法实践和学说归纳,民法总则不宜具体规定。此外,伪造公章等情形是否绝对不构成表见代理,不宜一概而定,应当考虑个案的具体情况。有的意见建议删除第一项,仅以存在伪造行为就认定表见代理不成立对于相对人来说过于苛刻。有的意见建议,在第一项中的"伪造"后增加"变造"。有的意见建议,删除第一项中的"假冒他人名义"。有的意见建议,在第一项最后增加规定"且被代理人对行为人伪造公章、合同书或者授权委托书等行为无过错的"。有的意见提出,本条规定过度保护被代理人,容易造成第三人的损失,建议删除第一项、第二项中的"遗失"和"公告"。有的意见建议删除第二项。经研究,草案二次审议稿暂未对本条作出改动,留待进一步听取意见。

(八)民事责任

1. 体例结构

有的意见提出,民事责任主要是违约责任和侵权责任,这些内容已经在合同法、侵权责任法中作了明确具体的规定,在民法总则中再设民事责任一章,重复规定,建议删除本章。有的意见建议,从体例和内容方面做好与侵权责任法、合同法等单行民事法律相关法律责任具体规定的统筹协调。有的意见建议,将本章与第五章合并。有的意见提出,民事责任不能涵盖权利救济,如解除合同、正当防卫、紧急避险、自助行为,都是救济措施,但不是责任形式,建议将章名修改为"权利保护"或者"权利救济"。有的意见提出,民事责任是民事主体违反民事义务应承担的法律后果,是保障民事权利实现的措施。基于总则和分则的关系,专章规定民事责任,建立民事责任这一上位概念,对分则、民事单行法中的具体民事责任制度具有统领、指引作用。民法通则对民事责任进行专章规定,在国际上创立了民事权利义务和责任三位一体的立法模式,构建了我国民事责任的科学体系。经过三十多年的法治宣传教育和司法实践,这种立法模式已为广大人民群众和法律工作者普遍接受和熟悉。经研究,草案二次审议稿对民事责任一章的体例结构未作改动。

2. 按份责任和连带责任

草案一次审议稿第一百五十七条规定:"二人以上不履行或者不完全履行民事义务的,应当依法分担责任或者承担连带责任。"第一百五十八条规定:"二人以上依法承担按份责任的,责任人按照各自责任份额向权利人承担民事责任。"第一百五十九条规定:"二人以上依法承担连带责任的,每一个责任人应当向权利人承担全部民事责任。责任人实际承担责任超过其应当承担份额的,可以向其他连带责任人追偿。"

有的意见提出,第一百五十七条规定不明晰,建议具体细化。有的意见提出,分担责任是按份责任、补充责任还是不真正连带责任,建议明确其具体含义。有的意见建议,将"分担责任"修改为"承担按份责任"。有的意见建议,将第一百五十七条"应当依法分担责任或者承担连带责任"修改为"应当按照各自过错大小承担责任。除法律有明确规定或者当事人有约定外,不承担连带责任"。有的意见提出,第一百五十七条与第一百五十八条、第一百五十九条同语反复,没有意义,建议删除。有的意见建议,将第一百五十七条和第一百五十八条、第一百五十九条合并成一条,分三款规定。有的意见建议,进一步规定按份责任和连带责任的含义。经研究,草案二次审议稿采纳了部分意见。第一百七十二条规定:"二人以上依法承担按份责任,能够确定责任大小的,各自承担相应的责任;难以确定责任大小的,平均承担责任。"第一百七十三条第一款规定:"二人以上依法承担连带责任的,权利人有权请求部分或者全部连带责任人承担责任。"第二款规定:"连带责任人根据各自责任大小确定责任份额;难以确定责任大小的,平均承担责任份额。实际承担责任超过自己责任份额的连带责任人,有权向其他连带责任人追偿。"

3. 承担民事责任的方式

草案一次审议稿第一百六十条第一款规定:"承担民事责任的方式主要有:(一)停止侵害;(二)排除妨碍;(三)消除危险;(四)返还财产;(五)恢复原状、修复生态环境;(六)修理、重作、更换;(七)赔偿损失;(八)支付违约金;(九)消除影响、恢复名誉;(十)赔礼道歉。"第二款规定:"前款规定的承担民事责任的方式,可以单独适用,也可以合并适用。"

有的意见提出,恢复原状广义上包含修复生态环境,修复生态环境往往表现为相对人与国家的一种关系,不宜作为平等民事主体间的责任方式。仅仅为了强调环境保护的重要性而放在本条中不合适,建议删除。有的意见建议,将"修复生态环境"单列一项,其在性质及形式上与"恢复原状"存在区别。有的意见提出,"修复生态环境"是一种目标还是一种行为,需要修复到何种程度,理解存在分歧。实践中还要考虑有的生态环境可能是无法修复的,有的生态环境是需要时间来自行恢复的。修复生态环境对于民事主体而言责任不确定,在实际操作层面可以考虑以高额的惩罚性赔偿来替代修复生态环境的责任。有的意见建议,增加规定恢复原状的责任方式不能被其他方式替代直到责任履行完毕。有的建议,增加规定"惩罚性赔偿"。有的意见提出,侵权责任法规定了精神损害赔偿,赔偿损失不能包括精神损害赔偿,建议增加规定"精神损害赔偿"。有的意见建议,增加规定"双倍返还定金、继续履行合同义务"的民事责任方式。有的意见提出,依照合同法的规定,赔偿损失与支付违约金并不能合并适用,建议删除第二款。经研究,草案二次审议稿采纳了部分意见,作了如下修改:一是删除"恢复生态环境",二是增加规定"继续履行",三是增加规定"惩罚性赔偿",四是删除第二款。第一百七十四条规定:"承担民事责任的方式主要有:(一)停止侵害;(二)排除妨碍;(三)消除危险;(四)返还财产;(五)恢复原状;(六)修理、重作、更换;(七)继续履行;(八)赔偿损失;(九)支付违约金;(十)消除影响、恢复名誉;(十一)赔礼道歉。法律规定惩罚性赔偿的,依照其规定。"

(九)诉讼时效和除斥期间

1. 诉讼时效期间

草案一次审议稿第一百六十七条第一款规定:"向人民法院请求保护民事权利的诉讼时效期间为三年,法律另有规定的除外。"第二款规定:"诉讼时效期间自权利人知道或者应当知道权利受到损害以及义务人之日起开始计算,法律另有规定的除外。但是,自权利受到损害之日起超过二十年的,人民法院不予保护;有特殊情况的,人民法院可以延长。"

有的意见提出,赞成延长一般诉讼时效期间,以适应多数民事权利保护的要求。但是民事关系复杂多变,"三年"的期间能否适应各种民事权利保护的要求,建议再斟酌。例如返还原物,与其他国家和地区相比,三年的诉讼时效期间是最短的。有的意见提出,诉讼时效期间过短,权利人稍不注意就可能超过诉讼时效,一旦债务人提出抗辩,权利人的权利就难以得到法律保护,这既不利于保护债权人合法权益,也不利于社会和谐稳定。考虑到我国实际情况,三年的时效期间显然太短,建议延长至五年。有的意见提出,延长诉讼时效期间应当慎重。有的意见提出,将普通诉讼时效期间由二年延长至三年,没有充分的实践依据,且时效越长,距离权利保护的原点就越远,证据收集就越难,查找证人、固定相关法律事实也就更难,不利于司法资源的合理分配,建议恢复一般诉讼时效为二年的规定。有的意见建议,对人身损害赔偿请求权的诉讼时效期间作出特殊规定。有的意见建议,增加规定人身损害赔偿请求权的诉讼时效期间为十年。有的意见建议,增加规定因性骚扰损害排除请求权,自受害人知道有损害及侵权人时,两年间不行使而消灭。自有性骚扰行为时起,超过十年的,人民法院不予保护。有的意见建议,适当列举可以延长诉讼时效期间的特殊情况。有的意见建议,增加规定"基于侵害身体权、健康权而产生的损害赔偿请求权""未定清偿期债权""定期给付债权""基于撤销权或解除权的行使而发生的请求权""基于法律行为无效而发生的请求权"等诉讼时效期间的起算点。有的意见建议,将最长权利保护期间延长为三十年。有的意见建议,将"有特殊情况的,人民法院可以延长"修改为"人身损害赔偿请求权人在上述期间内因不可归责于自身的原因不知道损害的发生,或者损害在二十年之后才显现的,或者有其他特殊情况的,人民法院可以适当延长诉讼时效期间"。经研究,草案二次审议稿未对本条主要内容作修改,留待进一步听取意见。

2. 未成年人遭受性侵害的诉讼时效期间的起算

草案一次审议稿未对未成年人遭受性侵害的诉讼时效期间的起算作出规定。

有的意见提出,对未成年人的性侵害行为具有特殊性,受害人自己属于限制行为能力人或者无行为能力人,不可能自己寻求法律保护。考虑到中国社会传统观念,遭受性侵害未成年人的家庭、监护人往往不敢、不愿寻求法律保护,长期隐瞒子女受侵害的事实,甚至存在监护人自己就是加害人的情形。受害人成年之后自己寻求法律保护,却因诉讼时效期间超过被法院拒绝受理或者予以驳回。建议增加相关特别规定,未成年人遭受性侵害的损害赔偿请求权的诉讼时效期间,自受害人年满十八周岁之日开始计算。受害人与加害人处在家庭共同生活关系中的,其诉讼时效期间,自受害人年满十八周岁并且脱离家庭共同生活关系之日开始计算。有的意见提出,如果允许受害人年满十八周岁之后再主张损害赔偿请求权,证据的调查、收集也非常困难,诉讼请求也可能会难以得到支持,这样规定的实际效果会大打折扣,建议对这样规定的必要性和可行性作进一步研究。经研究,草案二次审议稿增加了未成年人遭受性侵害的诉讼时效期间的规定。第一百八十四条规定:"未成年人遭受性侵害的损害赔偿请求权的诉讼时效期间,自受害人年满十八周岁之日起计算。"

3. 诉讼时效期间届满的法律效果

草案第一百六十九条第二款规定:"诉讼时效期间届满后,义务人自愿履行的,不受诉讼时效限制;义务人同意履行的,不得以诉讼时效期间届满为由抗辩。"

有的意见提出,义务人自愿履行可以既包括已经履行完毕,也包括同意履行,建议删去"义务人同意履行的,不得以诉讼时效期间届满为由抗辩"一句。有的意见认为,同意履行构成了一个新的权利义务关系。经研究,草案二次审议稿对本款作了修改。第一百八十五条第二款规定:"诉讼时效期间届满后,义务人自愿履行的,不受诉讼时效限制。"

4. 不适用诉讼时效的请求权

草案第一百七十五条规定:"下列请求权不适用诉讼时效:(一)请求停止侵害、排除妨碍、消除危险;(二)登记的物权人请求返还财产;(三)请求支付赡养费、抚养费或者扶养费;(四)依法不适用诉讼时效的其他请求权。"

有的意见提出,从现实情况看,还有一些比较常见、群众关心的请求权不应当适用诉讼时效,建议增加三种不适用诉讼时效的请求权:一是基于财产共有关系的分割请求权;二是基于投资关系的收益分配请求权;三是基于存款关系和债券关系的支付本金和利息的请求权。有的意见提出,对第二项的规定按照反推解释,会得出未登记的物权人请求返还财产可以适用诉讼时效的结论,与物权法规定的物权效力冲突,建议删除本项。有的意见提出,第二项不能仅限于"登记的物权",建议删除"登记的"。有的意见建议将第二项修改为"物权人请求返还原物",或者"物权人请求返还标的物",有的意见建议修改为"不动产登记簿记载的物权人请求返还财产",有的意见建议修改为"所有权人请求返还财产"。有的意见提出,目前社会诚信缺失,有的人借钱不还、转移财产、假离婚将财产转移到其配偶名下,甚至搞假失踪等失信行为。建议加强对合法债权人利益的保护,在诉讼时效一节增加规定:"合法债权受法律保护,不受时效期间的限制"。有的意见建议,明确"未约定履行期限的债权"是否适用诉讼时效,经研究,草案二次审议稿未对本条作出修改,留待进一步听取意见。

5. 仲裁时效

草案一次审议稿未对仲裁时效作出规定。

有的意见建议参照《中华人民共和国仲裁法》第七十四条的规定,对仲裁时效的内容作出规定。经研究,草案二次审议稿采纳了这一意见。第一百九十二条规定:"法律对仲裁时效有规定的,适用其规定。法律对仲裁时效没有规定的,适用诉讼时效的规定。"

6. 取得时效

草案一次审议稿未对取得时效制度作出规定。

有的意见提出,取得时效制度是非常有意义的。因为法律创设取得时效制度的根本目的就在于维持社会生活的稳定性。虽然法律只保护真实的权利关系,但是如果无权利人以一定的状态占有某物,或者以一定的状态行使某种权利存在了相当期间之后,社会上与该无权利人从事交往的人必然对其产生了信赖,并以此为基础建立了各种复杂的法律关系,如果仅仅为了保护真实的法律关系,而全部推翻该存在多时的虚假权利关系及其上建立的各种法律关系,必然不利于社会生活的稳定,对交易的安全产生巨大的损害。况且,真实权利人长期漠视自己的权利,对无权利人占有其物或行使其权利泰然处之,法律就没有再给予保护的必要。有的意见认为,取得时效制度不一定适合中国的国情,为了防范该制度可能带来的风险,不宜规定取得时效制度。理由是:第一,取得时效制度与我国传统文化存在一定冲突。我国传统文化提倡"拾金不昧""物归原主",这不仅是社会道德要求,也是行为评判标准,在中华民族几千年的文明中被视为理所当然。占有他人财产不归还,一定期间后就成为财产所有人的制度,会给我国人民群众造成不公平、不和谐之感,难以接受。此外,中国是熟人社会,人们相互之间碍于情面一般不会直接要求归还被占有物,即使表达要求也比较委婉含蓄。但是,不主张权利并不意味着放弃权利。第二,我国正处于经济发展的转型期,也是社会矛盾的凸显期,市场机制还不成熟,取得时效制度可能会激起一些人非法占有他人财物的渴望和冲动,甚至会造成国有资产流失。第三,如何构建取得时效制度,取得时效与诉讼时效如何衔接等问题,我国理论研究和实践探索仍然不够,有进一步深入研究的必要。第四,取得时效制度的适用空间已经大为缩小。取得时效制度渊源于罗马法,因古罗马连年征战造成地广人稀,抛荒甚多,为促进物尽其用和财富增长,才创设了该制度。现代社会市场经济高度繁荣造成人口膨胀、资源匮乏,已无荒地可供取得;不动产物权登记制度的完善、善意取得制度的确立以及诉讼时效制度的规定,进一步削弱了取得时效制度的存在空间。从西方各国实践看,除了因历史遗留问题产生的案件外,适用取得时效制度的案件十分少见。经研究,草案二次审议稿未对取得时效制度作出规定。

(十)期间

1. 期间最后一日的计算

草案一次审议稿第一百八十二条规定:"按照月、年计算期间的,最后一月与期间开始当日的相应日为期间的最后一日;最后一月没有相应日的,其结束日为期间的最后一日。"

有的意见建议,借鉴《中华人民共和国票据法》第一百零七条第二款的表述:"按月计算期限的,按到期月的对日计算;无对日的,月末日为到期日。"经研究,草案二次审议稿采纳了这一建议。第一百九十八条规定:"按照月、年计算期间的,到期月的对应日为期间的最后一日;没有对应日的,月末日为期间的最后一日。"

草案二次审议稿花脸稿（以一审稿为底稿）

目　录

第一章　基本原则
第二章　自　然　人
　第一节　民事权利能力和民事行为能力
　第二节　监　护
　第三节　宣告失踪和宣告死亡
　第四节　个体工商户、农村承包经营户
第三章　法　人
　第一节　一般规定
　第二节　营利性法人
　第三节　非营利性法人
第四章　非法人组织
第五章　民事权利
第六章　民事法律行为
　第一节　一般规定
　第二节　意思表示
　第三节　民事法律行为的效力
　第四节　民事法律行为的附条件和附期限
第七章　代　理
　第一节　一般规定
　第二节　委托代理
　第三节　代理的终止
第八章　民事责任
第九章　诉讼时效和除斥期间
　第一节　诉讼时效
　第二节　除斥期间

第十章　期间的计算

第十一章　附　则

第一章　基本原则

第一条　为了保护自然人、法人和非法人组织民事主体的合法权益,调整民事关系,维护社会和经济秩序,适应中国特色社会主义发展要求,根据宪法,制定本法。

第二条　民事法律调整作为平等民事主体的自然人、法人和非法人组织之间的人身关系和财产关系。

第三条　民事主体在民事活动中的法律地位一律平等。

第四条　民事主体从事民事活动,应当遵循自愿原则,按照自己的意思设立、变更和终止民事法律关系。

第五条　民事主体从事民事活动,应当遵循公平原则,合理确定各方的权利和义务。

第六条　民事主体从事民事活动,应当遵循诚实信用原则。

民事主体从事民事活动,应当自觉维护交易安全。(移至第七十八条并修改)

第七条　民事主体从事民事活动,应当保护生态环境、节约资源,促进人与自然和谐发展。

第八条　民事主体从事民事活动,应当遵守不得违反法律,不得违背公序良俗,不得滥用权利损害他人合法权益。

第九条　民事主体合法的人身、财产权益利和其他合法权益受法律保护,任何组织或者个人不得侵犯。

民事主体行使权利的同时,应当履行法律规定的或者当事人约定的义务,承担相应责任。

第十条　处理民事纠纷,应当依照法律规定;法律没有规定的,可以适用习惯,但是不得违背公序良俗。

第十一条　其他法律对民事关系另有特别规定的,依照其规定。

第十二条　在中华人民共和国领域内的民事活动,适用中华人民共和国法律。,中华人民共和国法律另有规定的除外,依照其规定。

第二章 自 然 人

第一节 民事权利能力和民事行为能力

第十三条 自然人从出生时起到死亡时止,具有民事权利能力,依法享有民事权利,承担民事义务。

第十四条 自然人的民事权利能力一律平等。

第十五条 自然人的出生时间和死亡时间,以出生证明、死亡证明记载的时间为准;没有出生证明、死亡证明的,以户籍登记的时间为准。有其他证据足以推翻以上时间记载的,以相关证据证明的时间为准。

第十六条 涉及遗产继承、接受赠与等胎儿利益的保护,胎儿视为具有民事权利能力。但是,胎儿出生时未存活为死体的,其民事权利能力自始不存在。

第 条 年满十八周岁的自然人为成年人。不满十八周岁的自然人为未成年人。

第十七条 十八周岁以上的自然人是成年人,为完全民事行为能力人,可以独立实施民事法律行为。

第十八条 六周岁以上不满十八周岁的未成年人,为限制民事行为能力人,可以独立实施纯获利益的民事法律行为或者与其年龄、智力相适应的民事法律行为;实施其他民事法律行为由其法定代理人代理,或者征得经其法定代理人的同意、追认。

十六周岁以上不满十八周岁的未成年人,以自己的劳动收入为主要生活来源的,视为完全民事行为能力人。

第十九条 不满六周岁的未成年人,为无民事行为能力人,由其法定代理人代理实施民事法律行为。

第二十条 不能辨认自己行为的成年人,为无民事行为能力人,由其法定代理人代理实施民事法律行为。

六周岁以上的未成年人不能辨认自己行为的,适用前款规定。

第二十一条 不能完全辨认自己行为的成年人,为限制民事行为能力人,可以独立实施纯获利益的民事法律行为或者与其智力、精神健康状况相适应的民事法律行为;实施其他民事法律行为由其法定代理人代理,或者征得经其法定代理人的同意、追认。

第二十二条　无民事行为能力人、限制民事行为能力人的监护人是其法定代理人。

第二十三条　不能辨认或者不能完全辨认自己行为的成年人的利害关系人，可以向人民法院申请认定其该成年人为无民事行为能力人或者限制民事行为能力人。

被人民法院认定为无民事行为能力人或者限制民事行为能力人的，根据其智力、精神健康恢复的状况，经本人、利害关系人或者有关组织申请，人民法院可以认定其该成年人恢复为限制民事行为能力人或者完全民事行为能力人。

前款规定的有关组织包括：本人住所地的居民委员会、村民委员会，学校、医疗卫生机构、妇女联合会、残疾人联合会、依法设立的老年人组织、民政部门等。

第二十四条　自然人以户籍登记的居所为住所；经常居所与住所不一致的，经常居所视为住所。

第二节　监　护

第二十五条　父母对未成年子女负有抚养、教育和保护的义务。

成年子女对无民事行为能力或者限制民事行为能力的父母负有赡养、照顾和保护的义务。

第二十六条　未成年人的父母是未成年人的监护人。

未成年人的父母已经死亡或者没有监护能力的，由下列人员中有监护能力的人依次担任监护人：

（一）祖父母、外祖父母；

（二）兄、姐；

（三）其他愿意承担任监护人责任的个人或者有关组织，经未成年人住所地的居民委员会、村民委员会或者民政部门同意的。

未成年人的父母可以通过遗嘱指定未成年人的监护人；其父、母指定的监护人不一致的，尊重被监护人的意愿，根据最有利于被监护人的原则确定以后死亡一方的指定为准。

第二十七条　无民事行为能力或者限制民事行为能力的成年人，由下列人员中有监护能力的人依次担任监护人：

（一）配偶；

（二）父母、子女；

（三）子女其他近亲属；

（四）其他愿意承担监护人责任的个人或者有关组织，经被监护人住所地的居民委员会、村民委员会或者民政部门同意的。

第二十八条　监护人可以由协议确定。协议确定监护人的，应当尊重被监护人的意愿。

第二十九条　对担任监护人有争议的，由被监护人住所地的居民委员会、村民委员会或者民政部门指定，有关当事人对指定不服的，可以向人民法院提出申请起诉讼；有关当事人也可以直接向人民法院提出申请起诉讼，由人民法院指定。

居民委员会、村民委员会、民政部门或者人民法院指定监护人，应当尊重被监护人的意愿，根据最有利于被监护人的原则在具有监护资格的人中指定监护人，尊重被监护人的意愿。

依照本条第一款规定指定监护人前，被监护人的人身、财产及其他合法权益处于无人保护状态的，由被监护人住所地的居民委员会、村民委员会、法律规定的有关组织或者民政部门担任临时监护人。

监护人被指定后，不得擅自变更；擅自变更的，不免除被指定的监护人的监护责任。

第三十条　无本法第二十六条、第二十七条规定的具有监护资格的人的，监护人由被监护人住所地的居民委员会、村民委员会或者民政部门担任。

第三十一条　具有完全民事行为能力的成年人，可以与近亲属、其他愿意承担监护人责任的个人或者有关组织事先协商，以书面形式确定自己的监护人。协商确定的监护人在该成年人丧失或者部分丧失民事行为能力时，承担监护责任。

第三十二条　监护人依法行使履行监护职责而产生的权利，受法律保护。

监护人不履行监护职责或者侵害被监护人合法权益的，应当承担责任。

第三十三条　监护人应当按照最有利于被监护人的原则履行监护职责，保护被监护人的人身、财产及其他合法权益；除为被监护人利益外，不得处分被监护人的财产。

未成年人的监护人履行监护职责，应当根据被监护人的年龄和智力状况，在作出与被监护人权益有关的决定时，尊重被监护人的意愿。

成年人的监护人履行监护职责，应当最大程度地尊重被监护人的意愿，保障并协助被监护人独立实施与其智力、精神健康状况相适应的民事法律行为，对被监护人有能力独立处理的事务，监护人不得干涉。

第三十四条 监护人有下列情形之一的,人民法院根据有关人员或者组织的申请,撤销其监护人资格,**安排必要的临时监护措施,**并根据最有利于被监护人的原则依法为其指定新监护人:

(一)实施严重损害被监护人身心健康行为的;

(二)怠于履行监护职责,或者无法履行监护职责并且拒绝将监护职责部分或者全部委托给他人,导致被监护人处于危困状态的;

(三)有严重侵害被监护人合法权益的其他行为的。

前款规定的有关人员和组织包括:其他有监护资格的人员、被监护人住所地的居民委员会、村民委员会、学校、医疗卫生机构、妇女联合会、残疾人联合会、**未成年人保护组织**、依法设立的老年人组织、民政部门等。

有关前款规定的人员和**其他**组织未及时向人民法院提出撤销监护人资格申请的,民政部门应当向人民法院提出申请。

第三十五条 **原监护人未成年人的父母**被人民法院撤销监护人资格后,确有悔改情形的,经其申请,人民法院可以**尊重被监护人意愿,**视情况恢复其监护人资格,人民法院指定的新监护人与被监护人的监护关系同时终止。

第三十六条 有下列情形之一的,监护关系终止:

(一)被监护人取得或者恢复完全民事行为能力的;

(二)监护人丧失监护能力的;

(三)被监护人或者监护人死亡的;

(四)由人民法院认定监护关系终止的其他情形的。

监护关系终止后,被监护人仍然需要监护的,应当依法另行确定监护人。

第三节 宣告失踪和宣告死亡

第三十七条 自然人下落不明满二年的,利害关系人可以向人民法院申请宣告其该自然人为失踪人。

第 条 自然人下落不明的时间,从失去该自然人失去音讯之日起计算。战争期间下落不明的,下落不明的时间自战争结束之日起计算。

第三十八条 失踪人的财产由其配偶、父母、成年子女或者其他愿意担任财产代管人的人代管。

代管有争议,没有前款规定的人,或者前款规定的人无代管能力的,由人民法院指定的人代管。

第三十九条 财产代管人应当妥善管理失踪人的财产,维护其财产权益。

失踪人所欠税款、债务和应付的其他费用,由财产代管人从失踪人的财产中支付。

财产代管人因故意或者重大过失造成失踪人财产损失的,应当承担赔偿责任。

第四十条　财产代管人不履行代管职责、侵害失踪人财产权益或者丧失代管能力的,失踪人的利害关系人可以向人民法院申请变更财产代管人。

财产代管人有正当理由的,可以向人民法院申请另行确定变更财产代管人。

人民法院变更财产代管人的,变更后的财产代管人有权要求原财产代管人及时移交有关财产并报告财产代管情况。

第四十一条　被宣告失踪的人重新出现,经本人或者利害关系人申请,人民法院应当撤销失踪宣告。

被宣告失踪的人重新出现,有权要求财产代管人及时向其移交有关财产并报告财产代管情况。

第四十二条　自然人有下列情形之一的,利害关系人可以向人民法院申请宣告其该自然人死亡:

(一)下落不明满四年的;

(二)因意外事件,下落不明满二年的。

因意外事件下落不明,经有关机关证明该自然人不可能生存的,申请宣告死亡不受二年时间的限制。

下落不明的时间计算,适用本法第三十七条第二款的规定。

第四十三条　对同一自然人,有的利害关系人申请宣告其死亡,有的申请宣告其失踪,符合本法规定的宣告死亡条件的,人民法院应当宣告死亡。

第四十四条　被宣告死亡的人,人民法院宣告死亡的判决作出之日或者判决确定的日期视为其死亡的日期;判决未确定死亡日期的,判决作出之日视为其死亡的日期。

第四十五条　自然人实际并未死亡但被宣告死亡的,不影响其该自然人在被宣告死亡后实施的民事法律行为的效力。

第四十六条　被宣告死亡的人重新出现,经本人或者利害关系人申请,人民法院应当撤销死亡宣告。

第四十七条　被宣告死亡的人与配偶的婚姻关系,自死亡宣告之日起消灭。死亡宣告被撤销的,其配偶未再婚的,夫妻关系自撤销死亡宣告之日起自行恢复,但其配偶再婚或者任何一方不愿意自行恢复的除外;其配偶再婚的,夫妻关系不自行恢复。

第四十八条 被宣告死亡的人在被宣告死亡期间,其子女被他人依法收养的,在死亡宣告被撤销后,不得仅以未经本人同意而主张收养关系无效。

第四十九条 被撤销死亡宣告的人有权请求返还财产。依照继承法取得其财产的民事主体自然人、法人或者非法人组织,应当返还原物;无法返还原物的,应当给予补偿。

利害关系人隐瞒真实情况,致使他人被宣告死亡而取得其财产的,除应当返还原物外,还应当对由此造成的损失承担赔偿责任。

第四节 个体工商户、农村承包经营户

第五十条 自然人经依法登记,从事工商业经营的,为个体工商户。个体工商户可以起字号。

第五十一条 农村集体经济组织的成员,依法取得农村土地承包经营权,从事家庭承包经营的,为农村承包经营户。

第五十二条 个体工商户的债务,个人经营的,以个人财产承担;家庭经营的,以家庭财产承担;无法区分个人经营和家庭经营的,以家庭财产承担。

农村承包经营户的债务,以家庭财产承担。

第三章 法 人

第一节 一般规定

第五十三条 法人是具有民事权利能力和民事行为能力,依法独立享有民事权利和承担民事义务的组织。

第五十四条 法人应当依法成立。

法人应当有自己的名称、组织机构和住所。法人成立的具体条件和程序,依照法律、行政法规的规定。

设立法人,法律规定须经有关机关批准的,依照其规定。

第五十五条 法人的民事权利能力和民事行为能力,从法人成立时产生,到法人终止时消灭。

第五十六条 法人以其全部财产独立承担民事责任。

第五十七条 依照法律或者法人章程规定,代表法人从事民事活动的负责

人,为法人的法定代表人。

法定代表人以法人名义从事的民事活动,其法律后果由法人承受。

法人的章程或者权力机构对法定代表人的代表权范围的限制,不得对抗善意第三人。

第五十八条 法定代表人因执行职务造成他人损害的,由法人承担民事责任。

法人承担民事责任后,~~根据~~依照法律或者法人章程的规定,可以向有过错的法定代表人追偿。

第五十九条 法人以**其主要办事机构所在地**登记的住所为住所。

~~法人的主要办事机构所在地与住所不一致的,其主要办事机构所在地视为住所。~~

~~法人依法不需要办理登记的,其主要办事机构所在地为住所。~~

第六十条 法人在**其**存续期间登记事项发生变化的,应当依法向登记机关申请变更登记。

第六十一条 法人的实际情况与**其**登记的事项不一致的,不得对抗信赖登记的善意第三人。

第六十二条 登记机关应当通过信息公示系统依法及时公示法人登记的有关信息。

第六十三条 法人合并、分立的,其权利和义务由变更合并后的法人享有和承担。**法人分立的,其权利和义务由分立后的法人享有连带债权,承担连带债务,债权人和债务人另有约定的除外。**

第　　条 法人由于下列原因之一终止:

(一)法人解散;

(二)法人被宣告破产;

(三)法律规定的其他原因。

法人终止,法律规定须经有关机关批准的,依照其规定。

第六十四条 有下列情形之一的,法人解散:

(一)法人章程规定的存续期间届满或者法人章程规定的其他解散事由出现的;

(二)法人的权力机构决议解散的;

(三)法人依法被吊销营业执照、登记证书,责令关闭或者被撤销的;

(四)~~出现~~法律规定的其他情形~~的~~。

第六十五条 法人解散的,清算义务人应当及时组成清算组进行清算。

法人的董事、理事等执行机构成员为清算义务人;。但是,法人章程另有规定;、法人权力机构另有决议,或者法律另有规定的除外。

清算义务人怠于未及时履行清算义务的,主管机关或者利害关系人可以申请人民法院指定有关人员组成清算组进行清算。

第六十六条 公司的清算程序和清算组职权,适用公司法的有关规定。

公司以外的法人的清算程序和清算组职权,依照有关法律的规定;没有规定的,参照适用公司法的有关规定。

第六十七条 清算期间,法人存续,但是不得从事与清算无关的活动。

法人清算后的剩余财产,根据法人章程的规定或者法人权力机构的决议处理;。法律另有规定的除外,依照其规定。

清算终结,并完成法人注销登记时,法人终止;法人依法不需要办理登记的,清算终结时,法人终止。

第六十八条 清算义务人怠于履行清算义务,造成法人财产损失的,应当在造成损失范围内对法人债务等承担责任。

清算义务人怠于履行清算义务,导致法人主要财产、账册、重要文件等灭失,无法进行清算的,对法人债务等承担连带责任。

第六十九条 法人被宣告破产的,依法进行破产清算并完成法人注销登记时,法人终止。

第七十条 法人可以依法设立分支机构。法律规定分支机构应当办理登记的,依照其规定。

分支机构以自己的名义从事民事活动,由此产生的民事责任由法人承担。

第七十一条 设立人为设立法人从事的民事活动,其法律后果在法人成立后由法人承受;法人未成立的,其法律后果由设立人承受,设立人为二人以上的,承担连带责任。

设立人为设立法人以自己的名义从事民事活动,造成第三人损害的,第三人有权选择请求法人或者设立人承担民事责任。

第七十二条 法律、行政法规对合作社法人有规定的,依照其规定。

第 条 农村集体经济组织具备法人条件的,依法取得法人资格。

第二节 营利性法人

第七十三条 以取得利润并分配给其股东或者其他等出资人等成员为目的

成立的法人,为营利性法人。

营利性法人包括有限责任公司、股份有限公司和其他企业法人等。

第七十四条 营利性法人,经依法登记成立,取得法人资格。

第七十五条 依法设立的营利性法人,由法人登记机关发给营利性法人营业执照。营业执照签发日期为营利性法人的成立日期。

第 条 设立营利法人应当依法制定章程。

第七十六条 营利性法人的股东会等出资人会为其权力机构为成员大会。

权力机构修改章程;选举或者更换执行机构、监督机构成员,并行使章程规定的其他职权。

第 条 营利法人应当设执行机构。

执行机构召集权力机构会议,决定法人的经营计划和投资方案,决定法人内部管理机构的设置,并行使章程规定的其他职权。

营利性法人设执行机构为董事会或者执行董事的,董事会或者执行董事为其执行机构,董事长、执行董事或者经理依照法人章程的规定担任法定代表人;未设董事会或者执行董事的,法人章程规定的主要负责人为其执行机构和法定代表人。

第 条 营利法人设监事会或者监事等监督机构的,监督机构依法检查法人财务,对执行机构成员及高级管理人员执行法人职务的行为进行监督,并行使章程规定的其他职权。

第 条 法律对营利性法人的组织机构、法定代表人另有规定的,依照其规定。

第七十七条 营利性法人超越登记的经营范围从事经营活动的,依法承担相应的责任,但是除违反法律、行政法规的效力性强制性规定外,民事法律行为有效。

第七十八条 营利性法人从事经营活动,必须遵守法律、行政法规,遵守社会公德、商业道德,诚实信用,接受政府和社会公众的监督,承担社会责任。(移至七十九条后并修改)

第七十九条 营利性法人的出资人成员应当遵守法律、行政法规和法人章程,依法行使成员权利,不得滥用出资人成员权利损害法人或者其他成员出资人的利益。法人的出资人滥用出资人权利给法人或者其他出资人造成损失的,应当依法承担民事责任,不得滥用法人独立地位和成员有限责任损害法人债权人的利益。

营利法人的出资人不得滥用法人独立地位和出资人有限责任损害法人债权人的利益。法人的出资人滥用法人独立地位和出资人有限责任,逃避债务,严重损害法人债权人利益的,应当对法人债务承担连带责任。

第　　条　营利法人的权力机构、执行机构的决议内容违反法律、行政法规的无效。

营利法人的权力机构、执行机构的会议召集程序、表决方式违反法律、行政法规、法人章程,或者决议内容违反法人章程的,营利法人的出资人可以请求人民法院予以撤销,但营利法人依据该决议与善意第三人形成的民事法律关系不受影响。

第七十八条　营利性法人从事经营活动,必须应当遵守法律、行政法规,遵守社会公德、商业道德,诚实信用维护交易安全,接受政府和社会公众的监督,承担社会责任。(第七十八条移至此并修改)

第八十条　本节没有规定的,适用公司法等有关法律的规定。

第三节　非营利性法人

第八十一条　为公益目的或者其他非营利目的成立,不向其出资人或者设立人分配利润的法人,为非营利性法人。

非营利性法人不得向其成员或者设立人分配利润。

非营利法人包括事业单位、社会团体、基金会、社会服务机构等。

第　　条　为公益目的成立的非营利性法人终止时,不得向其成员出资人或者设立人分配剩余财产;其剩余财产应当按照章程的规定或者权力机构的决议用于公益目的;不能按照法人章程规定或者权力机构的决议处理的,由主管机关主持转给宗旨相同或者相近的以公益为目的的法人,并向社会公告。

第八十二条　具备法人条件,为实现公益目的设立的事业单位,经依法登记成立,取得事业单位法人资格;依法不需要办理法人登记的,从成立之日起,具有事业单位法人资格。

第八十三条　事业单位法人设理事会的,理事会为其决策机构。事业单位法定代表人按照其章程的规定产生。

法律对事业单位法人的组织机构、法定代表人另有规定的,依照其规定。

第八十四条　具备法人条件,基于会员共同意愿,为实现公益目的或者会员共同利益等非营利目的设立的社会团体,经依法登记成立,取得社会团体法人资格;依法不需要办理法人登记的,从成立之日起,具有社会团体法人资格。

第八十五条 设立社会团体法人应当依法制定章程,设会员大会或者会员代表大会等权力机构。

社会团体法人应当设会员大会或者会员代表大会等权力机构。

社会团体法人应当设理事会等执行机构。理事长或者会长等主要负责人依照法人章程的规定担任法定代表人。

第八十六条 具备法人条件,为实现公益目的,以捐助财产设立的基金会、社会服务机构等,经依法登记成立,取得捐助法人资格。

依法设立的宗教活动场所,具备法人条件的,可以申请法人登记,取得捐助法人资格。

第八十七条 设立捐助法人应当依法制定章程,设理事会、民主管理组织等决策机构、执行机构。理事长等主要负责人依照法人章程的规定担任法定代表人。

捐助法人应当设理事会、民主管理组织等决策机构,并设执行机构。理事长等负责人依照法人章程的规定担任法定代表人。

捐助法人应当设监事会等监督机构。

第八十八条 捐助人有权向捐助法人查询捐助财产的使用、管理情况,并提出意见和建议,捐助法人应当及时、如实答复。

捐助法人的决策机构、执行机构或者其法定代表人作出的决定违反捐助法人章程的,捐助人等利害关系人或者主管机关可以请求人民法院予以撤销,但捐助法人依据该决定与善意第三人形成的民事法律关系不受影响。

第八十九条 有独立经费的机关、承担行政职能的法定机构从成立之日起,具有机关法人资格,可以从事为履行职能所需要的民事活动。

第九十条 机关法人被撤销的,法人终止,其民事责任由继续履行其职能的机关法人承担;没有继续履行其职能的机关法人的,由撤销该机关法人的机关法人承担。

第四章 非法人组织

第九十一条 非法人组织是不具有法人资格,但是依法能够以自己的名义从事民事活动的组织。

非法人组织包括个人独资企业、合伙企业、营利性法人或者非营利性法人依法设立的分支机构等。

第九十二条 非法人组织应当依照法律的规定登记。

设立非法人组织,法律规定须经有关机关批准的,依照其规定。

第九十三条 非法人组织的成员出资人或者设立人对该组织的债务承担无限责任。法律另有规定的,依照其规定。

第九十四条 非法人组织可以确定一人或者数人代表该组织从事民事活动。

第九十五条 非法人组织以登记的住所为住所。

非法人组织的主要办事机构所在地与住所不一致的,其主要办事机构所在地视为住所。

第九十六条 有下列情形之一的,非法人组织解散:

(一)设立人或者其成员决定解散的;

(二)章程或者组织规章规定的存续期间届满的;

(三一)章程规定的存续期间届满或者章程或者组织规章规定的其他解散事由出现的;

(二)出资人或者设立人决定解散的;

(四三)出现法律规定的其他情形的。

第九十七条 非法人组织解散的,应当依法进行清算。清算终结,并完成注销登记时,非法人组织终止。

第九十八条 非法人组织除适用本章规定外,参照适用本法第三章第一节的有关规定。

第五章 民事权利

第九十九条 自然人的人身自由、人格尊严受法律保护。

第一百条 自然人享有生命权、健康权、身体权、姓名权、肖像权、名誉权、荣誉权、隐私权、婚姻自主权等权利。

法人、非法人组织享有名称权、名誉权、荣誉权等权利。

第 条 自然人的个人信息受法律保护。任何组织和个人不得非法收集、利用、加工、传输个人信息,不得非法提供、公开或者出售个人信息。

第一百零一条 自然人因婚姻、家庭关系等产生的人身权利受法律保护。

第一百零二条 民事主体依法享有的收入、储蓄、房屋、生活用品、生产工具、投资及其他财产权利受法律保护。

第一百零三条　民事主体依法享有物权。

物权是权利人依法对特定的物享有直接支配和排他的权利,包括所有权、用益物权、和担保物权。

第一百零四条　物包括不动产和动产。法律规定具体权利或者网络虚拟财产作为物权客体的,依照其规定。

第　条　民事主体的物权受法律平等保护,任何组织和个人不得侵犯。

第一百零五条　民事主体依法享有债权。

债权是因合同、单方允诺、侵权行为、无因管理、不当得利以及法律的其他规定,权利人请求特定义务人为或者不为一定行为的权利。

第　条　依法成立的合同,对当事人具有法律约束力。

第　条　民事权益受到侵害的,被侵权人有权请求侵权人承担侵权责任。

第一百零六条　没有法定的或者约定的义务,为避免他人利益受损失进行管理或者服务的,有权请求受益人偿还由此而支付的必要费用。

第一百零七条　没有合法根据,取得不当利益,造成他人损失的,应当将取得的受损失的人有权请求不当得利的人返还不当利益返还受损失的人。

第一百零八条　民事主体依法享有知识产权。

知识产权是指权利人依法就下列客体所享有的权利:

(一)作品;

(二)专利发明、实用新型、外观设计;

(三)商标;

(四)地理标志记;

(五)商业秘密;

(六)集成电路布图设计;

(七)植物新品种;

(八)数据信息科学发现;

(九)法律、行政法规规定的其他客体内容。

第一百零九条　自然人依法享有继承权。

第一百一十条　民事主体依法享有股权或者和其他民事投资性权利。

第　条　民事主体依法享有本章未规定的其他民事权利。

第　条　法律对数据、网络虚拟财产的保护有规定的,依照其规定。

第一百一十一条　法律对未成年人、老年人、残疾人、妇女、消费者等的民事权利有特别保护规定的,依照其规定。

第六章　民事法律行为

第一节　一般规定

第一百一十二条　民事法律行为是指自然人、法人或者非法人组织民事主体通过意思表示设立、变更、终止民事权利和民事义务关系的行为。

第一百一十三条　民事法律行为可以基于单方的意思表示成立，也可以基于双方或者多方的意思表示一致成立。

法人、非法人组织的决议行为应当依照法律或者章程规定的程序议事方式和表决规则程序作出决议的，该决议行为成立。

第一百一十四条　民事法律行为可以采用书面形式、口头形式或者其他形式；法律规定或者当事人约定采用特定形式的，应当采用特定形式。

第一百一十五条　民事法律行为自成立时生效，法律另有规定或者当事人另有约定的除外。行为人非依法律规定或者取得对方同意，不得擅自变更或者解除民事法律行为。

行为人非依法律规定或者取得对方同意，不得擅自变更或者解除民事法律行为。

第二节　意思表示

第一百一十六条　以对话方式作出的意思表示，相对人了解其内容时生效。以非对话方式作出的意思表示，到达相对人时生效。

第一百一十七条　以非对话方式作出的意思表示，到达相对人时生效。以非对话方式作出的采用数据电文形式的意思表示，相对人指定特定系统接收数据电文的，该数据电文进入该特定系统时生效；未指定特定系统的，相对人知道或者应当知道该数据电文进入其系统时生效。当事人对采用数据电文形式的意思表示的生效时间另有约定的，按照其约定。

以公告方式作出的意思表示，公告发布时生效。(移至第一百一十八条前并单列一条)

第　　条　无相对人的意思表示，表示完成时生效，。法律另有规定的除外，依照其规定。

第　　条　以公告方式作出的意思表示，公告发布时生效。

第一百一十八条　行为人可以明示或者默示作出意思表示。

沉默只有在有法律规定、当事人约定或者习惯时,方可以视为意思表示。

第一百一十九条　行为人可以撤回意思表示。撤回意思表示的通知应当在意思表示到达相对人前或者与意思表示同时到达相对人。

第一百二十条　有相对人的意思表示的解释,应当按照所使用的词句,结合相关条款、行为的性质和目的、习惯、相对人的合理信赖以及诚实信用原则,确定意思表示的含义。

无相对人的意思表示的解释,不能拘泥于所使用的词句,而应当结合相关条款、行为的性质和目的、习惯以及诚实信用原则,确定行为人的真实意思。

第三节　民事法律行为的效力

第一百二十一条　具备下列条件的民事法律行为有效：

(一)行为人具有相应的民事行为能力；

(二)意思表示真实；

(三)不违反法律、行政法规的效力性强制性规定,不违背公序良俗。

第一百二十二条　无民事行为能力人实施的民事法律行为无效。

第一百二十三条　限制民事行为能力人实施的民事法律行为,经法定代理人同意或者追认后有效,但是纯获利益的民事法律行为或者与其年龄、智力、精神健康状况相适应的民事法律行为,不需经法定代理人同意或者追认。

相对人可以催告法定代理人自收到通知之日起一个月内予以追认。法定代理人未作表示的,视为拒绝追认。民事法律行为被追认前,善意相对人有撤销的权利。撤销应当以通知的方式作出。

第一百二十四条　行为人与相对人串通,以虚假的意思表示实施的民事法律行为无效,但是双方均不得以此对抗善意第三人。

行为人以虚假的意思表示隐藏的民事法律行为<u>的效力</u>,依照有关法律规定处理。

第一百二十五条　基于重大误解实施的民事法律行为,行为人有权请求人民法院或者仲裁机构予以撤销。

第一百二十六条　一方以欺诈手段,使对方在<s>其</s>违背真实意思的情况下实施的民事法律行为,受欺诈方有权请求人民法院或者仲裁机构予以撤销。

第一百二十七条　第三人实施欺诈行为,使一方在违背<s>其</s>真实意思的情况下实施的民事法律行为,对方知道或者应当知道该欺诈行为的,受欺诈方有权请求人民法院或者仲裁机构予以撤销。

第一百二十八条　一方或者第三人以胁迫手段,使对方在违背其真实意思的情况下实施的民事法律行为,受胁迫方有权请求人民法院或者仲裁机构予以撤销。

第一百二十九条　一方利用对方处于困境、缺乏判断能力或者对自己信赖等情形,致使民事法律行为成立时显失公平的,受损害方有权请求人民法院或者仲裁机构予以撤销。

第一百三十条　民事法律行为因重大误解、欺诈、显失公平被撤销的,不得对抗善意第三人。

第一百三十一条　有下列情形之一的,撤销权消灭:

(一)当事人自知道或者应当知道撤销事由之日起一年内、**重大误解的当事人自知道或者应当知道撤销事由之日起三个月内**没有行使撤销权的;

(二)当事人受胁迫,自胁迫行为终止之日起一年内没有行使撤销权的;

(三)当事人知道撤销事由后明确表示或者以自己的行为表明放弃撤销权的;

(四)当事人自民事法律行为发生之日起五年内没有行使撤销权的。

第一百三十二条　违反法律、行政法规的效力性强制性规定或者违背公序良俗的民事法律行为无效。

第一百三十三条　行为人与相对人恶意串通,损害他人合法权益的民事法律行为无效。

第一百三十四条　无效的或者被撤销的民事法律行为,从民事法律行为开始时起就没有法律约束力。

第一百三十五条　民事法律行为无效、被撤销或者确定不发生效力后,行为人因该行为取得的财产,应当予以返还;不能返还或者没有必要返还的,应当折价补偿。有过错的一方应当赔偿对方由此所受到的损失;各方都有过错的,应当各自承担相应的责任。法律另有规定的,依照其规定。

第一百三十六条　民事法律行为部分无效,不影响其他部分效力的,其他部分仍然有效。

第四节　民事法律行为的附条件和附期限

第一百三十七条　民事法律行为可以附条件,但是依照其性质不得附条件的除外。附生效条件的民事法律行为,自条件成就时生效。附解除条件的民事法律行为,自条件成就时失效。

第一百三十八条　附条件的民事法律行为,当事人为自己的利益不正当地阻止条件成就的,视为条件已成就;不正当地促成条件成就的,视为条件不成就。

第一百三十九条　民事法律行为可以附期限,但是依照其性质不得附期限的除外。附生效期限的民事法律行为,自期限届至时生效。附终止期限的民事法律行为,自期限届满时失效。

第七章　代　　理

第一节　一般规定

第一百四十条　~~自然人、法人和非法人组织~~民事主体可以通过代理人实施民事法律行为。

依照法律规定、当事人约定或者民事法律行为的性质,应当由本人亲自实施的民事法律行为,不得代理。

第一百四十一条　代理人在代理权限内,以被代理人名义实施的民事法律行为,对被代理人发生效力。

~~依照法律规定、当事人约定或者民事法律行为的性质,应当由本人亲自实施的民事法律行为,不得代理。~~（**本款移至第一百四十条**）

第一百四十二条　代理人在代理权限内以自己的名义与第三人实施民事法律行为,第三人知道代理人与被代理人之间的代理关系的,该民事法律行为直接约束被代理人和第三人,但是有确切证据证明该民事法律行为只约束代理人和第三人的除外。

第一百四十三条　代理包括委托代理和法定代理。

委托代理人按照被代理人的委托行使代理权。法定代理人依照法律的规定行使代理权。

法定代理,本章没有规定的,适用本法和其他法律有关规定。

第一百四十四条　代理人不履行**或者不完全履行**职责,造成被代理人损害的,应当承担民事责任。

代理人和第三人恶意串通,损害被代理人合法权益的,由代理人和第三人承担连带责任。

第二节　委托代理

第一百四十五条　委托**授权**可以采用书面形式、口头形式或者其他形式；法律规定或者当事人约定采用特定形式的，应当采用特定形式。

授权委托书应当载明代理人的姓名或者名称、代理事项、权限和期间，并由被代理人签名或者盖章。

第一百四十六条　数人为同一委托事项的代理人的，应当共同行使代理权，法律另有规定或者当事人另有约定的除外。

第一百四十七条　代理人知道或者应当知道代理的事项违法仍然实施代理行为，或者被代理人知道或者应当知道代理人的代理行为违法未作反对表示的，被代理人和代理人应当承担连带责任。

第一百四十八条　代理人不得以被代理人的名义与自己实施民事法律行为，法律另有规定或者被代理人同意、追认的除外。

代理人不得以被代理人的名义与**其**自己同时代理的其他人实施民事法律行为，法律另有规定或者被代理的双方同意、追认的除外。

第一百四十九条　代理人需要转委托第三人代理的，应当取得被代理人的同意或者追认。

转委托代理经被代理人同意或者追认的，被代理人可以就代理事务直接指示转委托的第三人，代理人仅就第三人的选任及**其**对第三人的指示承担责任。

转委托代理未经被代理人同意或者追认的，代理人应当对转委托的第三人的行为承担责任，但是在紧急情况下代理人为了维护被代理人的利益需要转委托第三人代理的除外。

第一百五十条　执行法人或者非法人组织工作任务的**人员**，就其职权范围内的事项，以法人或者非法人组织的名义实施民事法律行为，对法人或者非法人组织发生效力。

法人或者非法人组织对**其工作人员**执行其工作任务的人员职权范围的限制，不得对抗善意第三人。

第一百五十一条　行为人没有代理权、超越代理权或者代理权终止后，仍然实施代理行为，未经被代理人追认的，代理行为无效。

相对人可以催告被代理人自收到通知之日起一个月内予以追认。被代理人未作表示的，视为拒绝追认。无权代理人实施的行为被追认前，善意相对人有撤销的权利。撤销应当以通知的方式作出。

无权代理人实施的行为未被追认的,善意相对人有权要请求无权代理人履行债务或者就其受到的损害要请求无权代理人赔偿,但是赔偿的范围不得超过代理行为有效时所能获得的利益。

相对人知道或者应当知道代理人无权代理的,相对人和代理人按照各自的过错承担责任。

第一百五十二条 行为人没有代理权、超越代理权或者代理权终止后,仍然实施代理行为,相对人有理由相信行为人有代理权的,代理行为有效,但是有下列情形之一的除外:

(一)行为人伪造他人的公章、合同书或者授权委托书等,假冒他人的名义实施民事法律行为的;

(二)被代理人的公章、合同书或者授权委托书等遗失、被盗,或者与行为人特定的职务关系已经终止,并且已经以合理方式公告或者通知,相对人应当知悉的;

(三)法律规定的其他情形。

第三节 代理的终止

第一百五十三条 有下列情形之一的,委托代理终止:

(一)代理期间届满或者代理事务完成的;

(二)被代理人取消委托或者代理人辞去委托的;

(三)代理人丧失民事行为能力的;

(四)代理人或者被代理人死亡的;

(五)作为代理人或者被代理人的法人、非法人组织终止的。

第一百五十四条 被代理人死亡后,有下列情形之一的,委托代理人实施的代理行为有效:

(一)代理人不知道并且不应当知道被代理人死亡的;

(二)被代理人的继承人均予以承认的;

(三)授权中明确代理权在代理事项完成时终止的;

(四)在被代理人死亡前已经实施,在被代理人死亡后为了被代理人继承人的利益继续完成的。

作为被代理人的法人、非法人组织终止的,参照适用前款规定。

第一百五十五条 有下列情形之一的,法定代理终止:

(一)被代理人取得或者恢复完全民事行为能力的;

(二)代理人丧失民事行为能力的;
(三)被代理人或者代理人死亡的;
(四)有法律规定的其他情形的。

第八章 民事责任

第一百五十六条 民事主体应当依照法律规定或者当事人约定履行民事义务。

民事主体不履行或者不完全履行民事义务的,应当依法承担民事责任。

第一百五十七条 二人以上不履行或者不完全履行民事义务的,应当依法分担责任或者承担连带责任。

第一百五十八条 二人以上依法承担按份责任,能够确定责任大小的,各自承担相应的责任;难以确定责任大小的,平均承担责任责任人按照各自责任份额向权利人承担民事责任。

第一百五十九条 二人以上依法承担连带责任的,权利人有权请求部分或者全部连带责任人承担责任每一个责任人应当向权利人承担全部民事责任。责任人实际承担责任超过其应当承担份额的,可以向其他连带责任人追偿。

连带责任人根据各自责任大小确定责任份额;难以确定责任大小的,平均承担责任份额。实际承担责任超过自己责任份额的连带责任人,有权向其他连带责任人追偿。

第一百六十条 承担民事责任的方式主要有:
(一)停止侵害;
(二)排除妨碍;
(三)消除危险;
(四)返还财产;
(五)恢复原状、修复生态环境;
(六)修理、重作、更换;
(七)继续履行;
(七八)赔偿损失;
(八九)支付违约金;
(九十)消除影响、恢复名誉;
(十一)赔礼道歉。

法律规定惩罚性赔偿的,依照其规定。

前款规定的承担民事责任的方式,可以单独适用,也可以合并适用。

第一百六十一条 因不可抗力不能履行民事义务的,不承担民事责任。法律另有规定除外,依照其规定。

不可抗力是指不能预见、不能避免并不能克服的客观情况。

第一百六十二条 因正当防卫造成损害的,不承担民事责任。正当防卫超过必要的限度,造成不应有的损害的,正当防卫人应当承担适当的民事责任。

第一百六十三条 因紧急避险造成损害的,由引起险情发生的人承担民事责任。如果危险是由自然原因引起的,紧急避险人不承担民事责任或者给予适当补偿。紧急避险采取措施不当或者超过必要的限度,造成不应有的损害的,紧急避险人应当承担适当的民事责任。

第一百六十四条 为保护他人民事权益而使自己受到损害的,由侵权人承担民事责任,受益人可以给予适当补偿。没有侵权人、侵权人逃逸或者无力承担民事责任,受害人请求补偿的,受益人应当给予适当补偿。

第一百六十五条 因当事人一方的违约行为,损害对方人身、财产权益的,受损害方有权选择要请求其承担违约责任或者侵权责任。

第一百六十六条 民事主体因同一行为应当承担民事责任、行政责任和刑事责任的,承担行政责任或者刑事责任不影响依法承担民事责任;民事主体的财产不足以支付的,先承担民事责任。

第九章 诉讼时效和除斥期间

第一节 诉讼时效

第一百六十七条 向人民法院请求保护民事权利的诉讼时效期间为三年。法律另有规定除外,依照其规定。

诉讼时效期间自权利人知道或者应当知道权利受到损害以及义务人之日起开始计算。法律另有规定的除外,依照其规定。但是,自权利受到损害之日起超过二十年的,人民法院不予保护;有特殊情况的,人民法院可以延长。

第一百六十八条 当事人约定同一债务分期履行的,诉讼时效期间从最后一期履行期限届满之日起计算。

第一百七十二条 无民事行为能力人或者限制民事行为能力人与对其法定

代理人之间的请求权的诉讼时效期间,自该法定代理关系终止之日起开始计算。(第一百七十二条移至此并修改)

第一百六十九条　诉讼时效期间届满的,义务人可以提出不履行义务的抗辩。

诉讼时效期间届满后,义务人自愿履行的,不受诉讼时效限制;义务人同意履行的,不得以诉讼时效期间届满为由抗辩。

第一百七十条　人民法院不得主动适用诉讼时效的规定。

第一百七十一条　在诉讼时效期间的最后六个月内,因下列障碍,不能行使请求权的,诉讼时效中止:

(一)不可抗力;

(二)无民事行为能力人或者限制民事行为能力人没有法定代理人,或者法定代理人死亡、丧失代理权或者丧失民事行为能力;

(三)继承开始后未确定继承人或者遗产管理人;

(四)权利人被义务人或者其他人控制;

(五)其他导致权利人不能行使请求权的障碍。

自中止时效的原因消除之日起满六个月,诉讼时效期间届满。

第一百七十二条　无民事行为能力人或者限制民事行为能力人与其法定代理人之间的请求权的诉讼时效,自该法定代理关系终止之日起开始计算。(移至第一百六十八条后并修改)

第一百七十三条　有下列情形之一的,诉讼时效中断,从中断或者有关程序终结时起,诉讼时效期间重新计算:

(一)权利人向义务人提出履行请求的;

(二)义务人同意履行义务的;

(三)权利人提起诉讼或者申请仲裁的;

(四)有与提起诉讼或者申请仲裁具有同等效力的其他情形的。

第一百七十四条　对连带权利人或者连带义务人中的一人发生诉讼时效中断的,中断的效力及于全部连带权利人或者连带义务人。

第一百七十五条　下列请求权不适用诉讼时效:

(一)请求停止侵害、排除妨碍、消除危险;

(二)登记的物权人请求返还财产;

(三)请求支付赡养费、抚养费或者扶养费;

(四)依法不适用诉讼时效的其他请求权。

第一百七十六条 诉讼时效的期间、计算方法以及中止、中断的事由由法律规定,当事人约定无效。

当事人对诉讼时效利益的预先放弃无效。

第 条 法律对仲裁时效有规定的,适用其规定。法律对仲裁时效没有规定的,适用诉讼时效的规定。

第二节 除斥期间

第一百七十七条 法律规定或者当事人约定的撤销权、解除权等权利的存续期间,为除斥期间。

除斥期间届满,当事人的撤销权、解除权等权利消灭。

第一百七十八条 除斥期间自权利人知道或者应当知道权利产生之日起开始计算;。法律另有规定**除外,依照其规定**。

第一百七十九条 除斥期间不适用本法有关诉讼时效中止、中断和延长的规定。

第十章 期间的计算

第一百八十条 民事法律所称的期间按照公历年、月、日、小时计算。

第一百八十一条 按照小时计算期间的,自法律规定或者当事人约定的时间起算。

按照日、月、年计算期间的,开始的当日不计入,自下一日起算。

第一百八十二条 按照月、年计算期间的,最后一月与期间开始当日到期月的相对应日为期间的最后一日;最后一月没有相对应日的,其结束月末日为期间的最后一日。

第一百八十三条 期间的最后一日是法定休假日的,以法定休假日结束的次日为期间的最后一日。

期间的最后一日的截止时间为二十四点;有业务时间的,到停止业务活动的时间截止。

第一百八十四条 期间的计算方法依照本法的规定,法律另有规定或者当事人另有约定的除外。

第十一章 附　则

第一百八十五条　民事法律所称的"以上"、"以下"、"以内"、"届满",包括本数;所称的"不满"、"超过"、"以外",不包括本数。

第一百八十六条　本法自　　年　月　日起施行。

草案二次审议稿干净稿

目　录

第一章　基本原则
第二章　自然人
　第一节　民事权利能力和民事行为能力
　第二节　监　护
　第三节　宣告失踪和宣告死亡
　第四节　个体工商户、农村承包经营户
第三章　法　人
　第一节　一般规定
　第二节　营利法人
　第三节　非营利法人
第四章　非法人组织
第五章　民事权利
第六章　民事法律行为
　第一节　一般规定
　第二节　意思表示
　第三节　民事法律行为的效力
　第四节　民事法律行为的附条件和附期限
第七章　代　理
　第一节　一般规定
　第二节　委托代理
　第三节　代理的终止
第八章　民事责任
第九章　诉讼时效和除斥期间
　第一节　诉讼时效
　第二节　除斥期间

第十章　期间的计算

第十一章　附　则

第一章　基本原则

第一条　为了保护民事主体的合法权益,调整民事关系,维护社会和经济秩序,适应中国特色社会主义发展要求,根据宪法,制定本法。

第二条　民事法律调整作为平等民事主体的自然人、法人和非法人组织之间的人身关系和财产关系。

第三条　民事主体在民事活动中的法律地位一律平等。

第四条　民事主体从事民事活动,应当遵循自愿原则,按照自己的意思设立、变更和终止民事法律关系。

第五条　民事主体从事民事活动,应当遵循公平原则,合理确定各方的权利和义务。

第六条　民事主体从事民事活动,应当遵循诚实信用原则。

第七条　民事主体从事民事活动,应当保护生态环境、节约资源,促进人与自然和谐发展。

第八条　民事主体从事民事活动,不得违反法律,不得违背公序良俗,不得滥用权利损害他人合法权益。

第九条　民事主体的人身、财产权利和其他合法权益受法律保护,任何组织或者个人不得侵犯。

民事主体行使权利的同时,应当履行法律规定的或者当事人约定的义务,承担相应责任。

第十条　处理民事纠纷,应当依照法律规定;法律没有规定的,可以适用习惯,但是不得违背公序良俗。

第十一条　其他法律对民事关系另有特别规定的,依照其规定。

第十二条　在中华人民共和国领域内的民事活动,适用中华人民共和国法律。法律另有规定的,依照其规定。

第二章 自 然 人

第一节 民事权利能力和民事行为能力

第十三条 自然人从出生时起到死亡时止,具有民事权利能力,依法享有民事权利,承担民事义务。

第十四条 自然人的民事权利能力一律平等。

第十五条 自然人的出生时间和死亡时间,以出生证明、死亡证明记载的时间为准;没有出生证明、死亡证明的,以户籍登记的时间为准。有其他证据足以推翻以上记载时间的,以相关证据证明的时间为准。

第十六条 涉及遗产继承、接受赠与等胎儿利益的保护,胎儿视为具有民事权利能力。但是,胎儿出生时为死体的,其民事权利能力自始不存在。

第十七条 年满十八周岁的自然人为成年人。不满十八周岁的自然人为未成年人。

第十八条 成年人为完全民事行为能力人,可以独立实施民事法律行为。

第十九条 六周岁以上的未成年人,为限制民事行为能力人,可以独立实施纯获利益的民事法律行为或者与其年龄、智力相适应的民事法律行为;实施其他民事法律行为由其法定代理人代理,或者经其法定代理人同意、追认。

十六周岁以上的未成年人,以自己的劳动收入为主要生活来源的,视为完全民事行为能力人。

第二十条 不满六周岁的未成年人,为无民事行为能力人,由其法定代理人代理实施民事法律行为。

第二十一条 不能辨认自己行为的成年人,为无民事行为能力人,由其法定代理人代理实施民事法律行为。

六周岁以上的未成年人不能辨认自己行为的,适用前款规定。

第二十二条 不能完全辨认自己行为的成年人,为限制民事行为能力人,可以独立实施纯获利益的民事法律行为或者与其智力、精神健康状况相适应的民事法律行为;实施其他民事法律行为由其法定代理人代理,或者经其法定代理人同意、追认。

第二十三条 无民事行为能力人、限制民事行为能力人的监护人是其法定代理人。

第二十四条 不能辨认或者不能完全辨认自己行为的成年人的利害关系人,可以向人民法院申请认定该成年人为无民事行为能力人或者限制民事行为能力人。

被人民法院认定为无民事行为能力人或者限制民事行为能力人的,根据其智力、精神健康恢复的状况,经本人、利害关系人或者有关组织申请,人民法院可以认定该成年人恢复为限制民事行为能力人或者完全民事行为能力人。

前款规定的有关组织包括:本人住所地的居民委员会、村民委员会,学校、医疗卫生机构、妇女联合会、残疾人联合会、依法设立的老年人组织、民政部门等。

第二十五条 自然人以户籍登记的居所为住所;经常居所与住所不一致的,经常居所视为住所。

第二节 监 护

第二十六条 父母对未成年子女负有抚养、教育和保护的义务。

成年子女对父母负有赡养、照顾和保护的义务。

第二十七条 未成年人的父母是未成年人的监护人。

未成年人的父母已经死亡或者没有监护能力的,由下列人员中有监护能力的人依次担任监护人:

(一)祖父母、外祖父母;

(二)兄、姐;

(三)其他愿意担任监护人的个人或者有关组织,经未成年人住所地的居民委员会、村民委员会或者民政部门同意的。

未成年人的父母可以通过遗嘱指定未成年人的监护人;其父、母指定的监护人不一致的,应当尊重被监护人的意愿,根据最有利于被监护人的原则确定。

第二十八条 无民事行为能力或者限制民事行为能力的成年人,由下列人员中有监护能力的人依次担任监护人:

(一)配偶;

(二)父母、子女;

(三)其他近亲属;

(四)其他愿意担任监护人的个人或者有关组织,经被监护人住所地的居民委员会、村民委员会或者民政部门同意的。

第二十九条 监护人可以由协议确定。协议确定监护人的,应当尊重被监护人的意愿。

第三十条　对担任监护人有争议的,由被监护人住所地的居民委员会、村民委员会或者民政部门指定,有关当事人对指定不服的,可以向人民法院提出申请;有关当事人也可以直接向人民法院提出申请,由人民法院指定。

居民委员会、村民委员会、民政部门或者人民法院应当尊重被监护人的意愿,根据最有利于被监护人的原则在具有监护资格的人中指定监护人。

依照本条第一款规定指定监护人前,被监护人的人身、财产及其他合法权益处于无人保护状态的,由被监护人住所地的居民委员会、村民委员会、法律规定的有关组织或者民政部门担任临时监护人。

监护人被指定后,不得擅自变更;擅自变更的,不免除被指定的监护人的监护责任。

第三十一条　无具有监护资格的人的,监护人由被监护人住所地的居民委员会、村民委员会或者民政部门担任。

第三十二条　具有完全民事行为能力的成年人,可以与近亲属、其他愿意担任监护人的个人或者有关组织事先协商,以书面形式确定自己的监护人。协商确定的监护人在该成年人丧失或者部分丧失民事行为能力时,承担监护责任。

第三十三条　监护人依法履行监护职责而产生的权利,受法律保护。

监护人不履行监护职责或者侵害被监护人合法权益的,应当承担责任。

第三十四条　监护人应当按照最有利于被监护人的原则履行监护职责,保护被监护人的人身、财产及其他合法权益;除为被监护人利益外,不得处分被监护人的财产。

未成年人的监护人履行监护职责,应当根据被监护人的年龄和智力状况,在作出与被监护人权益有关的决定时,尊重被监护人的意愿。

成年人的监护人履行监护职责,应当最大程度地尊重被监护人的意愿,保障并协助被监护人独立实施与其智力、精神健康状况相适应的民事法律行为,对被监护人有能力独立处理的事务,监护人不得干涉。

第三十五条　监护人有下列情形之一的,人民法院根据有关人员或者组织的申请,撤销其监护人资格,安排必要的临时监护措施,并根据最有利于被监护人的原则依法指定新监护人:

(一)实施严重损害被监护人身心健康行为的;

(二)怠于履行监护职责,或者无法履行监护职责并且拒绝将监护职责部分或者全部委托给他人,导致被监护人处于危困状态的;

(三)有严重侵害被监护人合法权益的其他行为的。

前款规定的有关人员和组织包括:其他有监护资格的人员、被监护人住所地的居民委员会、村民委员会、学校、医疗卫生机构、妇女联合会、残疾人联合会、未成年人保护组织、依法设立的老年人组织、民政部门等。

前款规定的人员和其他组织未及时向人民法院提出撤销监护人资格申请的,民政部门应当向人民法院提出申请。

第三十六条 未成年人的父母被人民法院撤销监护人资格后,确有悔改情形的,经其申请,人民法院可以在尊重被监护人意愿的前提下,视情况恢复其监护人资格,人民法院指定的新监护人与被监护人的监护关系同时终止。

第三十七条 有下列情形之一的,监护关系终止:

(一)被监护人取得或者恢复完全民事行为能力的;

(二)监护人丧失监护能力的;

(三)被监护人或者监护人死亡的;

(四)人民法院认定监护关系终止的其他情形。

监护关系终止后,被监护人仍然需要监护的,应当依法另行确定监护人。

第三节 宣告失踪和宣告死亡

第三十八条 自然人下落不明满二年的,利害关系人可以向人民法院申请宣告该自然人为失踪人。

第三十九条 自然人下落不明的时间,从该自然人失去音讯之日起计算。战争期间下落不明的,下落不明的时间自战争结束之日起计算。

第四十条 失踪人的财产由其配偶、父母、成年子女或者其他愿意担任财产代管人的人代管。

代管有争议,没有前款规定的人,或者前款规定的人无代管能力的,由人民法院指定的人代管。

第四十一条 财产代管人应当妥善管理失踪人的财产,维护其财产权益。

失踪人所欠税款、债务和应付的其他费用,由财产代管人从失踪人的财产中支付。

财产代管人因故意或者重大过失造成失踪人财产损失的,应当承担赔偿责任。

第四十二条 财产代管人不履行代管职责、侵害失踪人财产权益或者丧失代管能力的,失踪人的利害关系人可以向人民法院申请变更财产代管人。

财产代管人有正当理由的,可以向人民法院申请变更财产代管人。

人民法院变更财产代管人的,变更后的财产代管人有权要求原财产代管人及时移交有关财产并报告财产代管情况。

第四十三条 被宣告失踪的人重新出现，经本人或者利害关系人申请，人民法院应当撤销失踪宣告。

被宣告失踪的人重新出现，有权要求财产代管人及时移交有关财产并报告财产代管情况。

第四十四条 自然人有下列情形之一的，利害关系人可以向人民法院申请宣告该自然人死亡：

（一）下落不明满四年的；

（二）因意外事件，下落不明满二年的。

因意外事件下落不明，经有关机关证明该自然人不可能生存的，申请宣告死亡不受二年时间的限制。

第四十五条 对同一自然人，有的利害关系人申请宣告死亡，有的申请宣告失踪，符合本法规定的宣告死亡条件的，人民法院应当宣告死亡。

第四十六条 被宣告死亡的人，人民法院判决确定的日期视为其死亡的日期；判决未确定死亡日期的，判决作出之日视为其死亡的日期。

第四十七条 自然人并未死亡但被宣告死亡的，不影响该自然人在被宣告死亡后实施的民事法律行为的效力。

第四十八条 被宣告死亡的人重新出现，经本人或者利害关系人申请，人民法院应当撤销死亡宣告。

第四十九条 被宣告死亡的人的婚姻关系，自死亡宣告之日起消灭。死亡宣告被撤销的，夫妻关系自撤销死亡宣告之日起自行恢复，但其配偶再婚或者不愿意恢复的除外。

第五十条 被宣告死亡的人在被宣告死亡期间，其子女被他人依法收养的，在死亡宣告被撤销后，不得以未经本人同意而主张收养关系无效。

第五十一条 被撤销死亡宣告的人有权请求返还财产。依照继承法取得其财产的民事主体，应当返还原物；无法返还原物的，应当给予补偿。

利害关系人隐瞒真实情况，致使他人被宣告死亡而取得其财产的，除应当返还原物外，还应当对由此造成的损失承担赔偿责任。

第四节　个体工商户、农村承包经营户

第五十二条 自然人经依法登记，从事工商业经营的，为个体工商户。个体工商户可以起字号。

第五十三条 农村集体经济组织的成员,依法取得农村土地承包经营权,从事家庭承包经营的,为农村承包经营户。

第五十四条 个体工商户的债务,个人经营的,以个人财产承担;家庭经营的,以家庭财产承担;无法区分个人经营和家庭经营的,以家庭财产承担。

农村承包经营户的债务,以家庭财产承担。

第三章 法　人

第一节 一般规定

第五十五条 法人是具有民事权利能力和民事行为能力,依法独立享有民事权利和承担民事义务的组织。

第五十六条 法人应当依法成立。

法人应当有自己的名称、组织机构和住所。法人成立的具体条件和程序,依照法律、行政法规的规定。

设立法人,法律规定须经有关机关批准的,依照其规定。

第五十七条 法人的民事权利能力和民事行为能力,从法人成立时产生,到法人终止时消灭。

第五十八条 法人以其全部财产独立承担民事责任。

第五十九条 依照法律或者法人章程规定,代表法人从事民事活动的负责人,为法人的法定代表人。

法定代表人以法人名义从事的民事活动,其法律后果由法人承受。

法人的章程或者权力机构对法定代表人的代表权范围的限制,不得对抗善意第三人。

第六十条 法定代表人因执行职务造成他人损害的,由法人承担民事责任。

法人承担民事责任后,依照法律或者法人章程的规定,可以向有过错的法定代表人追偿。

第六十一条 法人以其主要办事机构所在地为住所。

第六十二条 法人在存续期间登记事项发生变化的,应当依法向登记机关申请变更登记。

第六十三条 法人的实际情况与登记的事项不一致的,不得对抗善意第三人。

第六十四条　登记机关应当依法及时公示法人登记的有关信息。

第六十五条　法人合并的,其权利和义务由合并后的法人享有和承担。法人分立的,其权利和义务由分立后的法人享有连带债权,承担连带债务,债权人和债务人另有约定的除外。

第六十六条　法人由于下列原因之一终止:

(一)法人解散;

(二)法人被宣告破产;

(三)法律规定的其他原因。

法人终止,法律规定须经有关机关批准的,依照其规定。

第六十七条　有下列情形之一的,法人解散:

(一)法人章程规定的存续期间届满或者法人章程规定的其他解散事由出现的;

(二)法人的权力机构决议解散的;

(三)法人依法被吊销营业执照、登记证书,责令关闭或者被撤销的;

(四)法律规定的其他情形。

第六十八条　法人解散的,清算义务人应当及时组成清算组进行清算。

法人的董事、理事等执行机构成员为清算义务人。但是,法人章程另有规定、法人权力机构另有决议或者法律另有规定的除外。

清算义务人未及时履行清算义务的,主管机关或者利害关系人可以申请人民法院指定有关人员组成清算组进行清算。

第六十九条　公司的清算程序和清算组职权,适用公司法的有关规定。

公司以外的法人的清算程序和清算组职权,依照有关法律的规定;没有规定的,参照适用公司法的有关规定。

第七十条　清算期间,法人存续,但是不得从事与清算无关的活动。

法人清算后的剩余财产,根据法人章程的规定或者法人权力机构的决议处理。法律另有规定的,依照其规定。

清算终结,并完成法人注销登记时,法人终止;法人依法不需要办理登记的,清算终结时,法人终止。

第七十一条　清算义务人怠于履行清算义务,造成法人财产损失的,应当在造成损失范围内对法人债务等承担责任。

清算义务人怠于履行清算义务,导致法人主要财产、账册、重要文件等灭失,无法进行清算的,对法人债务等承担连带责任。

第七十二条 法人被宣告破产的,依法进行破产清算并完成法人注销登记时,法人终止。

第七十三条 法人可以依法设立分支机构。法律规定分支机构应当办理登记的,依照其规定。

分支机构以自己的名义从事民事活动,由此产生的民事责任由法人承担。

第七十四条 设立人为设立法人从事的民事活动,其法律后果在法人成立后由法人承受;法人未成立的,其法律后果由设立人承受,设立人为二人以上的,承担连带责任。

设立人为设立法人以自己的名义从事民事活动,造成第三人损害的,第三人有权选择请求法人或者设立人承担民事责任。

第七十五条 法律、行政法规对合作社法人有规定的,依照其规定。

第七十六条 农村集体经济组织具备法人条件的,依法取得法人资格。

第二节 营利法人

第七十七条 以取得利润并分配给其股东等出资人为目的成立的法人,为营利法人。

营利法人包括有限责任公司、股份有限公司和其他企业法人等。

第七十八条 营利法人,经依法登记成立,取得法人资格。

第七十九条 依法设立的营利法人,由法人登记机关发给营利法人营业执照。营业执照签发日期为营利法人的成立日期。

第八十条 设立营利法人应当依法制定章程。

第八十一条 营利法人的股东会等出资人会为其权力机构。

权力机构修改章程;选举或者更换执行机构、监督机构成员,并行使章程规定的其他职权。

第八十二条 营利法人应当设执行机构。

执行机构召集权力机构会议,决定法人的经营计划和投资方案,决定法人内部管理机构的设置,并行使章程规定的其他职权。

执行机构为董事会或者执行董事的,董事长、执行董事或者经理依照法人章程的规定担任法定代表人;未设董事会或者执行董事的,法人章程规定的主要负责人为其执行机构和法定代表人。

第八十三条 营利法人设监事会或者监事等监督机构的,监督机构依法检查法人财务,对执行机构成员及高级管理人员执行法人职务的行为进行监督,并行使章程规定的其他职权。

第八十四条 法律对营利法人的组织机构、法定代表人另有规定的,依照其规定。

第八十五条 营利法人的出资人不得滥用出资人权利损害法人或者其他出资人的利益。法人的出资人滥用出资人权利给法人或者其他出资人造成损失的,应当依法承担民事责任。

营利法人的出资人不得滥用法人独立地位和出资人有限责任损害法人债权人的利益。法人的出资人滥用法人独立地位和出资人有限责任,逃避债务,严重损害法人债权人利益的,应当对法人债务承担连带责任。

第八十六条 营利法人的权力机构、执行机构的决议内容违反法律、行政法规的无效。

营利法人的权力机构、执行机构的会议召集程序、表决方式违反法律、行政法规、法人章程,或者决议内容违反法人章程的,营利法人的出资人可以请求人民法院予以撤销,但营利法人依据该决议与善意第三人形成的民事法律关系不受影响。

第八十七条 营利法人从事经营活动,应当遵守商业道德,维护交易安全,接受政府和社会的监督,承担社会责任。

第八十八条 本节没有规定的,适用公司法等有关法律的规定。

第三节 非营利法人

第八十九条 为公益目的或者其他非营利目的成立,不向其出资人或者设立人分配利润的法人,为非营利法人。

非营利法人包括事业单位、社会团体、基金会、社会服务机构等。

第九十条 为公益目的成立的非营利法人终止时,不得向其出资人或者设立人分配剩余财产;其剩余财产应当按照章程的规定或者权力机构的决议用于公益目的;不能按照法人章程规定或者权力机构的决议处理的,由主管机关主持转给宗旨相同或者相近的以公益为目的的法人,并向社会公告。

第九十一条 具备法人条件,为实现公益目的设立的事业单位,经依法登记成立,取得事业单位法人资格;依法不需要办理法人登记的,从成立之日起,具有事业单位法人资格。

第九十二条 事业单位法人设理事会的,理事会为其决策机构。事业单位法定代表人按照其章程的规定产生。

法律对事业单位法人的组织机构、法定代表人另有规定的,依照其规定。

第九十三条 具备法人条件,基于会员共同意愿,为实现公益目的或者会员共同利益等非营利目的设立的社会团体,经依法登记成立,取得社会团体法人资格;依法不需要办理法人登记的,从成立之日起,具有社会团体法人资格。

第九十四条 设立社会团体法人应当依法制定章程。

社会团体法人应当设会员大会或者会员代表大会等权力机构。

社会团体法人应当设理事会等执行机构。理事长或者会长等负责人依照法人章程的规定担任法定代表人。

第九十五条 具备法人条件,为实现公益目的,以捐助财产设立的基金会、社会服务机构等,经依法登记成立,取得捐助法人资格。

依法设立的宗教活动场所,具备法人条件的,可以申请法人登记,取得捐助法人资格。

第九十六条 设立捐助法人应当依法制定章程。

捐助法人应当设理事会、民主管理组织等决策机构,并设执行机构。理事长等负责人依照法人章程的规定担任法定代表人。

捐助法人应当设监事会等监督机构。

第九十七条 捐助人有权向捐助法人查询捐助财产的使用、管理情况,并提出意见和建议,捐助法人应当及时、如实答复。

捐助法人的决策机构、执行机构或者其法定代表人作出的决定违反捐助法人章程的,捐助人等利害关系人或者主管机关可以请求人民法院予以撤销,但捐助法人依据该决定与善意第三人形成的民事法律关系不受影响。

第九十八条 有独立经费的机关、承担行政职能的法定机构从成立之日起,具有机关法人资格,可以从事为履行职能所需要的民事活动。

第九十九条 机关法人被撤销的,法人终止,其民事责任由继续履行其职能的机关法人承担;没有继续履行其职能的机关法人的,由撤销该机关法人的机关法人承担。

第四章 非法人组织

第一百条 非法人组织是不具有法人资格,但是依法能够以自己的名义从事民事活动的组织。

非法人组织包括个人独资企业、合伙企业等。

第一百零一条 非法人组织应当依照法律的规定登记。

设立非法人组织,法律规定须经有关机关批准的,依照其规定。

第一百零二条 非法人组织的出资人或者设立人对该组织的债务承担无限责任。法律另有规定的,依照其规定。

第一百零三条 非法人组织可以确定一人或者数人代表该组织从事民事活动。

第一百零四条 有下列情形之一的,非法人组织解散:

(一)章程规定的存续期间届满或者章程规定的其他解散事由出现的;

(二)出资人或者设立人决定解散的;

(三)法律规定的其他情形。

第一百零五条 非法人组织解散的,应当依法进行清算。

第一百零六条 非法人组织除适用本章规定外,参照适用本法第三章第一节的有关规定。

第五章　民事权利

第一百零七条 自然人的人身自由、人格尊严受法律保护。

第一百零八条 自然人享有生命权、健康权、身体权、姓名权、肖像权、名誉权、荣誉权、隐私权、婚姻自主权等权利。

法人、非法人组织享有名称权、名誉权、荣誉权等权利。

第一百零九条 自然人的个人信息受法律保护。任何组织和个人不得非法收集、利用、加工、传输个人信息,不得非法提供、公开或者出售个人信息。

第一百一十条 自然人因婚姻、家庭关系等产生的人身权利受法律保护。

第一百一十一条 民事主体依法享有的收入、储蓄、房屋、生活用品、生产工具、投资及其他财产权利受法律保护。

第一百一十二条 民事主体依法享有物权。

物权是权利人依法对特定的物享有直接支配和排他的权利,包括所有权、用益物权和担保物权。

第一百一十三条 物包括不动产和动产。法律规定权利作为物权客体的,依照其规定。

第一百一十四条 民事主体的物权受法律平等保护,任何组织和个人不得侵犯。

第一百一十五条 民事主体依法享有债权。

债权是因合同、侵权行为、无因管理、不当得利以及法律的其他规定,权利人请求特定义务人为或者不为一定行为的权利。

第一百一十六条 依法成立的合同,对当事人具有法律约束力。

第一百一十七条 民事权益受到侵害的,被侵权人有权请求侵权人承担侵权责任。

第一百一十八条 没有法定的或者约定的义务,为避免他人利益受损失进行管理或者服务的,有权请求受益人偿还由此而支付的必要费用。

第一百一十九条 没有合法根据,取得不当利益,造成他人损失的,受损失的人有权请求不当得利的人返还不当利益。

第一百二十条 民事主体依法享有知识产权。

知识产权是指权利人依法就下列客体所享有的权利:

(一)作品;

(二)发明、实用新型、外观设计;

(三)商标;

(四)地理标志;

(五)商业秘密;

(六)集成电路布图设计;

(七)植物新品种;

(八)科学发现;

(九)法律规定的其他客体。

第一百二十一条 自然人依法享有继承权。

第一百二十二条 民事主体依法享有股权和其他投资性权利。

第一百二十三条 民事主体享有法律规定的其他民事权利。

第一百二十四条 法律对数据、网络虚拟财产的保护有规定的,依照其规定。

第一百二十五条 法律对未成年人、老年人、残疾人、妇女、消费者等的民事权利有特别保护规定的,依照其规定。

第六章 民事法律行为

第一节 一般规定

第一百二十六条 民事法律行为是指民事主体通过意思表示设立、变更、终止民事权利义务关系的行为。

第一百二十七条 民事法律行为可以基于单方的意思表示成立,也可以基于双方或者多方的意思表示一致成立。

法人、非法人组织依照法律或者章程规定的议事方式和表决程序作出决议的,该决议行为成立。

第一百二十八条 民事法律行为可以采用书面形式、口头形式或者其他形式;法律规定或者当事人约定采用特定形式的,应当采用特定形式。

第一百二十九条 民事法律行为自成立时生效,法律另有规定或者当事人另有约定的除外。

行为人非依法律规定或者取得对方同意,不得擅自变更或者解除民事法律行为。

第二节 意思表示

第一百三十条 以对话方式作出的意思表示,相对人了解其内容时生效。

以非对话方式作出的意思表示,到达相对人时生效。以非对话方式作出的采用数据电文形式的意思表示,相对人指定特定系统接收数据电文的,该数据电文进入该特定系统时生效;未指定特定系统的,相对人知道或者应当知道该数据电文进入其系统时生效。当事人对采用数据电文形式的意思表示的生效时间另有约定的,按照其约定。

第一百三十一条 无相对人的意思表示,表示完成时生效。法律另有规定的,依照其规定。

第一百三十二条 以公告方式作出的意思表示,公告发布时生效。

第一百三十三条 行为人可以明示或者默示作出意思表示。

沉默只有在有法律规定、当事人约定或者习惯时,方可以视为意思表示。

第一百三十四条 行为人可以撤回意思表示。撤回意思表示的通知应当在意思表示到达相对人前或者与意思表示同时到达相对人。

第一百三十五条 有相对人的意思表示的解释,应当按照所使用的词句,结合相关条款、行为的性质和目的、习惯、相对人的合理信赖以及诚实信用原则,确定意思表示的含义。

无相对人的意思表示的解释,不能拘泥于所使用的词句,而应当结合相关条款、行为的性质和目的、习惯以及诚实信用原则,确定行为人的真实意思。

第三节 民事法律行为的效力

第一百三十六条 具备下列条件的民事法律行为有效:

（一）行为人具有相应的民事行为能力；

（二）意思表示真实；

（三）不违反法律、行政法规的效力性强制规定，不违背公序良俗。

第一百三十七条 无民事行为能力人实施的民事法律行为无效。

第一百三十八条 限制民事行为能力人实施的民事法律行为，经法定代理人同意或者追认后有效，但是纯获利益的民事法律行为或者与其年龄、智力、精神健康状况相适应的民事法律行为，不需经法定代理人同意或者追认。

相对人可以催告法定代理人自收到通知之日起一个月内予以追认。法定代理人未作表示的，视为拒绝追认。民事法律行为被追认前，善意相对人有撤销的权利。撤销应当以通知的方式作出。

第一百三十九条 行为人与相对人串通，以虚假的意思表示实施的民事法律行为无效，但是双方均不得以此对抗善意第三人。

行为人以虚假的意思表示隐藏的民事法律行为的效力，依照有关法律规定处理。

第一百四十条 基于重大误解实施的民事法律行为，行为人有权请求人民法院或者仲裁机构予以撤销。

第一百四十一条 一方以欺诈手段，使对方在违背真实意思的情况下实施的民事法律行为，受欺诈方有权请求人民法院或者仲裁机构予以撤销。

第一百四十二条 第三人实施欺诈行为，使一方在违背真实意思的情况下实施的民事法律行为，对方知道或者应当知道该欺诈行为的，受欺诈方有权请求人民法院或者仲裁机构予以撤销。

第一百四十三条 一方或者第三人以胁迫手段，使对方在违背真实意思的情况下实施的民事法律行为，受胁迫方有权请求人民法院或者仲裁机构予以撤销。

第一百四十四条 一方利用对方处于困境、缺乏判断能力等情形，致使民事法律行为成立时显失公平的，受损害方有权请求人民法院或者仲裁机构予以撤销。

第一百四十五条 民事法律行为因重大误解、欺诈、显失公平被撤销的，不得对抗善意第三人。

第一百四十六条 有下列情形之一的，撤销权消灭：

（一）当事人自知道或者应当知道撤销事由之日起一年内、重大误解的当事人自知道或者应当知道撤销事由之日起三个月内没有行使撤销权的；

（二）当事人受胁迫，自胁迫行为终止之日起一年内没有行使撤销权的；

(三)当事人知道撤销事由后明确表示或者以自己的行为表明放弃撤销权的;
(四)当事人自民事法律行为发生之日起五年内没有行使撤销权的。

第一百四十七条 违反法律、行政法规的效力性强制规定或者违背公序良俗的民事法律行为无效。

第一百四十八条 行为人与相对人恶意串通,损害他人合法权益的民事法律行为无效。

第一百四十九条 无效的或者被撤销的民事法律行为,从民事法律行为开始时起就没有法律约束力。

第一百五十条 民事法律行为无效、被撤销或者确定不发生效力后,行为人因该行为取得的财产,应当予以返还;不能返还或者没有必要返还的,应当折价补偿。有过错的一方应当赔偿对方由此所受到的损失;各方都有过错的,应当各自承担相应的责任。法律另有规定的,依照其规定。

第一百五十一条 民事法律行为部分无效,不影响其他部分效力的,其他部分仍然有效。

第四节 民事法律行为的附条件和附期限

第一百五十二条 民事法律行为可以附条件,但是依照其性质不得附条件的除外。附生效条件的民事法律行为,自条件成就时生效。附解除条件的民事法律行为,自条件成就时失效。

第一百五十三条 附条件的民事法律行为,当事人为自己的利益不正当地阻止条件成就的,视为条件已成就;不正当地促成条件成就的,视为条件不成就。

第一百五十四条 民事法律行为可以附期限,但是依照其性质不得附期限的除外。附生效期限的民事法律行为,自期限届至时生效。附终止期限的民事法律行为,自期限届满时失效。

第七章 代 理

第一节 一般规定

第一百五十五条 民事主体可以通过代理人实施民事法律行为。
依照法律规定、当事人约定或者民事法律行为的性质,应当由本人亲自实施的民事法律行为,不得代理。

第一百五十六条 代理人在代理权限内,以被代理人名义实施的民事法律行为,对被代理人发生效力。

第一百五十七条 代理人在代理权限内以自己的名义与第三人实施民事法律行为,第三人知道代理人与被代理人之间的代理关系的,该民事法律行为直接约束被代理人和第三人,但是有确切证据证明该民事法律行为只约束代理人和第三人的除外。

第一百五十八条 代理包括委托代理和法定代理。

委托代理人按照被代理人的委托行使代理权。法定代理人依照法律的规定行使代理权。

法定代理,本章没有规定的,适用本法和其他法律有关规定。

第一百五十九条 代理人不履行或者不完全履行职责,造成被代理人损害的,应当承担民事责任。

代理人和第三人恶意串通,损害被代理人合法权益的,由代理人和第三人承担连带责任。

第二节 委托代理

第一百六十条 委托代理授权可以采用书面形式、口头形式或者其他形式;法律规定或者当事人约定采用特定形式的,应当采用特定形式。

授权委托书应当载明代理人的姓名或者名称、代理事项、权限和期间,并由被代理人签名或者盖章。

第一百六十一条 数人为同一委托事项的代理人的,应当共同行使代理权,法律另有规定或者当事人另有约定的除外。

第一百六十二条 代理人知道或者应当知道代理的事项违法仍然实施代理行为,或者被代理人知道或者应当知道代理人的代理行为违法未作反对表示的,被代理人和代理人应当承担连带责任。

第一百六十三条 代理人不得以被代理人的名义与自己实施民事法律行为,法律另有规定或者被代理人同意、追认的除外。

代理人不得以被代理人的名义与自己同时代理的其他人实施民事法律行为,法律另有规定或者被代理的双方同意、追认的除外。

第一百六十四条 代理人需要转委托第三人代理的,应当取得被代理人的同意或者追认。

转委托代理经被代理人同意或者追认的,被代理人可以就代理事务直接指示转委托的第三人,代理人仅就第三人的选任及对第三人的指示承担责任。

转委托代理未经被代理人同意或者追认的,代理人应当对转委托的第三人的行为承担责任,但是在紧急情况下代理人为了维护被代理人的利益需要转托第三人代理的除外。

第一百六十五条 执行法人或者非法人组织工作任务的人员,就其职权范围内的事项,以法人或者非法人组织的名义实施民事法律行为,对法人或者非法人组织发生效力。

法人或者非法人组织对执行其工作任务的人员职权范围的限制,不得对抗善意第三人。

第一百六十六条 行为人没有代理权、超越代理权或者代理权终止后,仍然实施代理行为,未经被代理人追认的,代理行为无效。

相对人可以催告被代理人自收到通知之日起一个月内予以追认。被代理人未作表示的,视为拒绝追认。无权代理人实施的行为被追认前,善意相对人有撤销的权利。撤销应当以通知的方式作出。

无权代理人实施的行为未被追认的,善意相对人有权请求无权代理人履行债务或者就其受到的损害请求无权代理人赔偿,但是赔偿的范围不得超过代理行为有效时所能获得的利益。

相对人知道或者应当知道代理人无权代理的,相对人和代理人按照各自的过错承担责任。

第一百六十七条 行为人没有代理权、超越代理权或者代理权终止后,仍然实施代理行为,相对人有理由相信行为人有代理权的,代理行为有效,但是有下列情形之一的除外:

(一)行为人伪造他人的公章、合同书或者授权委托书等,假冒他人的名义实施民事法律行为的;

(二)被代理人的公章、合同书或者授权委托书等遗失、被盗,或者与行为人特定的职务关系已经终止,并且已经以合理方式公告或者通知,相对人应当知悉的;

(三)法律规定的其他情形。

第三节　代理的终止

第一百六十八条 有下列情形之一的,委托代理终止:

(一)代理期间届满或者代理事务完成的;

(二)被代理人取消委托或者代理人辞去委托的;

（三）代理人丧失民事行为能力的；

（四）代理人或者被代理人死亡的；

（五）作为代理人或者被代理人的法人、非法人组织终止的。

第一百六十九条　被代理人死亡后，有下列情形之一的，委托代理人实施的代理行为有效：

（一）代理人不知道并且不应当知道被代理人死亡的；

（二）被代理人的继承人均予以承认的；

（三）授权中明确代理权在代理事项完成时终止的；

（四）在被代理人死亡前已经实施，在被代理人死亡后为了被代理人继承人的利益继续完成的。

作为被代理人的法人、非法人组织终止的，参照适用前款规定。

第一百七十条　有下列情形之一的，法定代理终止：

（一）被代理人取得或者恢复完全民事行为能力的；

（二）代理人丧失民事行为能力的；

（三）被代理人或者代理人死亡的；

（四）法律规定的其他情形。

第八章　民事责任

第一百七十一条　民事主体应当依照法律规定或者当事人约定履行民事义务。

民事主体不履行或者不完全履行民事义务的，应当依法承担民事责任。

第一百七十二条　二人以上依法承担按份责任，能够确定责任大小的，各自承担相应的责任；难以确定责任大小的，平均承担责任。

第一百七十三条　二人以上依法承担连带责任的，权利人有权请求部分或者全部连带责任人承担责任。

连带责任人根据各自责任大小确定责任份额；难以确定责任大小的，平均承担责任份额。实际承担责任超过自己责任份额的连带责任人，有权向其他连带责任人追偿。

第一百七十四条　承担民事责任的方式主要有：

（一）停止侵害；

（二）排除妨碍；

（三）消除危险；

（四）返还财产；

（五）恢复原状；

（六）修理、重作、更换；

（七）继续履行；

（八）赔偿损失；

（九）支付违约金；

（十）消除影响、恢复名誉；

（十一）赔礼道歉。

法律规定惩罚性赔偿的，依照其规定。

第一百七十五条 因不可抗力不能履行民事义务的，不承担民事责任。法律另有规定的，依照其规定。

不可抗力是指不能预见、不能避免并不能克服的客观情况。

第一百七十六条 因正当防卫造成损害的，不承担民事责任。正当防卫超过必要的限度，造成不应有的损害的，正当防卫人应当承担适当的民事责任。

第一百七十七条 因紧急避险造成损害的，由引起险情发生的人承担民事责任。如果危险是由自然原因引起的，紧急避险人不承担民事责任或者给予适当补偿。紧急避险采取措施不当或者超过必要的限度，造成不应有的损害的，紧急避险人应当承担适当的民事责任。

第一百七十八条 为保护他人民事权益而使自己受到损害的，由侵权人承担民事责任，受益人可以给予适当补偿。没有侵权人、侵权人逃逸或者无力承担民事责任，受害人请求补偿的，受益人应当给予适当补偿。

第一百七十九条 因当事人一方的违约行为，损害对方人身、财产权益的，受损害方有权选择请求其承担违约责任或者侵权责任。

第一百八十条 民事主体因同一行为应当承担民事责任、行政责任和刑事责任的，承担行政责任或者刑事责任不影响承担民事责任；民事主体的财产不足以支付的，先承担民事责任。

第九章　诉讼时效和除斥期间

第一节　诉讼时效

第一百八十一条 向人民法院请求保护民事权利的诉讼时效期间为三年。

法律另有规定的,依照其规定。

诉讼时效期间自权利人知道或者应当知道权利受到损害以及义务人之日起开始计算。法律另有规定的,依照其规定。但是,自权利受到损害之日起超过二十年的,人民法院不予保护;有特殊情况的,人民法院可以延长。

第一百八十二条　当事人约定同一债务分期履行的,诉讼时效期间从最后一期履行期限届满之日起计算。

第一百八十三条　无民事行为能力人或者限制民事行为能力人对其法定代理人的请求权的诉讼时效期间,自该法定代理终止之日起计算。

第一百八十四条　未成年人遭受性侵害的损害赔偿请求权的诉讼时效期间,自受害人年满十八周岁之日起计算。

第一百八十五条　诉讼时效期间届满的,义务人可以提出不履行义务的抗辩。

诉讼时效期间届满后,义务人自愿履行的,不受诉讼时效限制。

第一百八十六条　人民法院不得主动适用诉讼时效的规定。

第一百八十七条　在诉讼时效期间的最后六个月内,因下列障碍,不能行使请求权的,诉讼时效中止:

(一)不可抗力;

(二)无民事行为能力人或者限制民事行为能力人没有法定代理人,或者法定代理人死亡、丧失代理权或者丧失民事行为能力;

(三)继承开始后未确定继承人或者遗产管理人;

(四)权利人被义务人或者其他人控制;

(五)其他导致权利人不能行使请求权的障碍。

自中止时效的原因消除之日起满六个月,诉讼时效期间届满。

第一百八十八条　有下列情形之一的,诉讼时效中断,从中断或者有关程序终结时起,诉讼时效期间重新计算:

(一)权利人向义务人提出履行请求的;

(二)义务人同意履行义务的;

(三)权利人提起诉讼或者申请仲裁的;

(四)与提起诉讼或者申请仲裁具有同等效力的其他情形。

第一百八十九条　对连带权利人或者连带义务人中的一人发生诉讼时效中断的,中断的效力及于全部连带权利人或者连带义务人。

第一百九十条　下列请求权不适用诉讼时效:

(一)请求停止侵害、排除妨碍、消除危险;

（二）登记的物权人请求返还财产；
（三）请求支付赡养费、抚养费或者扶养费；
（四）依法不适用诉讼时效的其他请求权。

第一百九十一条 诉讼时效的期间、计算方法以及中止、中断的事由由法律规定，当事人约定无效。

当事人对诉讼时效利益的预先放弃无效。

第一百九十二条 法律对仲裁时效有规定的，适用其规定。法律对仲裁时效没有规定的，适用诉讼时效的规定。

第二节 除斥期间

第一百九十三条 法律规定或者当事人约定的撤销权、解除权等权利的存续期间，为除斥期间。

除斥期间届满，当事人的撤销权、解除权等权利消灭。

第一百九十四条 除斥期间自权利人知道或者应当知道权利产生之日起开始计算。法律另有规定的，依照其规定。

第一百九十五条 除斥期间不适用本法有关诉讼时效中止、中断和延长的规定。

第十章 期间的计算

第一百九十六条 民事法律所称的期间按照公历年、月、日、小时计算。

第一百九十七条 按照小时计算期间的，自法律规定或者当事人约定的时间起算。

按照日、月、年计算期间的，开始的当日不计入，自下一日起算。

第一百九十八条 按照月、年计算期间的，到期月的对应日为期间的最后一日；没有对应日的，月末日为期间的最后一日。

第一是九十九条 期间的最后一日是法定休假日的，以法定休假日结束的次日为期间的最后一日。

期间的最后一日的截止时间为二十四点；有业务时间的，到停止业务活动的时间截止。

第二百条 期间的计算方法依照本法的规定，法律另有规定或者当事人另有约定的除外。

第十一章 附　　则

第二百零一条　民事法律所称的"以上"、"以下"、"以内"、"届满",包括本数;所称的"不满"、"超过"、"以外",不包括本数。

第二百零二条　本法自　　年　月　日起施行。

从草案二次审议稿到草案三次审议稿介绍

一、从草案二次审议稿到草案三次审议稿期间的重要立法活动

2016年11月9日

全国人大常委会法制工作委员会召开农村集体经济组织相关问题座谈会,重点围绕农村集体经济组织的组织特征、组织类型和土地等集体资产方面的情况,研究讨论在民法总则中如何规定农村集体经济组织的民事主体地位问题。全国人大农业与农村委员会、最高人民法院、农业部、国务院法制办公室、国务院发展研究中心的负责同志和中央农村工作领导小组办公室的同志参加了会议,介绍情况并发表意见。

2016年11月18日

全国人大常委会通过中国人大网公布了民法总则草案二次审议稿,公开征求社会公众的意见。征求意见时间为一个月,从2016年11月18日开始,到2016年12月17日结束。

2016年11月18日

上午,全国人大常委会副委员长李建国在上海主持召开民法总则草案座谈会,全国人大常委会副秘书长信春鹰、全国人大法律委员会主任委员乔晓阳、全国人大常委会法工委主任李适时和副主任张荣顺出席座谈会。座谈会就民法总则草案二次审议稿中的基本原则、民事主体、民事权利、民事责任等内容,听取华东各省、直辖市人大常委会负责同志,以及部分全国人大代表、专家学者、企业代表和法律实务工作者的意见。

下午,全国人大常委会副委员长李建国在全国人大常委会法工委基层立法联系点上海市长宁区虹桥街道办事处主持召开民法总则草案基层座谈会,全国人大常委会副秘书长信春鹰、全国人大法律委员会主任委员乔晓阳、全国人大常委会法工委主任李适时和副主任张荣顺出席座谈会。座谈会就民法总则草案二次审议稿中的基本原则、民事主体、民事权利、民事责

任等内容,听取上海市长宁区区委负责同志,上海市长宁区法院、法制办、民政局、市场监督管理局、虹桥街道办事处负责同志,以及部分全国人大代表和基层代表的意见。

2016年11月21日至22日

全国人大常委会委员长张德江在四川调研。全国人大常委会副秘书长信春鹰、全国人大法律委员会主任委员乔晓阳、全国人大常委会法工委主任李适时、全国人大常委会副秘书长沈春耀、全国人大常委会法工委副主任张荣顺参加调研。到宜宾市翠屏区李庄镇同济社区、丝丽雅、川茶等企业,就农村集体经济组织和居民委员会的民事主体地位、营利法人从事民事活动的权利保护、农业产业化经营模式中各种民事主体的法律关系等情况进行调研。到成都市郫县三道堰镇青杠树村、青羊区同怡社区,就农村集体经济组织成员资格认定、居民委员会和社会公益组织的民事主体地位等问题进行调研。到成都市奥泰、千行、亚信等企业,就经济组织从事民事活动、虚拟商品网上交易的法律保护、科研成果产权和个人信息安全的法律保护等问题进行调研。

2016年11月23日

全国人大常委会委员长张德江在成都市主持召开民法总则草案座谈会,全国人大常委会副秘书长信春鹰、全国人大法律委员会主任委员乔晓阳、全国人大常委会法工委主任李适时、全国人大常委会副秘书长沈春耀、全国人大常委会法工委副主任张荣顺出席座谈会。座谈会就民法总则草案二次审议稿中的基本原则、民事主体、民事权利、民事责任等内容,听取西南、华南各省自治区直辖市人大常委会负责同志,全国人大常委会法工委立法联系点湖北省襄阳市人大常委会负责同志,以及部分全国人大代表、专家学者和法律实务工作者的意见。

2016年11月23日

法工委民法室形成民法总则草案(二次审议稿2016年11月23日修改稿)。

2016年11月23日

法工委民法室召开座谈会,听取对民法总则草案(二次审议稿2016年11月23日修改稿)。北京大学尹田、清华大学崔建远、中国政法大学李永军、中国人民大学王轶等专家和五家民法典编纂工作参加单位的同志参加会议并发表意见。

2016年11月26日

法工委民法室形成民法总则草案(二次审议稿2016年11月26日修改稿)。

2016年11月28日

法工委委务会讨论民法总则草案(二次审议稿2016年11月26日修改稿)。

2016年12月1日

法工委形成民法总则草案(2016年12月1日法律委员会审议稿)。

2016年12月1日

全国人大法律委员会召开会议,根据常委会组成人员的审议意见和各方面意见,审议民法总则草案(2016年12月1日法律委员会审议稿)。最高人民法院、最高人民检察院、国务院法制办公室、中国社会科学院、中国法学会等五家民法典编纂工作参加单位的有关负责同志列席会议。

2016年12月12日上午

张德江委员长主持十二届全国人大常委会第八十四次委员长会议。委员长会议建议,十二届全国人大常委会第二十五次会议继续审议民法总则草案。

2016年12月12日下午

全国人大法律委员会召开会议,审议关于《中华人民共和国民法总则(草案)》修改情况的汇报(稿)。

2016年12月19日

十二届全国人大常委会第二十五次会议开幕。会议听取了全国人大法律委员会副主任委员李适时作的关于民法总则草案修改情况的汇报。法律委员会认为,民法总则在民法典中起统率性、纲领性作用,全国人大常委会第二十一次会议、第二十四次会议对草案进行了认真深入的审议,张德江委员长、李建国副委员长分别主持召开了四次座谈会听取意见并深入基层开展调研,对草案作了进一步修改完善,建议经本次常委会会议审议后,由常委会提请十二届全国人大五次会议审议。

2016年12月20日

十二届全国人大常委会第二十五次会议对民法总则(草案三次审议稿)进行分组审议。

2016年12月22日

全国人大法律委员会召开会议,对常委会组成人员和列席人员对民法总则(草案三次审议稿)的审议意见进行了认真研究。

2016年12月23日

张德江委员长主持十二届全国人大常委会第八十六次委员长会议。会议听取了全国人大法律委员会主任委员乔晓阳作的关于民法总则草案三次审议稿审议意见的报告和全国人大常委会关于提请全国人民代表大会审议民法总则草案的议案代拟稿的汇报。法律委员会建议本次常委会会议作出决定,将民法总则草案提请十二届全国人民代表大会第五次会议审议,并代拟了全国人民代表大会常务委员会关于提请审议《中华人民共和国民法总则(草案)》的议案(代拟稿)。会后,将草案三次审议稿印发全国人大代表征求意见,并组织全国人大代表研读讨论草案。同时,在中国人大网全文公布,再次征求社会公众意见。之后,法律委员会、法制工作委员会将根据常委会组成人员的审议意见、全国人大代表的意见和各方面的意见,对草案三次审议稿进一步修改完善后,提出全国人大常委会提请第十二届全国人民代表大会第五次会议审议的《中华人民共和国民法总则(草案)》。

2016年12月25日

张德江委员长主持十二届全国人大常委会第八十七次委员长会议。会议听取了全国人大法律委员会主任委员乔晓阳作的关于审议关于提请审议民法总则草案的议案代拟稿情况的汇报。

2016年12月25日

全国人大常委会委员长张德江主持十二届全国人大常委会第二十五次会议闭幕会。张德江发表讲话指出,制定民法总则是编纂民法典"两步走"的第一步,是本届全国人大及其常委会的重大立法任务,全国人大常委会先后三次审议,两次向社会公开征求意见。本次会议决定将民法总则草案提请第十二届全国人大五次会议审议。会后,要及时征求全国人大代表等方面的意见,抓紧修改草案,为大会审议做好充分准备。

二、从草案二次审议稿到草案三次审议稿期间的主要修改情况和立法背景

(一)基本原则

1. 立法目的

草案二次审议稿第一条规定:"为了保护民事主体的合法权益,调整民事关系,维护社会和经济秩序,适应中国特色社会主义发展要求,根据宪法,制定本法。"

有的意见建议,在本条中增加规定"弘扬中华优秀文化,践行社会主义核心价值观"。有的意见认为,此内容不宜作为法律规范,尤其不宜规定在民事法律之中。有的意见提出,本条规定的内容是民法总则的立法目的和宗旨,"弘扬中华优秀文化,践行社会主义核心价值观"显得有些具体,可以考虑作为民事主体行使民事权利的倡导。经研究,草案三次审议稿在民事权利一章增加了这一内容。第一百三十三条规定:"民事主体行使民事权利,应当节约资源、保护生态环境;弘扬中华优秀文化,践行社会主义核心价值观。"

2. 公平原则

草案二次审议稿第五条规定:"民事主体从事民事活动,应当遵循公平原则,合理确定各方的权利和义务。"

有的意见提出,公平原则不仅体现当事人之间合理的意思表示,更要体现当事人之间合法的权利、义务关系,建议在"合理"前增加"合法"一词,更符合民法总则的整体价值取向。有的意见提出,"合理"一词不是法律用语,难以掌握,且容易引起歧义。契约要尊重"意识自治"的原则,如买卖行为,价格可以背离价值,在供不应求的情况下,价格可能较高,但只要当事人达成一致意见,就是有效的法律行为。"合理"在司法裁判中容易引起歧义,给法官任意裁判留下空间。有的意见提出,本条和第九条第二款都讲了民事主体的权利和义务,尽管字面上有所区别,但实际上内容相同,建议合并表述为:"民事主体从事民事活动,应当遵循权利义务和责任相适应原则。"有的意见提出,公平原则不仅适用于合同关系,也适用于侵权关系、不当得利返还等法律关系。在侵权责任中,其表现为公平责任,在不当得利制度中,

表现为禁止非法获利。现在的写法似乎将其仅限于合同领域,显然是对公平原则产生了误解,建议仅作宣示性规定,删除"合理确定各方的权利和义务"的表述。有的意见认为,后半句解释性表述不够全面,似乎仅指民事主体在实施法律行为时应当合理确定权利和义务,建议删去,可以使公平原则更加抽象化,涵盖的范围更广,更能体现其基本原则地位。有的意见认为,"合理确定各方的权利和义务"恰是对"公平原则"的阐释,应当作广义理解,不能局限在实施民事法律行为,建议保留。经研究,草案三次审议稿对本条内容未作修改。

3. 绿色原则

草案二次审议稿第七条规定:"民事主体从事民事活动,应当保护生态环境、节约资源,促进人与自然和谐发展。"

有的意见提出,将环境资源保护上升至民法基本原则的地位,具有鲜明的时代特征,将全面开启环境资源保护的民法通道,最终促进人与自然和谐发展,赞成本条规定。有的意见提出,节约资源是手段、保护环境是目的,表述时应先讲手段,再讲目的,建议将本条中的"应当保护环境、节约资源"修改为"应当节约资源、保护环境",与后文"促进人与自然和谐发展"联系更密切,衔接也更好。有的意见提出,"促进人与自然和谐发展"作为民法规范太过模糊,也不符合私法自治的精神,不宜在民法总则中规定,更不宜作为民事活动的原则。有的意见建议删去第七条。一是,该条内容是我国宪法和环境保护法等其他法律的原则和任务,不是民法的基本原则和承担的任务,而且促进人与自然和谐发展也不是民事主体能够做得到的。二是,不是所有民事活动都会直接涉及环境问题,比如婚姻、继承、监护等身份关系中的民事活动并不直接与环境保护有关。三是,民法典的内容,无论是物权编、债权编、还是亲属编,都无法直接按这个原则进行立法设计,没有相应的具体制度或规则来支撑这一原则。四是,如果民事主体没有很好履行生态环境保护义务,该条基本原则很可能带来一系列的民事法律纠纷,影响经济秩序的稳定。如买方购买产品后反悔,可能就以卖方在产品生产过程中有环境污染行为,违反了保护生态环境原则为由,主张合同无效。有的意见提出,保护生态环境、节约资源,促进人与自然和谐发展是值得提倡和保障的,但是无法上升到民法基本原则的高度,建议移至民事权利一章,作为民事权利行使的原则。经研究,草案三次审议稿采纳了部分意见,将本条移至民事权利一章并修改。第一百三十三条规定:"民事主体行使民事权利,应当节约资源、保护生态环境;弘扬中华优秀文化,践行社会主义核心价值观。"

4. 守法原则与权利滥用

草案二次审议稿第八条规定:"民事主体从事民事活动,不得违反法律,不得违背公序良俗,不得滥用权利损害他人合法权益。"

有的意见建议,删除本条中的"不得违反法律"。理由是:公序良俗原则的目的和功能在于发挥法律规定的不足,只有在法律没有规定的情形下,才有发挥作用的空间。在公序良俗的条文中加入不得违反法律或者应当遵守法律的规定,将混淆适用的逻辑顺序。有的意见建议,对"公序良俗"的概念作出法律界定。有的意见提出,"公序良俗"是普通汉语的简练表达方式,不利于将其内涵界定清楚,建议将本条修改为:"民事主体从事民事活动应当尊重社会公德,遵守公共秩序和善良风俗,不得损害社会公共利益。"有的意见提出,个人合法权益在价值位阶上高于公序良俗,建议修改本条语句的顺序:"民事主体从事民事活动,不得违反法律,不得滥用权利损害他人合法权益,不得违反公序良俗。"有的意见建议删除"损害他人合法权益"的表述。理由:一是,"损害他人合法权益"所指对象是仅限于"不得滥用权利",还是包括"不得违反法律""不得违背公序良俗",意思不清。二是,"滥用权利"既可能损害他人合法权益,也可能损害社会公共利益,而此处未予说明。三是,本条目的是为了保护他人的合法权益以及社会公共利益,仅需强调"民事主体从事民事活动,不得违反法律,不得违背公序良俗,不得滥用权利"即可。有的意见提出,不得违背公序良俗与禁止权利滥用两项基本原则规范的行为领域是不同的,而且在民法中都具有重要的地位。禁止权利滥用原则是直接由宪法基本原则引申出来的一项基本原则。而民事主体的行为如果违背公序良俗,法律将直接否定其行为的效力,而权利滥用则并不必然导致行为无效。从世界上主要的成文法国家和地区的民法来看,都是将这两个原则分别进行规定的,而且是将不得违背公序良俗原则作为效力性规范适用,建议将这两项原则分成两条进行规定。有的意见提出,公序良俗涉及民事法律行为的效力界限,违背公序良俗的民事法律行为无效。禁止权利滥用是诚实信用原则的要求,诚实信用原则是禁止权利滥用的法理根据。民法理论认为禁止权利滥用原则是诚信原则的下位原则。因此,禁止权利滥用原则不能与公序良俗规定在同一条文中。建议将禁止权利滥用原则作为草案第九条第二款,准确体现本法关于民事权利之行使不得超过其正当界限、不允许滥用权利损害他人合法权益之价值取向和立法政策。有的意见提出,可以考虑将禁止权利滥用原则规定在民事权利一章。经研究,草案三次审议稿将"不得滥用权利损害他人合法权益"一句移至民事权利一章,作为民事权利行使的规范。第一百三十二条规定:"民事主体不得滥用民事权利损害他人合法权益。"

5. 权利、义务和责任相适应

草案二次审议稿第九条第二款规定:"民事主体行使权利的同时,应当履行法律规定的或者当事人约定的义务,承担相应责任。"

有的意见提出,本款与草案第一百七十一条关于民事责任的一般规定重复,而且存在理论错误。因为行使权利的同时未必附有义务和责任。按照民法原理,权利与义务相互对应,在民事权利义务关系中,往往一方当事人享有某种民事权利,而相对方当事人负担相应的民事义务。这是民事权利义务关系的一般情形,绝大多数民事法律行为发生的权利义务关系莫不如此。建议删除本款。有的意见提出,民事主体行使权利的同时并非一定要承担相应的责任,违反了应当履行的义务或者法律规定的特定情形下才要承担责任。本款给人一种误解,民事主体行使权利必须要承担相应的责任,建议删去"承担相应责任"。经研究,草案三次审议稿删去"承担相应责任"。第八条第二款规定:"民事主体行使权利的同时,应当履行法律规定的或者当事人约定的义务。"

6. 民法法源

草案二次审议稿第十条规定:"处理民事纠纷,应当依照法律规定;法律没有规定的,可以适用习惯,但是不得违背公序良俗。"

有的意见提出,"处理民事纠纷"范围过窄,例如认定无民事行为能力或者限制民事行为能力,就不属于民事纠纷,并且这也与草案第十一条关于"民事关系"的规定不协调,建议将"处理民事纠纷"修改为"处理民事关系"。有的意见建议,将"可以适用习惯,但是不得违背公序良俗"修改为"应当适用民法基本原则,没有基本原则的可以适用习惯,但不得违背公序良俗"。有的意见提出,"但是不得违背公序良俗"的规定内涵不清晰,究竟是援引的习惯不得违背公序良俗,还是处理民事纠纷不得违背公序良俗,语焉不详,建议改为"但是习惯不得违背公序良俗"。有的意见建议在本条最后增加规定:"无习惯的,依法理。"有的意见提出,国家政策对民事活动实际上具有调整作用,是社会治理中的"活法",可以弥补法律的缺失,民法通则明确规定国家政策可以作为依据,建议明确国家政策可以作为民法法源。有的意见认为,规定国家政策作为民法法源违背依法治国理念,属于开历史倒车。有的意见提出,处理民事纠纷的依据,不仅仅是法律,还应包括行政法规、地方性法规。实践中有很多民事法律关系已经或者可以由地方性法规进行补充调整。建议将本条中的"法律"修改为"法律法规"。经研究,草案三次审议稿采纳了部分意见,对本条作出修改。第九条规定:"处理民事关系,应当依照法律法规规定;法律法规没有规定的,可以适用习惯,但是不得违背公序良俗。"

(二) 自然人

1. 出生时间和死亡时间

草案二次审议稿第十五条规定:"自然人的出生时间和死亡时间,以出生证明、死亡证明记载的时间为准;没有出生证明、死亡证明的,以户籍登记的时间为准。有其他证据足以推翻以上记载时间的,以相关证据证明的时间为准。"

有的意见提出,我国当前正在进行户籍制度改革,对于没有出生证明、死亡证明的,户籍登记、居住证登记的时间均可以作为自然人的出生时间、死亡时间,其他一些身份登记,例如有效的外国人居留证件记载的时间也可以作为判断外国人出生时间的重要依据,建议删去"户籍登记"中的"户籍"。经研究,草案三次审议稿采纳了这一意见。第十四条规定:"自然人的出生时间和死亡时间,以出生证明、死亡证明记载的时间为准;没有出生证明、死亡证明的,以登记的时间为准。有其他证据足以推翻以上记载时间的,以相关证据证明的时间为准。"

2. 限制民事行为能力的未成年人

草案二次审议稿第十九条第一款规定:"六周岁以上的未成年人,为限制民事行为能力人,可以独立实施纯获利益的民事法律行为或者与其年龄、智力相适应的民事法律行为;实施其他民事法律行为由其法定代理人代理,或者经其法定代理人同意、追认。"第二款规定:"十六周岁以上的未成年人,以自己的劳动收入为主要生活来源的,视为完全民事行为能力人。"

关于第一款。有的意见提出,限制民事行为能力的未成年人年龄下限究竟降低多少为好,到底是六周岁比较适当,还是八周岁比较适当,应当根据未成年人的实际情况,分析降低年龄标准对未成年人权益的保护和监护人义务的履行会有哪些利弊,建议结合国家的文化习惯和历史、社会环境、家庭构成等各方面作进一步研究后确定年龄下限。有的意见提出,应当慎重考虑降低限制民事行为能力的未成年人年龄标准问题,并提出有关实证研究论证的报告。有的意见提出,五周岁以后小孩的大脑和神经系统从生理的角度上讲结构和功能已经是健全的,六周岁的儿童可以独立实施纯获利益的民事法律行为,赞成草案的规定。有的意见提出,草案应充分考虑本条规定的普遍适用,随着经济社会的发展和生活水平的提高,未成年人生理、心理的发育程度和认知能力较过去有所提高,但这一现象在城市和农村是存在差异的,特别是城市与那些社会环境相对封闭、教育水平相对低下的偏远农村牧区相比较,差异是比较大的。建议综合考虑以上因素,对限制民事行为能力的未成年人的年龄下限作出较为科学和符合实际的规定。有的意见提出,六岁是接受义务教育的最低年龄,但实际上一些地方年满六岁儿童还没有接受义务教育,六岁儿童的阅历、生活经验、心理和认知能力、辨别能力仍然不足以达到草案规定的要求。城里大部分六周岁儿童上学都是家人接送,依赖性很大。从生物学的角度上来说,儿童脑细胞的发育到八周岁的时候就完全发育好了,建议最多下调到八周岁,比较符合我国现在儿童的实际状况。

关于第二款。有的意见提出,考虑到儿童六周岁开始上小学以及义务教育法九年义务教育制度的有关规定,绝大部分未成年人未满十六周岁即初中毕业,如何保护未成年人在此空白年龄段的权益,是个较大的问题。国际劳工组织以及欧盟、日本、德国、美国等国家和地区规定的最低工作年龄一般都是十五周岁或十四周岁。建议草案将"视为完全民事行为能力人"的年龄标准调至十五周岁,同时修改未成年人保护法和劳动法,更有利于保护未成年人的权益。也有的意见不赞成将本条第二款规定的十六周岁下调为十五周岁。理由是,本条第二款规定的十六周岁是否应当下调,应当结合未成年人的最低就业年龄等问题综合考虑。我国现行劳动法规定的最低就业年龄为十六周岁。《准予就业最低年龄公约》第一条规定:"凡本公约对其生效的会员国,承诺执行一项国家政策,以保证有效地废除童工并将准予就业或工作的最低年龄逐步提高到符合年轻人身心最充分发展的水平。"该公约的精神不是要降低最低就业年龄,而是要尽可能地逐步提高最低就业年龄,以有利于保护未成年人的身心健康发展。

经研究,草案三次审议稿未对本条作出修改。关于限制民事行为能力的未成年人的年龄下限问题,留待进一步听取意见。

3. 自然人的住所

草案二次审议稿第二十五条规定:"自然人以户籍登记的居所为住所;经常居所与住所不一致的,经常居所视为住所。"

有的意见提出,"经常"是多长时间应有规定,如果有两个经常居所,如何确定住所,建议进一步明确。有的意见建议,将"经常居所视为住所"修改为"自然人连续居住两年以上的经常居所视为住所"。有的意见提出,实践中人户分离的现象比较严重,流动人口大量增加,建议以经常居住地作为住所的第一标准,其次再以户籍地为标准。有的意见建议,进一步细化规定无户籍人、外国人、无国籍人的住所认定标准,以及经常居所的认定标准。有的意见提出,当前户籍制度改革正在积极推进,一些城市开始实施居住证制度,单纯以户籍地为标准判断自然人住所,不利于户籍制度改革和我国城市化进程。当前,我国有二亿多人的户籍登记居所和实际住所是不一致的,要求移居到城市并且已经办理居住证的居民回到原籍办理各种证明和手续,给居民和当地政府带来很多不方便,对行政资源也是一种浪费,建议删去"户籍登记"中的"户籍"。经研究,草案三次审议稿采纳了部分意见。第二十四条规定:"自然人以登记的居所为住所;经常居所与住所不一致的,经常居所视为住所。"

4. 担任监护人的顺序

草案二次审议稿第二十七条第二款规定:"未成年人的父母已经死亡或者没有监护能力的,由下列人员中有监护能力的人依次担任监护人:(一)祖父母、外祖父母;(二)兄、姐;(三)其他愿意担任监护人的个人或者有关组织,经未成年人住所地的居民委员会、村民委员会或者民政部门同意的。"

有的意见提出,确定监护人应以被监护人利益最大化为原则,本款中"依次担任监护人"的规定,可能限制下一顺序中更有监护能力的人担任监护人,建议删除"依次"二字。有的意见提出,监护人的选择通常以亲属关系的远近作为取舍标准,被监护人与祖父母(外祖父母)、兄姐之间的亲等相同,建议将祖父母(外祖父母)与兄姐置于同一顺位。有的意见提出,本款中的"依次"可能会产生轮流担任监护人的歧义,建议将"依次"修改为"按下列顺序"。有的意见提出,第三项规定了"有关组织"担任监护人,"人员"不能涵盖"有关组织"。经研究,草案三次审议稿采纳了部分意见。第二十六条第二款规定:"未成年人的父母已经死亡或者没有监护能力的,由下列有监护能力的人按顺序担任监护人:(一)祖父母、外祖父母;(二)兄、姐;(三)其他愿意担任监护人的个人或者有关组织,经未成年人住所地的居民委员会、村民委员会或者民政部门同意的。"

5. 遗嘱监护

草案二次审议稿第二十七条第三款规定:"未成年人的父母可以通过遗嘱指定未成年人的监护人;其父、母指定的监护人不一致的,应当尊重被监护人的意愿,根据最有利于被监护人的原则确定。"

有的意见提出,本款仅对遗嘱指定监护人作了原则性规定,没有规定被指定监护人的范围,建议明确未成年人父母通过遗嘱指定的未成年人的监护人,应当是愿意担任监护人的人。有的意见提出,若父母通过遗嘱指定的监护人不是具有法定监护资格的人,被指定监护人作出拒绝或者放弃的意思表示后如何处理,被指定的监护人有悖于最有利于保护被监护人利益的原则时遗嘱的效力如何,建议对本条的内容进行细化。有的意见提出,本款没有明确由哪个主体根据"最有利于被监护人的原则"确定监护人。有的意见提出,本条未对被监护人没有表达意愿的能力时该怎么办作出规定。有的意见提出,由于被监护人多数不能清晰表达意愿,"父、母指定的监护人不一致的,应当尊重被监护人的意愿"的规定,往往不具操作性,建议删去。有的意见提出,当前对于遗嘱监护制度的理论研究和实践探索还不够深入,民法总则对遗嘱监护制度作出原则性规定即可,细节内容可作进一步研究。有的意见提出,国外有的立法例规定,父母一方在另一方生存的情况下不能通过遗嘱指定监护人,这比较符合我国的文化传统和社会习惯,应当借鉴,这样也就不存在父、母指定的监护人不一致的情况。有的意见提出,在现实生活中,对无民事行为能力及限制民事行为能力的成年人,也存在由父母通过遗嘱为其指定监护人的情形,建议对成年人的遗嘱监护也作出规定。经研究,草案三次审议稿采纳了部分意见,将遗嘱监护单列一条。第二十八条规定:"被监护人的父母可以通过遗嘱指定监护人。"

6. 兜底监护人

草案二次审议稿第三十一条规定:"无具有监护资格的人的,监护人由被监护人住所地的居民委员会、村民委员会或者民政部门担任。"

有的意见提出,村(居)委会的性质、职责与功能定位决定了其不适宜担任监护人。现实生活中村(居)委会因缺乏监护方面的常设机构和专业人员,大量存在不愿意、也没有能力担任监护人的情况,从有利于保护被监护人的角度,建议对本条规定再斟酌。有的意见建议,将居民委员会、村民委员会或者民政部门的监护职责予以明确划分,规定具体的顺位,从而更好地实现监护。有的意见提出,民政部门作为国家社会事务管理机构,在经费、人员保障和专业技能上,比村委会、居委会监护更加专业和高效。随着国家经济实力的增强和治理能力的提高,国家作为社会救助和保障的最后一道防线,应当进一步强化监护职能,在监护人缺位时由民政部门承担兜底的监护责任,将村委会、居委会的监护职责作为补充。经研究,草案三次审议稿采纳了这一意见。第三十一条规定:"无具有监护资格的人的,监护人由民政部门担任,也可以由具备条件的被监护人住所地的居民委员会、村民委员会担任。"

7. 恢复监护人资格

草案二次审议稿第三十六条规定:"未成年人的父母被人民法院撤销监护人资格后,确有悔改情形的,经其申请,人民法院可以在尊重被监护人意愿的前提下,视情况恢复其监护人资格,人民法院指定的新监护人与被监护人的监护关系同时终止。"

有的意见提出,被撤销监护人资格的情形,往往都是严重损害被监护人身心健康的情形。"确有悔改情形"在司法实践中认定是有难度的。对于遭受性侵等严重伤害的被监护人年龄往往都很小,无法表达对是否可以恢复监护人资格的真实意愿,建议删除本条规定。有的意见建议参照最高人民法院、最高人民检察院、公安部、民政部《关于依法处理监护人侵害未成年人权益行为若干问题的意见》第四十条的规定,对不得恢复监护人资格的情形作出规定,即具有性侵害、出卖未成年人;虐待、遗弃未成年人六个月以上、多次遗弃未成年人,并且造成重伤以上严重后果的;因监护侵害行为被判处五年有期徒刑以上刑罚的,不得恢复监护人资格。有的意见提出,可以保留本条规定,但应对恢复条件作进一步严格的限制。有的意见提出,被监护人的子女与被监护人之间具有最近的血缘关系和天然的情感联系,被监护人的子女被撤销监护人资格后,满足本条规定的条件的,视情况也应当允许恢复监护人资格。经研究,草案三次审议稿采纳了部分意见。第三十六条规定:"被监护人的父母或者子女被人民法院撤销监护人资格后,除对被监护人实施故意犯罪的外,确有悔改情形的,经其申请,人民法院可以在尊重被监护人真实意愿的前提下,视情况恢复其监护人资格,人民法院指定的新监护人与被监护人的监护关系同时终止。"

8. 死亡宣告对婚姻关系的影响

草案二次审议稿第四十九条规定:"被宣告死亡的人的婚姻关系,自死亡宣告之日起消灭。死亡宣告被撤销的,夫妻关系自撤销死亡宣告之日起自行恢复,但其配偶再婚或者不愿意恢复的除外。"

有的意见提出,考虑到宣告死亡后婚姻关系自动消灭,并不需要到婚姻登记机关履行任何手续,死亡宣告被撤销后婚姻关系也不需要到婚姻登记机关确认恢复的现实情况,本条所规定的"配偶不愿意恢复的,婚姻关系不恢复"的规定缺少相应的程序保障,实践中难以落实。被宣告死亡人的配偶可以主张婚姻关系因不愿意恢复而不复存在,但客观上因为缺少相关法律文件确认,第三人及社会公众将无法核实这一事实,由此极易引发相应的法律纠纷,建议删除"不愿意恢复的除外"的规定。有的意见提出,为了解决第三人及社会公众无法核实婚姻关系的问题,建议将"不愿意恢复"修改为"向婚姻登记机关声明不愿意恢复"。经研究,草案三次审议稿采纳了这一意见。第四十九条规定:"被宣告死亡的人的婚姻关系,自死亡宣告之日起消灭。死亡宣告被撤销的,夫妻关系自撤销死亡宣告之日起自行恢复,但是其配偶再婚或者向婚姻登记机关声明不愿意恢复的除外。"

9. 农村承包经营户

草案二次审议稿第五十三条规定:"农村集体经济组织的成员,依法取得农村土地承包经营权,从事家庭承包经营的,为农村承包经营户。"

有的意见提出,最近中央发文件推进农村土地"三权分置",希望能够在草案中有所考虑和反映,至少在法律制度上能够留下进一步探索和发展的空间。具体如何表述,建议同中央主管农村工作的部门再认真推敲。有的意见提出,农村土地承包经营户往往不是单个的独立的自然人,而是具有血缘关系,共同生活的自然人的结合体。一户可以是一个人,但是从中国农村家庭的情况来看,绝大多数农户是由多人组成,他们都是土地承包经营权的共有人,在土地承包经营权证上都分别登记在案,只不过指派一人代表其他共有人签订土地承包合同和签领土地承包经营权证书。权益是所有共有权人共有的,权利是平等的。农村承包经营户更符合非法人组织特征,将其归入非法人组织更合适一些。有的意见建议,增加规定:"农村承包经营户在承包经营期间,家庭成员对土地承包依法平等享有承包经营权"。有的意见提出,当前我们国家正处于新型城镇化和农业现代化快速推进的历史时期,越来越多的城市户籍的人口或者是其他集体经济组织的农村户籍人口以租赁的方式获得农村土地经营权从事农业生产经营,这类经营主体既不同于个体工商户,也不同于农村承包经营户,应该归哪一类,草案中没有提。建议增加规定:"自然人依法取得农村土地经营权,从事农业生产经营的,为农村租赁经营户。"更好地保护新型农业经营主体的合法权益,贯彻落实中央关于农村土地"三权分置"的重大决策。有的意见建议,增加规定:"依法通过土地流转,从农村集体经济组织土地承包户中获得土地经营权的为农村土地经营户"。有的意见认为,中央关于农村土地"三权分置"政策以及相关制度改革在实践中还在进行深入探索,本条当前可暂不修改,待条件成熟时再考虑规定。经研究,草案三次审议稿未对本条内容作出修改。

10. 农村承包经营户的债务承担

草案二次审议稿第五十四条第二款规定:"农村承包经营户的债务,以家庭财产承担。"

有的意见建议,将"农村承包经营户的债务"修改为"农村承包经营户和农村土地经营户的债务。"有的意见提出,当前人与户籍分离,一个户口簿中的人分居分家,在城乡分别独立从事民商事活动的情况比较普遍。用依据户籍的家庭概念来确定经营债务的承担主体不公平。建议对农村承包经营户的债务承担,恢复民法通则"个人经营的,以个人财产承担;家庭经营的,以家庭财产承担"的规定,其后再加上"无法区分个人经营或者家庭经营的,以家庭财产承担"。有的意见提出,依照农村土地承包法的规定,农村承包经营以户为单位,"个人经营"的提法有问题。有的意见建议采用"事实上由个人经营"的提法。有的意见认为,"家庭财产"含义不明确,容易在实践中产生理解和认识上的分歧。依照农村土地承包法的规定,家庭承包的承包方是本集体经济组织的农户,建议将"以家庭财产承担"修改为"以从事农村土地承包经营的农户财产承担"。经研究,草案三次审议稿采纳了部分意见。第五十四条第二款规定:"农村承包经营户的债务,以从事农村土地承包经营的农户财产承担;事实上由农户部分成员经营的,以该部分成员的财产承担。"

(三)关于法人

1. 法人的成立条件

草案二次审议稿第五十六条第二款前半句规定:"法人应当有自己的名称、组织机构和住所。"第三款规定:"设立法人,法律规定须经有关机关批准的,依照其规定。"

有的意见提出,民法通则确立的法人成立条件已被社会普遍接受,有一定的财产或者经费是法人设立的基础,不论是营利法人,还是非营利法人,不论是社团法人,还是财团法人,拥有必要的财产或经费都是法人成立和运行的基本前提,建议第二款增加"有独立的财产或者经费"或者"有必要的财产或者经费",也与草案第五十八条"法人以其全部财产独立承担民事责任"相衔接。有的意见提出,第二款已经对法人应当依据法律、行政法规的规定设立作出了规定,如果法律、行政法规规定其需要相关机关批准,则当然应当经过其批准。第三款没有必要重复作出规定,建议删除第三款。有的意见提出,适应实际情况,第三款规定的事项不应作为民事基本制度只能由法律规定,建议在第三款中的"法律"后增加"行政法规"。经研究,草案三次审议稿采纳了部分意见。第五十六条第二款规定:"法人应当有自己的名称、组织机构、住所、财产或者经费。法人成立的具体条件和程序,依照法律、行政法规的规定。"第三款规定:"设立法人,法律、行政法规规定须经有关机关批准的,依照其规定。"

2. 法定代表人的代表行为

草案二次审议稿五十九条第二款规定:"法定代表人以法人名义从事的民事活动,其法律后果由法人承受。"

有的意见提出,在涉外经贸活动中,欧美一些国家的法人并无公章,合同上只有法定代表人的签名。我国实践中也大量存在法定代表人只在合同文本上签名,却不加盖法人公章的情形。在多年的司法实践中,法院对于此类情形也一律视为由法人订立合同并由法人承担法律后果。建议将该司法惯例上升为法律规定,将"以法人名义从事的民事活动"修改为"以法人名义从事的民事活动,或者为执行职务以自己的名义从事的民事活动"。经研究,草案三次审议稿采纳了这一意见。第五十九条第二款规定:"法定代表人以法人名义从事的民事活动或者其他执行职务的行为,其法律后果由法人承受。"

3."善意第三人"的表述

草案二次审议稿第五十九条第三款规定:"法人的章程或者权力机构对法定代表人的代表权范围的限制,不得对抗善意第三人。"

有的意见建议将这一条中的"善意第三人"修改为"善意相对人"。理由:民法上的善意相对人概念、善意第三人概念,最容易混淆。按照合同相对性原理,一个(独立的)合同关系(A—B)中,双方当事人互为"相对人",于一方(A)有影响合同效力的事由(无处分权、超越代表权、超越代理权、超越经营范围)时,他方(B)对此事由"不知",即属于"善意相对人";反之,他方(B)对此事由"明知",即属于"恶意相对人"。民法上的"第三人",指合同双方当事人之外的、与一方存在某种法律关系的特定人。其中,合同法上的"第三人"与物权法上的"第三人",亦有不同。合同法上的"第三人",指连续(交易)合同(A—B、B—C)关系中,后一合同(B—C)关系的受让人C。如果C对于前合同(A—B)关系存在无效、可撤销事由"不知",即为"善意第三人";反之,如果C对于前合同(A—B)关系存在无效、可撤销事由"明知",即为"恶意第三人"。草案二次审议稿第一百三十九条、第一百四十五条使用"善意第三人"概念,是准确的。物权法上的"第三人",指重复交易(一物二卖)合同(A—B、A—C)关系中,后一合同(A—C)关系的受让人C。如果C对于前一合同(A—B)关系的存在"不知",即为"善意第三人";反之,如果C对于前一合同(A—B)关系的存在"明知",即为"恶意第三人"。例如,物权法第二十四条规定特别动产物权变动未经登记不得对抗"善意第三人",其所谓"第三人"即指重复交易(A—B、A—C)后一合同(A—C)关系的买受人C。最高人民法院《关于适用〈中华人民共和国物权法〉若干问题的解释(一)》第六条对此有解释。草案二次审议稿第五十九条第三款规定:"法人的章程或者权力机构对法定代表人的代表权范围的限制,不得对抗善意第三人。"第八十六条第二款规定:"营利法人的权力机构、执行机构的会议召集程序、表决方式违反法律、行政法规、法人章程,或者决议内容违反法人章程的,营利法人的出资人可以请求人民法院予以撤销,但营利法人依据该决议与善意第三人形成的民事法律关系不受影响。"第九十七条第二款规定:"捐助法人的决策机构、执行机构或者其法定代表人作出的决定违反捐助法人章程的,捐助人等利害关系人或者主管机关可以请求人民法院予以撤销,但捐助法人依据该决定与善意第三人形成的民事法律关系不受影响。"第一百六十五条第二款规定:"法人或者非法人组织对执行其工作任务的人员职权范围的限制,不得对抗善意第三人。"这几个条文中的"善意第三人",均应为"善意相对人"。观之草案二次审议稿第一百六十六条第二款、第三款使用"善意相对人"概念、第一百六十七条使用"相对人"概念,及草案第六章第二节意思表示使用"相对人"概念、第一百三十八条使用"善意相对人"概念,即可明白。此外,草案二次审议稿第六十三条规定:"法人的实际情况与登记的事项不一致的,不得对抗善意第三人。"其中的"善意第三人"也应改为"善意相对人"。经研究,草案三次审议稿采纳了这一意见。第五十九条第三款规定:"法人章程或者权力机构对法定代表人的代表权范围的限制,不得对抗善意相对人。"其他条文也作了相应修改。

4. 法人的住所

草案二次审议稿第六十一条规定:"法人以其主要办事机构所在地为住所。"

有的意见提出,"主要办事机构"的概念过于原则,较难界定,实践中可能出现举证困难,建议对上述规定再作研究。有的意见提出,这一条可能会与草案第六十三条存在适用上的矛盾。草案第六十三条规定法人实际情况与登记事项不一致的,不得对抗善意第三人。有的意见建议,将本条修改为:"法人以其在工商行政管理机关或其他部门登记的注册地址为住所,实际经营地与登记的注册地址不一致的,法人的实际经营地视为住所。"有的意见提出,法人住所的确定,关系到法律文书送达、诉讼管辖等事项。实践中普遍存在法人登记住所位于某地,而将主要办事机构设于另一地的情形。一段时间以来,不少地区为吸引公司企业入住,颁行各种优惠政策、措施,尽量为公司登记提供便利,但许多公司入住之后,基于实际经营需要,仍将主要办事机构设在别处,导致登记住所和主要办事机构所在地不一致。一旦法人因歇业、倒闭等原因进入破产清算程序或者普通程序,法律文书难于及时送达而不得不采用公告送达方式,按照法律规定公告送达须刊登公告后经过60日才发生送达效力,延时费力、徒增讼累,损害相对人合法权益。另外,于法人有多个办事机构的情形,相对人和法院往往难于判断何者为"主要"办事机构所在地。建议分为三款规定,第一款规定:"法人以登记的住所为住所。"第二款规定:"法人的主要办事机构所在地与住所不一致的,其主要办事机构所在地视为住所。"第三款规定:"法人依法不需要登记的,其主要办事机构所在地为住所。"判断标准清晰,便于解决实践中的问题,更符合社会实际需要。有的意见提出,如果规定法人的主要办事机构所在地与登记地的,以主要办事机构所在地视为住所,将损害登记的公示力,也与草案第六十三条"法人实际情况与登记事项不一致的,不得对抗善意第三人"的规定相冲突。经研究,草案三次审议稿采纳了部分意见。第六十一条规定:"法人以其登记的住所为住所。依法不需要办理法人登记的,以主要办事机构所在地为住所。"

5. 法人解散

草案二次审议稿第六十七条规定:"有下列情形之一的,法人解散:(一)法人章程规定的存续期间届满或者法人章程规定的其他解散事由出现的;(二)法人的权力机构决议解散的;(三)法人依法被吊销营业执照、登记证书,责令关闭或者被撤销的;(四)法律规定的其他情形。"

有的意见提出,法人解散的事由很多,为与公司法的规定相协调,建议在本条中增加两项解散事由:因合并或者分立需要解散和继续存续损害成员利益。有的意见提出,公司法规定的"继续存续会使股东利益受到重大损失"的情况还有条件限制,属于公司解散的特别规定,不宜规定在民法总则中。经研究,草案三次审议稿增加规定"因法人合并或者分立需要解散"的情形。第六十七条规定:"有下列情形之一的,法人解散:(一)法人章程规定的存续期间届满或者法人章程规定的其他解散事由出现的;(二)法人的权力机构决议解散的;(三)因法人合并或者分立需要解散的;(四)法人依法被吊销营业执照、登记证书,被责令关闭或者被撤销的;(五)法律规定的其他情形。"

6. 清算义务人的清算义务

草案二次审议稿第七十一条第一款规定:"清算义务人怠于履行清算义务,造成法人财产损失的,应当在造成损失范围内对法人债务等承担责任。"第二款规定:"清算义务人怠于履行清算义务,导致法人主要财产、账册、重要文件等灭失,无法进行清算的,对法人债务等承担连带责任。"

有的意见提出,清算义务人的失职,不但会导致法人的债务无法追偿、清算,还会导致其债权人的债权也受到损失,建议将"对法人债务等承担连带责任"修改为"对法人债务及债权人债务等承担连带责任"。有的意见建议,参照最高人民法院《关于适用〈中华人民共和国公司法〉若干问题的规定(二)》第十九条的规定,增加一款:"清算义务人未经依法清算,以虚假的清算报告骗取公司登记机关办理法人注销登记的,应当对公司债务承担相应的赔偿责任。"有的意见提出,清算义务人怠于履行清算义务的责任问题较为具体,且各种法人类型之间情况也会有不同,宜由公司法等法律作出规定。经研究,草案三次审议稿删去这条规定。

7. 法人分支机构

草案二次审议稿第七十三条第二款规定:"分支机构以自己的名义从事民事活动,由此产生的民事责任由法人承担。"

有的意见提出,民事诉讼法司法解释规定,法人的分支机构具有民事诉讼主体资格。实践中,有些保险公司分支机构也可以自己独立承担民事责任,一些大型公司法人的分支机构基本上都有自己的银行账户和相对独立的财产。法人的分支机构以自己的名义从事的民事活动产生的责任,是否都由法人承担,哪些法人分支机构可以独立承担民事责任,哪些法人分支机构不能单独承担民事责任,建议进一步研究。有的意见提出,根据司法解释的规定,实践中均是判决金融机构等法人的分支机构先以自己的财产承担民事责任,财产不足时,再判决设立该分支机构的法人承担民事责任。本条规定与司法实践不一致,可行性不强,建议再作研究。有的意见提出,可考虑明确由分支机构承担以自己名义从事民事活动所产生的民事责任,超出其承担能力的,由法人承担。将本款修改为:"分支机构有自己财产的,以自己财产承担责任,分支机构财产不足的由法人承担补充责任。"有的意见提出,法人分支机构以其财产承担一定的责任,无法承担的部分由法人承担,这是民法通则司法解释的规定和司法实践中的一贯做法。建议修改为:"分支机构经法人授权,得以自己的名义从事民事活动,由此产生的民事责任,以法人分支机构以及法人的财产承担。"有的意见提出,法人分支机构的财产也是法人的财产,规定"民事责任由法人承担"是正确的,规定由法人分支机构承担反而会产生分支机构可以独立承担民事责任的歧义,理论上有问题。经研究,草案三次审议稿未对本条内容作修改,留待进一步听取意见。

8. 法人的分类

草案二次审议稿将法人分为营利法人和非营利法人。

有的意见提出,采用营利和非营利法人的分类标准,能不能涵盖现在复杂的法人类型,怎么分类和界定,还应该再作研究。有的意见提出,将法人区分为营利法人和非营利法人符合国家依据法人目的进行管理的需要,但有可能存在营利性认定困难等问题。将民法通则中的企业法人概念修改为营利法人概念,与民众的长期认知存在差别,需要立法上通过准确的定义解释和配套制度予以调整。有的意见提出,法人的分类非常重要,简单地把法人分为营利法人和非营利法人,有很多问题。民办教育、民办医院、民办养老院将面临非常大的问题。有的意见提出,将法人分为营利法人和非营利法人,是对民法通则法人制度的提炼和超越,脉络清晰、简单明了,既保持了立法的连续性和稳定性,又适应社会主义市场经济发展的现实需要。经研究,草案三次审议稿在维持营利法人和非营利法人分类的基础上,增加了特别法人一节。

9. 特别法人

草案二次审议稿未规定特别法人。在法人一章第一节一般规定中对合作社法人和农村集体经济组织作了规定。第七十五条规定:"法律、行政法规对合作社法人有规定的,依照其规定。"第七十六条规定:"农村集体经济组织具备法人条件的,依法取得法人资格。"

有的意见提出,对于那些既具有营利性、又具有公益性的组织,如农民专业合作社、代行村集体经济组织职能的村民委员会、医院等,是归入营利法人还是非营利法人,应予明确,否则会面临如何登记、如何作为独立的市场主体参与经济活动等问题。有的意见提出,营利法人与非营利法人的分类,将复杂的法人主体简单化了,如合作社法人和农村集体经济组织法人,不属于任何一类。有些意见提出,实践中有的法人与营利法人和非营利法人在设立、终止等方面都有所不同,难以纳入这两类法人,建议增设一类特殊法人。有的意见提出,草案没有明确合作社法人的类型归属。实践中,合作社包括供销合作社、信用合作社、农民专业合作社等。从现行的法律制度看,《中华人民共和国农民专业合作社法》第二条规定了农民专业合作社的性质是互助性经济组织,主要职能是提供农业生产资料以及农业生产经营等服务。《农民专业合作社法》第四条、第五条规定了农民专业合作社依据合作社法进行登记,取得法人资格;对合作社成员出资、公积金、国家财政直接补助、他人捐赠以及合法取得的其他资产所形成的财产,享有占有、使用、处分的权利,并以此财产对债务承担责任;合作社成员以其账户内记载的出资额和公积金份额为限对合作社承担责任。《农民专业合作社法》第二条规定的是内部的关系,第四、第五条规定的是农民专业合作社同外部的关系,确定法人种类,应着重考虑法人同外部的关系,建议将农民专业合作社明确为营利法人,以更好地保障促进农民专业合作社的发展。有的意见建议,应当明确农村集体经济组织的民事主体资格。农村集体经济组织既承担经济职能,又承担社会管理等综合职能。实践中,农村集体经济组织存在着主体地位不明、功能作用发挥不够、职能职责虚位等问题,亟待法律作出规范。一是,赋予农村集体经济组织民事主体地位符合宪法精神。根据宪法的相关规定,农村集体经济组织有独立进行经济活动的自主权,为了保证这一权利的实现,需要明确其独立的民事主体地位。二是,赋予农村集体经济组织民事主体地位有利于促进其健康发展。民法通则、物权法、农村土地承包法等法律都有关于农村集体经济组织职能的规定,为保证相关法律更好实施,民法总则应赋予其独立的民事主体地位。有的意见提出,草案将法人分为营利法人和非营利法人两类,虽然规定农村集体经济组织具备法人条件的,依法取得法人资格,但是归为哪一类法人却没有明确。我国农村集体经济组织一般都具有经营性、公益性双重职能。农民合作社也一样,作为市场主体具有营利性,但是作为服务主体不以营利为目的。特别是农村出现的社区股份合作社,还有着社会管理公共服务的公益职能。中国的合作社与国外的合作社有很多不同。国际上对合作社的法人如何定位也不尽相同。有的意见认为,英美法系国家大多将合作社法人定位为公司法人,但是大陆法系的国家和地区,明确规定合作社是非营利性的,比如日本的农协、台湾地区的农业合作社。经研究,根据我国社会生活实际,具有特殊性的法人组织主要有以下几种情况:一是机关法人,其在设立依据、目的、职能和责任最终承担上,均与其他法人存在较大差别;二是基层群众性自治组织和农村集体经济组织,其设立、变更和终止,管理的财产性质,成员的加入和退出,承担的职能等都有其特殊性;三是合作经济组织,既具有公益性或者互益性,又具有营利性。对上述这些法人,单独设立一种法人类别,有利于其更好地参与民事生活,也有利于保护其成员和与其进行民事活动的相对人的合法权益。草案三次审议稿在法人一章中增加了第四节特别法人,对上述情况作出规定。

10. 营利法人决议效力

草案二次审议稿第八十六条第一款规定:"营利法人的权力机构、执行机构的决议内容违反法律、行政法规的无效。"

有的意见提出,营利法人的决议内容违反法律、行政法规的是否都无效,还是应该按照草案第一百四十七条的规定,违反法律、行政法规的效力性强制规定或者违背公序良俗的才无效,建议进一步研究。经研究,草案三次审议稿删除了这一规定。

11. 非营利法人定义

草案二次审议稿第八十九条第一款规定:"为公益目的或者其他非营利目的成立,不向其出资人或者设立人分配利润的法人,为非营利法人。"

有的意见提出,非营利法人不向其出资人或者设立人分配利润,但非营利法人是否可以经营,是否可以取得利润,建议明确。经研究,草案三次审议稿采纳了这一意见,在"利润"前增加"所取得"的表述,以明确并不禁止非营利法人从事经营活动。第八十六条第一款规定:"为公益目的或者其他非营利目的成立,不向其出资人或者设立人分配所取得利润的法人,为非营利法人。"

12. 非营利法人的剩余财产分配

草案二次审议稿第九十条规定:"为公益目的成立的非营利法人终止时,不得向其出资人或者设立人分配剩余财产;其剩余财产应当按照章程的规定或者权力机构的决议用于公益目的;不能按照法人章程规定或者权力机构的决议处理的,由主管机关主持转给宗旨相同或者相近的以公益为目的的法人,并向社会公告。"

有的意见提出,本条对社会办公益可能会产生较大的负面影响。民营非营利法人有些涉及民生公共服务,很大程度上缓解了政府投入不足的问题。如果作为营利法人经营,由于税收负担等原因,这些组织很难有生存发展的空间。本条规定很有必要,但是需要作更进一步的修改完善,优化具体制度设计,排除出资人举办公益事业原本属于个人的财产,以体现国家鼓励民间力量举办公益事业。有的意见建议,对本法实施前的非营利法人应当给以适当的保护。有的意见提出,我国的非营利法人制度已经走出了一条中国特色的法人道路,如民办学校。建议增加"法律另有规定的除外",为今后留有余地。有的意见认为,设立公益法人,出资后就不能撤资,如果终止,财产就转给宗旨相同的法人,否则很难保证公益目的的纯粹。不要总讲特殊性,在涉及基本理念的问题上强调特殊性,事情往往就办不好。经研究,草案三次审议稿对本条内容未作修改。

13. 居民委员会、村民委员会的法人地位

草案二次审议稿未对居民委员会、村民委员会的法人地位作出规定。

有的意见提出,居民委员会、村民委员会是基层群众性自治组织,为履行其职能需要从事民事活动。由于现行法律没有规定其民事主体地位,致使其在一些情况下不能顺利从事民事活动。民法总则应明确赋予居民委员会、村民委员会法人资格。经研究,草案三次审议稿采纳这一意见,增加规定居民委员会、村民委员会的法人地位。第一百条第一款规定:"居民委员会、村民委员会具有基层群众性自治组织法人资格,可以从事为履行职能所需要的民事活动。"第二款规定:"未设立村集体经济组织的,村民委员会可以依法代行村集体经济组织的职能。"

(四)非法人组织

1. 类型

草案二次审议稿第一百条第二款规定:"非法人组织包括个人独资企业、合伙企业等。"

有的意见提出,要深入研究非法人组织的状况,尽量把非法人组织的类型列举出来。比如越来越多的业主委员会,是不是非法人组织,要充分考虑到现实生活的实际情况。有的意见建议,进一步明确非法人组织包含的主体,将本款修改为:"非法人组织包括个人独资企业、合伙企业、法人依法设立的分支机构、不具备法人条件的农村集体经济组织等。"有的意见提出,"非法人组织"并不是一个兜底性的"筐",要成为法律规定的"非法人组织",必须满足一定的条件,实际上也是适应民事主体不断发展的开放性需求。非法人组织还应该包括没有取得法人资格的集体经济组织,社区的业主委员会,社团法人和财团法人成立的分支机构,依法成立的乡镇企业,经登记和批准成立的不具有法人资格的教育机构和培训机构,未登记的合作

社等。有的意见提出,业主大会是对涉及业主利益有关事项进行决议的重要主体,在日常管理过程中,需要建立独立账户对资金进行管理,对外选聘物业服务企业,将物业维修等业务外包并签订相关协议,等等,这些活动都需要相应的主体资格。物权法对业主大会这一主体作出了规定,但没有明确其民事主体资格。随着城镇化发展,这一主体的数量将日益增多,将参与到更多的民事活动之中,为适应城镇化发展和维护广大业主权益的需要,建议赋予其相应的主体资格。有的意见建议,明确设立中的法人性质为非法人组织。有的意见提出,不具有法人资格的合伙制律师事务所、会计师事务所等专业服务机构属于比较典型的非法人组织,建议明确纳入非法人组织的类型。至于村民委员会、居民委员会、业主委员会、中外合作经营企业、外资企业等,情况不一,不宜一概纳入非法人组织,可以用一个兜底规定来增加灵活性。经研究,草案三次审议稿采纳了部分意见。第一百零一条规定:"非法人组织包括个人独资企业、合伙企业、不具有法人资格的专业服务机构和其他组织。"

2. 非法人组织的设立程序

草案二次审议稿第一百零一条第二款规定:"设立非法人组织,法律规定须经有关机关批准的,依照其规定。"

有的意见提出,依据本款规定,只有法律才有权规定设立非法人组织的审批程序,行政法规、地方性法规、规章等其他规范性文件均不得为非法人组织设立设置审批程序。但是,非法人组织类型较多,都必须依照法律的规定办理审批程序过于严格,也不现实,建议放宽到依照行政法规的规定办理审批程序。经研究,草案三次审议稿采纳了这一意见。第一百零二条第二款规定:"设立非法人组织,法律、行政法规规定须经有关机关批准的,依照其规定。"

(五)关于民事权利

1. 体例结构

有的意见提出,草案民事权利一章规定了物权、债权、知识产权、人身权等权利,但上述权利在有关民事单行法律中已分别进行规定,总则已无再次罗列规定的必要。同时,关于不当得利、无因管理的内容,宜在民法分则的债权编中加以规定。建议对保留该章的必要性再作研究。有的意见提出,民事权利是民事立法的核心内容,要把民事权利写充分、写到位。建议本章分节规定:第一节人身权利,人身权利并没有专门的民事立法,宪法中有一些规定要体现在民事立法中,人身权就更应该在民法总则中规定得丰富一些;第二节财产权利;第三节知识产权;第四节其他权利。现实生活中已经出现了很多新型的权利,民法总则应当作一些原则性规定。经研究,草案三次审议稿对民事权利一章的体例结构未作修改。

2. 人格权

草案二次审议稿第一百零八条第一款规定:"自然人享有生命权、健康权、身体权、姓名权、肖像权、名誉权、荣誉权、隐私权、婚姻自主权等权利。"

有的意见提出,先有身体,才谈得上健康,建议把第一款中的"身体权"放在"健康权"前面。有的意见建议,增加信用权的规定。有的意见建议,将本条分为两条,分别规定人身权和人格权。一条规定物质性人格权:自然人的生命权、健康权、身体权,还应当充分考虑声音权、形体权等新的权利。另一条规定精神性人格权:自然人的姓名权、肖像权、名誉权、荣誉权、隐私权、婚姻自主权等和法人、非法人组织的名称权、名誉权、荣誉权等。经研究,草案三次审议稿对本条未作修改。

3. 个人信息保护

草案二次审议稿第一百零九条规定:"自然人的个人信息受法律保护。任何组织和个人不得非法收集、利用、加工、传输个人信息,不得非法提供、公开或者出售个人信息。"

有的意见提出,没有法律依据可以出售公民个人信息,实际生活中还有公民个人信息被买卖的现象,对公民的合法权益造成很大损害,有必要在民法总则中明确规定不得买卖个人信息,建议将"不得非法提供、公开或者出售个人信息"修改为"不得非法提供、公开个人信息,不得买卖个人信息"。有的意见认为,个人信息也包括脱敏的个人信息,可以依法作为大数据交易的客体。有的意见提出,自然人的个人信息包括哪些内容,建议仔细斟酌。有的意见提出,隐私是与公共利益无关的个人的信息、个人的活动和个人的空间,个人信息属于隐私权的组成部分,建议删除本条或者将本条纳入"隐私权"部分。有的意见提出,关于信息类客体,草案第一百零八条中的"隐私"、本条中的"个人信息"和第一百二十四条的"数据",三者存在很多重合之处,建议整体考虑,避免引起混乱。有的意见提出,本条需要再进一步补充完善。一是,没有明确定义什么叫非法收集、利用、加工、传输个人信息,在实际操作中可能会出现一些问题。二是,现在大量的个人信息在采集的时候是合法的,只是被泄露了。经研究,草案三次审议稿对本条仅作部分文字修改。第一百一十条规定:"自然人的个人信息受法律保护。任何组织和个人不得非法收集、使用、加工、传输个人信息,不得非法买卖、提供或者公开个人信息。"

4. 民事主体的财产权利受法律保护

草案二次审议稿第一百一十一条规定:"民事主体依法享有的收入、储蓄、房屋、生活用品、生产工具、投资及其他财产权利受法律保护。"

有的意见提出,本条与草案第一百一十二条在顺序上不合适,所有权是物权的重要组成部分,放在物权前规定,逻辑上存在矛盾,建议先规定物权,再对所有权、用益物权、担保物权作出规定。有的意见提出,本条规定的诸多概念较为宽泛和模糊,不够准确,部分用语过于口语化,而且所列举的内容均可由该章其他条文加以调整,如对自有房屋、生活用品、生产工具等标的物享有的物权,对储蓄享有的银行债权等,建议删除本条。有的意见提出,本条列举的"收入、储蓄、房屋、生活用品"均是财产,并非财产权利,依法享有财产权利的表述逻辑存在问题,建议将"享有"修改为"取得"。有的意见提出,民法通则制定时我国尚未规定物权概念,所以在"财产所有权和与财产所有权有关的财产权"的标题下作了这样的规定,现在已经有物权、债权、股权、知识产权等财产权概念,在民事单行法律中有更准确的概念,建议删除本条。有的意见提出,《宪法》第十三条第一款规定,公民的合法的私有财产不受侵犯。国家依照法律规定保护公民的私有财产权。建议对本条加以改造,以体现和落实宪法规定的精神。经研究,草案三次审议稿采纳了部分意见,对本条作出修改。第一百一十二条规定:"自然人的私有财产权利受法律保护。"

5. 物权法定原则和征收、征用

草案二次审议稿未对物权法定原则和因征收、征用而获得补偿的权利作出规定。

有的意见提出,物权法规定了物权法定,建议将物权的这一重要原则规定到民法总则中。有的意见提出,私有财产的征收、征用涉及民事主体重大利益,为社会普遍关注,虽然一些法律法规也有规定,但民法总则作为民法的总纲领,应当对征收、征用的条件、权限、程序和补偿等作出原则性规范。经研究,草案三次审议稿采纳了这些意见,增加相关规定。第一百一十五条规定:"物权的种类和内容,由法律规定。"第一百一十七条规定:"为了公共利益的需要,依照法律规定的权限和程序征收、征用不动产或者动产的,应当给予公平、合理的补偿。"

6. 知识产权

草案二次审议稿第一百二十条第二款规定:"知识产权是指权利人依法就下列客体所享有的权利:(一)作品;(二)发明、实用新型、外观设计;(三)商标;(四)地理标志;(五)商业秘密;(六)集成电路布图设计;(七)植物新品种;(八)科学发现;(九)法律规定的其他客体。"

有的意见建议,在知识产权的定义中明确其构成要件,一是应用,二是要通过申请获得授权。建议将第一句修改为"知识产权是指权利人就以下客体的应用依法获得授权的权利"。有的意见提出,本条没有把最主要的知识产权强调出来,包括著作权、专利权、商标专用权、发现权,这些权利都在三十年前的民法通则中写到了。同时,还要明确权利的性质,建议将第二款第一句修改为"知识产权是指权利人依法就下列客体所享有的著作权(版权)、专利权、商标专用权、发现权等专属和支配的权利"。有的意见提出,第二款关于客体的描述不在一个档次,比如发明和发现是一个概念,而像商标、设计本身就是客体,直接就可以授权。世界知识产权组织在描述客体时用的是发明、文学艺术作品、符号、名称、图像等在商业实践中的应用。有的意见建议,将第二款第三项、第四项合并,修改为"商标、商号、地理标志及其他商业标记"。有的意见提出,科学发现不一定成为知识产权。例如,在生命科学领域中,人类基因组计划发现的人类基因的序列是否可纳入知识产权,就有很大争议。有一些美国公司认为他们发现的人类基因序列,构成公司的知识产权。但大多数科学家,特别是来自于发展中国家的科学家认为,基因遗传信息是人类共同的遗产,基因序列的科学发现只是揭示了客观存在,不能成为个人或者公司的知识产权。联合国教科文组织最后得出了人类遗传信息不纳入专利范围的结论。科学发现的权利,实际上就是谁是第一发现者,与法律上讲的知识产权不是一回事。有的意见提出,"科学发现"的表述比较含糊,建议将"科学发现"修改为"以文字形式描述的科学发现和创造"。有的意见提出,科学发现是人类对客观世界的认知,而非对客观世界进行改造的知识成果,不应为任何人所专有。如果将科学发现规定为知识产权客体,可能导致天文学、生物学等各领域的科学发现无法造福人类,从而限制人类的发展和进步。同时,国外法律及国际条约也基本不将科学发现包括在知识产权中。有的意见建议增加列举"其他科技成果权"。经研究,草案三次审议稿采纳了部分意见,增加规定知识产权"专属和支配"的权利属性,删去"科学发现"。第一百二十三条第二款规定:"知识产权是指权利人依法就下列客体所享有的专属的和支配的权利:(一)作品;(二)发明、实用新型、外观设计;(三)商标;(四)地理标志;(五)商业秘密;(六)集成电路布图设计;(七)植物新品种;(八)法律规定的其他客体。"

7. 其他民事权利

草案二次审议稿第一百二十三条规定:"民事主体享有法律规定的其他民事权利。"

有的意见提出,民事权利应当由法律作出明确规定。经济社会的发展和科学技术的进步使需要民法保护的范围日益扩大,法律又存在一定的滞后性,建议将"其他民事权利"修改为"其他民事权利和利益",以更好地适应时代的发展要求,将保护的范围从传统的民事权利扩展到了各类合法的利益。有的意见建议,增加对民事利益保护的规定。一是,民法上的许多合法利益无法由权利涵盖,同时二者往往没有绝对清晰的界限,常常相互转化。二是,规定未被法律明确规定为民事权利的正当利益受法律保护,有助于妥善解决涉及"新型权利"的疑难案件。经研究,草案三次审议稿采纳了这些意见。第一百二十七条规定:"民事主体享有法律规定的其他民事权利和利益。"

8. 数据和网络虚拟财产

草案二次审议稿第一百二十四条规定:"法律对数据、网络虚拟财产的保护有规定的,依照其规定。"

有的意见提出,应当对数据、网络虚拟财产作出一些直接规定,以满足社会发展需要,而不应当采用转致条款。法律并没有对其作出规定,如果使用转致条款,可能导致法官无从援引。有的意见提出,该条看似对数据、网络虚拟财产的保护作出了特别规定,但实际上又等于没有规定,建议删除。有的意见提出,该条内容涉及新领域新问题,理论研究和实际探索还很不够,国外相关立法例也不多。民法总则对此有所提及,既体现了时代性,也有利于发挥民事基本法的引领作用,但不宜仓促规定具体内容。要不要保护以及如何保护,还有待于积累实践发展经验并形成一定理论共识。经研究,草案三次审议稿维持了二次审议稿的规定。

9. 民事权利的取得方式

草案二次审议稿未对民事权利的取得方式作出规定。

有的意见提出,应在民法总则中将民事权利规定得更充实一些。民事权利应当首先明确如何取得,然后再规定如何行使、如何保护等内容,建议对民事权利的取得方式作出原则规定。有的意见认为,民事权利的取得方式,学理性强,不易为社会公众理解,而且作为裁判规范的意义也不大。作为法律的民法总则不是作为教科书的民法总论,不宜规定这方面内容。经研究,草案三次审议稿增加了民事权利取得的规定。第一百三十条规定:"民事权利可以依据民事法律行为、事实行为、法律规定的事件或者法律规定的其他方式取得。"

10. 民事主体行使民事权利不受干涉

有的意见提出,草案二次审议稿规定了一些民事主体行使民事权利的义务性规范,包括不得滥用民事权利损害他人合法权益,应当节约资源、保护生态环境等,应当对权利性规范也作出规定。合同法规定,当事人依法享有自愿订立合同的权利,任何单位和个人不得非法干预。农村土地承包法规定,承包方有权自主组织生产经营和处置产品,发包方不得干涉承包方依法进行正常的生产经营活动。建议对这些内容加以提炼,在民法总则中作出原则性规定。草案三次审议稿采纳了这一意见,增加一条。第一百三十一条规定:"民事主体按照自己的意愿依法行使民事权利,不受干涉。"

(六)民事法律行为

1. 意思表示的解释

草案二次审议稿第一百三十五条第一款规定:"有相对人的意思表示的解释,应当按照所使用的词句,结合相关条款、行为的性质和目的、习惯、相对人的合理信赖以及诚实信用原则,确定意思表示的含义。"

有的意见提出,依民法原理及法学方法论,意思表示的解释,非依据任何一方的理解和信赖,而是按照具有一般理性之人处于同等情形应有之理解和信赖,以确定其意义。且"相对人的合理信赖"本身也应按照意思表示

"所使用的词句,结合相关条款、行为的性质和目的、习惯以及诚实信用原则"加以综合判断,不应认可存在独立于这些之外的"相对人的合理信赖"。建议删去"相对人的合理信赖",以免导致当事人缠讼及法官滥用自由裁量。经研究,草案三次审议稿采纳了这一意见。第一百四十三条第一款规定:"有相对人的意思表示的解释,应当按照所使用的词句,结合相关条款、行为的性质和目的、习惯以及诚实信用原则,确定意思表示的含义。"

2. 超越经营范围

草案二次审议稿未对超越经营范围的民事法律行为的效力作出规定。

有的意见建议,恢复草案一次审议稿第七十七条的规定,即:"营利法人超越登记的经营范围从事经营活动的,依法承担相应的责任,但是除违反法律、行政法规的效力性强制性规定外,民事法律行为有效。"本条规定具有重要理论和实践意义,不能被其他条文所代替。企业超越一般经营范围的活动在实践中多有存在。根据民法理论,法人的法定代表人实施超越经营范围的行为,可认为属于超越代表权行为,则依照现行合同法第五十条关于越权代表的规定以及草案第五十九条第三款关于代表权范围限制不得对抗善意第三人的规定,当第三人知道或者应当知道法人超越经营范围时,第三人与法人之间所为民事法律行为无效。鉴于法人经营范围依法须登记公示,法院将根据民法"具有理性之人"标准认定相对人"应当知道"交易对方超越了经营范围,否定其主张"不知道"的抗辩。其结果是,法人超越经营范围的民事法律行为,将一律被认定为无效。如果保留草案一次审议稿第七十七条的规定,这一规定就可作为特别规定来适用,则超越经营范围行为的效力依是否违反效力性强制性规定而定,而无须考虑相对人对此是否知道或者应当知道。只要未违反法律、行政法规禁止经营、限制经营等规定,则民事法律行为的效力不受影响。经研究,草案三次审议稿采纳了这一意见。第一百五十六条规定:"超越依法登记的经营范围从事经营活动的,除违反法律、行政法规有关限制经营、特许经营或者禁止经营的规定外,不影响民事法律行为的效力。"

(七) 代理

1. 委托代理的形式

草案二次审议稿第一百六十条第一款规定:"委托代理授权可以采用书

面形式、口头形式或者其他形式;法律规定或者当事人约定采用特定形式的,应当采用特定形式。"第二款规定:"授权委托书应当载明代理人的姓名或者名称、代理事项、权限和期间,并由被代理人签名或者盖章。"

有的意见提出,本条第一款规定与草案第一百二十八条民事法律行为形式的规定重复,建议删去本条第一款规定。经研究,草案三次审议稿采纳了这一意见。第一百六十九条规定:"委托代理授权采用书面形式的,授权委托书应当载明代理人的姓名或者名称、代理事项、权限和期间,并由被代理人签名或者盖章。"

2. 家事代理

草案二次审议稿未对家事代理作出规定。

有的意见建议,对夫妻家事代理权作专门规定,明确夫妻日常事务代理的主体、家事代理的范围以及除外的情形。理由是:首先,确立家事代理权有立法的必要。从大陆法系、英美法系的法律规定看,夫妻之间的相互代理权均得到法律的认可,我国现行法律中没有明确规定夫妻间日常家事的代理权,需要相关民事立法加以明确。其次,确立家事代理权为夫妻一方处理日常事务带来便利。夫妻家事代理权设置的目的是夫妻共同生活的便利,其范围限于日常家事,在行使时不必以被代理人的名义,也无需一般代理的形式要件,适应现代化、快节奏、高效率的社会发展需求,具有一般代理不可比拟的便利性。第三,确立家事代理权有利于维护财产交易安全。家事代理权是对夫妻之间的相互代理权的明确认可,家事代理权明确配偶一方与第三方为一定法律行为时的当然代理权,另一方对由此产生的债务承担连带责任,维护了财产交易安全,保障了第三人的权益。最后,确立家事代理权有利于维护婚姻当事人的权益。有的意见提出,家事代理以婚姻关系为基础,与一般的代理有很大不同,不适宜规定在民法总则"代理"一章,可以考虑规定在婚姻法中。经研究,草案三次审议稿未对家事代理作出规定。

(八)关于民事责任

1. 是否规定民事责任一章

有的意见提出,民法典各分则都将对权利的救济和违反义务的责任承担作出规定,现行法律对此也基本都作了明确规定,民法总则似无提取公因式的立法必要,还可能导致分则与总则规定之间的不协调。有的意见提出,本章规定基本来源于侵权责任法和合同法,如果保留本章规定,可能导致其与民法典合同法编、侵权责任法编的规定出现大量重复。民事责任的规定应当具有普遍适用性,例如,关于正当防卫、紧急避险等,主要适用于侵权,而不适用于其他责任,没有必要规定在民事责任部分,建议对是否保留民事责任一章再作研究。有的意见提出,草案三审稿和二审稿一样,民事权利、民事责任分别独立成章。这两章可以删去,民事权利章中有关权利客体的内容由民法典分则各编具体规定,现在这两章的部分内容,经过增删损益,专门规定民事权利的行使和保护,纳入第一章。关于民事责任一章,原来民法通则中民事责任一章重点是探讨损害赔偿责任,因此总体上说得通。但是民法通则第一百三十四条关于十种责任承担方式的规定,实际上是混淆了义务违反者的"制裁"(对应的就是对权利人的保护或救济)与"损害赔偿"。民法总则草案民事责任一章对此加以继承,同时这一章中关于按份责任、连带责任的规定,使得这种混淆愈发严重。建议把责任方式或者民事权利保护方式放入第一章,至于损害赔偿,考虑到合同法采可预见说,侵权责任法采相当因果关系说,已经二元化了,还有多大程度可以作出共通性规定,值得认真研究。有的意见认为,规定民事责任一章才能使民法总则的体系完整,体现权利义务责任三位一体,也符合一般社会大众的认知。经研究,草案三次审议稿仍保留民事责任一章。

2. 民事责任的方式

草案二次审议稿第一百七十四条第一款规定:"承担民事责任的方式主要有:(一)停止侵害;(二)排除妨碍;(三)消除危险;(四)返还财产;(五)恢复原状;(六)修理、重作、更换;(七)继续履行;(八)赔偿损失;(九)支付违约金;(十)消除影响、恢复名誉;(十一)赔礼道歉。"第二款规定:"法律规定惩罚性赔偿的,依照其规定。"

有的意见建议,增加"替代履行"的责任方式,在没有条件、没有能力执行其他方式的时候,可以用金钱给付的方式替代履行,有利于克服执行难的问题。有的意见建议,增加"精神损害赔偿"的责任方式。有的意见建议,增加民法通则关于民事责任的方式可以单独适用,也可以合并适用的规定。经研究,草案三次审议稿采纳了这一意见,增加一款。第一百八十三条第三款规定:"本条规定的承担民事责任的方式,可以单独适用,也可以合并适用。"

3. 紧急救助

草案二次审议稿对紧急救助未作规定。

有的意见提出,为匡正社会风气,化解老人倒地无人敢扶等社会问题,鼓励和保护见义勇为行为,应在民法总则中借鉴国外"好人法",对实施救助造成受助人损害的免责问题作出规定。有的意见提出,近年来北京、深圳等地方通过地方性法规作出了一些关于保护救助人的规范,以回应社会关切。但由于立法权限的原因,这些地方性法规一般都避免创设新的民事责任制度,只能是在现有法律框架内进行归纳、重申。考虑到这种情况,民法总则正应当对此有所规定。经研究,草案三次审议稿采纳了这些意见,增加关于紧急救助的规定。第一百八十七条规定:"实施紧急救助行为造成受助人损害的,除有重大过失外,救助人不承担民事责任。"

(九)诉讼时效和除斥期间

1. 诉讼时效期间届满的法律效果

草案二次审议稿第一百八十五条第二款规定:"诉讼时效期间届满后,义务人自愿履行的,不受诉讼时效限制。"

有的意见提出,诉讼时效期间本身并不限制义务人的履行,即使在时效期间届满之后,也不发生是否"受诉讼时效限制"的问题,本款表述不准确。经研究,草案三次审议稿采纳了这一意见。第一百九十五条第二款规定:"诉讼时效期间届满后,义务人自愿履行的,不得请求返还。"

2. 除斥期间

草案二次审议稿第九章第二节对除斥期间作出规定,共三条。第一百九十三条规定:"法律规定或者当事人约定的撤销权、解除权等权利的存续期间,为除斥期间。除斥期间届满,当事人的撤销权、解除权等权利消灭。"第一百九十四条规定:"除斥期间自权利人知道或者应当知道权利产生之日起开始计算。法律另有规定的,依照其规定。"第一百九十五条规定:"除斥期间不适用本法有关诉讼时效中止、中断和延长的规定。"

有的意见提出,除斥期间适用对象并不限于撤销权、解除权等形成权,某些物权如《物权法》第二百零二条规定的抵押权的存续期间、某些请求权如《合同法》第一百零四条第二款规定的提存物领取权、《个人独资企业法》第二十八条规定的个人独资企业解散后的赔偿请求权等,也可以准用除斥期间。建议增加规定:"法律未明确将期限规定为诉讼时效的,准用前款规定。"有的意见提出,"除斥期间"是外国民法上的概念,民法典应当尽量通俗易懂,建议使用老百姓能明白的用语表述,如"撤销期间"。有的意见提出,"除斥期间"这个概念,虽然老百姓不太容易理解,但是在法学理论研究、法学教育中已经广泛使用,很难再创造另外一个词代替。有的意见提出,对除斥期间下定义,很难做到周全,应当转换一种方式进行规定,避免出现除斥期间的概念。建议将第一百九十三条第一款、第二款合并规定为:"法律规定或者当事人约定的撤销权、解除权等权利的存续期间届满,当事人的撤销权、解除权等权利消灭。"有的意见提出,草案二次审议稿第一百九十五条规定:"除斥期间不适用本法有关诉讼时效中止、中断和延长的规定。"可以通过这个角度,将除斥期间的三条合并规定,作为诉讼时效制度下的例外规定。经研究,草案三次审议稿采用这个办法,对除斥期间不再单设一节,将关于除斥期间的三条规定合并为一条,作为诉讼时效内容的最后一条。第二百零三条规定:"法律规定或者当事人约定的撤销权、解除权等权利的存续期间,除法律另有规定外,自权利人知道或者应当知道权利产生之日起计算,不适用有关诉讼时效中止、中断和延长的规定。存续期间届满,撤销权、解除权等权利消灭。"同时,将第九章章名"诉讼时效和除斥期间"修改为"诉讼时效"。

草案三次审议稿花脸稿（以二审稿为底稿）

目　　录

第一章　基本原则
第二章　自然人
　第一节　民事权利能力和民事行为能力
　第二节　监　护
　第三节　宣告失踪和宣告死亡
　第四节　个体工商户、农村承包经营户
第三章　法　人
　第一节　一般规定
　第二节　营利法人
　第三节　非营利法人
　第四节　特别法人
第四章　非法人组织
第五章　民事权利
第六章　民事法律行为
　第一节　一般规定
　第二节　意思表示
　第三节　民事法律行为的效力
　第四节　民事法律行为的附条件和附期限
第七章　代　理
　第一节　一般规定
　第二节　委托代理
　第三节　代理的终止
第八章　民事责任
第九章　诉讼时效和除斥期间

~~第一节　诉讼时效~~
~~第二节　除斥期间~~
第十章　期间的计算
第十一章　附　则

第一章　基本原则

第一条　为了保护民事主体的合法权益,调整民事关系,维护社会和经济秩序,适应中国特色社会主义发展要求,根据宪法,制定本法。

第二条　民~~事法律~~调整~~作为~~平等民~~事~~主体的自然人、法人和非法人组织之间的人身关系和财产关系。

第三条　民事主体在民事活动中的法律地位一律平等。

第四条　民事主体从事民事活动,应当遵循自愿原则,按照自己的意思设立、变更和终止民事法律关系。

第五条　民事主体从事民事活动,应当遵循公平原则,合理确定各方的权利和义务。

第六条　民事主体从事民事活动,应当遵循诚实信用原则。

~~**第七条**　民事主体从事民事活动,应当保护生态环境、节约资源,促进人与自然和谐发展。~~(移至民事权利一章并修改)

第八条　民事主体从事民事活动,不得违反法律~~,不得违背公序良俗,不得滥用权利损害他人合法权益~~。(移至民事权利一章并修改)

第九条　民事主体的人身、财产权利~~和~~及其他合法权益受法律保护,任何组织或者个人不得侵犯。

民事主体行使权利的同时,应当履行法律规定的或者当事人约定的义务~~,承担相应责任~~。

第十条　处理民事~~关系~~纠纷,应当依照法律~~法规~~规定;法律~~法规~~没有规定的,可以适用习惯,但是不得违背公序良俗。

第十一条　其他法律对民事关系另有特别规定的,依照其规定。

第十二条　在中华人民共和国领域内的民事活动,适用中华人民共和国法律。法律另有规定的,依照其规定。

草案三次审议稿花脸稿(以二审稿为底稿)

第二章 自 然 人

第一节 民事权利能力和民事行为能力

第十三条 自然人从出生时起到死亡时止,具有民事权利能力,依法享有民事权利,承担民事义务。

第十四条 自然人的民事权利能力一律平等。

第十五条 自然人的出生时间和死亡时间,以出生证明、死亡证明记载的时间为准;没有出生证明、死亡证明的,以户籍登记的时间为准。有其他证据足以推翻以上记载时间的,以相关证据证明的时间为准。

第十六条 涉及遗产继承、接受赠与等胎儿利益的保护,胎儿视为具有民事权利能力。但是,胎儿出生时为死体的,其民事权利能力自始不存在。

第十七条 年满十八周岁的自然人为成年人。不满十八周岁的自然人为未成年人。

第十八条 成年人为完全民事行为能力人,可以独立实施民事法律行为。

第十九条 六周岁以上的未成年人,为限制民事行为能力人,可以独立实施纯获利益的民事法律行为或者与其年龄、智力相适应的民事法律行为;实施其他民事法律行为由其法定代理人代理,或者经其法定代理人同意、追认。

十六周岁以上的未成年人,以自己的劳动收入为主要生活来源的,视为完全民事行为能力人。

第二十条 不满六周岁的未成年人,为无民事行为能力人,由其法定代理人代理实施民事法律行为。

第二十一条 不能辨认自己行为的成年人,为无民事行为能力人,由其法定代理人代理实施民事法律行为。

六周岁以上的未成年人不能辨认自己行为的,适用前款规定。

第二十二条 不能完全辨认自己行为的成年人,为限制民事行为能力人,可以独立实施纯获利益的民事法律行为或者与其智力、精神健康状况相适应的民事法律行为;实施其他民事法律行为由其法定代理人代理,或者经其法定代理人同意、追认。

第二十三条 无民事行为能力人、限制民事行为能力人的监护人是其法定代理人。

第二十四条 不能辨认或者不能完全辨认自己行为的成年人的利害关系人,可以向人民法院申请认定该成年人为无民事行为能力人或者限制民事行为能力人。

被人民法院认定为无民事行为能力人或者限制民事行为能力人的,根据其智力、精神健康恢复的状况,经本人、利害关系人或者有关组织申请,人民法院可以认定该成年人恢复为限制民事行为能力人或者完全民事行为能力人。

前款规定的有关组织包括:本人住所地的居民委员会、村民委员会,学校、医疗卫生机构、妇女联合会、残疾人联合会、依法设立的老年人组织、民政部门等。

第二十五条 自然人以~~户籍~~登记的居所为住所;经常居所与住所不一致的,经常居所视为住所。

第二节 监 护

第二十六条 父母对未成年子女负有抚养、教育和保护的义务。

成年子女对父母负有赡养、照顾和保护的义务。

第二十七条 未成年人的父母是未成年人的监护人。

未成年人的父母已经死亡或者没有监护能力的,由下列~~人员中~~有监护能力的人~~依次~~按顺序担任监护人:

(一)祖父母、外祖父母;

(二)兄、姐;

(三)其他愿意担任监护人的个人或者有关组织,经未成年人住所地的居民委员会、村民委员会或者民政部门同意的。

~~未成年人的父母可以通过遗嘱指定未成年人的监护人;其父、母指定的监护人不一致的,应当尊重被监护人的意愿,根据最有利于被监护人的原则确定。~~(移至第二十八条后并修改)

第二十八条 无民事行为能力或者限制民事行为能力的成年人,由下列~~人员中~~有监护能力的人~~依次~~按顺序担任监护人:

(一)配偶;

(二)父母、子女;

(三)其他近亲属;

(四)其他愿意担任监护人的个人或者有关组织,经被监护人住所地的居民委员会、村民委员会或者民政部门同意的。

第 条 未成年被监护人的父母可以通过遗嘱指定未成年人的监护人;

其父、母指定的监护人不一致的,应当尊重被监护人的意愿,根据最有利于被监护人的原则确定。

第二十九条　监护人可以由协议确定。协议确定监护人的,应当尊重被监护人的**真实**意愿。

第三十条　对担任监护人有争议的,由被监护人住所地的居民委员会、村民委员会或者民政部门指定,有关当事人对指定不服的,可以向人民法院提出申请;有关当事人也可以直接向人民法院提出申请,由人民法院指定。

居民委员会、村民委员会、民政部门或者人民法院应当尊重被监护人的**真实**意愿,根据最有利于被监护人的原则在具有监护资格的人中指定监护人。

依照本条第一款规定指定监护人前,被监护人的人身、财产**权利**及其他合法权益处于无人保护状态的,由被监护人住所地的居民委员会、村民委员会、法律规定的有关组织或者民政部门担任临时监护人。

监护人被指定后,不得擅自变更;擅自变更的,不免除被指定的监护人的监护责任。

第三十一条　无具有监护资格的人的,监护人由**民政部门担任,也可以由具备条件的**被监护人住所地的居民委员会、村民委员会或者民政部门担任。

第三十二条　具有完全民事行为能力的成年人,可以与近亲属、其他愿意担任监护人的个人或者有关组织事先协商,以书面形式确定自己的监护人。协商确定的监护人在该成年人丧失或者部分丧失民事行为能力时,承担监护责任。

第三十三条　监护人依法履行监护职责而产生的权利,受法律保护。

监护人不履行监护职责或者侵害被监护人合法权益的,应当承担责任。

第三十四条　监护人应当按照最有利于被监护人的原则履行监护职责,保护被监护人的人身、财产**权利**及其他合法权益;除为被监护人利益外,不得处分被监护人的财产。

未成年人的监护人履行监护职责,**在作出与被监护人权益有关的决定时,**应当根据被监护人的年龄和智力状况,在作出与被监护人权益有关的决定时,尊重被监护人的**真实**意愿。

成年人的监护人履行监护职责,应当最大程度地尊重被监护人的**真实**意愿,保障并协助被监护人独立实施与其智力、精神健康状况相适应的民事法律行为**;**对被监护人有能力独立处理的事务,监护人不得干涉。

第三十五条　监护人有下列情形之一的,人民法院根据有关**个人员**或者组织的申请,撤销其监护人资格,安排必要的临时监护措施,并根据最有利于被监

护人的原则依法指定新监护人:

(一)实施严重损害被监护人身心健康行为的;

(二)怠于履行监护职责,或者无法履行监护职责并且拒绝将监护职责部分或者全部委托给他人,导致被监护人处于危困状态的;

(三)**有实施**严重侵害被监护人合法权益的其他行为的。

前款规定的有关**个**人**员**和组织包括:其他有监护资格的人员,被监护人住所地的居民委员会、村民委员会、学校、医疗卫生机构、妇女联合会、残疾人联合会、未成年人保护组织、依法设立的老年人组织、民政部门等。

前款规定的**个**人**员**和其他组织未及时向人民法院提出撤销监护人资格申请的,民政部门应当向人民法院提出申请。

第三十六条 **未成年**被监护人的父母**或者子女**被人民法院撤销监护人资格后,**除对被监护人实施故意犯罪的外,**确有悔改情形的,经其申请,人民法院可以在尊重被监护人**真实**意愿的前提下,视情况恢复其监护人资格,人民法院指定的新监护人与被监护人的监护关系同时终止。

第三十七条 有下列情形之一的,监护关系终止:

(一)被监护人取得或者恢复完全民事行为能力的;

(二)监护人丧失监护能力的;

(三)被监护人或者监护人死亡的;

(四)人民法院认定监护关系终止的其他情形。

监护关系终止后,被监护人仍然需要监护的,应当依法另行确定监护人。

第三节 宣告失踪和宣告死亡

第三十八条 自然人下落不明满二年的,利害关系人可以向人民法院申请宣告该自然人为失踪人。

第三十九条 自然人下落不明的时间,从该自然人失去音讯之日起计算。战争期间下落不明的,下落不明的时间自战争结束之日起计算。

第四十条 失踪人的财产由其配偶、父母、成年子女或者其他愿意担任财产代管人的人代管。

代管有争议,没有前款规定的人,或者前款规定的人无代管能力的,由人民法院指定的人代管。

第四十一条 财产代管人应当妥善管理失踪人的财产,维护其财产权益。

失踪人所欠税款、债务和应付的其他费用,由财产代管人从失踪人的财产中支付。

财产代管人因故意或者重大过失造成失踪人财产损失的,应当承担赔偿责任。

第四十二条 财产代管人不履行代管职责、侵害失踪人财产权益或者丧失代管能力的,失踪人的利害关系人可以向人民法院申请变更财产代管人。

财产代管人有正当理由的,可以向人民法院申请变更财产代管人。

人民法院变更财产代管人的,变更后的财产代管人有权要求原财产代管人及时移交有关财产并报告财产代管情况。

第四十三条 被宣告失踪的人重新出现,经本人或者利害关系人申请,人民法院应当撤销失踪宣告。

被宣告失踪的人重新出现,有权要求财产代管人及时移交有关财产并报告财产代管情况。

第四十四条 自然人有下列情形之一的,利害关系人可以向人民法院申请宣告该自然人死亡:

(一)下落不明满四年的;

(二)因意外事件,下落不明满二年的。

因意外事件下落不明,经有关机关证明该自然人不可能生存的,申请宣告死亡不受二年时间的限制。

第四十五条 对同一自然人,有的利害关系人申请宣告死亡,有的申请宣告失踪,符合本法规定的宣告死亡条件的,人民法院应当宣告死亡。

第四十六条 被宣告死亡的人,人民法院判决确定的日期视为其死亡的日期;判决未确定死亡日期的,判决作出之日视为其死亡的日期。

第四十七条 自然人并未死亡但**是**被宣告死亡的,不影响该自然人在被宣告死亡后实施的民事法律行为的效力。

第四十八条 被宣告死亡的人重新出现,经本人或者利害关系人申请,人民法院应当撤销死亡宣告。

第四十九条 被宣告死亡的人的婚姻关系,自死亡宣告之日起消灭。死亡宣告被撤销的,夫妻关系自撤销死亡宣告之日起自行恢复,但**是**其配偶再婚或者**向婚姻登记机关声明**不愿意恢复的除外。

第五十条 被宣告死亡的人在被宣告死亡期间,其子女被他人依法收养的,在死亡宣告被撤销后,不得以未经本人同意而主张收养关系无效。

第五十一条 被撤销死亡宣告的人有权请求返还财产。依照继承法取得其财产的民事主体,应当返还原物;无法返还原物的,应当给予补偿。

利害关系人隐瞒真实情况,致使他人被宣告死亡而取得其财产的,除应当返还原物外,还应当对由此造成的损失承担赔偿责任。

第四节 个体工商户、农村承包经营户

第五十二条 自然人经依法登记,从事工商业经营的,为个体工商户。个体工商户可以起字号。

第五十三条 农村集体经济组织的成员,依法取得农村土地承包经营权,从事家庭承包经营的,为农村承包经营户。

第五十四条 个体工商户的债务,个人经营的,以个人财产承担;家庭经营的,以家庭财产承担;无法区分个人经营和家庭经营的,以家庭财产承担。

农村承包经营户的债务,以<u>家庭从事农村土地承包经营的农户</u>财产承担;<u>事实上由农户部分成员经营的,以该部分成员的财产承担</u>。

第三章 法 人

第一节 一般规定

第五十五条 法人是具有民事权利能力和民事行为能力,依法独立享有民事权利和承担民事义务的组织。

第五十六条 法人应当依法成立。

法人应当有自己的名称、组织机构<u>和</u>、住所、<u>财产或者经费</u>。法人成立的具体条件和程序,依照法律、行政法规的规定。

设立法人,法律、<u>行政法规</u>规定须经有关机关批准的,依照其规定。

第五十七条 法人的民事权利能力和民事行为能力,从法人成立时产生,到法人终止时消灭。

第五十八条 法人以其全部财产独立承担民事责任。

第五十九条 依照法律或者法人章程规定,代表法人从事民事活动的负责人,为法人的法定代表人。

法定代表人以法人名义从事的民事活动<u>或者其他执行职务的行为</u>,其法律后果由法人承受。

法人<u>的</u>章程或者权力机构对法定代表人的代表权范围的限制,不得对抗善

意~~第三~~相对人。

第六十条　法定代表人因执行职务造成他人损害的,由法人承担民事责任。

法人承担民事责任后,依照法律或者法人章程的规定,可以向有过错的法定代表人追偿。

第六十一条　法人以其~~登记的住所~~主要办事机构所在地为住所。**依法不需要办理法人登记的,以主要办事机构所在地为住所。**

第六十二条　法人在存续期间登记事项发生变化的,应当依法向登记机关申请变更登记。

第六十三条　法人的实际情况与登记的事项不一致的,不得对抗善意~~第三相对人~~。

第六十四条　登记机关应当依法及时公示法人登记的有关信息。

第六十五条　法人合并的,其权利和义务由合并后的法人享有和承担。法人分立的,其权利和义务由分立后的法人享有连带债权,承担连带债务,债权人和债务人另有约定的除外。

第六十六条　法人由于下列原因之一终止:

(一)法人解散;

(二)法人被宣告破产;

(三)法律规定的其他原因。

法人终止,法律、**行政法规**规定须经有关机关批准的,依照其规定。

第六十七条　有下列情形之一的,法人解散:

(一)法人章程规定的存续期间届满或者法人章程规定的其他解散事由出现的;

(二)法人的权力机构决议解散的;

(三)因法人合并或者分立需要解散的;

(~~三~~四)法人依法被吊销营业执照、登记证书、**被**责令关闭或者被撤销的;

(~~四~~五)法律规定的其他情形。

第六十八条　法人解散的,清算义务人应当及时组成清算组进行清算。

法人的董事、理事等执行机构成员为清算义务人。但是**,**法人章程另有规定、法人权力机构另有决议或者法律另有规定的除外。

清算义务人未及时履行清算义务的,主管机关或者利害关系人可以申请人民法院指定有关人员组成清算组进行清算。

第六十九条　公司的清算程序和清算组职权,适用公司法的有关规定。

公司以外的法人的清算程序和清算组职权,依照有关法律的规定;没有规定的,参照适用公司法的有关规定。

第七十条　清算期间,法人存续,但是不得从事与清算无关的活动。

法人清算后的剩余财产,根据法人章程的规定或者法人权力机构的决议处理。法律另有规定的,依照其规定。

清算终结束,并完成法人注销登记时,法人终止;法人依法不需要办理法人登记的,清算终结束时,法人终止。

第七十一条　清算义务人怠于履行清算义务,造成法人财产损失的,应当在造成损失范围内对法人债务等承担责任。

清算义务人怠于履行清算义务,导致法人主要财产、账册、重要文件等灭失,无法进行清算的,对法人债务等承担连带责任。

第七十二条　法人被宣告破产的,依法进行破产清算并完成法人注销登记时,法人终止。

第七十三条　法人可以依法设立分支机构。法律规定分支机构应当办理登记的,依照其规定。

分支机构以自己的名义从事民事活动,由此产生的民事责任由法人承担。

第七十四条　设立人为设立法人从事的民事活动,其法律后果在法人成立后由法人承受;法人未成立的,其法律后果由设立人承受,设立人为二人以上的,享有连带债权,承担连带债务责任。

设立人为设立法人以自己的名义从事民事活动产生的民事责任,造成第三人损害的,第三人有权选择请求法人或者设立人承担民事责任。

第七十五条　法律、行政法规对合作社法人有规定的,依照其规定。

第七十六条　农村集体经济组织具备法人条件的,依法取得法人资格。(以上两条移至本章第四节并修改)

第二节　营利法人

第七十七条　以取得利润并分配给其股东等出资人为目的成立的法人,为营利法人。

营利法人包括有限责任公司、股份有限公司和其他企业法人等。

第七十八条　营利法人,经依法登记成立,取得法人资格。

第七十九条　依法设立的营利法人,由法人登记机关发给营利法人营业执照。营业执照签发日期为营利法人的成立日期。

第八十条 设立营利法人应当依法制定**法人**章程。

第八十一条 营利法人的股东会等出资人会为其权力机构。

权力机构修改**法人**章程~~;~~,选举或者更换执行机构、监督机构成员,并行使**法人**章程规定的其他职权。

第八十二条 营利法人应当设执行机构。

执行机构召集权力机构会议,决定法人的经营计划和投资方案,决定法人内部管理机构的设置,并行使**法人**章程规定的其他职权。

执行机构为董事会或者执行董事的,董事长、执行董事或者经理依照法人章程的规定担任法定代表人;未设董事会或者执行董事的,法人章程规定的主要负责人为其执行机构和法定代表人。

第八十三条 营利法人设监事会或者监事等监督机构的,监督机构依法检查法人财务,对执行机构成员及高级管理人员执行法人职务的行为进行监督,并行使**法人**章程规定的其他职权。

第八十四条 法律对营利法人的组织机构、法定代表人另有规定的,依照其规定。

第八十五条 营利法人的出资人不得滥用出资人权利损害法人或者其他出资人的利益。法人的出资人滥用出资人权利给法人或者其他出资人造成损失的,应当依法承担民事责任。

营利法人的出资人不得滥用法人独立地位和出资人有限责任损害法人债权人的利益。法人的出资人滥用法人独立地位和出资人有限责任,逃避债务,严重损害法人债权人利益的,应当对法人债务承担连带责任。

第八十六条 ==营利法人的权力机构、执行机构的决议内容违反法律、行政法规的无效。==

营利法人的权力机构、执行机构的会议召集程序、表决方式违反法律、行政法规、法人章程,或者决议内容违反法人章程的,营利法人的出资人可以请求人民法院予以撤销,但**是**营利法人依据该决议与善意第~~三~~**相对**人形成的民事法律关系不受影响。

第八十七条 营利法人从事经营活动,应当遵守商业道德,维护交易安全,接受政府和社会的监督,承担社会责任。

第八十八条 本节没有规定的,适用公司法等有关法律的规定。

第三节 非营利法人

第八十九条 为公益目的或者其他非营利目的成立,不向其出资人或者设立人分配**所取得**利润的法人,为非营利法人。

非营利法人包括事业单位、社会团体、基金会、社会服务机构等。

第九十条 为公益目的成立的非营利法人终止时,不得向其出资人或者设立人分配剩余财产;其剩余财产应当按照章程的规定或者权力机构的决议用于公益目的;不能按照法人章程规定或者权力机构的决议处理的,由主管机关主持转给宗旨相同或者相近的以公益为目的的法人,并向社会公告。

第九十一条 具备法人条件,为实现公益目的设立的事业单位,经依法登记成立,取得事业单位法人资格;依法不需要办理法人登记的,从成立之日起,具有事业单位法人资格。

第九十二条 事业单位法人设理事会的,理事会为其决策机构。事业单位**法人的**法定代表人按照**其法人**章程的规定产生。

法律对事业单位法人的组织机构、法定代表人另有规定的,依照其规定。

第九十三条 具备法人条件,基于会员共同意愿,为实现公益目的或者会员共同利益等非营利目的设立的社会团体,经依法登记成立,取得社会团体法人资格;依法不需要办理法人登记的,从成立之日起,具有社会团体法人资格。

第九十四条 设立社会团体法人应当依法制定**法人**章程。

社会团体法人应当设会员大会或者会员代表大会等权力机构。

社会团体法人应当设理事会等执行机构。理事长或者会长等负责人依照法人章程的规定担任法定代表人。

第九十五条 具备法人条件,为实现公益目的,以捐助财产设立的基金会、社会服务机构等,经依法登记成立,取得捐助法人资格。

依法设立的宗教活动场所,具备法人条件的,可以申请法人登记,取得捐助法人资格。

第九十六条 设立捐助法人应当依法制定**法人**章程。

捐助法人应当设理事会、民主管理组织等决策机构,并设执行机构。理事长等负责人依照法人章程的规定担任法定代表人。

捐助法人应当设监事会等监督机构。

第九十七条 捐助人有权向捐助法人查询捐助财产的使用、管理情况,并提出意见和建议,捐助法人应当及时、如实答复。

捐助法人的决策机构、执行机构或者其法定代表人作出的决定违反捐助法人章程的,捐助人等利害关系人或者主管机关可以请求人民法院予以撤销,但**是**捐助法人依据该决定与善意**第三相对**人形成的民事法律关系不受影响。

第四节　特别法人

<u>第　　条</u>　本节规定的机关法人、农村集体经济组织法人、合作经济组织法人、基层群众性自治组织法人为特别法人。

第九十八条　有独立经费的机关~~,~~和承担行政职能的法定机构从成立之日起,具有机关法人资格,可以从事为履行职能所需要的民事活动。

第九十九条　机关法人被撤销的,法人终止,其民事责任由继续履行其职能的机关法人承担;没有继续履行其职能的机关法人的,由撤销该机关法人的机关法人承担。

第七十六条　农村集体经济组织<u>具备法人条件的</u>,依法取得法人资格。

<u>法律、行政法规对农村集体经济组织有规定的,依照其规定。</u>

第七十五条　城镇、农村的合作经济组织依法取得法人资格。~~法律、行政法规对合作社法人有规定的,依照其规定。~~

<u>法律、行政法规对城镇、农村的合作经济组织有规定的,依照其规定。</u>

<u>第　　条</u>　居民委员会、村民委员会具有基层群众性自治组织法人资格,可以从事为履行职能所需要的民事活动。

<u>未设立村集体经济组织的,村民委员会可以依法代行村集体经济组织的职能。</u>

第四章　非法人组织

第一百条　非法人组织是不具有法人资格,但是依法能够以自己的名义从事民事活动的组织。

非法人组织包括个人独资企业、合伙企业、**不具有法人资格的专业服务机构和其他组织**~~等~~。

第一百零一条　非法人组织应当依照法律的规定登记。

设立非法人组织,法律、**行政法规**规定须经有关机关批准的,依照其规定。

第一百零二条　非法人组织的出资人或者设立人对该组织的债务承担无限责任。法律另有规定的,依照其规定。

第一百零三条　非法人组织可以确定一人或者数人代表该组织从事民事活动。

第一百零四条　有下列情形之一的,非法人组织解散:

(一)章程规定的存续期间届满或者章程规定的其他解散事由出现的;
(二)出资人或者设立人决定解散的;
(三)法律规定的其他情形。

第一百零五条 非法人组织解散的,应当依法进行清算。

第一百零六条 非法人组织除适用本章规定外,参照适用本法第三章第一节的有关规定。

第五章 民事权利

第一百零七条 自然人的人身自由、人格尊严受法律保护。

第一百零八条 自然人享有生命权、健康权、身体权、姓名权、肖像权、名誉权、荣誉权、隐私权、婚姻自主权等权利。

法人、非法人组织享有名称权、名誉权、荣誉权等权利。

第一百零九条 自然人的个人信息受法律保护。任何组织和个人不得非法收集、利使用、加工、传输个人信息,不得非法买卖、提供、公开或者公开出售个人信息。

第一百一十条 自然人因婚姻、家庭关系等产生的人身权利受法律保护。

第一百一十一条 民事主体依法享有的收入、储蓄、房屋、生活用品、生产工具、投资及其他自然人的私有财产权利受法律保护。

第一百一十二条 民事主体依法享有物权。

物权是权利人依法对特定的物享有直接支配和排他的权利,包括所有权、用益物权和担保物权。

第一百一十三条 物包括不动产和动产。法律规定权利作为物权客体的,依照其规定。

第 条 物权的种类和内容,由法律规定。

第一百一十四条 民事主体的物权受法律平等保护,任何组织和或者个人不得侵犯。

第 条 为了公共利益的需要,依照法律规定的权限和程序征收、征用不动产或者动产的,应当给予公平、合理的补偿。

第一百一十五条 民事主体依法享有债权。

债权是因合同、侵权行为、无因管理、不当得利以及法律的其他规定,权利人请求特定义务人为或者不为一定行为的权利。

第一百一十六条　依法成立的合同,对当事人具有法律约束力。

第一百一十七条　民事权益受到侵害的,被侵权人有权请求侵权人承担侵权责任。

第一百一十八条　没有法定的或者约定的义务,为避免他人利益受损失进行管理或者服务的,有权请求受益人偿还由此而支付的必要费用。

第一百一十九条　没有合法根据,取得不当利益,造成他人损失的,受损失的人有权请求不当得利的人返还不当利益。

第一百二十条　民事主体依法享有知识产权。

知识产权是指权利人依法就下列客体所享有的**专属的和支配的**权利:

(一)作品;

(二)发明、实用新型、外观设计;

(三)商标;

(四)地理标志;

(五)商业秘密;

(六)集成电路布图设计;

(七)植物新品种;

~~(八)科学发现;~~

(~~九~~八)法律规定的其他客体。

第一百二十一条　自然人依法享有继承权。

第　　条　自然人合法的私有财产,可以依法继承。

第一百二十二条　民事主体依法享有股权和其他投资性权利。

第一百二十三条　民事主体享有法律规定的其他民事权利**和利益**。

第一百二十四条　法律对数据、网络虚拟财产的保护有规定的,依照其规定。

第一百二十五条　法律对未成年人、老年人、残疾人、妇女、消费者等的民事权利有特别保护规定的,依照其规定。

第　　条　民事权利可以依据民事法律行为、事实行为、法律规定的事件或者法律规定的其他方式取得。

第　　条　民事主体按照自己的意愿依法行使民事权利,不受干涉。

第　　条　民事主体不得滥用民事权利损害他人合法权益。(从第八条中移此并修改)

第七条　民事主体~~从事~~行使民事权利~~活动~~,应当节约资源、保护生态环境**;**

弘扬中华优秀文化，践行社会主义核心价值观、节约资源，促进人与自然和谐发展。

第六章　民事法律行为

第一节　一般规定

第一百二十六条　民事法律行为是指民事主体通过意思表示设立、变更、终止民事权利义务关系的行为。

第一百二十七条　民事法律行为可以基于单方的意思表示成立，也可以基于双方或者多方的意思表示一致成立。

法人、非法人组织依照法律或者章程规定的议事方式和表决程序作出决议的，该决议行为成立。

第一百二十八条　民事法律行为可以采用书面形式、口头形式或者其他形式；法律规定或者当事人约定采用特定形式的，应当采用特定形式。

第一百二十九条　民事法律行为自成立时生效，法律另有规定或者当事人另有约定的除外。

行为人非依法律规定或者取得对方同意，不得擅自变更或者解除民事法律行为。

第二节　意思表示

第一百三十条　以对话方式作出的意思表示，相对人了解其内容时生效。

以非对话方式作出的意思表示，到达相对人时生效。以非对话方式作出的采用数据电文形式的意思表示，相对人指定特定系统接收数据电文的，该数据电文进入该特定系统时生效；未指定特定系统的，相对人知道或者应当知道该数据电文进入其系统时生效。当事人对采用数据电文形式的意思表示的生效时间另有约定的，按照其约定。

第一百三十一条　无相对人的意思表示，表示完成时生效。法律另有规定的，依照其规定。

第一百三十二条　以公告方式作出的意思表示，公告发布时生效。

第一百三十三条　行为人可以明示或者默示作出意思表示。

沉默只有在有法律规定、当事人约定或者习惯时，方可以视为意思表示。

第一百三十四条 行为人可以撤回意思表示。撤回意思表示的通知应当在意思表示到达相对人前或者与意思表示同时到达相对人。

第一百三十五条 有相对人的意思表示的解释,应当按照所使用的词句,结合相关条款、行为的性质和目的、习惯、相对人的合理信赖以及诚实信用原则,确定意思表示的含义。

无相对人的意思表示的解释,不能拘泥于所使用的词句,而应当结合相关条款、行为的性质和目的、习惯以及诚实信用原则,确定行为人的真实意思。

第三节 民事法律行为的效力

第一百三十六条 具备下列条件的民事法律行为有效:

(一)行为人具有相应的民事行为能力;

(二)意思表示真实;

(三)不违反法律、行政法规的效力性强制规定,不违背公序良俗。

第一百三十七条 无民事行为能力人实施的民事法律行为无效。

第一百三十八条 限制民事行为能力人实施的民事法律行为,经法定代理人同意或者追认后有效,但是纯获利益的民事法律行为或者与其年龄、智力、精神健康状况相适应的民事法律行为,不需经法定代理人同意或者追认。

相对人可以催告法定代理人自收到通知之日起一个月内予以追认。法定代理人未作表示的,视为拒绝追认。民事法律行为被追认前,善意相对人有撤销的权利。撤销应当以通知的方式作出。

第一百三十九条 行为人与相对人串通,以虚假的意思表示实施的民事法律行为无效,但是双方均不得以此对抗善意第三人。

行为人以虚假的意思表示隐藏的民事法律行为的效力,依照有关法律规定处理。

第一百四十条 基于重大误解实施的民事法律行为,行为人有权请求人民法院或者仲裁机构予以撤销。

第一百四十一条 一方以欺诈手段,使对方在违背真实意思的情况下实施的民事法律行为,受欺诈方有权请求人民法院或者仲裁机构予以撤销。

第一百四十二条 第三人实施欺诈行为,使一方在违背真实意思的情况下实施的民事法律行为,对方知道或者应当知道该欺诈行为的,受欺诈方有权请求人民法院或者仲裁机构予以撤销。

第一百四十三条 一方或者第三人以胁迫手段,使对方在违背真实意思的情况下实施的民事法律行为,受胁迫方有权请求人民法院或者仲裁机构予以撤销。

第一百四十四条 一方利用对方处于困境、缺乏判断能力等情形,致使民事法律行为成立时显失公平的,受损害方有权请求人民法院或者仲裁机构予以撤销。

第一百四十五条 民事法律行为因重大误解、欺诈、显失公平被撤销的,不得对抗善意第三人。

第一百四十六条 有下列情形之一的,撤销权消灭:

(一)当事人自知道或者应当知道撤销事由之日起一年内、重大误解的当事人自知道或者应当知道撤销事由之日起三个月内没有行使撤销权的;

(二)当事人受胁迫,自胁迫行为终止之日起一年内没有行使撤销权的;

(三)当事人知道撤销事由后明确表示或者以自己的行为表明放弃撤销权的;

(四)当事人自民事法律行为发生之日起五年内没有行使撤销权的。

第一百四十七条 违反法律、行政法规的效力性强制规定或者违背公序良俗的民事法律行为无效。

第 条 超越依法登记的经营范围从事经营活动的,除违反法律、行政法规有关限制经营、特许经营或者禁止经营的规定外,不影响民事法律行为的效力。

第一百四十八条 行为人与相对人恶意串通,损害他人合法权益的民事法律行为无效。

第一百四十九条 无效的或者被撤销的民事法律行为,从民事法律行为开始时起就没有法律约束力。

第一百五十条 民事法律行为无效、被撤销或者确定不发生效力后,行为人因该行为取得的财产,应当予以返还;不能返还或者没有必要返还的,应当折价补偿。有过错的一方应当赔偿对方由此所受到的损失;各方都有过错的,应当各自承担相应的责任。法律另有规定的,依照其规定。

第一百五十一条 民事法律行为部分无效,不影响其他部分效力的,其他部分仍然有效。

第四节 民事法律行为的附条件和附期限

第一百五十二条 民事法律行为可以附条件,但是依照其性质不得附条件的除外。附生效条件的民事法律行为,自条件成就时生效。附解除条件的民事法律行为,自条件成就时失效。

第一百五十三条 附条件的民事法律行为,当事人为自己的利益不正当地阻止条件成就的,视为条件已成就;不正当地促成条件成就的,视为条件不成就。

第一百五十四条 民事法律行为可以附期限,但是依照其性质不得附期限的除外。附生效期限的民事法律行为,自期限届至时生效。附终止期限的民事法律行为,自期限届满时失效。

第七章 代 理

第一节 一般规定

第一百五十五条 民事主体可以通过代理人实施民事法律行为。

依照法律规定、当事人约定或者民事法律行为的性质,应当由本人亲自实施的民事法律行为,不得代理。

第一百五十六条 代理人在代理权限内,以被代理人名义实施的民事法律行为,对被代理人发生效力。

第一百五十七条 代理人在代理权限内以自己的名义与第三人实施民事法律行为,第三人知道代理人与被代理人之间的代理关系的,该民事法律行为直接约束被代理人和第三人,但是有确切证据证明该民事法律行为只约束代理人和第三人的除外。

第一百五十八条 代理包括委托代理和法定代理。

委托代理人按照被代理人的委托行使代理权。法定代理人依照法律的规定行使代理权。

法定代理,本章没有规定的,适用本法和其他法律的有关规定。

第一百五十九条 代理人不履行或者不完全履行职责,造成被代理人损害的,应当承担民事责任。

代理人和第三人恶意串通,损害被代理人合法权益的,由代理人和第三人应当承担连带责任。

第二节 委托代理

第一百六十条 委托代理授权可以采用书面形式的、口头形式或者其他形式;法律规定或者当事人约定采用特定形式的,应当采用特定形式。授权委托书应当载明代理人的姓名或者名称、代理事项、权限和期间,并由被代理人签名或者盖章。

~~授权委托书应当载明代理人的姓名或者名称、代理事项、权限和期间,并由被代理人签名或者盖章。~~

第一百六十一条　数人为同一委托事项的代理人的,应当共同行使代理权,法律另有规定或者当事人另有约定的除外。

第一百六十二条　代理人知道或者应当知道代理的事项违法仍然实施代理行为,或者被代理人知道或者应当知道代理人的代理行为违法未作反对表示的,被代理人和代理人应当承担连带责任。

第一百六十三条　代理人不得以被代理人的名义与自己实施民事法律行为,法律另有规定或者被代理人同意、追认的除外。

代理人不得以被代理人的名义与自己同时代理的其他人实施民事法律行为,法律另有规定或者被代理的双方同意、追认的除外。

第一百六十四条　代理人需要转委托第三人代理的,应当取得被代理人的同意或者追认。

转委托代理经被代理人同意或者追认的,被代理人可以就代理事务直接指示转委托的第三人,代理人仅就第三人的选任及对第三人的指示承担责任。

转委托代理未经被代理人同意或者追认的,代理人应当对转委托的第三人的行为承担责任,但是在紧急情况下代理人为了维护被代理人的利益需要转委托第三人代理的除外。

第一百六十五条　执行法人或者非法人组织工作任务的人员,就其职权范围内的事项,以法人或者非法人组织的名义实施民事法律行为,对法人或者非法人组织发生效力。

法人或者非法人组织对执行其工作任务的人员职权范围的限制,不得对抗善意**第三**相对人。

第一百六十六条　行为人没有代理权、超越代理权或者代理权终止后,仍然实施代理行为,未经被代理人追认的,代理行为无效。

相对人可以催告被代理人自收到通知之日起一个月内予以追认。被代理人未作表示的,视为拒绝追认。无权代理人实施的行为被追认前,善意相对人有撤销的权利。撤销应当以通知的方式作出。

无权代理人实施的行为未被追认的,善意相对人有权请求无权代理人履行债务或者就其受到的损害请求无权代理人赔偿,但是赔偿的范围不得超过代理行为有效时所能获得的利益。

相对人知道或者应当知道代理人无权代理的,相对人和代理人按照各自的过错承担责任。

第一百六十七条 行为人没有代理权、超越代理权或者代理权终止后,仍然实施代理行为,相对人有理由相信行为人有代理权的,代理行为有效,但是有下列情形之一的除外:

(一)行为人伪造他人的公章、合同书或者授权委托书等,假冒他人的名义实施民事法律行为的;

(二)被代理人的公章、合同书或者授权委托书等遗失、被盗,或者与行为人特定的职务关系已经终止,并且已经以合理方式公告或者通知,相对人应当知悉的;

(三)法律规定的其他情形。

第三节 代理的终止

第一百六十八条 有下列情形之一的,委托代理终止:

(一)代理期间届满或者代理事务完成的;

(二)被代理人取消委托或者代理人辞去委托的;

(三)代理人丧失民事行为能力的;

(四)代理人或者被代理人死亡的;

(五)作为代理人或者被代理人的法人、非法人组织终止的。

第一百六十九条 被代理人死亡后,有下列情形之一的,委托代理人实施的代理行为有效:

(一)代理人不知道并且不应当知道被代理人死亡的;

(二)被代理人的继承人均予以承认的;

(三)授权中明确代理权在代理事项完成时终止的;

(四)在被代理人死亡前已经实施,在被代理人死亡后为了被代理人继承人的利益继续完成的。

作为被代理人的法人、非法人组织终止的,参照适用前款规定。

第一百七十条 有下列情形之一的,法定代理终止:

(一)被代理人取得或者恢复完全民事行为能力的;

(二)代理人丧失民事行为能力的;

(三)~~被~~代理人或者~~被~~代理人死亡的;

(四)法律规定的其他情形。

第八章 民事责任

第一百七十一条 民事主体应当依照法律规定或者当事人约定履行民事义务。

民事主体不履行或者不完全履行民事义务的,应当依法承担民事责任。

第一百七十二条 二人以上依法承担按份责任,能够确定责任大小的,各自承担相应的责任;难以确定责任大小的,平均承担责任。

第一百七十三条 二人以上依法承担连带责任的,权利人有权请求部分或者全部连带责任人承担责任。

连带责任人根据各自责任大小确定责任份额;难以确定责任大小的,平均承担责任份额。实际承担责任超过自己责任份额的连带责任人,有权向其他连带责任人追偿。

第一百七十四条 承担民事责任的方式主要有:

(一)停止侵害;

(二)排除妨碍;

(三)消除危险;

(四)返还财产;

(五)恢复原状;

(六)修理、重作、更换;

(七)继续履行;

(八)赔偿损失;

(九)支付违约金;

(十)消除影响、恢复名誉;

(十一)赔礼道歉。

法律规定惩罚性赔偿的,依照其规定。

本条规定的承担民事责任的方式,可以单独适用,也可以合并适用。

第一百七十五条 因不可抗力不能履行民事义务的,不承担民事责任。法律另有规定的,依照其规定。

不可抗力是指不能预见、不能避免并不能克服的客观情况。

第一百七十六条 因正当防卫造成损害的,不承担民事责任。正当防卫超过必要的限度,造成不应有的损害的,正当防卫人应当承担适当的民事责任。

第一百七十七条　因紧急避险造成损害的,由引起险情发生的人承担民事责任。如果危险是由自然原因引起的,紧急避险人不承担民事责任或者给予适当补偿。紧急避险采取措施不当或者超过必要的限度,造成不应有的损害的,紧急避险人应当承担适当的民事责任。

第　　条　实施紧急救助行为造成受助人损害的,除有重大过失外,救助人不承担民事责任。

第一百七十八条　为保护他人民事权益而使自己受到损害的,由侵权人承担民事责任,受益人可以给予适当补偿。没有侵权人、侵权人逃逸或者无力承担民事责任,受害人请求补偿的,受益人应当给予适当补偿。

第一百七十九条　因当事人一方的违约行为,损害对方人身、财产权益的,受损害方有权选择请求其承担违约责任或者侵权责任。

第一百八十条　民事主体因同一行为应当承担民事责任、行政责任和刑事责任的,承担行政责任或者刑事责任不影响承担民事责任;民事主体的财产不足以支付的,先承担民事责任。

第九章　诉讼时效和除斥期间

第一节　诉讼时效

第一百八十一条　向人民法院请求保护民事权利的诉讼时效期间为三年。法律另有规定的,依照其规定。

诉讼时效期间自权利人知道或者应当知道权利受到损害以及义务人之日起开始计算。法律另有规定的,依照其规定。但是,自权利受到损害之日起超过二十年的,人民法院不予保护;有特殊情况的,人民法院可以延长。

第一百八十二条　当事人约定同一债务分期履行的,诉讼时效期间从自最后一期履行期限届满之日起计算。

第一百八十三条　无民事行为能力人或者限制民事行为能力人对其法定代理人的请求权的诉讼时效期间,自该法定代理终止之日起计算。

第一百八十四条　未成年人遭受性侵害的损害赔偿请求权的诉讼时效期间,自受害人年满十八周岁之日起计算。

第一百八十五条　诉讼时效期间届满的,义务人可以提出不履行义务的抗辩。

诉讼时效期间届满后,义务人自愿履行的,不得请求返还受诉讼时效限制。

第一百八十六条　人民法院不得主动适用诉讼时效的规定。

第一百八十七条　在诉讼时效期间的最后六个月内,因下列障碍,不能行使请求权的,诉讼时效中止:

(一)不可抗力;

(二)无民事行为能力人或者限制民事行为能力人没有法定代理人,或者法定代理人死亡、丧失代理权或者、丧失民事行为能力;

(三)继承开始后未确定继承人或者遗产管理人;

(四)权利人被义务人或者其他人控制;

(五)其他导致权利人不能行使请求权的障碍。

自中止时效的原因消除之日起满六个月,诉讼时效期间届满。

第一百八十八条　有下列情形之一的,诉讼时效中断,从中断或者有关程序终结时起,诉讼时效期间重新计算:

(一)权利人向义务人提出履行请求的;

(二)义务人同意履行义务的;

(三)权利人提起诉讼或者申请仲裁的;

(四)与提起诉讼或者申请仲裁具有同等效力的其他情形。

第一百八十九条　对连带权利人或者连带义务人中的一人发生诉讼时效中断的,中断的效力及于全部连带权利人或者连带义务人。

第一百九十条　下列请求权不适用诉讼时效的规定:

(一)请求停止侵害、排除妨碍、消除危险;

(二)登记的物权人请求返还财产;

(三)请求支付赡养费、抚养费或者扶养费;

(四)依法不适用诉讼时效的其他请求权。

第一百九十一条　诉讼时效的期间、计算方法以及中止、中断的事由由法律规定,当事人约定无效。

当事人对诉讼时效利益的预先放弃无效。

第一百九十二条　法律对仲裁时效有规定的,适用其规定。法律对仲裁时效没有规定的,适用诉讼时效的规定。

第二节　除斥期间

第一百九十三条　法律规定或者当事人约定的撤销权、解除权等权利的存续期间,除法律另有规定外,自权利人知道或者应当知道权利产生之日起计算,不适用有关诉讼时效中止、中断和延长的规定。存续期间届满,撤销权、解除权等权利消灭,为除斥期间。

除斥期间届满,当事人的撤销权、解除权等权利消灭。

第一百九十四条　除斥期间自权利人知道或者应当知道权利产生之日起开始计算。法律另有规定的,依照其规定。

第一百九十五条　除斥期间不适用本法有关诉讼时效中止、中断和延长的规定。

第十章　期间的计算

第一百九十六条　民事法律所称的期间按照公历年、月、日、小时计算。

第一百九十七条　按照小时计算期间的,自法律规定或者当事人约定的时间起计算。

按照日、月、年计算期间的,开始的当日不计入,自下一日起计算。

第一百九十八条　按照月、年计算期间的,到期月的对应日为期间的最后一日;没有对应日的,月末日为期间的最后一日。

第一百九十九条　期间的最后一日是法定休假日的,以法定休假日结束的次日为期间的最后一日。

期间的最后一日的截止时间为二十四点;有业务时间的,到停止业务活动的时间截止。

第二百条　期间的计算方法依照本法的规定,法律另有规定或者当事人另有约定的除外。

第十一章　附　　则

第二百零一条　民事法律所称的"以上"、"以下"、"以内"、"届满",包括本数;所称的"不满"、"超过"、"以外",不包括本数。

第二百零二条　本法自　　年　月　日起施行。

草案三次审议稿干净稿

目 录

第一章 基本原则
第二章 自然人
　第一节 民事权利能力和民事行为能力
　第二节 监 护
　第三节 宣告失踪和宣告死亡
　第四节 个体工商户、农村承包经营户
第三章 法 人
　第一节 一般规定
　第二节 营利法人
　第三节 非营利法人
　第四节 特别法人
第四章 非法人组织
第五章 民事权利
第六章 民事法律行为
　第一节 一般规定
　第二节 意思表示
　第三节 民事法律行为的效力
　第四节 民事法律行为的附条件和附期限
第七章 代 理
　第一节 一般规定
　第二节 委托代理
　第三节 代理的终止
第八章 民事责任
第九章 诉讼时效
第十章 期间的计算
第十一章 附 则

第一章 基本原则

第一条 为了保护民事主体的合法权益,调整民事关系,维护社会和经济秩序,适应中国特色社会主义发展要求,根据宪法,制定本法。

第二条 民法调整平等主体的自然人、法人和非法人组织之间的人身关系和财产关系。

第三条 民事主体在民事活动中的法律地位一律平等。

第四条 民事主体从事民事活动,应当遵循自愿原则,按照自己的意思设立、变更和终止民事法律关系。

第五条 民事主体从事民事活动,应当遵循公平原则,合理确定各方的权利和义务。

第六条 民事主体从事民事活动,应当遵循诚实信用原则。

第七条 民事主体从事民事活动,不得违反法律,不得违背公序良俗。

第八条 民事主体的人身、财产权利及其他合法权益受法律保护,任何组织或者个人不得侵犯。

民事主体行使权利的同时,应当履行法律规定的或者当事人约定的义务。

第九条 处理民事关系,应当依照法律法规规定;法律法规没有规定的,可以适用习惯,但是不得违背公序良俗。

第十条 其他法律对民事关系另有特别规定的,依照其规定。

第十一条 在中华人民共和国领域内的民事活动,适用中华人民共和国法律。法律另有规定的,依照其规定。

第二章 自 然 人

第一节 民事权利能力和民事行为能力

第十二条 自然人从出生时起到死亡时止,具有民事权利能力,依法享有民事权利,承担民事义务。

第十三条 自然人的民事权利能力一律平等。

第十四条 自然人的出生时间和死亡时间,以出生证明、死亡证明记载的时间为准;没有出生证明、死亡证明的,以登记的时间为准。有其他证据足以推翻以上记载时间的,以相关证据证明的时间为准。

第十五条 涉及遗产继承、接受赠与等胎儿利益的保护,胎儿视为具有民事权利能力。但是胎儿出生时为死体的,其民事权利能力自始不存在。

第十六条 年满十八周岁的自然人为成年人。不满十八周岁的自然人为未成年人。

第十七条 成年人为完全民事行为能力人,可以独立实施民事法律行为。

第十八条 六周岁以上的未成年人,为限制民事行为能力人,可以独立实施纯获利益的民事法律行为或者与其年龄、智力相适应的民事法律行为;实施其他民事法律行为由其法定代理人代理,或者经其法定代理人同意、追认。

十六周岁以上的未成年人,以自己的劳动收入为主要生活来源的,视为完全民事行为能力人。

第十九条 不满六周岁的未成年人,为无民事行为能力人,由其法定代理人代理实施民事法律行为。

第二十条 不能辨认自己行为的成年人,为无民事行为能力人,由其法定代理人代理实施民事法律行为。

六周岁以上的未成年人不能辨认自己行为的,适用前款规定。

第二十一条 不能完全辨认自己行为的成年人,为限制民事行为能力人,可以独立实施纯获利益的民事法律行为或者与其智力、精神健康状况相适应的民事法律行为;实施其他民事法律行为由其法定代理人代理,或者经其法定代理人同意、追认。

第二十二条 无民事行为能力人、限制民事行为能力人的监护人是其法定代理人。

第二十三条 不能辨认或者不能完全辨认自己行为的成年人的利害关系人,可以向人民法院申请认定该成年人为无民事行为能力人或者限制民事行为能力人。

被人民法院认定为无民事行为能力人或者限制民事行为能力人的,根据其智力、精神健康恢复的状况,经本人、利害关系人或者有关组织申请,人民法院可以认定该成年人恢复为限制民事行为能力人或者完全民事行为能力人。

前款规定的有关组织包括:本人住所地的居民委员会、村民委员会、学校、医疗卫生机构、妇女联合会、残疾人联合会、依法设立的老年人组织、民政部门等。

第二十四条 自然人以登记的居所为住所;经常居所与住所不一致的,经常居所视为住所。

第二节 监 护

第二十五条 父母对未成年子女负有抚养、教育和保护的义务。

成年子女对父母负有赡养、照顾和保护的义务。

第二十六条 未成年人的父母是未成年人的监护人。

未成年人的父母已经死亡或者没有监护能力的，由下列有监护能力的人按顺序担任监护人：

（一）祖父母、外祖父母；

（二）兄、姐；

（三）其他愿意担任监护人的个人或者有关组织，经未成年人住所地的居民委员会、村民委员会或者民政部门同意的。

第二十七条 无民事行为能力或者限制民事行为能力的成年人，由下列有监护能力的人按顺序担任监护人：

（一）配偶；

（二）父母、子女；

（三）其他近亲属；

（四）其他愿意担任监护人的个人或者有关组织，经被监护人住所地的居民委员会、村民委员会或者民政部门同意的。

第二十八条 被监护人的父母可以通过遗嘱指定监护人。

第二十九条 监护人可以由协议确定。协议确定监护人的，应当尊重被监护人的真实意愿。

第三十条 对担任监护人有争议的，由被监护人住所地的居民委员会、村民委员会或者民政部门指定，有关当事人对指定不服的，可以向人民法院提出申请；有关当事人也可以直接向人民法院提出申请，由人民法院指定。

居民委员会、村民委员会、民政部门或者人民法院应当尊重被监护人的真实意愿，根据最有利于被监护人的原则在具有监护资格的人中指定监护人。

依照本条第一款规定指定监护人前，被监护人的人身、财产权利及其他合法权益处于无人保护状态的，由被监护人住所地的居民委员会、村民委员会、法律规定的有关组织或者民政部门担任临时监护人。

监护人被指定后，不得擅自变更；擅自变更的，不免除被指定的监护人的监护责任。

第三十一条 无具有监护资格的人的，监护人由民政部门担任，也可以由具备条件的被监护人住所地的居民委员会、村民委员会担任。

第三十二条 具有完全民事行为能力的成年人,可以与近亲属、其他愿意担任监护人的个人或者有关组织事先协商,以书面形式确定自己的监护人。协商确定的监护人在该成年人丧失或者部分丧失民事行为能力时,承担监护责任。

第三十三条 监护人依法履行监护职责而产生的权利,受法律保护。

监护人不履行监护职责或者侵害被监护人合法权益的,应当承担责任。

第三十四条 监护人应当按照最有利于被监护人的原则履行监护职责,保护被监护人的人身、财产权利及其他合法权益;除为被监护人利益外,不得处分被监护人的财产。

未成年人的监护人履行监护职责,在作出与被监护人权益有关的决定时,应当根据被监护人的年龄和智力状况,尊重被监护人的真实意愿。

成年人的监护人履行监护职责,应当最大程度地尊重被监护人的真实意愿,保障并协助被监护人独立实施与其智力、精神健康状况相适应的民事法律行为;对被监护人有能力独立处理的事务,监护人不得干涉。

第三十五条 监护人有下列情形之一的,人民法院根据有关个人或者组织的申请,撤销其监护人资格,安排必要的临时监护措施,并根据最有利于被监护人的原则依法指定新监护人:

(一)实施严重损害被监护人身心健康行为的;

(二)怠于履行监护职责,或者无法履行监护职责并且拒绝将监护职责部分或者全部委托给他人,导致被监护人处于危困状态的;

(三)实施严重侵害被监护人合法权益的其他行为的。

前款规定的有关个人和组织包括:其他有监护资格的人,被监护人住所地的居民委员会、村民委员会,学校、医疗卫生机构、妇女联合会、残疾人联合会、未成年人保护组织、依法设立的老年人组织、民政部门等。

前款规定的个人和其他组织未及时向人民法院提出撤销监护人资格申请的,民政部门应当向人民法院提出申请。

第三十六条 被监护人的父母或者子女被人民法院撤销监护人资格后,除对被监护人实施故意犯罪的外,确有悔改情形的,经其申请,人民法院可以在尊重被监护人真实意愿的前提下,视情况恢复其监护人资格,人民法院指定的新监护人与被监护人的监护关系同时终止。

第三十七条 有下列情形之一的,监护关系终止:

(一)被监护人取得或者恢复完全民事行为能力的;

(二)监护人丧失监护能力的;

(三)被监护人或者监护人死亡的;

(四)人民法院认定监护关系终止的其他情形。

监护关系终止后,被监护人仍然需要监护的,应当依法另行确定监护人。

第三节 宣告失踪和宣告死亡

第三十八条 自然人下落不明满二年的,利害关系人可以向人民法院申请宣告该自然人为失踪人。

第三十九条 自然人下落不明的时间,从该自然人失去音讯之日起计算。战争期间下落不明的,下落不明的时间自战争结束之日起计算。

第四十条 失踪人的财产由其配偶、父母、成年子女或者其他愿意担任财产代管人的人代管。

代管有争议,没有前款规定的人,或者前款规定的人无代管能力的,由人民法院指定的人代管。

第四十一条 财产代管人应当妥善管理失踪人的财产,维护其财产权益。

失踪人所欠税款、债务和应付的其他费用,由财产代管人从失踪人的财产中支付。

财产代管人因故意或者重大过失造成失踪人财产损失的,应当承担赔偿责任。

第四十二条 财产代管人不履行代管职责、侵害失踪人财产权益或者丧失代管能力的,失踪人的利害关系人可以向人民法院申请变更财产代管人。

财产代管人有正当理由的,可以向人民法院申请变更财产代管人。

人民法院变更财产代管人的,变更后的财产代管人有权要求原财产代管人及时移交有关财产并报告财产代管情况。

第四十三条 被宣告失踪的人重新出现,经本人或者利害关系人申请,人民法院应当撤销失踪宣告。

被宣告失踪的人重新出现,有权要求财产代管人及时移交有关财产并报告财产代管情况。

第四十四条 自然人有下列情形之一的,利害关系人可以向人民法院申请宣告该自然人死亡:

(一)下落不明满四年的;

(二)因意外事件,下落不明满二年的。

因意外事件下落不明,经有关机关证明该自然人不可能生存的,申请宣告死亡不受二年时间的限制。

第四十五条 对同一自然人,有的利害关系人申请宣告死亡,有的申请宣告失踪,符合本法规定的宣告死亡条件的,人民法院应当宣告死亡。

第四十六条 被宣告死亡的人,人民法院判决确定的日期视为其死亡的日期;判决未确定死亡日期的,判决作出之日视为其死亡的日期。

第四十七条 自然人并未死亡但是被宣告死亡的,不影响该自然人在被宣告死亡后实施的民事法律行为的效力。

第四十八条 被宣告死亡的人重新出现,经本人或者利害关系人申请,人民法院应当撤销死亡宣告。

第四十九条 被宣告死亡的人的婚姻关系,自死亡宣告之日起消灭。死亡宣告被撤销的,夫妻关系自撤销死亡宣告之日起自行恢复,但是其配偶再婚或者向婚姻登记机关声明不愿意恢复的除外。

第五十条 被宣告死亡的人在被宣告死亡期间,其子女被他人依法收养的,在死亡宣告被撤销后,不得以未经本人同意而主张收养关系无效。

第五十一条 被撤销死亡宣告的人有权请求返还财产。依照继承法取得其财产的民事主体,应当返还原物;无法返还原物的,应当给予补偿。

利害关系人隐瞒真实情况,致使他人被宣告死亡而取得其财产的,除应当返还原物外,还应当对由此造成的损失承担赔偿责任。

第四节 个体工商户、农村承包经营户

第五十二条 自然人经依法登记,从事工商业经营的,为个体工商户。个体工商户可以起字号。

第五十三条 农村集体经济组织的成员,依法取得农村土地承包经营权,从事家庭承包经营的,为农村承包经营户。

第五十四条 个体工商户的债务,个人经营的,以个人财产承担;家庭经营的,以家庭财产承担;无法区分个人经营和家庭经营的,以家庭财产承担。

农村承包经营户的债务,以从事农村土地承包经营的农户财产承担;事实上由农户部分成员经营的,以该部分成员的财产承担。

第三章 法　人

第一节　一般规定

第五十五条　法人是具有民事权利能力和民事行为能力,依法独立享有民事权利和承担民事义务的组织。

第五十六条　法人应当依法成立。

法人应当有自己的名称、组织机构、住所、财产或者经费。法人成立的具体条件和程序,依照法律、行政法规的规定。

设立法人,法律、行政法规规定须经有关机关批准的,依照其规定。

第五十七条　法人的民事权利能力和民事行为能力,从法人成立时产生,到法人终止时消灭。

第五十八条　法人以其全部财产独立承担民事责任。

第五十九条　依照法律或者法人章程规定,代表法人从事民事活动的负责人,为法人的法定代表人。

法定代表人以法人名义从事的民事活动或者其他执行职务的行为,其法律后果由法人承受。

法人章程或者权力机构对法定代表人的代表权范围的限制,不得对抗善意相对人。

第六十条　法定代表人因执行职务造成他人损害的,由法人承担民事责任。

法人承担民事责任后,依照法律或者法人章程的规定,可以向有过错的法定代表人追偿。

第六十一条　法人以其登记的住所为住所。依法不需要办理法人登记的,以主要办事机构所在地为住所。

第六十二条　法人在存续期间登记事项发生变化的,应当依法向登记机关申请变更登记。

第六十三条　法人的实际情况与登记的事项不一致的,不得对抗善意相对人。

第六十四条　登记机关应当依法及时公示法人登记的有关信息。

第六十五条　法人合并的,其权利和义务由合并后的法人享有和承担。法人分立的,其权利和义务由分立后的法人享有连带债权,承担连带债务,债权人和债务人另有约定的除外。

第六十六条 法人由于下列原因之一终止：

（一）法人解散；

（二）法人被宣告破产；

（三）法律规定的其他原因。

法人终止，法律、行政法规规定须经有关机关批准的，依照其规定。

第六十七条 有下列情形之一的，法人解散：

（一）法人章程规定的存续期间届满或者法人章程规定的其他解散事由出现的；

（二）法人的权力机构决议解散的；

（三）因法人合并或者分立需要解散的；

（四）法人依法被吊销营业执照、登记证书，被责令关闭或者被撤销的；

（五）法律规定的其他情形。

第六十八条 法人解散的，清算义务人应当及时组成清算组进行清算。

法人的董事、理事等执行机构成员为清算义务人。但是法人章程另有规定、法人权力机构另有决议或者法律另有规定的除外。

清算义务人未及时履行清算义务的，主管机关或者利害关系人可以申请人民法院指定有关人员组成清算组进行清算。

第六十九条 法人的清算程序和清算组职权，依照有关法律的规定；没有规定的，参照适用公司法的有关规定。

第七十条 清算期间，法人存续，但是不得从事与清算无关的活动。

法人清算后的剩余财产，根据法人章程的规定或者法人权力机构的决议处理。法律另有规定的，依照其规定。

清算结束，并完成法人注销登记时，法人终止；依法不需要办理法人登记的，清算结束时，法人终止。

第七十一条 法人被宣告破产的，依法进行破产清算并完成法人注销登记时，法人终止。

第七十二条 法人可以依法设立分支机构。法律规定分支机构应当登记的，依照其规定。

分支机构以自己的名义从事民事活动，产生的民事责任由法人承担。

第七十三条 设立人为设立法人从事的民事活动，其法律后果在法人成立后由法人承受；法人未成立的，其法律后果由设立人承受，设立人为二人以上的，享有连带债权,承担连带债务。

设立人为设立法人以自己的名义从事民事活动产生的民事责任,第三人有权选择请求法人或者设立人承担。

第二节　营利法人

第七十四条　以取得利润并分配给其股东等出资人为目的成立的法人,为营利法人。

营利法人包括有限责任公司、股份有限公司和其他企业法人等。

第七十五条　营利法人,经依法登记成立,取得法人资格。

第七十六条　依法设立的营利法人,由登记机关发给营利法人营业执照。营业执照签发日期为营利法人的成立日期。

第七十七条　设立营利法人应当依法制定法人章程。

第七十八条　营利法人的股东会等出资人会为其权力机构。

权力机构修改法人章程,选举或者更换执行机构、监督机构成员,并行使法人章程规定的其他职权。

第七十九条　营利法人应当设执行机构。

执行机构召集权力机构会议,决定法人的经营计划和投资方案,决定法人内部管理机构的设置,并行使法人章程规定的其他职权。

执行机构为董事会或者执行董事的,董事长、执行董事或者经理依照法人章程的规定担任法定代表人;未设董事会或者执行董事的,法人章程规定的主要负责人为其执行机构和法定代表人。

第八十条　营利法人设监事会或者监事等监督机构的,监督机构依法检查法人财务,对执行机构成员及高级管理人员执行法人职务的行为进行监督,并行使法人章程规定的其他职权。

第八十一条　法律对营利法人的组织机构、法定代表人另有规定的,依照其规定。

第八十二条　营利法人的出资人不得滥用出资人权利损害法人或者其他出资人的利益。法人的出资人滥用出资人权利给法人或者其他出资人造成损失的,应当依法承担民事责任。

营利法人的出资人不得滥用法人独立地位和出资人有限责任损害法人债权人的利益。法人的出资人滥用法人独立地位和出资人有限责任,逃避债务,严重损害法人债权人利益的,应当对法人债务承担连带责任。

第八十三条 营利法人的权力机构、执行机构的会议召集程序、表决方式违反法律、行政法规、法人章程,或者决议内容违反法人章程的,营利法人的出资人可以请求人民法院予以撤销,但是营利法人依据该决议与善意相对人形成的民事法律关系不受影响。

第八十四条 营利法人从事经营活动,应当遵守商业道德,维护交易安全,接受政府和社会的监督,承担社会责任。

第八十五条 本节没有规定的,适用公司法等有关法律的规定。

第三节 非营利法人

第八十六条 为公益目的或者其他非营利目的成立,不向其出资人或者设立人分配所取得利润的法人,为非营利法人。

非营利法人包括事业单位、社会团体、基金会、社会服务机构等。

第八十七条 为公益目的成立的非营利法人终止时,不得向其出资人或者设立人分配剩余财产;其剩余财产应当按照法人章程的规定或者权力机构的决议用于公益目的;不能按照法人章程规定或者权力机构的决议处理的,由主管机关主持转给宗旨相同或者相近的以公益为目的的法人,并向社会公告。

第八十八条 具备法人条件,为实现公益目的设立的事业单位,经依法登记成立,取得事业单位法人资格;依法不需要办理法人登记的,从成立之日起,具有事业单位法人资格。

第八十九条 事业单位法人设理事会的,理事会为其决策机构。事业单位法人的法定代表人按照法人章程的规定产生。

法律对事业单位法人的组织机构、法定代表人另有规定的,依照其规定。

第九十条 具备法人条件,基于会员共同意愿,为实现公益目的或者会员共同利益等非营利目的设立的社会团体,经依法登记成立,取得社会团体法人资格;依法不需要办理法人登记的,从成立之日起,具有社会团体法人资格。

第九十一条 设立社会团体法人应当依法制定法人章程。

社会团体法人应当设会员大会或者会员代表大会等权力机构。

社会团体法人应当设理事会等执行机构。理事长或者会长等负责人依照法人章程的规定担任法定代表人。

第九十二条 具备法人条件,为实现公益目的,以捐助财产设立的基金会、社会服务机构等,经依法登记成立,取得捐助法人资格。

依法设立的宗教活动场所,具备法人条件的,可以申请法人登记,取得捐助法人资格。

第九十三条 设立捐助法人应当依法制定法人章程。

捐助法人应当设理事会、民主管理组织等决策机构,并设执行机构。理事长等负责人依照法人章程的规定担任法定代表人。

捐助法人应当设监事会等监督机构。

第九十四条 捐助人有权向捐助法人查询捐助财产的使用、管理情况,并提出意见和建议,捐助法人应当及时、如实答复。

捐助法人的决策机构、执行机构或者其法定代表人作出的决定违反捐助法人章程的,捐助人等利害关系人或者主管机关可以请求人民法院予以撤销,但是捐助法人依据该决定与善意相对人形成的民事法律关系不受影响。

第四节 特别法人

第九十五条 本节规定的机关法人、农村集体经济组织法人、合作经济组织法人、基层群众性自治组织法人为特别法人。

第九十六条 有独立经费的机关和承担行政职能的法定机构从成立之日起,具有机关法人资格,可以从事为履行职能所需要的民事活动。

第九十七条 机关法人被撤销的,法人终止,其民事责任由继续履行其职能的机关法人承担;没有继续履行其职能的机关法人的,由撤销该机关法人的机关法人承担。

第九十八条 农村集体经济组织依法取得法人资格。

法律、行政法规对农村集体经济组织有规定的,依照其规定。

第九十九条 城镇、农村的合作经济组织依法取得法人资格。

法律、行政法规对城镇、农村的合作经济组织有规定的,依照其规定。

第一百条 居民委员会、村民委员会具有基层群众性自治组织法人资格,可以从事为履行职能所需要的民事活动。

未设立村集体经济组织的,村民委员会可以依法代行村集体经济组织的职能。

第四章 非法人组织

第一百零一条 非法人组织是不具有法人资格,但是依法能够以自己的名义从事民事活动的组织。

非法人组织包括个人独资企业、合伙企业、不具有法人资格的专业服务机构和其他组织。

第一百零二条 非法人组织应当依照法律的规定登记。

设立非法人组织,法律、行政法规规定须经有关机关批准的,依照其规定。

第一百零三条 非法人组织的出资人或者设立人对该组织的债务承担无限责任。法律另有规定的,依照其规定。

第一百零四条 非法人组织可以确定一人或者数人代表该组织从事民事活动。

第一百零五条 有下列情形之一的,非法人组织解散:

(一)章程规定的存续期间届满或者章程规定的其他解散事由出现的;

(二)出资人或者设立人决定解散的;

(三)法律规定的其他情形。

第一百零六条 非法人组织解散的,应当依法进行清算。

第一百零七条 非法人组织除适用本章规定外,参照适用本法第三章第一节的有关规定。

第五章 民事权利

第一百零八条 自然人的人身自由、人格尊严受法律保护。

第一百零九条 自然人享有生命权、健康权、身体权、姓名权、肖像权、名誉权、荣誉权、隐私权、婚姻自主权等权利。

法人、非法人组织享有名称权、名誉权、荣誉权等权利。

第一百一十条 自然人的个人信息受法律保护。任何组织和个人不得非法收集、使用、加工、传输个人信息,不得非法买卖、提供或者公开个人信息。

第一百一十一条 自然人因婚姻、家庭关系等产生的人身权利受法律保护。

第一百一十二条 自然人的私有财产权利受法律保护。

第一百一十三条 民事主体依法享有物权。

物权是权利人依法对特定的物享有直接支配和排他的权利,包括所有权、用益物权和担保物权。

第一百一十四条 物包括不动产和动产。法律规定权利作为物权客体的,依照其规定。

第一百一十五条 物权的种类和内容,由法律规定。

第一百一十六条 民事主体的物权受法律平等保护,任何组织或者个人不得侵犯。

第一百一十七条 为了公共利益的需要,依照法律规定的权限和程序征收、征用不动产或者动产的,应当给予公平、合理的补偿。

第一百一十八条 民事主体依法享有债权。

债权是因合同、侵权行为、无因管理、不当得利以及法律的其他规定,权利人请求特定义务人为或者不为一定行为的权利。

第一百一十九条 依法成立的合同,对当事人具有法律约束力。

第一百二十条 民事权益受到侵害的,被侵权人有权请求侵权人承担侵权责任。

第一百二十一条 没有法定的或者约定的义务,为避免他人利益受损失进行管理或者服务的,有权请求受益人偿还由此而支付的必要费用。

第一百二十二条 没有合法根据,取得不当利益,造成他人损失的,受损失的人有权请求不当得利的人返还不当利益。

第一百二十三条 民事主体依法享有知识产权。

知识产权是指权利人依法就下列客体所享有的专属的和支配的权利:

(一)作品;

(二)发明、实用新型、外观设计;

(三)商标;

(四)地理标志;

(五)商业秘密;

(六)集成电路布图设计;

(七)植物新品种;

(八)法律规定的其他客体。

第一百二十四条 自然人依法享有继承权。

第一百二十五条 自然人合法的私有财产,可以依法继承。

第一百二十六条 民事主体依法享有股权和其他投资性权利。

第一百二十七条 民事主体享有法律规定的其他民事权利和利益。

第一百二十八条 法律对数据、网络虚拟财产的保护有规定的,依照其规定。

第一百二十九条 法律对未成年人、老年人、残疾人、妇女、消费者等的民事权利有特别保护规定的,依照其规定。

第一百三十条 民事权利可以依据民事法律行为、事实行为、法律规定的事件或者法律规定的其他方式取得。

第一百三十一条 民事主体按照自己的意愿依法行使民事权利,不受干涉。

第一百三十二条 民事主体不得滥用民事权利损害他人合法权益。

第一百三十三条 民事主体行使民事权利,应当节约资源、保护生态环境;弘扬中华优秀文化,践行社会主义核心价值观。

第六章　民事法律行为

第一节　一般规定

第一百三十四条 民事法律行为是指民事主体通过意思表示设立、变更、终止民事权利义务关系的行为。

第一百三十五条 民事法律行为可以基于单方的意思表示成立,也可以基于双方或者多方的意思表示一致成立。

法人、非法人组织依照法律或者章程规定的议事方式和表决程序作出决议的,该决议行为成立。

第一百三十六条 民事法律行为可以采用书面形式、口头形式或者其他形式;法律规定或者当事人约定采用特定形式的,应当采用特定形式。

第一百三十七条 民事法律行为自成立时生效,法律另有规定或者当事人另有约定的除外。

行为人非依法律规定或者取得对方同意,不得擅自变更或者解除民事法律行为。

第二节　意思表示

第一百三十八条 以对话方式作出的意思表示,相对人了解其内容时生效。

以非对话方式作出的意思表示,到达相对人时生效。以非对话方式作出的采用数据电文形式的意思表示,相对人指定特定系统接收数据电文的,该数据电文进入该特定系统时生效;未指定特定系统的,相对人知道或者应当知道该数据电文进入其系统时生效。当事人对采用数据电文形式的意思表示的生效时间另有约定的,按照其约定。

第一百三十九条 无相对人的意思表示,表示完成时生效。法律另有规定的,依照其规定。

第一百四十条 以公告方式作出的意思表示,公告发布时生效。

第一百四十一条 行为人可以明示或者默示作出意思表示。

沉默只有在有法律规定、当事人约定或者习惯时,方可以视为意思表示。

第一百四十二条 行为人可以撤回意思表示。撤回意思表示的通知应当在意思表示到达相对人前或者与意思表示同时到达相对人。

第一百四十三条 有相对人的意思表示的解释,应当按照所使用的词句,结合相关条款、行为的性质和目的、习惯以及诚实信用原则,确定意思表示的含义。

无相对人的意思表示的解释,不能拘泥于所使用的词句,而应当结合相关条款、行为的性质和目的、习惯以及诚实信用原则,确定行为人的真实意思。

第三节 民事法律行为的效力

第一百四十四条 具备下列条件的民事法律行为有效:

(一)行为人具有相应的民事行为能力;

(二)意思表示真实;

(三)不违反法律、行政法规的效力性强制规定,不违背公序良俗。

第一百四十五条 无民事行为能力人实施的民事法律行为无效。

第一百四十六条 限制民事行为能力人实施的民事法律行为,经法定代理人同意或者追认后有效,但是纯获利益的民事法律行为或者与其年龄、智力、精神健康状况相适应的民事法律行为,不需经法定代理人同意或者追认。

相对人可以催告法定代理人自收到通知之日起一个月内予以追认。法定代理人未作表示的,视为拒绝追认。民事法律行为被追认前,善意相对人有撤销的权利。撤销应当以通知的方式作出。

第一百四十七条 行为人与相对人串通,以虚假的意思表示实施的民事法律行为无效,但是双方均不得以此对抗善意第三人。

行为人以虚假的意思表示隐藏的民事法律行为的效力,依照有关法律规定处理。

第一百四十八条 基于重大误解实施的民事法律行为,行为人有权请求人民法院或者仲裁机构予以撤销。

第一百四十九条 一方以欺诈手段,使对方在违背真实意思的情况下实施的民事法律行为,受欺诈方有权请求人民法院或者仲裁机构予以撤销。

第一百五十条 第三人实施欺诈行为,使一方在违背真实意思的情况下实施的民事法律行为,对方知道或者应当知道该欺诈行为的,受欺诈方有权请求人民法院或者仲裁机构予以撤销。

第一百五十一条 一方或者第三人以胁迫手段,使对方在违背真实意思的情况下实施的民事法律行为,受胁迫方有权请求人民法院或者仲裁机构予以撤销。

第一百五十二条 一方利用对方处于困境、缺乏判断能力等情形,致使民事法律行为成立时显失公平的,受损害方有权请求人民法院或者仲裁机构予以撤销。

第一百五十三条 民事法律行为因重大误解、欺诈、显失公平被撤销的,不得对抗善意第三人。

第一百五十四条 有下列情形之一的,撤销权消灭:

(一)当事人自知道或者应当知道撤销事由之日起一年内、重大误解的当事人自知道或者应当知道撤销事由之日起三个月内没有行使撤销权的;

(二)当事人受胁迫,自胁迫行为终止之日起一年内没有行使撤销权的;

(三)当事人知道撤销事由后明确表示或者以自己的行为表明放弃撤销权的;

(四)当事人自民事法律行为发生之日起五年内没有行使撤销权的。

第一百五十五条 违反法律、行政法规的效力性强制规定或者违背公序良俗的民事法律行为无效。

第一百五十六条 超越依法登记的经营范围从事经营活动的,除违反法律、行政法规有关限制经营、特许经营或者禁止经营的规定外,不影响民事法律行为的效力。

第一百五十七条 行为人与相对人恶意串通,损害他人合法权益的民事法律行为无效。

第一百五十八条 无效的或者被撤销的民事法律行为,从民事法律行为开始时起就没有法律约束力。

第一百五十九条 民事法律行为无效、被撤销或者确定不发生效力后,行为人因该行为取得的财产,应当予以返还;不能返还或者没有必要返还的,应当折价补偿。有过错的一方应当赔偿对方由此所受到的损失;各方都有过错的,应当各自承担相应的责任。法律另有规定的,依照其规定。

第一百六十条 民事法律行为部分无效,不影响其他部分效力的,其他部分仍然有效。

第四节　民事法律行为的附条件和附期限

第一百六十一条　民事法律行为可以附条件,但是依照其性质不得附条件的除外。附生效条件的民事法律行为,自条件成就时生效。附解除条件的民事法律行为,自条件成就时失效。

第一百六十二条　附条件的民事法律行为,当事人为自己的利益不正当地阻止条件成就的,视为条件已成就;不正当地促成条件成就的,视为条件不成就。

第一百六十三条　民事法律行为可以附期限,但是依照其性质不得附期限的除外。附生效期限的民事法律行为,自期限届至时生效。附终止期限的民事法律行为,自期限届满时失效。

第七章　代　理

第一节　一般规定

第一百六十四条　民事主体可以通过代理人实施民事法律行为。

依照法律规定、当事人约定或者民事法律行为的性质,应当由本人亲自实施的民事法律行为,不得代理。

第一百六十五条　代理人在代理权限内,以被代理人名义实施的民事法律行为,对被代理人发生效力。

第一百六十六条　代理人在代理权限内以自己的名义与第三人实施民事法律行为,第三人知道代理人与被代理人之间的代理关系的,该民事法律行为直接约束被代理人和第三人,但是有确切证据证明该民事法律行为只约束代理人和第三人的除外。

第一百六十七条　代理包括委托代理和法定代理。

委托代理人按照被代理人的委托行使代理权。法定代理人依照法律的规定行使代理权。

法定代理,本章没有规定的,适用本法和其他法律的有关规定。

第一百六十八条　代理人不履行或者不完全履行职责,造成被代理人损害的,应当承担民事责任。

代理人和第三人恶意串通,损害被代理人合法权益的,代理人和第三人应当承担连带责任。

第二节　委托代理

第一百六十九条　委托代理授权采用书面形式的,授权委托书应当载明代理人的姓名或者名称、代理事项、权限和期间,并由被代理人签名或者盖章。

第一百七十条　数人为同一委托事项的代理人的,应当共同行使代理权,法律另有规定或者当事人另有约定的除外。

第一百七十一条　代理人知道或者应当知道代理的事项违法仍然实施代理行为,或者被代理人知道或者应当知道代理人的代理行为违法未作反对表示的,被代理人和代理人应当承担连带责任。

第一百七十二条　代理人不得以被代理人的名义与自己实施民事法律行为,法律另有规定或者被代理人同意、追认的除外。

代理人不得以被代理人的名义与自己同时代理的其他人实施民事法律行为,法律另有规定或者被代理的双方同意、追认的除外。

第一百七十三条　代理人需要转委托第三人代理的,应当取得被代理人的同意或者追认。

转委托代理经被代理人同意或者追认的,被代理人可以就代理事务直接指示转委托的第三人,代理人仅就第三人的选任及对第三人的指示承担责任。

转委托代理未经被代理人同意或者追认的,代理人应当对转委托的第三人的行为承担责任,但是在紧急情况下代理人为了维护被代理人的利益需要转委托第三人代理的除外。

第一百七十四条　执行法人或者非法人组织工作任务的人员,就其职权范围内的事项,以法人或者非法人组织的名义实施民事法律行为,对法人或者非法人组织发生效力。

法人或者非法人组织对执行其工作任务的人员职权范围的限制,不得对抗善意相对人。

第一百七十五条　行为人没有代理权、超越代理权或者代理权终止后,仍然实施代理行为,未经被代理人追认的,代理行为无效。

相对人可以催告被代理人自收到通知之日起一个月内予以追认。被代理人未作表示的,视为拒绝追认。无权代理人实施的行为被追认前,善意相对人有撤销的权利。撤销应当以通知的方式作出。

无权代理人实施的行为未被追认的,善意相对人有权请求无权代理人履行债务或者就其受到的损害请求无权代理人赔偿,但是赔偿的范围不得超过代理行为有效时所能获得的利益。

相对人知道或者应当知道代理人无权代理的,相对人和代理人按照各自的过错承担责任。

第一百七十六条 行为人没有代理权、超越代理权或者代理权终止后,仍然实施代理行为,相对人有理由相信行为人有代理权的,代理行为有效,但是有下列情形之一的除外:

(一)行为人伪造他人的公章、合同书或者授权委托书等,假冒他人的名义实施民事法律行为的;

(二)被代理人的公章、合同书或者授权委托书等遗失、被盗,或者与行为人特定的职务关系已经终止,并且已经以合理方式公告或者通知,相对人应当知悉的;

(三)法律规定的其他情形。

第三节 代理的终止

第一百七十七条 有下列情形之一的,委托代理终止:

(一)代理期间届满或者代理事务完成的;

(二)被代理人取消委托或者代理人辞去委托的;

(三)代理人丧失民事行为能力的;

(四)代理人或者被代理人死亡的;

(五)作为代理人或者被代理人的法人、非法人组织终止的。

第一百七十八条 被代理人死亡后,有下列情形之一的,委托代理人实施的代理行为有效:

(一)代理人不知道并且不应当知道被代理人死亡的;

(二)被代理人的继承人均予以承认的;

(三)授权中明确代理权在代理事项完成时终止的;

(四)在被代理人死亡前已经实施,在被代理人死亡后为了被代理人继承人的利益继续完成的。

作为被代理人的法人、非法人组织终止的,参照适用前款规定。

第一百七十九条 有下列情形之一的,法定代理终止:

(一)被代理人取得或者恢复完全民事行为能力的;

(二)代理人丧失民事行为能力的;

(三)代理人或者被代理人死亡的;

(四)法律规定的其他情形。

第八章 民事责任

第一百八十条 民事主体应当依照法律规定或者当事人约定履行民事义务。

民事主体不履行或者不完全履行民事义务的,应当依法承担民事责任。

第一百八十一条 二人以上依法承担按份责任,能够确定责任大小的,各自承担相应的责任;难以确定责任大小的,平均承担责任。

第一百八十二条 二人以上依法承担连带责任的,权利人有权请求部分或者全部连带责任人承担责任。

连带责任人根据各自责任大小确定责任份额;难以确定责任大小的,平均承担责任。实际承担责任超过自己责任份额的连带责任人,有权向其他连带责任人追偿。

第一百八十三条 承担民事责任的方式主要有:

(一)停止侵害;

(二)排除妨碍;

(三)消除危险;

(四)返还财产;

(五)恢复原状;

(六)修理、重作、更换;

(七)继续履行;

(八)赔偿损失;

(九)支付违约金;

(十)消除影响、恢复名誉;

(十一)赔礼道歉。

法律规定惩罚性赔偿的,依照其规定。

本条规定的承担民事责任的方式,可以单独适用,也可以合并适用。

第一百八十四条 因不可抗力不能履行民事义务的,不承担民事责任。法律另有规定的,依照其规定。

不可抗力是指不能预见、不能避免并不能克服的客观情况。

第一百八十五条 因正当防卫造成损害的,不承担民事责任。正当防卫超过必要的限度,造成不应有的损害的,正当防卫人应当承担适当的民事责任。

第一百八十六条 因紧急避险造成损害的,由引起险情发生的人承担民事责任。如果危险是由自然原因引起的,紧急避险人不承担民事责任或者给予适当补偿。紧急避险采取措施不当或者超过必要的限度,造成不应有的损害的,紧急避险人应当承担适当的民事责任。

第一百八十七条 实施紧急救助行为造成受助人损害的,除有重大过失外,救助人不承担民事责任。

第一百八十八条 为保护他人民事权益而使自己受到损害的,由侵权人承担民事责任,受益人可以给予适当补偿。没有侵权人、侵权人逃逸或者无力承担民事责任,受害人请求补偿的,受益人应当给予适当补偿。

第一百八十九条 因当事人一方的违约行为,损害对方人身、财产权益的,受损害方有权选择请求其承担违约责任或者侵权责任。

第一百九十条 民事主体因同一行为应当承担民事责任、行政责任和刑事责任的,承担行政责任或者刑事责任不影响承担民事责任;民事主体的财产不足以支付的,先承担民事责任。

第九章 诉讼时效

第一百九十一条 向人民法院请求保护民事权利的诉讼时效期间为三年。法律另有规定的,依照其规定。

诉讼时效期间自权利人知道或者应当知道权利受到损害以及义务人之日起计算。法律另有规定的,依照其规定。但是自权利受到损害之日起超过二十年的,人民法院不予保护;有特殊情况的,人民法院可以延长。

第一百九十二条 当事人约定同一债务分期履行的,诉讼时效期间自最后一期履行期限届满之日起计算。

第一百九十三条 无民事行为能力人或者限制民事行为能力人对其法定代理人的请求权的诉讼时效期间,自该法定代理终止之日起计算。

第一百九十四条 未成年人遭受性侵害的损害赔偿请求权的诉讼时效期间,自受害人年满十八周岁之日起计算。

第一百九十五条 诉讼时效期间届满的,义务人可以提出不履行义务的抗辩。

诉讼时效期间届满后,义务人自愿履行的,不得请求返还。

第一百九十六条 人民法院不得主动适用诉讼时效的规定。

第一百九十七条　在诉讼时效期间的最后六个月内,因下列障碍,不能行使请求权的,诉讼时效中止:

(一)不可抗力;

(二)无民事行为能力人或者限制民事行为能力人没有法定代理人,或者法定代理人死亡、丧失代理权、丧失民事行为能力;

(三)继承开始后未确定继承人或者遗产管理人;

(四)权利人被义务人或者其他人控制;

(五)其他导致权利人不能行使请求权的障碍。

自中止时效的原因消除之日起满六个月,诉讼时效期间届满。

第一百九十八条　有下列情形之一的,诉讼时效中断,从中断或者有关程序终结时起,诉讼时效期间重新计算:

(一)权利人向义务人提出履行请求的;

(二)义务人同意履行义务的;

(三)权利人提起诉讼或者申请仲裁的;

(四)与提起诉讼或者申请仲裁具有同等效力的其他情形。

第一百九十九条　对连带权利人或者连带义务人中的一人发生诉讼时效中断的,中断的效力及于全部连带权利人或者连带义务人。

第二百条　下列请求权不适用诉讼时效的规定:

(一)请求停止侵害、排除妨碍、消除危险;

(二)登记的物权人请求返还财产;

(三)请求支付赡养费、抚养费或者扶养费;

(四)依法不适用诉讼时效的其他请求权。

第二百零一条　诉讼时效的期间、计算方法以及中止、中断的事由由法律规定,当事人约定无效。

当事人对诉讼时效利益的预先放弃无效。

第二百零二条　法律对仲裁时效有规定的,适用其规定。法律对仲裁时效没有规定的,适用诉讼时效的规定。

第二百零三条　法律规定或者当事人约定的撤销权、解除权等权利的存续期间,除法律另有规定外,自权利人知道或者应当知道权利产生之日起计算,不适用有关诉讼时效中止、中断和延长的规定。存续期间届满,撤销权、解除权等权利消灭。

第十章　期间的计算

第二百零四条　民法所称的期间按照公历年、月、日、小时计算。

第二百零五条　按照小时计算期间的,自法律规定或者当事人约定的时间起计算。

按照日、月、年计算期间的,开始的当日不计入,自下一日起计算。

第二百零六条　按照月、年计算期间的,到期月的对应日为期间的最后一日;没有对应日的,月末日为期间的最后一日。

第二百零七条　期间的最后一日是法定休假日的,以法定休假日结束的次日为期间的最后一日。

期间的最后一日的截止时间为二十四点;有业务时间的,到停止业务活动的时间截止。

第二百零八条　期间的计算方法依照本法的规定,法律另有规定或者当事人另有约定的除外。

第十一章　附　　则

第二百零九条　民法所称的"以上"、"以下"、"以内"、"届满",包括本数;所称的"不满"、"超过"、"以外",不包括本数。

第二百一十条　本法自　　年　月　日起施行。

从草案三次审议稿到大会草案介绍

一、从草案三次审议稿到大会草案期间的重要立法活动

2016年12月21日至22日

法工委民法室与日本国际协力机构（JICA）在北京召开中日民法总则国际研讨会。会议邀请独立行政法人国民生活中心理事长、一桥大学名誉教授松本恒雄、明治大学教授新美育文、律师深山雅也等日本专家，尹田、杨立新、崔建远、李永军、赵旭东等中方专家，就民法总则的基本原则、法律渊源、法人、民事权利、诉讼时效等问题进行了研讨。

2016年12月27日

全国人大常委会通过中国人大网公布了民法总则草案三次审议稿，公开征求社会公众的意见。征求意见时间为一个月，从2016年12月27日至2017年1月26日。

2017年1月17日

全国人大常委会办公厅、全国人大法律委员会和全国人大常委会法制工作委员会在北京联合举办民法总则草案三次审议稿研读学习专题会。31个省、自治区、直辖市人大常委会法制工作部门（人大法制部门）、代表联络工作部门的负责同志和全国台联、中央军委政治工作部代表联络工作部门的负责同志参加了会议。上午召开全体会议，法律委主任委员乔晓阳主持会议，并对做好代表集中研读讨论的组织工作提出具体要求。法工委主任李适时对草案的几个主要问题做讲解辅导。法工委副主任张荣顺出席了会议。下午召开分组会议，与会同志就做好代表研读讨论工作和草案内容进行了讨论。

2017年2月10日

法工委民法室形成民法总则草案（三次审议稿2017年2月10日修改稿）。

2017年2月13日至14日

全国人大常委会法工委立法专家委员会召开座谈会,征求立法专家委员会专家和语言文字专家咨询委员会语言文字专家对民法总则草案(三次审议稿2017年2月10日修改稿)的意见。会议由全国人大常委会法工委立法专家委员会主任、法工委原副主任郎胜主持,法工委主任李适时、副主任张荣顺参加会议。立法专家委员会专家中国社会科学院孙宪忠、薛宁兰,中国人民大学杨立新,清华大学崔建远,法工委行政法室原主任李援,法工委民法室原主任姚红,语言文字专家咨询委员会语言文字专家中国社会科学院王灿龙和中国政法大学邹玉华参加了会议并发表意见。

2017年2月14日

法工委民法室形成民法总则草案(三次审议稿2017年2月14日修改稿)。

2017年2月15日

法工委委务会讨论民法总则草案(三次审议稿2017年2月14日修改稿)

2017年2月16日

法工委形成民法总则草案(2017年2月16日法律委员会审议稿)。

2017年2月16日

法律委员会召开会议,根据常委会组成人员的审议意见和各方面意见,讨论民法总则草案(2017年2月16日法律委员会审议稿)。五家民法典编纂工作参加单位的有关负责同志列席会议。

2017年2月20日至21日

法工委主任李适时带领民法室的同志赴甘肃省临洮县基层立法联系点走访调研。到临洮县新添镇崖湾村实地考察,与新添镇崖湾村和太石镇三益村的干部群众面对面座谈交流,了解村集体经济的发展情况,听取对民法总则草案有关农村集体经济组织民事主体地位的意见和建议。

2017年2月20日

法工委民法室形成民法总则草案(三次审议稿2017年2月20日修改稿)。

2017年2月22日

法工委民法室召开合作社法人相关问题座谈会,了解合作社法人的有关情况及存在的问题,听取对民法总则草案(三次审议稿2017年2月20日修改稿)合作社法人部分的意见和建议,法工委副主任张荣顺主持会议。中央机构编制委员会办公室、中央农村工作领导小组办公室、国务院法制办、农业部、中华全国供销合作总社的同志参加了会议,介绍情况并发表意见。

2017年3月4日

第十二届全国人民代表大会第五次会议预备会议通过第十二届全国人民代表大会第五次会议议程。议程包括审议全国人民代表大会常务委员会关于提请审议《中华人民共和国民法总则(草案)》的议案。

2017年3月5日

第十二届全国人民代表大会第五次会议开幕。

二、从草案三次审议稿到大会草案期间的主要修改情况和立法背景

(一)基本原则

1. 诚信原则

草案三次审议稿第六条规定:"民事主体从事民事活动,应当遵循诚实信用原则。"

有的意见提出,在汉语的日常表达和书面使用中,更多用"诚信",而不是"诚实信用",社会主义核心价值观的表述也是"诚信",建议将"诚实信用"修改为"诚信"。有的意见提出,草案对自愿原则和公平原则的表述,后面都有一句话作出解释,诚实信用原则没有,建议本条再增加一些内容,以便更好地理解。有的意见建议,在本条最后增加规定"全面履行自己的民事义务",或者"履行法律规定、允诺或者约定义务,不损害他人利益",或者"对失信行为应当予以惩戒。失信者应当承担失信的法律后果"。经研究,大会草案采纳了部分意见。第六条规定:"民事主体从事民事活动,应当遵循诚信原则,秉持诚实、恪守承诺。"

2. 民事权益受法律保护和权利、义务相适应原则

草案三次审议稿第八条第一款规定:"民事主体的人身、财产权利及其他合法权益受法律保护,任何组织或者个人不得侵犯。"第二款规定:"民事主体行使权利的同时,应当履行法律规定的或者当事人约定的义务。"

有的意见建议将第一款中的"人身、财产权利"修改为"人身权利、财产权利"。有的意见提出,第二款强调"同时"不准确、不科学,因为行使权利和履行义务并不一定同时,二者经常是有时间差的,而且因当事人约定而产生的权利,通常以先履行义务为前提。有的意见提出,行使权利并不必然伴随义务,第二款的表述欠妥,建议删除。有的意见提出,民事主体行使权利,有时既需履行"法律规定的义务",又需履行"当事人约定的义务"。从立法技术看,将本款"或者"改为顿号,既可以理解为"二选一",又可以理解为二者同时履行。有的意见认为,"或者"也可以包括二者同时履行的情形,建议不作改动。有的意见提出,本条第一款和第二款内在联系性不强,建议作为独立的两条分别规定。经研究,大会草案采纳了部分意见,将本条拆分为两条并作修改。第九条规定:"民事主体的人身权利、财产权利以及其他合法权益受法律保护,任何组织或者个人不得侵犯。"第十条规定:"民事主体行使权利时,应当履行法律规定的或者当事人约定的义务。"

3. 民法法源

草案三次审议稿第九条规定:"处理民事关系,应当依照法律法规规定;法律法规没有规定的,可以适用习惯,但是不得违背公序良俗。"

有的意见提出,本条中的法规包括地方性法规,"处理民事关系"的表述容易让人理解为,地方性法规也可以任意对民事关系作出规定,违背立法法,建议将"处理民事关系"修改为"处理民事纠纷"。有的意见提出,本条的规定要与第一百五十五条"违反法律、行政法规的效力性强制规定"配合起来看,如果删除本条中的"法规",第一百五十五条中的"行政法规的效力性强制规定"也要删除。有的意见认为,原则上不要再依照法规的规定,建议写到"依照法律规定"即可。从法的精神和法的理念来看,民事关系领域是一个私法领域,公法、公权力尽量慎重介入。民法总则作为民事基本法律,要体现国家公权力对民事领域的干预减到最低限度。如果要介入,也要由法律来规定。由行政法规、地方性法规来规范,可能会导致对私法领域、民事领域的过分干预。考虑到实际情况,最多写到"依照法律或者行政法规规定"。如果地方性法规再适用于民事法律关系,会导致中国的民事法律规范多元化,不利于统一市场的形成,破坏法制的统一。有的意见提出,国家对民事行为的干预越小越好,这个思想很正确,很有价值,但是这个度应该怎么把握。从国家法治统一的角度,民事行为不仅要遵守民事法律,也要遵守其他法律和法规。至于法规对民事关系的介入程度,可以通过对法规审查看它对侵害或者介入民事权利的程度去把好这个关。不能因为怕法规限制民事行为,所有法规就全部不适用。有的意见提出,最高人民法院《关于裁判文书引用法律、法规等规范性法律文件的规定》第四条规定:"民事裁判文书应当引用法律、法律解释或者司法解释。对于应当适用的行政法规、地方性法规或者自治条例和单行条例,可以直接引用。"我国司法实践一直是将地方性法规作为法院裁判依据的,地方性法规根据本行政区域具体情况和实际需要对民事赔偿等作出具体规定,正是地方立法的生命力所在,正是地方立法保障国家法律在本行政区域实施的具体举措。当然认定合同无效,一般不得依据地方性法规。但不能据此否定地方性法规的民事法律渊源地位。有的意见提出,将草案二次审议稿中的"法律"改为"法律法规"不妥,"法律法规"用语并不周延,建议恢复草案二次审议稿中的"法律",否则本法其他条款涉及使用"法律"的术语是否均要修改为"法律法规"。有的意见提出,"部门规章"也属于法的渊源的一种,虽然其法律效力层级较低,但也具有普遍的适用效力,而且从实践中来看,民事主体从事民事法律行为也应当遵守部门规章的规定,建议将"法律法规规定"修改为"法律、行政法规、部门规章的规定"。有的意见提出,法律有广义和狭义之分。狭义的法律仅指全国人大及其常委会制定的法律,而广义的法律除了包括狭义的法律,还包括行政法规、地方性法规、自治条例和单行条例、国务院部门规章、地方政府规章,甚至司法解释等规范性文件。通常所说遵守法律、不得违反法律,一般应指广义的法律,而非狭义的法律,从本条规定的内容看,也应属于此种基本法治理念的语境。建议将"法律法规"修改为"法律",为选择适用依据时留下必要的弹性空间。经研究,大会草案采纳了部分意见。第十一条规定:"处理民事纠纷,应当依照法律;法律没有规定的,可以适用习惯,但是不得违背公序良俗。"

(二) 自然人

1. 出生时间和死亡时间

草案三次审议稿第十四条规定:"自然人的出生时间和死亡时间,以出生证明、死亡证明记载的时间为准;没有出生证明、死亡证明的,以登记的时间为准。有其他证据足以推翻以上记载时间的,以相关证据证明的时间为准。"

有的意见建议,明确"登记的时间"的概念,具体是在什么部门、什么文件材料上的登记时间。有的意见提出,"登记的时间"的表述不够清晰,建议明确,除户籍登记外,还可能有什么类型的登记。有的意见提出,在我国登记有很多种,例如学生登记、干部登记、党团登记、军人登记等,"登记的时间"指的是哪类登记不明确,在实践中可能会造成认定困难与适用混乱,鉴于户籍登记的公信力比较强,证据效力高,同时也便于操作,建议将"登记的时间"修改为"户籍登记的时间"。有的意见提出,"以登记的时间为准"中的"登记"概念太宽泛了,很不明确,起码要有一个修饰,或者修改为"以户籍登记或其他有效登记的时间为准"。有的意见提出,此处"登记的时间"表述不够准确,修改为"登记记载的时间"。本条前一分句也是使用的"死亡证明记载的时间为准",本条第二句规定"有其他证据足以推翻以上记载时间的,以相关证据证明的时间为准",前后三处表述建议一致。经研究,大会草案采纳了这些意见,对本条作出修改,明确了"登记"的含义,并相应地对第二十四条"登记的居所"作出修改。第十六条规定:"自然人的出生时间和死亡时间,以出生证明、死亡证明记载的时间为准;没有出生证明、死亡证明的,以户籍登记或者其他有效身份登记记载的时间为准。有其他证据足以推翻以上记载时间的,以相关证据证明的时间为准。"第二十六条规定:"自然人以户籍登记或者其他有效身份登记记载的居所为住所;经常居所与住所不一致的,经常居所视为住所。"

2. 限制民事行为能力人

草案三次审议稿第十八条第一款、第二十一条对限制民事行为能力人实施民事法律行为作出规定。

有的意见提出,限制民事行为能力人实施民事法律行为,由其法定代理人代理,或者经其法定代理人同意、追认,是一般情况,独立实施民事法律行为是特别情况,建议调整条文内容的顺序,先说实施民事法律行为由其法定代理人代理,或者经其法定代理人同意、追认,再说独立实施民事法律行为的情况,更符合逻辑。经研究,大会草案采纳了这一意见,对这两条作出修改。第二十条第一款规定:"六周岁以上的未成年人为限制民事行为能力人,实施民事法律行为由其法定代理人代理或者经其法定代理人同意、追认,但是可以独立实施纯获利益的民事法律行为或者与其年龄、智力相适应的民事法律行为。"第二十三条规定："不能完全辨认自己行为的成年人为限制民事行为能力人，实施民事法律行为由其法定代理人代理或者经其法定代理人同意、追认，但是可以独立实施纯获利益的民事法律行为或者与其智力、精神健康状况相适应的民事法律行为。"

3. 认定无民事行为能力或者限制民事行为能力。

草案三次审议稿第二十三条第一款规定："不能辨认或者不能完全辨认自己行为的成年人的利害关系人，可以向人民法院申请认定该成年人为无民事行为能力人或者限制民事行为能力人。"

有的意见提出，现实生活中，有的成年人存在精神不健康的状况，用人单位很难申请法院确定其为无民事行为能力人或者限制行为能力人，容易造成工作秩序的混乱，建议在第一款中明确利害关系人的范围，特别是应当包括该成年人的用人单位。有的意见提出，在现实生活中，有些老人、有精神疾病的人可能没有利害关系人，或者利害关系人不愿提出申请，这就有可能会产生因没有人提出行为能力认定申请而造成这部分人虽然已经处于无民事行为能力或者限制民事行为能力的状态，但得不到监护的情况，建议在第一款的申请主体中增加"有关组织"。有的意见提出，本条第一款和第二款中的申请主体应当统一，建议在第一款的申请主体中增加"有关组织"。有的意见提出，对第一款增加"有关组织"要慎重考虑，允许"有关组织"向法院提出申请，认定本人为无民事行为能力人或者限制民事行为能力人，可能会存在滥用的情况，损害本人权益。有的意见认为，民事行为能力的认定并不是向法院申请就可以获得支持，具体还要由法院严格审查判断是否丧失或者部分丧失民事行为能力，综合来看，还是应当增加"有关组织"，发挥其积极的作用。经研究，大会草案采纳了部分意见，在第一款增加了"有关组织"。第二十五条第一款规定："不能辨认或者不能完全辨认自己行为的成年人，其利害关系人或者有关组织，可以向人民法院申请认定该成年人为无民事行为能力人或者限制民事行为能力人。"

4. 遗嘱监护

草案三次审议稿第二十八条规定："被监护人的父母可以通过遗嘱指定监护人。"

有的意见建议，明确"被监护人的父母通过遗嘱指定监护人"中被指定的监护人不受草案第二十六、第二十七条规定的顺序限制。有的意见提出，未成年被监护人的父母通过遗嘱指定监护人,在法理和逻辑上没有问题。而无民事行为能力或限制民事行为能力的成年被监护人,如果仅是父母可以通过遗嘱指定监护人,逻辑上似乎不是很周全,成年被监护人的有资格监护人还包括配偶、子女等其他人,建议对本条作进一步完善,区分未成年和成年被监护人分别进行规定。有的意见提出,遗嘱指定监护应当仅限于未成年人,建议将本条修改为:"未成年人的父母可以通过遗嘱指定监护人"。有的意见提出,本条的规定仅就父母作为子女监护人的情形下,赋予父母通过遗嘱确定监护人的权利,未赋予其他监护人通过遗嘱指定监护人的权利,建议将"父母"修改为"监护人"。有的意见提出,对被监护人父母死亡,由祖父母、外祖父母担任监护人的,祖父母、外祖父母也可以通过遗嘱指定监护人,建议草案对这种情形补充完善。有的意见提出,通过遗嘱指定监护人的,应当事先征求被指定人意见,被指定人同意的,指定才有效,建议进一步修改完善。有的意见建议,增加规定:"被遗嘱指定的监护人,有权拒绝担当监护人,如果被遗嘱指定的监护人拒绝的,则适用法定监护制度"。有的意见提出,本条适用第二十七条规定的无民事行为能力或者限制民事行为能力的成年人,而成年人的第一顺位的监护人为配偶,如父母根据第二十八条通过遗嘱指定监护人,而根据第二十七条的规定,配偶为第一顺位的监护人。此时,需要明确父母遗嘱指定的监护人和配偶哪个优先,建议明确本条与第二十七条的逻辑关系。有的意见提出,如果被监护人的父母没有担任监护人,监护人实际由其他人正在担任的情况下,仍然由父母通过遗嘱指定监护人是否合适,如何处理遗嘱指定的监护人与现任监护人的关系,建议进一步研究。经研究,大会草案采纳了部分意见。第三十条规定:"被监护人的父母担任监护人的,可以通过遗嘱指定监护人。"

5. 协议确定监护人

草案三次审议稿第二十九条规定:"监护人可以由协议确定。协议确定监护人的,应当尊重被监护人的真实意愿。"

有的意见提出,"尊重"一词作为法律用语,语义不明确,在实践中难以操作。不如直接规定要征得其同意,在特殊情况出现时,就属于协议不成存在争议,只能通过指定的方式来确定,从而避免因对"尊重"一词理解不一致而产生争议,建议将"应当尊重被监护人的真实意愿"修改为"应当征得被监护人的同意"。有的意见提出,为更充分地保护被监护人的利益,建议增加一款规定:"违背被监护人意愿或者严重损害被监护人利益的监护协议无效"。有的意见提出,被监护人为无民事行为能力、限制民事行为能力人而无法表达真实意愿的,协议如何确定,建议明确。有的意见建议,增加一款:"协议应当以书面形式订立,且应当有两个以上见证人在场见证或者办理公证"。有的意见提出,依据本条的规定,可以推导出有监护权的监护人可随意向他人"转让"监护权,唯一的限制就是应尊重被监护人的真实意愿,对于保护被监护人的利益极为不利,建议删除本条。有的意见建议,进一步完善协议人的主体范围,建议将"监护人可以由协议确定"修改为"可以由具有监护人资格的人协商确定其中的一人为监护人"。有的意见提出,协议确定监护人和法定监护之间是什么关系。监护是身份关系,如何通过协议确定,是同一顺序的人协议,还是只要符合监护人资格的人都可以协议,限于监护人之间协议还是监护人和其他人之间协议,建议进一步研究。有的意见提出,应当明确协议人的主体范围,但也要同时防止顺序在后的监护人剥夺顺序在先监护人的决定权。建议将本条修改为:"监护人可以由具有监护资格的人协议确定,但是应当征得监护资格顺序在先的人员的同意。协议确定监护人的,应当尊重被监护人的意愿。"有的意见提出,草案第二十六条、第二十七条确定监护人顺序的主要目的在于防止互相推诿,无人担任监护人。有监护资格的人协议确定监护人,可以不按照该顺序,这正是对有监护资格的人之间自愿协商的尊重。经研究,大会草案采纳了部分意见,对本条作了修改。第三十一条规定:"依法具有监护资格的人之间可以协议确定监护人。协议确定监护人应当尊重被监护人的真实意愿。"

6. 兜底监护人

草案三次审议稿第三十一条规定:"无具有监护资格的人的,监护人由民政部门担任,也可以由具备条件的被监护人住所地的居民委员会、村民委员会担任。"

有的意见提出,"无具有"不符合中国的语境,一般用"不具有"这种表述。有的意见提出,"无具有监护资格的人的",内容没有问题,但是比较拗口,没有达到立法语言应当严谨、精炼、高标准的要求,建议修改为"没有适格监护人的"。有的意见建议修改为"没有依法具有监护资格的人的"。经研究,大会草案采纳了这些意见。第三十三条规定:"没有依法具有监护资格的人的,监护人由民政部门担任,也可以由具备条件的被监护人住所地的居民委员会、村民委员会担任。"

7. 监护职责

草案三次审议稿第三十四条第一款规定:"监护人应当按照最有利于被监护人的原则履行监护职责,保护被监护人的人身、财产权利及其他合法权益;除为被监护人利益外,不得处分被监护人的财产。"

有的意见提出,本款既规定了履行监护职责应当遵循的"最有利于被监护人原则",又规定了监护职责的具体内容,第二款和第三款规定了尊重被监护人意愿原则,建议草案第三十四条集中规定履行监护职责应当遵循的原则,监护职责的具体内容移到第三十三条规定。有的意见提出,监护是对无民事行为能力人或者限制民事行为能力人合法权益的保护,但监护与照顾、护理等具有根本上的不同,监护制度应突出强调其是对民事行为能力不足的补正。监护职责的重点在于监护对被监护人各方面事务的安排,代理被监护人实施民事法律行为是最能反映监护特征的一项监护职责,建议对其明确规定。经研究,大会草案采纳了部分意见,将监护职责的内容放在草案的前一条,并作修改。第三十五条第一款规定:"监护人的职责是代理被监护人实施民事法律行为,对被监护人的人身权利、财产权利以及其他合法权益进行保护等。"第三十六条第一款规定:"监护人应当按照最有利于被监护人的原则履行监护职责。监护人除为被监护人利益外,不得处分被监护人的财产。"

8. 监护人资格被撤销不影响履行法定扶养义务

草案三次审议稿未对监护人资格被撤销后,监护人是否还应当履行法定抚养、赡养、扶养义务作出规定。

有的意见提出,实践中,监护人往往由父母、子女、配偶等法定扶养义务人担任。监护人被撤销监护人资格后,就不能再继续履行监护职责。但法定扶养义务是基于血缘等关系由婚姻法确立的法律义务,该义务不因监护人资格的撤销而免除。建议草案对此予以明确。有的意见提出,法定抚养、赡养、扶养义务由婚姻法规定即可,其与监护是不同的制度,监护人资格被撤销后,监护人还应当履行法定抚养、赡养、扶养义务,乃当然之事,无需单独对此进行规定。经研究,大会草案增加了一条规定。第三十八条规定:"依法对被监护人负担抚养费、赡养费、扶养费的父母、子女、配偶等,被人民法院撤销监护人资格后,应当继续负担。"

9. 恢复监护人资格

草案三次审议稿第三十六条规定:"被监护人的父母或者子女被人民法院撤销监护人资格后,除对被监护人实施故意犯罪的外,确有悔改情形的,经其申请,人民法院可以在尊重被监护人真实意愿的前提下,视情况恢复其监护人资格,人民法院指定的新监护人与被监护人的监护关系同时终止。"

有的意见提出,姻亲关系对于监护制度也很重要,特别是在有子女或者老人需要共同赡养的情况下,恢复配偶的监护人资格有助于维护家庭的稳定性,建议增加规定配偶也可以恢复监护人资格。有的意见提出,在夫妻关系中,如果配偶实施了恶劣行为,其正常的夫妻关系是难以恢复的。在现实生活中,在这种情况下如果配偶还要求恢复监护人资格,绝大多数可能是出于经济利益,恢复配偶的监护人资格,不利于保护被监护人权益。有的意见提出,要恢复监护人资格,除对被撤销监护人资格的父母或者子女悔改态度评估外,还要对其经济能力进行评估,否则还会因经济问题再次对被监护人造成伤害。建议在"经其申请"后增加"与评估"。有的意见提出,本条关于监护人对被监护人实施故意犯罪的除外规定是不合理的,建议删除。主要理由:一是,监护人对被监护人故意犯罪的情形在实践中太复杂,大量的情况是虐待、伤害和遗弃。实践中轻伤犯罪的标准已经降得很低,伤害的犯罪和伤害的侵权行为界限很模糊。还有一些情况,父母因为经济困难,或者发现孩子生下来有残疾、有重病,自己养起来很费劲,所以遗弃在医院就走了,是故意犯罪。但是后来条件好一点了,或者真心后悔,愿意恢复这个关系,按照这个规定就不能再恢复了。所以,立法还得考虑有些故意犯罪定罪标准很低,中国社会保障和社会福利制度又没有跟上,情况比较特殊。二是,该除外规定与其他制度,特别是与刑罚制度是不协调的。刑罚上讲教育和改造,犯了罪的人要给他机会,要让他回归社会改过自新,该除外规定对教育改造是不利的。三是,民事立法要尽量尊重被监护人的意愿,如果被监护人也愿意恢复,为什么一定要法律来干预。家庭是社会的细胞,是社会稳定的基础。该除外规定对民事领域干预太深,不太妥当,不利于社会关系的恢复。有的意见提出,有一些情形如遗弃罪,也属于故意犯罪,虽然构成遗弃罪要求情节恶劣,但遗弃人事后如果能够真诚悔过,恢复监护权可能更有利于保护被监护人的权益,建议将"除对被监护人实施故意犯罪的外"修改为"除对被监护人实施性侵、严重虐待等故意犯罪的外"。有的意见提出,监护人资格被撤销都是一些非常严重的情形,为了维护监护秩序的稳定,保护被监护人的权益,即使没有故意犯罪的情形,监护人的资格一旦被撤销,也不宜再恢复。有的意见提出,本条规定的恢复条件很模糊,"确有悔改情形的"在司法实践中是非常难以把握的。建议规定一个较为具体的标准。有的意见建议将"确有悔改情形"修改为"确有悔改表现",表述更准确,也更易于判断。有的意见提出,"人民法院指定的新监护人"中的"新"字是赘语,建议删去。经研究,大会草案采纳了部分意见。第三十九条规定:"被监护人的父母或者子女被人民法院撤销监护人资格后,除对被监护人实施故意犯罪的外,确有悔改表现的,经其申请,人民法院可以在尊重被监护人真实意愿的前提下,视情况恢复其监护人资格,人民法院指定的监护人与被监护人的监护关系同时终止。"

10. 自然人下落不明的时间起算

草案三次审议稿第三十九条规定:"自然人下落不明的时间,从该自然人失去音讯之日起计算。战争期间下落不明的,下落不明的时间自战争结束之日起计算。"

有的意见建议,将"战争结束之日"修改为"军队组织确定的下落不明之日"。有的认为,战争期间下落不明,如果是参加军事行动的人员,以"军队组织确定的下落不明之日起计算"有合理之处,但本条规定的范围也包括战争期间的平民。经研究,大会草案采纳了部分意见。第四十二条规定:"自然人下落不明的时间从其失去音讯之日起计算。战争期间下落不明的,下落不明的时间自战争结束之日或者有关机关确定的下落不明之日起计算。"

11. 无利害关系人申请宣告死亡

草案三次审议稿未对无利害关系人申请宣告死亡作出规定。

有的意见提出,自然人长期下落不明而不能宣告死亡,与其有关的民事法律关系将一直处于不确定状态,例如遗产不能依法继承,身份关系不能消灭,债权债务关系不能了结,对社会经济法律秩序的维护殊为不利。且自改革开放以来,已经发生利害关系人出于侵占下落不明的自然人的财产、损害其他利害关系人合法权益,以及冒领该自然人退休金、养老金、补助金等非法目的,故意不提出宣告死亡申请的社会问题。建议在本条增加一款规定:"自然人符合本法规定的宣告死亡条件,如果没有利害关系人或者利害关系人不提出死亡宣告申请的,应当由该自然人所在的居民委员会、村民委员会向人民法院申请宣告该自然人死亡。"有的意见建议,在这种情形下由人民检察院申请宣告死亡。有的意见建议,由民政部门申请宣告死亡。有的意见提出,法律没有对利害关系人的范围作出明确界定,即是考虑到实践情况复杂,谁是利害关系人,可以在个案中具体考虑。发生"没有利害关系人或者利害关系人不提出死亡宣告申请"的情形,居民委员会、村民委员会、人民检察院、民政部门是否也可以根据情况视为"利害关系人",冒领退休金的情况,社保机构是否可以作为利害关系人提出死亡宣告申请,可以进一步研究。有的意见提出,公权力还是尽量不要介入私领域。经研究,大会草案未对此作出规定。

12. 死亡宣告对婚姻关系的影响

草案三次审议稿第四十九条规定:"被宣告死亡的人的婚姻关系,自死亡宣告之日起消灭。死亡宣告被撤销的,夫妻关系自撤销死亡宣告之日起自行恢复,但是其配偶再婚或者向婚姻登记机关声明不愿意恢复的除外。"

有的意见建议,将本条中"夫妻关系"修改为"婚姻关系",使前后用语一致。有的意见提出,向婚姻登记机关声明应设定合理期限,否则不利于婚姻关系的稳定,建议定为"六个月"。有的意见提出,本条规定的"声明"缺乏操作性,如何向婚姻登记机关声明,如何证明做了声明,都是问题,建议删去该规定。有的意见建议,将"声明"修改为"书面声明",向婚姻登记机关书面声明的具体程序问题,可以在民法总则通过后,由相关部门通过规范性文件作出规定。经研究,大会草案采纳了部分意见。第五十二条规定:"被宣告死亡的人的婚姻关系,自死亡宣告之日起消灭。死亡宣告被撤销的,婚姻关系自撤销死亡宣告之日起自行恢复,但是其配偶再婚或者向婚姻登记机关书面声明不愿意恢复的除外。"

13. 撤销死亡宣告对财产关系的影响

草案三次审议稿第五十一条第一款规定:"被撤销死亡宣告的人有权请求返还财产。依照继承法取得其财产的民事主体,应当返还原物;无法返还原物的,应当给予补偿。"第二款规定:"利害关系人隐瞒真实情况,致使他人被宣告死亡而取得其财产的,除应当返还原物外,还应当对由此造成的损失承担赔偿责任。"

有的意见提出,取得财产的主体,不限于继承人,取得财产的原因,不限于无偿;如果取得财产的主体是继承人以外的人,且系有偿取得,尤其是通过合同有偿取得,甚至通过公开拍卖有偿取得,或者通过承担某些义务如劳务取得,其权利理当受到保护和尊重,当然不负返还财产义务,这不但合乎情理,还有利社会稳定。有的意见提出,本条仅规定死亡宣告被撤销后,依照继承法取得财产的返还问题即可,其他情况下的财产返还,可以依据不当得利返还规则、善意取得制度等进行处理。有的意见提出,有权要求返还的财产,不限于原物,还有股权等,建议将"应当返还原物"修改为"应当返还财产"。经研究,大会草案采纳了这些意见。第五十四条第一款规定:"被撤销死亡宣告的人有权请求依照继承法取得其财产的民事主体返还财产。无法返还原物的,应当给予补偿。"第二款规定:"利害关系人隐瞒真实情况,致使他人被宣告死亡而取得其财产的,除应当返还财产外,还应当对由此造成的损失承担赔偿责任。"

(三)关于法人

1. 法定代表人的代表行为

草案三次审议稿第五十九条第二款规定:"法定代表人以法人名义从事的民事活动或者其他执行职务的行为,其法律后果由法人承受。"第三款规定:"法人章程或者权力机构对法定代表人的代表权范围的限制,不得对抗善意相对人。"

有的意见提出,法定代表人以法人名义订立合同,也可能只有法定代表人的签名,不能一概认为只要没有盖法人的章,就是以法定代表人的个人名义。代表行为不应包括以法定代表人个人名义从事的民事活动,那将给法定代表人滥用法人独立地位大开方便之门。建议删去"其他执行职务的行为"。有的意见建议,删去第三款"代表权范围"中的"范围",使文字更简练。经研究,大会草案采纳了这些意见。第六十二条第二款规定:"法定代表人以法人名义从事的民事活动,其法律后果由法人承受。"第三款规定:"法人章程或者权力机构对法定代表人的代表权的限制,不得对抗善意相对人。"

2. 法人的住所

草案三次审议稿第六十一条规定:"法人以其登记的住所为住所。依法不需要办理法人登记的,以主要办事机构所在地为住所。"

有的意见提出,本条反复修改,还是没有说清楚法人登记地与主要办事机构所在地的关系,让人产生二者不一致时怎么办的疑问。《民法通则》第三十九条规定:"法人以它的主要办事机构所在地为住所。"《公司法》第十条也规定:"公司以其主要办事机构所在地为住所。"《公司登记管理条例》对住所的登记作了一系列规定:一是,公司的登记事项包括住所。二是,公司的住所是公司的主要办事机构所在地,登记的住所只能有一个。三是,公司变更住所的,应当变更登记。四是,公司登记事项发生变更时,未依照规定办理变更登记的要承担行政责任。从这些法律法规的规定可以看出,法人主要办事机构所在地是法人申请登记以及登记机关予以登记的标准。法律不允许法人登记地与主要办事机构所在地不一致。法人主要办事机构所在地如果发生变更要及时变更登记,否则要受到行政处罚。如果出现了事实上的不一致,处理民事关系,就要适用草案三次审议稿第六十三条的规定,即"法人的实际情况与登记的事项不一致的,不得对抗善意相对人"。也就是说,要维护登记的公信力,而不能是二者不一致就要以主要办事机构所在地为准,那登记就没有意义了。经研究,大会草案对本条作出修改。第六十四条规定:"法人以其主要办事机构所在地为住所。依法需要办理法人登记的,应当将主要办事机构所在地登记为住所。"

3. 法人终止

草案三次审议稿第六十六条第一款规定:"法人由于下列原因之一终止:(一)法人解散;(二)法人被宣告破产;(三)法律规定的其他原因。"

有的意见提出,法人解散或者法人被宣告破产,并不直接就使法人终止,只有经过清算、注销登记程序之后,才会真正产生法人终止的结果,建议对此作出补充规定。有的意见提出,本款规定得很清楚,只是讲法人终止的"原因",而并非终止的"结果"。并且,对于法人解散,草案三次审议稿第七十条已规定"清算结束,并完成法人注销登记时,法人终止";对于法人被宣告破产,草案三次审议稿第七十一条也已规定"法人被宣告破产的,依法进行破产清算并完成法人注销登记时,法人终止"。在本款重复规定,多此一举。经研究,大会草案作出修改。第六十九条第一款规定:"有下列原因之一并依法完成清算、注销登记程序的,法人终止:(一)法人解散;(二)法人被宣告破产;(三)法律规定的其他原因。"

4. 法人清算

草案三次审议稿第六十八条第一款规定:"法人解散的,清算义务人应当及时组成清算组进行清算。"第二款规定:"法人的董事、理事等执行机构成员为清算义务人。但是法人章程另有规定、法人权力机构另有决议或者法律另有规定的除外。"第三款规定:"清算义务人未及时履行清算义务的,主管机关或者利害关系人可以申请人民法院指定有关人员组成清算组进行清算。"

有的意见提出,清算义务人不履行清算义务需要承担法律责任,因此清算义务人应由法律明确规定,而不能由法人章程或者权力机构另行规定,否则相关主体可能任意指定第三人以规避清算义务人的法律责任。建议删去第二款中的"法人章程另有规定、法人权力机构另有决议"。有的建议,在第二款"法人的董事、理事"后增加"经理"一词。有的意见提出,现行法律缺乏关于清算义务人责任的规定,仅公司法有所涉及,关于非营利法人则毫无规定。草案二次审议稿第七十一条规定:"清算义务人怠于履行清算义务,造成法人财产损失的,应当在造成损失范围内对法人债务等承担责任。清算义务人怠于履行清算义务,导致法人主要财产、账册、重要文件等灭失,无法进行清算的,对法人债务等承担连带责任。"此项规定填补了法律的漏洞,使法人制度更加完善。鉴于实践中经常发生清算义务人不履行义务的行为,本条具有重要意义,对于保护法人的债权人、出资人的合法权益不可或缺,建议恢复。经研究,大会草案采纳了部分意见。第七十一条第一款规定:"法人解散的,清算义务人应当及时组成清算组进行清算。"第二款规定:"法人的董事、理事等执行机构成员为清算义务人。法律另有规定的,依照其规定。"第三款规定:"清算义务人未及时履行清算义务,造成损害的,应当承担民事责任;主管机关或者利害关系人可以申请人民法院指定有关人员组成清算组进行清算。"

5. 法人分支机构

草案三次审议稿第七十二条第一款规定:"法人可以依法设立分支机构。法律规定分支机构应当登记的,依照其规定。"第二款规定:"分支机构以自己的名义从事民事活动,产生的民事责任由法人承担。"

有的意见提出,目前很多有关分支机构的具体规定都是由行政法规作出的,建议在第一款的"法律"后增加规定"行政法规"。有的意见提出,第二款规定的"由此产生的民事责任由法人承担"不合理,一些大型企业法人的分支机构都有自己的银行账户和相对独立的财产,具备承担相应民事责任的能力。同时,依法领取营业执照的法人分支机构,具有民事诉讼主体资格。可考虑明确由分支机构承担以自己名义从事的民事活动所产生的民事责任,超出其承担能力的由法人承担。既有利于简化法律关系,提高司法效率,也符合现实的需要。有的意见提出,分支机构以自己的名义从事民事活动,产生的民事责任由法人承担作为原则是合理的,但是大的金融机构总部都在北京,与其分支机构的纠纷都来北京解决也不好。有的意见提出,规定"由法人承担",法人也可以决定先由分支机构承担,这样规定既符合法理,又有灵活性,没有必要修改。经研究,大会草案采纳了部分意见。第七十五条第一款规定:"法人可以依法设立分支机构。法律、行政法规规定分支机构应当登记的,依照其规定。"第二款规定:"分支机构以自己的名义从事民事活动,产生的民事责任由法人承担;也可以先以该分支机构管理的财产承担,不足以承担的,由法人承担。"

6. 营利法人的权力机构

草案三次审议稿第七十八条第一款规定:"营利法人的股东会等出资人会为其权力机构。"

有的意见提出,"出资人会"不是常用概念,不够准确也不易理解,建议修改。有的意见建议,将"出资人会"修改为"出资人合议机构"。有的意见建议,将"股东会等出资人会"修改为"股东会或者出资人会"。有的意见提出,中外合资经营企业法、中外合作经营企业法规定董事会是权力机构,为避免法律规定之间的冲突,建议在第一款最后增加规定"法律另有规定的,依照其规定"。有的提出,权力机构的具体形式可以由单行法律去规定。草案三次审议稿第七十九条就只是规定"营利法人应当设执行机构"。经研究,大会草案采纳了部分意见。第八十一条第一款规定:"营利法人应当设权力机构。"

7. 关联交易

草案三次审议稿未对关联交易作出规定。

有的意见提出,现实中法人登记等表面情况与实际情况不一致现象很多,如登记的是张三,总经理是李四,实际上张三、李四跟法人都没有什么关系,实际控制人躲在后面,通过关联交易损害法人及其出资人的利益。2005年修改公司法的时候明确引入了"实际控制人"理论,2006年修改刑法时也把公司的"实际控制人"规定在刑法中。现代法人理论已经超出了最开始出资人的概念,向公司的实际控制人延伸、覆盖,建议增加这方面的规定。经研究,大会草案采纳了这一意见,增加一条。第八十六条规定:"营利法人的控股出资人、实际控制人、董事、监事、高级管理人员不得利用其关联关系损害法人的利益。利用关联关系给法人造成损失的,应当承担赔偿责任。"

8. 捐助法人决定的效力

草案三次审议稿第九十四条第二款规定:"捐助法人的决策机构、执行机构或者其法定代表人作出的决定违反捐助法人章程的,捐助人等利害关系人或者主管机关可以请求人民法院予以撤销,但是捐助法人依据该决定与善意相对人形成的民事法律关系不受影响。"

有的意见提出,本款只规定捐助法人的决策机构、执行机构或者其法定代表人作出的决定违反捐助法人章程的,捐助人可以请求撤销。而草案三次审议稿第八十三条规定,营利法人的权力机构、执行机构的会议召集程序、表决方式违反法律、行政法规、法人章程,出资人也可以请求撤销。二者不一致,并且这种不一致也没什么道理。建议统一。大会草案采纳了这一意见。第九十八条第二款规定:"捐助法人的决策机构、执行机构或者法定代表人作出决定的程序违反法律、行政法规、法人章程,或者决定内容违反法人章程的,捐助人等利害关系人或者主管机关可以请求人民法院予以撤销,但是捐助法人依据该决定与善意相对人形成的民事法律关系不受影响。"

9. 特别法人

草案三次审议稿规定了特别法人一节。

有的意见提出,特别法人应当是和民法普通法人相对应的法人分类,而本节规定的四种法人都是根据民法的规定取得的法人资格,而不是根据其他特别法设立的法人。这四种法人中的机关法人和基层群众性自治组织法人既不能归入营利法人,也不能归入非营利法人,而农村集体经济组织法人和合作经济组织法人则既是营利法人又是非营利法人。建议将本节名称修改为"其他法人",表明"两者皆非"或者"两者皆似"。有的意见提出,机关法人和农村合作社、村集体组织不是一个层次和性质的法人。大陆法系国家一般法人分为两类,一类是私法人,一类是公法人。公法人主要是政府法人和特殊法人。草案规定的机关法人实际上就是政府法人,政府法人并不是特别法人,是公法人,在各个国家都是非常明确的。特殊法人是指根据特定法律规定成立的由政府出资或者管理的公益性机构或者监管机构等。农村合作社和村集体组织应该是一种互益性的社团法人。有的意见提出,三审稿在营利法人与非营利法人之外,增设了"特别法人"一节,比二审稿在体系与内容上都具有进步之处,是一个亮点。经研究,大会草案维持了特别法人的规定。

(四)非法人组织

1. 类型

草案三次审议稿第一百零一条第二款规定:"非法人组织包括个人独资企业、合伙企业、不具有法人资格的专业服务机构和其他组织。"

有的意见提出,"其他组织"并不是一个内涵和外延十分严谨的法律概念,建议修改为"其他非法人组织",更加严谨、科学。有的意见提出,非法人组织作为独立的民事主体,应当有自己的组织机构和相对独立于出资人、设立人的财产。类似同乡会、联谊会、驴友团等临时性松散性组织是否可以作为非法人组织,还有很大争论。用"其他组织"作为兜底的表述,会给人感觉这些组织也都包含在内。经研究,大会草案对此作出修改。第一百零五条第二款规定:"非法人组织包括个人独资企业、合伙企业、不具有法人资格的专业服务机构等。"

2. 责任承担

草案三次审议稿第一百零三条规定:"非法人组织的出资人或者设立人对该组织的债务承担无限责任。法律另有规定的,依照其规定。"

有的意见提出,非法人组织也是一类民事主体,首先应当以自身财产先承担责任。只有在自身财产不足以承担全部责任时,才应由非法人组织的出资人或者设立人承担责任。有的意见认为,非法人组织的财产也是出资人的财产,无需强调一定要先以非法人组织的财产承担,如果要修改,建议从解释无限责任的角度来规定。经研究,草案三次审议稿作出修改。第一百零七条规定:"非法人组织的财产不足以清偿债务的,其出资人或者设立人承担无限责任。法律另有规定的,依照其规定。"

(五)关于民事权利

1. 篇章结构

有的意见提出,从目前体例结构看,民事权利、民事责任各一章,对义务的一般性规定放在了民事责任一章。这产生了两个问题:一是没有在总则中体现民事权利和民事义务相辅相成的关系,二是没有严格区分义务与责任。责任的性质是权利的救济方式,属于民法的全局性问题。在民法总则中不仅应当设置权利的一般规定,还应当设置义务和责任的一般规定,建议将民事权利和民事责任两章进行整合。有的意见建议,将本章分为三节:第一节规定民事权利的类型,包括草案第一百零八条至第一百一十九条,第一百二十三条至第一百二十九条的内容;第二节规定民事权利取得和消灭的一般规则,包括草案第一百三十条等;第三节规定民事权利的行使与保护,包括草案第一百二十条至第一百二十二条,第一百三十一条至第一百三十三条的内容。有的意见建议,将本章分节,可以分为人格权、身份权、物权、债权、知识产权等。有的意见提出,如果分节规定,有的节条文太少不足以构成一节。经研究,大会草案未对民事权利一章的篇章结构作修改。

2. 人格权

草案三次审议稿第一百零九条第一款规定:"自然人享有生命权、健康权、身体权、姓名权、肖像权、名誉权、荣誉权、隐私权、婚姻自主权等权利。"第二款规定:"法人、非法人组织享有名称权、名誉权、荣誉权等权利。"

有的意见提出,物质是第一性的,先有身体才有健康,建议身体权放在健康权前面。有的意见提出,"身体权"在法律上无依据,在理论上难自立。身体权通常是指自然人保持其身体组织完整并支配其肢体、器官和其他身体组织,并保护自己的身体不受他人侵犯的权利,但是,身体权的内容均可为健康权和人身自由权所覆盖,并无独立存在的条件和价值,建议删除"身体权"。有的意见建议增加规定"信用权""豁免权""被遗忘权"。有的意见建议建议增加规定"思想权""言论自由权"。经研究,大会草案对本条内容未作修改。

3. 个人信息保护

草案三次审议稿第一百一十条规定:"自然人的个人信息受法律保护。任何组织和个人不得非法收集、使用、加工、传输个人信息,不得非法买卖、提供或者公开个人信息。"

有的意见建议参考工信部电信和互联网用户个人信息保护规定,增加规定业务经营者、服务提供者对其在提供服务过程中收集、使用的用户个人信息的安全负责,经营者和服务提供者有责任保护用户的个人信息。经研究,大会草案采纳了这一意见。第一百一十四条规定:"自然人的个人信息受法律保护。任何组织和个人应当确保依法取得的个人信息安全,不得非法收集、使用、加工、传输个人信息,不得非法买卖、提供或者公开个人信息。"

4. 平等保护

草案三次审议稿第一百一十二条规定:"自然人的私有财产权利受法律保护。"第一百一十六条规定:"民事主体的物权受法律平等保护,任何组织或者个人不得侵犯。"

有的意见建议,将第一百一十二条修改为"合法的私有财产权利受法律保护"或者"自然人的合法私有财产受法律保护"。有的意见提出,第一百一十二条与第八条重复,建议删除。有的意见提出,第一百一十六条仅对物权的平等保护作出规定,法律对民事主体的其他财产权利也应当平等保护。经研究,大会草案作出修改,大会草案第一百一十六条规定:"民事主体的财产权利受法律平等保护。"同时,删去草案三次审议稿第一百一十六条的规定。

5. 无因管理

草案三次审议稿第一百二十一条规定:"没有法定的或者约定的义务,为避免他人利益受损失进行管理或者服务的,有权请求受益人偿还由此而支付的必要费用。"

有的意见提出,"管理"包括"服务","服务"也可包括"管理",无需重复。有的意见提出,"支付"需有给付的对象,无因管理中没有给付对象的支出也应偿还,建议将"支付"修改为"支出"。经研究,大会草案采纳了这些意见。第一百二十四条规定:"没有法定的或者约定的义务,为避免他人利益受损失而进行管理的人,有权请求受益人偿还由此而支出的必要费用。"

6. 不当得利

草案三次审议稿第一百二十二条规定:"没有合法根据,取得不当利益,造成他人损失的,受损失的人有权请求不当得利的人返还不当利益。"

有的意见提出,不当得利规则适用的前提是取得不当利益有没有法律上的根据,而无需强调"根据"是不是合法,建议将"合法根据"修改为"法律根据"。经研究,大会草案采纳了这一意见。第一百二十五条规定:"因他人没有法律根据,取得不当利益,受损失的人有权请求其返还不当利益。"

7. 知识产权

草案三次审议稿第一百二十三条第二款规定:"知识产权是指权利人依法就下列客体所享有的专属的和支配的权利:(一)作品;(二)发明、实用新型、外观设计;(三)商标;(四)地理标志;(五)商业秘密;(六)集成电路布图设计;(七)植物新品种;(八)法律规定的其他客体。"

有的意见提出,"专属的和支配的权利"这一表述未能揭示出知识产权的本质属性。第一,所有权才是最为典型的专属权和支配权,而知识产权最重要的特征是排他性。通过界定所有权的方式界定知识产权,容易让人按照理解所有权的方式理解知识产权,难以让人准确把握知识产权的本质和特征。第二,知识产权人无法专属其权利客体。知识产权客体一旦公开,任何人都可以学习、研究、欣赏,使其成为自己知识体系的一部分。即使未公开的商业秘密,他人亦可通过独立研发或者反向工程获得。第三,知识产权人无法支配其权利客体。知识产权的客体不同于具有物理形态的有形物,无法凭借物理力量占有,也无法像处分有形物那样进行处分。知识产权侵权行为不会使知识本身受到任何损害,而仅仅表现为未经知识产权人许可,也无法定事由,利用其知识产权排他范围内的知识。知识产权的性质、本质、特征等问题,自知识产权制度诞生以来,在世界范围内的争论一直没有停止过,将来也不会停止。民法总则不宜作出明显会引发更多争论的并且带有结论性的界定。有的意见提出,《建立世界知识产权组织公约》第二条第八项明确将科学发现规定为知识产权的客体,我国作为该公约成员国,将科学发现剔除出知识产权客体范围,与公约规定不符。当然,将科学发现列举为知识产权客体范围,并不意味着必须给科学发现者配置财产权以激励科学发现。知识产权本身包括财产权和人身权,科学发现者享有的只是发现者身份权。科学发现的激励问题,可以通过财政支持、税收减免、奖励等方式解决。建议恢复草案二次审议稿规定的"科学发现"。有的意见提出,第六项除了"集成电路布图设计"还应包括其他图纸、图案、工程设计。有的意见建议第七项增加规定"动物新品种"。经研究,大会草案对本条内容未作修改,留待进一步听取意见。

8. 权利不得滥用

草案三次审议稿第一百三十二条规定:"民事主体不得滥用民事权利损害他人合法权益。"

有的意见提出,禁止权利滥用是民法基本精神和内在价值的体现。很多国家和地区民法典都将禁止权利滥用作为基本原则加以规定,建议将本条移至第一章作为民法的基本原则。有的意见建议,在"他人合法权益"前增加规定"社会公共利益"。经研究,大会草案作出修改。第一百三十五条规定:"民事主体不得滥用民事权利损害社会公共利益或者他人合法权益。"

9. 其他

草案三次审议稿第一百三十三条规定:"民事主体行使民事权利,应当节约资源、保护生态环境;弘扬中华优秀文化,践行社会主义核心价值观。"

有的意见提出,本条是典型的倡导性条款,属于社会主义道德范畴,不宜表述在法律规范中,即使违反本条规定也没有对应的法律后果,在法律适用过程中操作性不强,建议删去。有的意见提出,"弘扬中华优秀文化,践行社会主义核心价值观"固然重要,但属于社会主义法律体系的总体原则,在宪法中规定为宜。本法规定的基本原则和具体制度,已经体现了民主、平等、公正、法治、诚信等社会主义核心价值观,建议删去。有的意见提出,按照现在的规定,弘扬中华优秀文化、践行社会主义核心价值观,只是规范民事权利行使。追究民事责任的时候也要同样弘扬中华优秀文化和践行社会主义核心价值观,建议将"弘扬中华优秀文化,践行社会主义核心价值观"的内容移至第一章基本原则规定,规范整个民事法律关系。有的意见建议,将"弘扬中华优秀文化,践行社会主义核心价值观"放在第一条,在"适应中国特色社会主义发展要求"后规定。有的意见提出,节约资源、保护生态环境,作为绿色原则,体现了时代特征,草案一审稿和二审稿都是放在第一章作为从事民事活动的基本原则,很有意义,有利于发挥民事基本法对于绿色发展理念的引领作用,建议恢复到第一章规定。有的意见提出,是否能够做到节约资源、保护生态环境,受到很多复杂因素的影响,不宜作为强制性规范,建议在"应当"后增加规定"有利于"。经研究,大会草案采纳了部分意见,将本条移至第一章规定。删去"弘扬中华优秀文化",将"弘扬社会主义核心价值观"放到第一条规定。第一条规定:"为了保护民事主体的合法权益,调整民事关系,维护社会和经济秩序,适应中国特色社会主义发展要求,弘扬社会主义核心价值观,根据宪法,制定本法。"第八条规定:"民事主体从事民事活动,应当有利于节约资源、保护生态环境。"

(六)民事法律行为

1. 定义

草案三次审议稿第一百三十四条规定:"民事法律行为是指民事主体通过意思表示设立、变更、终止民事权利义务关系的行为。"

有的意见提出,民事法律关系以民事权利义务为内容,本条使用"民事权利义务关系"概念,应当指的就是"民事法律关系"。但法律中并无"民事权利义务关系"的概念,这里使用这一概念较为突兀,且内容不清,容易引发歧义。另外,草案第四条规定:"民事主体从事民事活动,应当遵循自愿原则,按照自己的意思设立、变更和终止民事法律关系。"使用的就是"民事法律关系"概念,建议本条与之一致。经研究,大会草案采纳了这一意见。第一百三十六条规定:"民事法律行为是指民事主体通过意思表示设立、变更、终止民事法律关系的行为。"

2. 民事法律行为的成立

草案三次审议稿第一百三十五条第一款规定:"民事法律行为可以基于单方的意思表示成立,也可以基于双方或者多方的意思表示一致成立。"

有的意见提出,从社会生活和司法实践看,基于双方或者多方意思表示成立的民事法律行为占绝大多数,而基于单方意思表示成立的属于少数,故宜将常见、多见的情形表述在前,以提高立法针对性。从立法技术看,草案第一百三十八条、第一百三十九条等规定,也是将双方或者多方意思表示成立的民事法律行为表述在前、单方意思表示成立的民事法律行为表述在后,表述顺序前后一致为好。经研究,大会草案采纳了这一意见。第一百三十七条第一款规定:"民事法律行为可以基于双方或者多方的意思表示一致成立,也可以基于单方的意思表示成立。"

3. 以对话方式作出的意思表示

草案三次审议稿第一百三十八条第一款规定:"以对话方式作出的意思表示,相对人了解其内容时生效。"

有的意见提出,本款将对话意思表示生效时点表述为"相对人了解其内容时"欠妥,因为以"相对人了解其内容"作为对话意思表示的生效时点,可能会增加意思表示发出人的风险,或者增加举证难度。相对人何时实际了解意思表示的内容,属于相对人的控制领域,表意人难以确知,建议将"相对人了解其内容时生效"修改为"能够合理期待相对人了解其内容时生效"。有的意见提出,"了解"语意不明确,建议修改为"知道"。经研究,大会草案采纳了这一意见。第一百四十条规定:"以对话方式作出的意思表示,相对人知道其内容时生效。"

4. 沉默

草案三次审议稿第一百四十一条第二款规定:"沉默只有在有法律规定、当事人约定或者习惯时,方可以视为意思表示。"

有的意见提出,"习惯"是个十分不确定的概念,通常作为"特殊例外"处理,而不应作为"通常规则",更不应当在沉默这种特殊意思表示中作为"通常规则"。习惯不具有确定性,在同一个市不同的县、区"习惯"也不相同,本款规定极易导致同案不同判,甚至同市不同判,不利于纠纷的解决。建议删去"习惯"或者加以严格限制。经研究,大会草案采纳了这一意见。第一百四十三条第二款规定:"沉默只有在有法律规定、当事人约定或者当事人之间的交易习惯时,才可以视为意思表示。"

5. 显失公平

草案三次审议稿第一百五十二条规定:"一方利用对方处于困境、缺乏判断能力等情形,致使民事法律行为成立时显失公平的,受损害方有权请求人民法院或者仲裁机构予以撤销。"

有的意见建议,将"一方利用"修改为"一方恶意利用"。从民事法律行为有效性及利益平衡角度,唯有不正当的"恶意利用"才可影响民事法律行为的有效性,也才有必要对当事人间的利益失衡加以纠正。单纯地使用"利用"一词,存在该条款被泛用的风险。有的意见提出,显失公平的认定应当采取客观标准,只要双方的权利义务明显不对等即可认定为显失公平。本条中"处于困境、缺乏判断能力"的限制性规定界限不清晰,在法律实务中不好认定。建议将本条修改为:"民事法律行为成立时显失公平的,受损害方有权要求人民法院或仲裁机构予以变更或撤销。"有的意见提出,本条是把民法通则和合同法规定的乘人之危与显失公平合并起来规定,增加适用显失公平的主观条件。这样看来,"困境"一词语义较为宽泛,建议作适当限缩。经研究,大会草案作出修改。第一百五十四条规定:"一方利用对方处于危困状态、缺乏判断能力等情形,致使民事法律行为成立时显失公平的,受损害方有权请求人民法院或者仲裁机构予以撤销。"

6. 撤销权的行使期间

草案三次审议稿第一百五十四条规定:"有下列情形之一的,撤销权消灭:(一)当事人自知道或者应当知道撤销事由之日起一年内、重大误解的当事人自知道或者应当知道撤销事由之日起三个月内没有行使撤销权的;(二)当事人受胁迫,自胁迫行为终止之日起一年内没有行使撤销权的;(三)当事人知道撤销事由后明确表示或者以自己的行为表明放弃撤销权的;(四)当事人自民事法律行为发生之日起五年内没有行使撤销权的。"

有的意见建议,将第四项中的"五年"修改为"三年",理由是:一般诉讼时效为三年,撤销权的保护期间比其长,没有更多的法理依据;撤销权的行使,一般都要打破现有的法律关系,影响到相对人的利益,期间越长,可能损失越大,对相对人也不太公平。有的意见提出,重大误解的撤销期间规定为三个月过短,为增强法律的可操作性,建议将该期间延长为六个月。有的意见提出,实践中因为欺诈导致当事人产生重大误解,是以欺诈还是重大误解确定撤销权行使的期限难以掌控,建议撤销权行使的期限统一规定为一年。有的意见提出,第四项作为兜底时间限制,包括了各种情形,应当单独作为一款。经研究,大会审议稿作出修改,将第四项作为第二款规定。

7. 违反效力性强制规定的民事法律行为

草案三次审议稿第一百五十五条规定:"违反法律、行政法规的效力性强制规定或者违背公序良俗的民事法律行为无效。"

有的意见提出,"效力性"的限制表明违反了法律、行政法规的强制规定的民事法律行为还能有效,让人难以理解。有的意见提出,某一强制规定是否为"效力性强制规定",需要对强制规定进行解释,"效力性强制规定"的概念比较模糊,建议换一种更加明确的表述方式。有的意见提出,草案第一百四十四条已从民事法律行为有效的角度,对本条内容从正面作出规定,使得法律适用已有依据,可以不再从反面重复。经研究,大会草案删去本条规定。

8. 超越经营范围

草案三次审议稿第一百五十六条规定:"超越依法登记的经营范围从事经营活动的,除违反法律、行政法规有关限制经营、特许经营或者禁止经营的规定外,不影响民事法律行为的效力。"

有的意见提出,本条立法目的是为了保护交易相对人的利益,但从表达上容易理解为对于"依法登记的经营范围",企业可以遵守,也可以不遵守,导向不好,建议删去。此外,司法实践中已经形成较为统一的认识,即使没有本条规定,也是如此处理案件的,删去本条也无妨。经研究,大会草案采纳了这一意见,删去本条规定。

(七)代理

1. 无权代理

草案三次审议稿第一百七十五条第一款规定:"行为人没有代理权、超越代理权或者代理权终止后,仍然实施代理行为,未经被代理人追认的,代理行为无效。"

有的意见提出,"代理行为无效"的规定混淆了法律行为的效力评价体系,行为人越权行为的本质是超越权利能力和行为能力,法律上的评价方法是判断其效力是否归属于被代理人,而不是有效和无效。经研究,大会草案采纳了这一意见。第一百七十五条第一款规定:"行为人没有代理权、超越代理权或者代理权终止后,仍然实施代理行为,未经被代理人追认的,对被代理人不发生效力。"第三款相应修改。

2. 表见代理

草案三次审议稿第一百七十六条规定:"行为人没有代理权、超越代理权或者代理权终止后,仍然实施代理行为,相对人有理由相信行为人有代理权的,代理行为有效,但是有下列情形之一的除外:(一)行为人伪造他人的公章、合同书或者授权委托书等,假冒他人的名义实施民事法律行为的;(二)被代理人的公章、合同书或者授权委托书等遗失、被盗,或者与行为人特定的职务关系已经终止,并且已经以合理方式公告或者通知,相对人应当知悉的;(三)法律规定的其他情形。"

有的意见建议,沿用传统民法上对表见代理的界定方法,强调"行为人的行为与被代理人有牵连关系"。这一表述完全可以涵盖本条第一、二项的规定。至于具体哪些情形可以排除成立表见代理,可以由司法机关根据这一原则进行个案处理,或者通过最高人民法院指导案例的形式予以细化。可以将本条修改为:"行为人没有代理权、超越代理权或者代理权终止后,仍然实施代理行为,行为人的行为与被代理人有牵连关系,相对人有理由相信行为人有代理权的,代理行为有效。"有的意见提出,本条规定的第一项、第二项情形,在实践中情况复杂,并不一定绝对排除适用表见代理。建议删去除外情形,留待理论和实践进一步研究探索。经研究,大会草案删去除外情形。第一百七十六条规定:"行为人没有代理权、超越代理权或者代理权终止后,仍然实施代理行为,相对人有理由相信行为人有代理权的,代理行为有效。"

(八)关于民事责任

1. 紧急救助

草案三次审议稿第一百八十七条规定:"实施紧急救助行为造成受助人损害的,除有重大过失外,救助人不承担民事责任。"

有的意见提出,为救助他人造成损害的,重大过失还要承担民事责任,与草案说明中关于弘扬社会主义核心价值观的规定相悖。有的意见提出,"重大过失"在实际生活中不好界定,也不利于弘扬正能量。有的意见提出,有的情况下救助人不一定很专业,也不一定懂得怎么去救助。在紧急情况下为保护他人实施救助的时候,救助人没有时间去考虑可能会产生什么后果,更难考虑自己会不会有所谓的重大过失。有的意见认为,现阶段立法还是应该更加着重鼓励和保障大家做好事,倡导见义勇为。有的意见提出,弘扬社会主义核心价值观,鼓励见义勇为,在法律上不要留下遗憾,建议删去"除有重大过失外"。经研究,大会草案进一步严格限制了救助人需要承担民事责任的条件。第一百八十七条规定:"因自愿实施紧急救助行为造成受助人损害的,救助人不承担民事责任。但是救助人因重大过失造成受助人不应有的重大损害的,承担适当的民事责任。"

2. 自助行为

草案三次审议稿未对自助行为作出规定。

有的意见提出,现代法律关于权利保护以公力救济为原则,但如果绝对禁止私力救济,有时难免对权利人保护不周。法院并非到处都是,其他机关亦非随处均有,因而遇紧急情形来不及请求公力救济时,应当作为例外容许自助行为。现行法律对于自助行为没有规定,但在实际中存在权利人采取自助行为以实现权利,且被法院依据法理免除侵权责任的案例。建议明文规定自助行为,弥补法律的不足,为法院裁判这类案件提供明确的法律依据。有的意见提出,权利保护主要以公力救济为主,实践中自助行为的内涵外延不好界定,容易引发对自助救济的滥用。经研究,大会草案未对自助行为作出规定。

(九)诉讼时效

1. 诉讼时效的延长

草案三次审议稿第一百九十一条第二款规定:"诉讼时效期间自权利人知道或者应当知道权利受到损害以及义务人之日起计算。法律另有规定的,依照其规定。但是自权利受到损害之日起超过二十年的,人民法院不予保护;有特殊情况的,人民法院可以延长。"

有的意见提出,本款应与草案三次审议稿第一百九十六条"人民法院不得主动适用诉讼时效的规定"的立法精神相一致,由当事人来决定是否申请延长诉讼时效,法院不主动延长诉讼时效,建议将"人民法院可以延长"修改为"人民法院根据权利人申请可以延长"。经研究,大会草案采纳了这一意见。第一百九十一条第二款规定:"诉讼时效期间自权利人知道或者应当知道权利受到损害以及义务人之日起计算。法律另有规定的,依照其规定。但是自权利受到损害之日起超过二十年的,人民法院不予保护;有特殊情况的,人民法院可以根据权利人的申请决定延长。"

2. 诉讼时效期间届满的法律效果

草案三次审议稿第一百九十五条第二款规定:"诉讼时效期间届满后,义务人自愿履行的,不得请求返还。"

有的意见提出,本款仅规定了诉讼时效届满后,义务人自愿履行义务且已经实际履行的情形,但没有考虑诉讼时效届满后,义务人表示同意履行义务而尚未履行或尚未全部履行完毕,又以诉讼时效已经届满为由提出撤销或者抗辩的情形。建议将本款修改为:"诉讼时效期间届满后,义务人表示同意履行的,不得以不知诉讼时效期间届满为由请求撤销或者再行提出抗辩;义务人已自愿履行的,不得请求返还。"经研究,大会草案采纳了这一意见。第一百九十五条第二款规定:"诉讼时效期间届满后,义务人同意履行的,不得以诉讼时效期间届满为由抗辩;义务人已自愿履行的,不得请求返还。"

(十)期间

1. 期间的计算

草案三次审议稿第二百零四条至第二百零六条对按照年、月、日期间计算作出规定。

有的意见提出,草案第二百零四条采用"按照公历年、月、日、小时计算""由大到小"的表述顺序,而其后的第二百零五条两款和第二百零六条则均采用完全相反的"由小到大"顺序表述,建议将三条规定的表述顺序相统一。有的意见建议,将"自下一日起计算"修改为"自下一日开始计算"。起算日当日不计入,而这里恰是说下一日已经计入了,故改为"开始计算"逻辑严密,民法通则规定的也是"从下一天开始计算"。经研究,大会草案采纳了这些意见。第二百零四条规定:"民法所称的期间按照公历年、月、日、小时计算。"第二百零五条规定第一款规定:"按照年、月、日计算期间的,开始的当日不计入,自下一日开始计算。"第二款规定:"按照小时计算期间的,自法律规定或者当事人约定的时间开始计算。"第二百零六条规定:"按照年、月计算期间的,到期月的对应日为期间的最后一日;没有对应日的,月末日为期间的最后一日。"

大会草案花脸稿（以三审稿为底稿）

目　录

第一章　基本原则
第二章　自 然 人
　第一节　民事权利能力和民事行为能力
　第二节　监　护
　第三节　宣告失踪和宣告死亡
　第四节　个体工商户~~、~~和农村承包经营户
第三章　法　人
　第一节　一般规定
　第二节　营利法人
　第三节　非营利法人
　第四节　特别法人
第四章　非法人组织
第五章　民事权利
第六章　民事法律行为
　第一节　一般规定
　第二节　意思表示
　第三节　民事法律行为的效力
　第四节　民事法律行为的附条件和附期限
第七章　代　理
　第一节　一般规定
　第二节　委托代理
　第三节　代理~~的~~终止
第八章　民事责任
第九章　诉讼时效
第十章　期间~~的~~计算

第十一章　附　则

第一章　基本原则

第一条　为了保护民事主体的合法权益,调整民事关系,维护社会和经济秩序,适应中国特色社会主义发展要求,**弘扬社会主义核心价值观,**根据宪法,制定本法。

第二条　民法调整平等主体的自然人、法人和非法人组织之间的人身关系和财产关系。

第三条　民事主体在民事活动中的法律地位一律平等。

第四条　民事主体从事民事活动,应当遵循自愿原则,按照自己的意思设立、变更和、终止民事法律关系。

第五条　民事主体从事民事活动,应当遵循公平原则,合理确定各方的权利和义务。

第六条　民事主体从事民事活动,应当遵循诚实信用原则,**秉持诚实、恪守承诺。**

第七条　民事主体从事民事活动,不得违反法律,不得违背公序良俗。

第　　条　民事主体从事民事活动,应当有利于节约资源、保护生态环境。

第八条　民事主体的人身权利、财产权利以及其他合法权益受法律保护,任何组织或者个人不得侵犯。

第　　条　民事主体行使权利的同时,应当履行法律规定的或者当事人约定的义务。

第九条　处理民事纠纷关系,应当依照法律法规规定;法律法规没有规定的,可以适用习惯,但是不得违背公序良俗。

第十条　其他法律对民事关系另有特别规定的,依照其规定。

第十一条　在中华人民共和国领域内的民事活动,适用中华人民共和国法律。法律另有规定的,依照其规定。

第二章　自　然　人

第一节　民事权利能力和民事行为能力

第十二条　自然人从出生时起到死亡时止,具有民事权利能力,依法享有民事权利,承担民事义务。

第十三条　自然人的民事权利能力一律平等。

第十四条　自然人的出生时间和死亡时间,以出生证明、死亡证明记载的时间为准;没有出生证明、死亡证明的,以<u>户籍</u>登记<u>或者其他有效身份登记记载</u>的时间为准。有其他证据足以推翻以上记载时间的,以相关证据证明的时间为准。

第十五条　涉及遗产继承、接受赠与等胎儿利益<u>的</u>保护<u>的</u>,胎儿视为具有民事权利能力。但是胎儿出生时为死体的,其民事权利能力自始不存在。

第十六条　~~年满~~十八周岁~~以上~~的自然人为成年人。不满十八周岁的自然人为未成年人。

第十七条　成年人为完全民事行为能力人,可以独立实施民事法律行为。

第十八条　六周岁以上的未成年人,为限制民事行为能力人,**实施民事法律行为由其法定代理人代理或者经其法定代理人同意、追认,但是**可以独立实施纯获利益的民事法律行为或者与其年龄、智力相适应的民事法律行为;~~实施其他民事法律行为由其法定代理人代理,或者经其法定代理人同意、追认。~~

十六周岁以上的未成年人,以自己的劳动收入为主要生活来源的,视为完全民事行为能力人。

第十九条　不满六周岁的未成年人,为无民事行为能力人,由其法定代理人代理实施民事法律行为。

第二十条　不能辨认自己行为的成年人,为无民事行为能力人,由其法定代理人代理实施民事法律行为。

六周岁以上的未成年人不能辨认自己行为的,适用前款规定。

第二十一条　不能完全辨认自己行为的成年人,为限制民事行为能力人,**实施民事法律行为由其法定代理人代理或者经其法定代理人同意、追认,但是**可以独立实施纯获利益的民事法律行为或者与其智力、精神健康状况相适应的民事法律行为;~~实施其他民事法律行为由其法定代理人代理,或者经其法定代理人同意、追认。~~

第二十二条　无民事行为能力人、限制民事行为能力人的监护人是其法定代理人。

第二十三条　不能辨认或者不能完全辨认自己行为的成年人,<u>的其</u>利害关系人<u>或者有关组织</u>,可以向人民法院申请认定该成年人为无民事行为能力人或者限制民事行为能力人。

被人民法院认定为无民事行为能力人或者限制民事行为能力人的,<u>根据</u>

其智力、精神健康恢复的状况，经本人、利害关系人或者有关组织申请，人民法院可以根据其智力、精神健康恢复的状况，认定该成年人恢复为限制民事行为能力人或者完全民事行为能力人。

前款本条规定的有关组织包括：本人住所地的居民委员会、村民委员会、学校、医疗卫生机构、妇女联合会、残疾人联合会、依法设立的老年人组织、民政部门等。

第二十四条　自然人以户籍登记或者其他有效身份登记记载的居所为住所；经常居所与住所不一致的，经常居所视为住所。

第二节　监　护

第二十五条　父母对未成年子女负有抚养、教育和保护的义务。

成年子女对父母负有赡养、照顾扶助和保护的义务。

第二十六条　未成年人的父母是未成年人的监护人。

未成年人的父母已经死亡或者没有监护能力的，由下列有监护能力的人按顺序担任监护人：

（一）祖父母、外祖父母；

（二）兄、姐；

（三）其他愿意担任监护人的个人或者有关组织，但是须经未成年人住所地的居民委员会、村民委员会或者民政部门同意的。

第二十七条　无民事行为能力或者限制民事行为能力的成年人，由下列有监护能力的人按顺序担任监护人：

（一）配偶；

（二）父母、子女；

（三）其他近亲属；

（四）其他愿意担任监护人的个人或者有关组织，但是须经被监护人住所地的居民委员会、村民委员会或者民政部门同意的。

第二十八条　被监护人的父母担任监护人的，可以通过遗嘱指定监护人。

第二十九条　依法具有监护资格的人之间可以由协议确定监护人。协议确定监护人的，应当尊重被监护人的真实意愿。

第三十条　对担任监护人的确定有争议的，由被监护人住所地的居民委员会、村民委员会或者民政部门指定监护人，有关当事人对指定不服的，可以向人民法院提出申请指定监护人；有关当事人也可以直接向人民法院提出申请，由

~~人民法院~~指定**监护人**。

居民委员会、村民委员会、民政部门或者人民法院应当尊重被监护人的真实意愿,根据最有利于被监护人的原则在**依法**具有监护资格的人中指定监护人。

依照本条第一款规定指定监护人前,被监护人的人身**权利**、财产权利**以及**其他合法权益处于无人保护状态的,由被监护人住所地的居民委员会、村民委员会、法律规定的有关组织或者民政部门担任临时监护人。

监护人被指定后,不得擅自变更;擅自变更的,不免除被指定的监护人的**监护**责任。

第三十一条 ~~无~~**没有依法**具有监护资格的人的,监护人由民政部门担任,也可以由具备条件的被监护人住所地的居民委员会、村民委员会担任。

第三十二条 具有完全民事行为能力的成年人,可以与近亲属、其他愿意担任监护人的个人或者有关组织事先协商,以书面形式确定自己的监护人。协商确定的监护人在该成年人丧失或者部分丧失民事行为能力时,~~承担~~**履行**监护**职责**。

第三十三条 **监护人的职责是代理被监护人实施民事法律行为,对被监护人的人身权利、财产权利以及其他合法权益进行保护等。**

监护人依法履行监护职责**而**产生的权利,受法律保护。

监护人不履行监护职责或者侵害被监护人合法权益的,应当承担责任。

第三十四条 监护人应当按照最有利于被监护人的原则履行监护职责**。** ~~;保护被监护人的人身、财产权利及其他合法权益;监护人除为被监护人利益外,不得处分被监护人的财产。~~**(移至第三十六条作为第一款)**

未成年人的监护人履行监护职责,在作出与被监护人权益有关的决定时,应当根据被监护人的年龄和智力状况,尊重被监护人的真实意愿。

成年人的监护人履行监护职责,应当最大程度地尊重被监护人的真实意愿,保障并协助被监护人**独立**实施与其智力、精神健康状况相适应的民事法律行为~~;~~**。**对被监护人有能力独立处理的事务,监护人不得干涉。

第三十五条 监护人有下列情形之一的,人民法院根据有关个人或者组织的申请,撤销其监护人资格,安排必要的临时监护措施,并根据最有利于被监护人的原则依法指定**新**监护人:

(一)实施严重损害被监护人身心健康行为的;

(二)怠于履行监护职责,或者无法履行监护职责并且拒绝将监护职责部分或者全部委托给他人,导致被监护人处于危困状态的;

(三)实施严重侵害被监护人合法权益的其他行为的。

~~前款~~**本条**规定的有关个人和组织包括:其他**依法具**有监护资格的人、**被监护人住所地的**居民委员会、村民委员会~~、~~、学校、医疗**卫生**机构、妇女联合会、残疾人联合会、未成年人保护组织、依法设立的老年人组织、民政部门等。

前款规定的个人和**民政部门以外的其**他组织未及时向人民法院提出撤销监护人资格申请的,民政部门应当向人民法院提出申请。

第　　条　依法对被监护人负担抚养费、赡养费、扶养费的父母、子女、配偶等,被人民法院撤销监护人资格后,应当继续负担。

第三十六条　被监护人的父母或者子女被人民法院撤销监护人资格后,除对被监护人实施故意犯罪的外,确有悔改~~表现~~情形的,经其申请,人民法院可以在尊重被监护人真实意愿的前提下,视情况恢复其监护人资格,人民法院指定的~~新~~监护人与被监护人的监护关系同时终止。

第三十七条　有下列情形之一的,监护关系终止:

(一)被监护人取得或者恢复完全民事行为能力~~的~~;

(二)监护人丧失监护能力~~的~~;

(三)被监护人或者监护人死亡~~的~~;

(四)人民法院认定监护关系终止的其他情形。

监护关系终止后,被监护人仍然需要监护的,应当依法另行确定监护人。

第三节　宣告失踪和宣告死亡

第三十八条　自然人下落不明满二年的,利害关系人可以向人民法院申请宣告该自然人为失踪人。

第三十九条　自然人下落不明的时间~~,~~从**该自然人**~~其~~失去音讯之日起计算。战争期间下落不明的,下落不明的时间自战争结束之日**或者有关机关确定的下落不明之日**起计算。

第四十条　失踪人的财产由其配偶、父母、成年子女或者其他愿意担任财产代管人的人代管。

代管有争议,没有前款规定的人,或者前款规定的人无代管能力的,由人民法院指定的人代管。

第四十一条　财产代管人应当妥善管理失踪人的财产,维护其财产权益。

失踪人所欠税款、债务和应付的其他费用,由财产代管人从失踪人的财产中支付。

财产代管人因故意或者重大过失造成失踪人财产损失的,应当承担赔偿责任。

第四十二条 财产代管人不履行代管职责、侵害失踪人财产权益或者丧失代管能力的,失踪人的利害关系人可以向人民法院申请变更财产代管人。

财产代管人有正当理由的,可以向人民法院申请变更财产代管人。

人民法院变更财产代管人的,变更后的财产代管人有权要求原财产代管人及时移交有关财产并报告财产代管情况。

第四十三条 被宣告失踪的人重新出现,经本人或者利害关系人申请,人民法院应当撤销失踪宣告。

被宣告失踪的人重新出现,有权要求财产代管人及时移交有关财产并报告财产代管情况。

第四十四条 自然人有下列情形之一的,利害关系人可以向人民法院申请宣告该自然人死亡:

(一)下落不明满四年的;

(二)因意外事件,下落不明满二年的。

因意外事件下落不明,经有关机关证明该自然人不可能生存的,申请宣告死亡不受二年时间的限制。

第四十五条 对同一自然人,有的利害关系人申请宣告死亡,有的利害关系人申请宣告失踪,符合本法规定的宣告死亡条件的,人民法院应当宣告死亡。

第四十六条 被宣告死亡的人,人民法院判决确定的日期视为其死亡的日期;判决未确定死亡日期的,判决作出之日视为其死亡的日期。

第四十七条 自然人并未死亡但是被宣告死亡的,不影响该自然人在被宣告死亡期间实施的民事法律行为的效力。

第四十八条 被宣告死亡的人重新出现,经本人或者利害关系人申请,人民法院应当撤销死亡宣告。

第四十九条 被宣告死亡的人的婚姻关系,自死亡宣告之日起消灭。死亡宣告被撤销的,夫妻婚姻关系自撤销死亡宣告之日起自行恢复,但是其配偶再婚或者向婚姻登记机关书面声明不愿恢复的除外。

第五十条 被宣告死亡的人在被宣告死亡期间,其的子女被他人依法收养的,在死亡宣告被撤销后,不得以未经本人同意而为由主张收养关系无效。

第五十一条 被撤销死亡宣告的人有权请求返还财产。依照继承法取得其财产的民事主体,应当返还财产原物;。无法返还原物的,应当给予补偿。

利害关系人隐瞒真实情况,致使他人被宣告死亡而取得其财产的,除应当返还<u>财产</u>原物外,还应当对由此造成的损失承担赔偿责任。

第四节　个体工商户、和农村承包经营户

第五十二条　自然人经依法登记,从事工商业经营的,为个体工商户。个体工商户可以起字号。

第五十三条　农村集体经济组织的成员,依法取得农村土地承包经营权,从事家庭承包经营的,为农村承包经营户。

第五十四条　个体工商户的债务,个人经营的,以个人财产承担;家庭经营的,以家庭财产承担;无法区分个人经营和家庭经营的,以家庭财产承担。

农村承包经营户的债务,以从事农村土地承包经营的农户财产承担;事实上由农户部分成员经营的,以该部分成员的财产承担。

第三章　法　　人

第一节　一般规定

第五十五条　法人是指具有民事权利能力和民事行为能力,依法独立享有民事权利和承担民事义务的组织。

第五十六条　法人应当依法成立。

法人应当有自己的名称、组织机构、住所、财产或者经费。法人成立的具体条件和程序,依照法律、行政法规的规定。

设立法人,法律、行政法规规定须经有关机关批准的,依照其规定。

第五十七条　法人的民事权利能力和民事行为能力,从法人成立时产生,到法人终止时消灭。

第五十八条　法人以其全部财产独立承担民事责任。

第五十九条　依照法律或者法人章程的规定,代表法人从事民事活动的负责人,为法人的法定代表人。

法定代表人以法人名义从事的民事活动或者其他执行职务的行为,其法律后果由法人承受。

法人章程或者权力机构对法定代表人的代表权范围的限制,不得对抗善意相对人。

第六十条　法定代表人因执行职务造成他人损害的,由法人承担民事责任。

法人承担民事责任后,依照法律或者法人章程的规定,可以向有过错的法定代表人追偿。

第六十一条　法人以其~~登记的住所~~**主要办事机构所在地**为住所。依法**不需**要办理法人登记的,~~以~~**应当将**主要办事机构所在地**登记**为住所。

第六十二条　法人在存续期间登记事项发生变化的,应当依法向登记机关申请变更登记。

第六十三条　法人的实际情况与登记的事项不一致的,不得对抗善意相对人。

第六十四条　登记机关应当依法及时公示法人登记的有关信息。

第六十五条　法人合并的,其权利和义务由合并后的法人享有和承担。~~法人分立的,其权利和义务由分立后的法人享有连带债权,承担连带债务,债权人和债务人另有约定的除外。~~

法人分立的,其权利和义务由分立后的法人享有连带债权,承担连带债务,但是债权人和债务人另有约定的除外。

第六十六条　~~法人由于有~~下列原因之一**并依法完成清算、注销登记程序的,法人**终止:

(一)法人解散;

(二)法人被宣告破产;

(三)法律规定的其他原因。

法人终止,法律、行政法规规定须经有关机关批准的,依照其规定。

第六十七条　有下列情形之一的,法人解散:

(一)法人章程规定的存续期间届满或者法人章程规定的其他解散事由出现~~的~~;

(二)法人的权力机构决议解散~~的~~;

(三)因法人合并或者分立需要解散~~的~~;

(四)法人依法被吊销营业执照、登记证书,被责令关闭或者被撤销~~的~~;

(五)法律规定的其他情形。

第六十八条　法人解散的,清算义务人应当及时组成清算组进行清算。

法人的董事、理事等执行机构成员为清算义务人。**但是法人章程另有规定、法人权力机构另有决议或者**法律另有规定的,**依照其规定**除外。

清算义务人未及时履行清算义务,**造成损害**的,**应当承担民事责任**;主管机关或者利害关系人可以申请人民法院指定有关人员组成清算组进行清算。

第六十九条 法人的清算程序和清算组职权,依照有关法律的规定;没有规定的,参照适用公司法的有关规定。

第七十条 清算期间,法人存续,但是不得从事与清算无关的活动。

法人清算后的剩余财产,根据法人章程的规定或者法人权力机构的决议处理。法律另有规定的,依照其规定。

清算结束,并完成法人注销登记时,法人终止;依法不需要办理法人登记的,清算结束时,法人终止。

第七十一条 法人被宣告破产的,依法进行破产清算并完成法人注销登记时,法人终止。

第七十二条 法人可以依法设立分支机构。法律、**行政法规**规定分支机构应当登记的,依照其规定。

分支机构以自己的名义从事民事活动,产生的民事责任由法人承担;**也可以先以该分支机构管理的财产承担,不足以承担的,由法人承担**。

第七十三条 设立人为设立法人从事的民事活动,其法律后果在法人成立后由法人承受;法人未成立的,其法律后果由设立人承受,设立人为二人以上的,享有连带债权,承担连带债务。

设立人为设立法人以自己的名义从事民事活动产生的民事责任,第三人有权选择请求法人或者设立人承担。

第二节 营利法人

第七十四条 以取得利润并分配给其股东等出资人为目的成立的法人,为营利法人。

营利法人包括有限责任公司、股份有限公司和其他企业法人等。

第七十五条 营利法人,经依法登记成立,取得法人资格。

第七十六条 依法设立的营利法人,由登记机关发给营利法人营业执照。营业执照签发日期为营利法人的成立日期。

第七十七条 设立营利法人应当依法制定法人章程。

第七十八条 营利法人**应当设**的股东会等出资人会**为其**权力机构。

权力机构**行使**修改法人章程,选举或者更换执行机构、监督机构成员,**并行使以及**法人章程规定的其他职权。

第七十九条 营利法人应当设执行机构。

执行机构~~行使~~召集权力机构会议,决定法人的经营计划和投资方案,决定法人内部管理机构的设置,~~并行使~~以及法人章程规定的其他职权。

执行机构为董事会或者执行董事的,董事长、执行董事或者经理依照法人章程的规定担任法定代表人;未设董事会或者执行董事的,法人章程规定的主要负责人为其执行机构和法定代表人。

第八十条　营利法人设监事会或者监事等监督机构的,监督机构依法~~行使~~检查法人财务,对执行机构成员~~以~~及高级管理人员执行法人职务的行为进行监督,~~并行使~~以及法人章程规定的其他职权。

第八十一条　法律对营利法人的组织机构、法定代表人另有规定的,依照其规定。

第八十二条　营利法人的出资人不得滥用出资人权利损害法人或者其他出资人的利益。~~法人的出资人~~滥用出资人权利给法人或者其他出资人造成损失的,应当依法承担民事责任。

营利法人的出资人不得滥用法人独立地位和出资人有限责任损害法人的债权人的利益。~~法人的出资人~~滥用法人独立地位和出资人有限责任,逃避债务,严重损害法人的债权人利益的,应当对法人债务承担连带责任。

第　条　营利法人的控股出资人、实际控制人、董事、监事、高级管理人员不得利用其关联关系损害法人的利益。利用关联关系给法人造成损失的,应当承担赔偿责任。

第八十三条　营利法人的权力机构、执行机构的会议召集程序、表决方式违反法律、行政法规、法人章程,或者决议内容违反法人章程的,营利法人的出资人可以请求人民法院予以撤销,但是营利法人依据该决议与善意相对人形成的民事法律关系不受影响。

第八十四条　营利法人从事经营活动,应当遵守商业道德,维护交易安全,接受政府和社会的监督,承担社会责任。

第八十五条　本节没有规定的,适用公司法等有关法律的规定。

第三节　非营利法人

第八十六条　为公益目的或者其他非营利目的成立,不向其出资人或者设立人分配所取得利润的法人,为非营利法人。

非营利法人包括事业单位、社会团体、基金会、社会服务机构等。

第八十七条　为公益目的成立的非营利法人终止时,不得向其出资人或者设立人分配剩余财产；其剩余财产应当按照法人章程的规定或者权力机构的决议用于公益目的；不能按照法人章程规定或者权力机构的决议处理的，由主管机关主持转给宗旨相同或者相近的以公益为目的的法人，并向社会公告。

第八十八条 具备法人条件，为实现公益目的设立的事业单位，经依法登记成立，取得事业单位法人资格；依法不需要办理法人登记的，从成立之日起，具有事业单位法人资格。

第八十九条 事业单位法人设理事会的，理事会为其决策机构。事业单位法人的法定代表人按照法人章程的规定产生。

法律对事业单位法人的组织机构、法定代表人另有规定的，依照其规定。

第九十条 具备法人条件，基于会员共同意愿，为实现公益目的或者会员共同利益等非营利目的设立的社会团体，经依法登记成立，取得社会团体法人资格；依法不需要办理法人登记的，从成立之日起，具有社会团体法人资格。

第九十一条 设立社会团体法人应当依法制定法人章程。

社会团体法人应当设会员大会或者会员代表大会等权力机构。

社会团体法人应当设理事会等执行机构。理事长或者会长等负责人依照法人章程的规定担任法定代表人。

第九十二条 具备法人条件，为实现公益目的，以捐助财产设立的基金会、社会服务机构等，经依法登记成立，取得捐助法人资格。

依法设立的宗教活动场所，具备法人条件的，可以申请法人登记，取得捐助法人资格。

第九十三条 设立捐助法人应当依法制定法人章程。

捐助法人应当设理事会、民主管理组织等决策机构，并设执行机构。理事长等负责人依照法人章程的规定担任法定代表人。

捐助法人应当设监事会等监督机构。

第九十四条 捐助人有权向捐助法人查询捐助财产的使用、管理情况，并提出意见和建议，捐助法人应当及时、如实答复。

捐助法人的决策机构、执行机构或者**其**法定代表人作出**的**决定**的程序**违反**法律、行政法规、捐**助法人章程，**或者决定内容违反法人章程**的，捐助人等利害关系人或者主管机关可以请求人民法院予以撤销，但是捐助法人依据该决定与善意相对人形成的民事法律关系不受影响。

第四节　特别法人

第九十五条 本节规定的机关法人、农村集体经济组织法人、合作经济组织法人、基层群众性自治组织法人，为特别法人。

第九十六条　有独立经费的机关和承担行政职能的法定机构从成立之日起，具有机关法人资格，可以从事为履行职能所需要的民事活动。

第九十七条　机关法人被撤销的，法人终止，其民事责任权利和义务由继续履行其职能的机关法人享有和承担；没有继续履行其职能的机关法人的，由作出撤销决定该机关法人的机关法人享有和承担。

第九十八条　农村集体经济组织依法取得法人资格。

法律、行政法规对农村集体经济组织有规定的，依照其规定。

第九十九条　城镇、农村的合作经济组织依法取得法人资格。

法律、行政法规对城镇、农村的合作经济组织有规定的，依照其规定。

第一百条　居民委员会、村民委员会具有基层群众性自治组织法人资格，可以从事为履行职能所需要的民事活动。

未设立村集体经济组织的，村民委员会可以依法代行村集体经济组织的职能。

第四章　非法人组织

第一百零一条　非法人组织是指不具有法人资格，但是能够依法能够以自己的名义从事民事活动的组织。

非法人组织包括个人独资企业、合伙企业、不具有法人资格的专业服务机构等和其他组织。

第一百零二条　非法人组织应当依照法律的规定登记。

设立非法人组织，法律、行政法规规定须经有关机关批准的，依照其规定。

第一百零三条　非法人组织的财产不足以清偿债务的，其出资人或者设立人对该组织的债务承担无限责任。法律另有规定的，依照其规定。

第一百零四条　非法人组织可以确定一人或者数人代表该组织从事民事活动。

第一百零五条　有下列情形之一的，非法人组织解散：

（一）章程规定的存续期间届满或者章程规定的其他解散事由出现的；

（二）出资人或者设立人决定解散的；

（三）法律规定的其他情形。

第一百零六条　非法人组织解散的，应当依法进行清算。

第一百零七条 非法人组织除适用本章规定外,参照适用本法第三章第一节的有关规定。

第五章 民事权利

第一百零八条 自然人的人身自由、人格尊严受法律保护。

第一百零九条 自然人享有生命权、健康权、身体权、姓名权、肖像权、名誉权、荣誉权、隐私权、婚姻自主权等权利。

法人、非法人组织享有名称权、名誉权、荣誉权等权利。

第一百一十条 自然人的个人信息受法律保护。任何组织和个人<u>应当确保依法取得的个人信息安全,</u>不得非法收集、使用、加工、传输个人信息,不得非法买卖、提供或者公开个人信息。

第一百一十一条 自然人因婚姻、家庭关系等产生的人身权利受法律保护。

第一百一十二条 <u>自然大民事主体</u>的<u>私有</u>财产权利受法律<u>平</u>等保护。

第一百一十三条 民事主体依法享有物权。

物权是<u>指</u>权利人依法对特定的物享有直接支配和排他的权利,包括所有权、用益物权和担保物权。

第一百一十四条 物包括不动产和动产。法律规定权利作为物权客体的,依照其规定。

第一百一十五条 物权的种类和内容,由法律规定。

~~第一百一十六条 民事主体的物权受法律平等保护,任何组织或者个人不得侵犯。~~

第一百一十七条 为了公共利益的需要,依照法律规定的权限和程序征收、征用不动产或者动产的,应当给予公平、合理的补偿。

第一百一十八条 民事主体依法享有债权。

债权是<u>指</u>因合同、侵权行为、无因管理、不当得利以及法律的其他规定,权利人请求特定义务人为或者不为一定行为的权利。

第一百一十九条 依法成立的合同,对当事人具有法律约束力。

第一百二十条 民事权益受到侵害的,被侵权人有权请求侵权人承担侵权责任。

第一百二十一条 没有法定的或者约定的义务,为避免他人利益受损失<u>而</u>进行管理<u>或者服务</u>的<u>人</u>,有权请求受益人偿还由此而支<u>出付</u>的必要费用。

第一百二十二条　因他人没有合法律根据,取得不当利益,造成他人损失的,受损失的人有权请求不当得利的大其返还不当利益。

第一百二十三条　民事主体依法享有知识产权。

知识产权是指权利人依法就下列客体所享有的专属的和支配的权利：

（一）作品；

（二）发明、实用新型、外观设计；

（三）商标；

（四）地理标志；

（五）商业秘密；

（六）集成电路布图设计；

（七）植物新品种；

（八）法律规定的其他客体。

第一百二十四条　自然人依法享有继承权。

第一百二十五条　自然人合法的私有财产,可以依法继承。

第一百二十六条　民事主体依法享有股权和其他投资性权利。

第一百二十七条　民事主体享有法律规定的其他民事权利和利益。

第一百二十八条　法律对数据、网络虚拟财产的保护有规定的,依照其规定。

第一百二十九条　法律对未成年人、老年人、残疾人、妇女、消费者等的民事权利保护有特别保护规定的,依照其规定。

第一百三十条　民事权利可以依据民事法律行为、事实行为、法律规定的事件或者法律规定的其他方式取得。

第一百三十一条　民事主体按照自己的意愿依法行使民事权利,不受干涉。

第一百三十二条　民事主体不得滥用民事权利损害社会公共利益或者他人合法权益。

第一百三十三条　民事主体行使民事权利,应当节约资源、保护生态环境;弘扬中华优秀文化,践行社会主义核心价值观。（移至第一章）

第六章　民事法律行为

第一节　一般规定

第一百三十四条　民事法律行为是指民事主体通过意思表示设立、变更、终止民事权利义务法律关系的行为。

第一百三十五条　民事法律行为可以基于单方的意思表示成立,也可以基于双方或者多方的意思表示一致成立,也可以基于单方的意思表示成立。

法人、非法人组织依照法律或者章程规定的议事方式和表决程序作出决议的,该决议行为成立。

第一百三十六条　民事法律行为可以采用书面形式、口头形式或者其他形式;法律、行政法规规定或者当事人约定采用特定形式的,应当采用特定形式。

第一百三十七条　民事法律行为自成立时生效,但是法律另有规定或者当事人另有约定的除外。

行为人非依法律规定或者取得未经对方同意,不得擅自变更或者解除民事法律行为。

第二节　意思表示

第一百三十八条　以对话方式作出的意思表示,相对人了解知道其内容时生效。

以非对话方式作出的意思表示,到达相对人时生效。以非对话方式作出的采用数据电文形式的意思表示,相对人指定特定系统接收数据电文的,该数据电文进入该特定系统时生效;未指定特定系统的,相对人知道或者应当知道该数据电文进入其系统时生效。当事人对采用数据电文形式的意思表示的生效时间另有约定的,按照其约定。

第一百三十九条　无相对人的意思表示,表示完成时生效。法律另有规定的,依照其规定。

第一百四十条　以公告方式作出的意思表示,公告发布时生效。

第一百四十一条　行为人可以明示或者默示作出意思表示。

沉默只有在有法律规定、当事人约定或者当事人之间的交易习惯时,方才可以视为意思表示。

第一百四十二条　行为人可以撤回意思表示。撤回意思表示的通知应当在意思表示到达相对人前或者与意思表示同时到达相对人。

第一百四十三条　有相对人的意思表示的解释,应当按照所使用的词句,结合相关条款、行为的性质和目的、习惯以及诚实信用原则,确定意思表示的含义。

无相对人的意思表示的解释,不能拘泥于所使用的词句,而应当结合相关条款、行为的性质和目的、习惯以及诚实信用原则,确定行为人的真实意思。

第三节　民事法律行为的效力

第一百四十四条　具备下列条件的民事法律行为有效：
（一）行为人具有相应的民事行为能力；
（二）意思表示真实；
（三）不违反法律、行政法规的效力性强制规定，不违背公序良俗。

第一百四十五条　无民事行为能力人实施的民事法律行为无效。

第一百四十六条　限制民事行为能力人实施的纯获利益的民事法律行为或者与其年龄、智力、精神健康状况相适应的民事法律行为有效；实施的其他民事法律行为经法定代理人同意或者追认后有效，但是纯获利益的民事法律行为或者与其年龄、智力、精神健康状况相适应的民事法律行为，不需经法定代理人同意或者追认。

相对人可以催告法定代理人自收到通知之日起一个月内予以追认。法定代理人未作表示的，视为拒绝追认。民事法律行为被追认前，善意相对人有撤销的权利。撤销应当以通知的方式作出。

第一百四十七条　行为人与相对人串通，以虚假的意思表示实施的民事法律行为无效，但是双方均不得以此对抗善意第三人。

行为人以虚假的意思表示隐藏的民事法律行为的效力，依照有关法律规定处理。

第一百四十八条　基于重大误解实施的民事法律行为，行为人有权请求人民法院或者仲裁机构予以撤销。

第一百四十九条　一方以欺诈手段，使对方在违背真实意思的情况下实施的民事法律行为，受欺诈方有权请求人民法院或者仲裁机构予以撤销。

第一百五十条　第三人实施欺诈行为，使一方在违背真实意思的情况下实施的民事法律行为，对方知道或者应当知道该欺诈行为的，受欺诈方有权请求人民法院或者仲裁机构予以撤销。

第一百五十一条　一方或者第三人以胁迫手段，使对方在违背真实意思的情况下实施的民事法律行为，受胁迫方有权请求人民法院或者仲裁机构予以撤销。

第一百五十二条　一方利用对方处于困境危困状态、缺乏判断能力等情形，致使民事法律行为成立时显失公平的，受损害方有权请求人民法院或者仲裁机构予以撤销。

第一百五十三条 民事法律行为因重大误解、欺诈、显失公平被撤销的,不得对抗善意第三人。

第一百五十四条 有下列情形之一的,撤销权消灭:

(一)当事人自知道或者应当知道撤销事由之日起一年内、重大误解的当事人自知道或者应当知道撤销事由之日起三个月内没有行使撤销权的;

(二)当事人受胁迫,自胁迫行为终止之日起一年内没有行使撤销权的;

(三)当事人知道撤销事由后明确表示或者以自己的行为表明放弃撤销权。的;

(四)当事人自民事法律行为发生之日起五年内没有行使撤销权的,撤销权消灭。

第一百五十五条 违反法律、行政法规的效力性强制规定或者违背公序良俗的民事法律行为无效。

第一百五十六条 超越依法登记的经营范围从事经营活动的,除违反法律、行政法规有关限制经营、特许经营或者禁止经营的规定外,不影响民事法律行为的效力。

第一百五十七条 行为人与相对人恶意串通,损害他人合法权益的民事法律行为无效。

第一百五十八条 无效的或者被撤销的民事法律行为,从民事法律行为开始时起就自始没有法律约束力。

第一百六十条 民事法律行为部分无效,不影响其他部分效力的,其他部分仍然有效。

第一百五十九条 民事法律行为无效、被撤销或者确定不发生效力后,行为人因该行为取得的财产,应当予以返还;不能返还或者没有必要返还的,应当折价补偿。有过错的一方应当赔偿对方由此所受到的损失;各方都有过错的,应当各自承担相应的责任。法律另有规定的,依照其规定。

第一百六十条 民事法律行为部分无效,不影响其他部分效力的,其他部分仍然有效。(移至第一百五十九条前)

第四节 民事法律行为的附条件和附期限

第一百六十一条 民事法律行为可以附条件,但是依照其性质不得附条件的除外。附生效条件的民事法律行为,自条件成就时生效。附解除条件的民事法律行为,自条件成就时失效。

第一百六十二条 附条件的民事法律行为,当事人为自己的利益不正当地阻止条件成就的,视为条件已成就;不正当地促成条件成就的,视为条件不成就。

第一百六十三条 民事法律行为可以附期限,但是依照其性质不得附期限的除外。附生效期限的民事法律行为,自期限届至时生效。附终止期限的民事法律行为,自期限届满时失效。

第七章 代 理

第一节 一般规定

第一百六十四条 民事主体可以通过代理人实施民事法律行为。

依照法律规定、当事人约定或者民事法律行为的性质,应当由本人亲自实施的民事法律行为,不得代理。

第一百六十五条 代理人在代理权限内,以被代理人名义实施的民事法律行为,对被代理人发生效力。

第一百六十六条 代理人在代理权限内以自己的名义与第三人实施民事法律行为,第三人知道代理人与被代理人之间的代理关系的,该民事法律行为直接约束被代理人和第三人,但是有确切证据证明该民事法律行为只约束代理人和第三人的除外。

第一百六十七条 代理包括委托代理和法定代理。

委托代理人按照被代理人的委托行使代理权。法定代理人依照法律的规定行使代理权。

法定代理,本章没有规定的,适用本法和其他法律的有关规定。

第一百六十八条 代理人不履行或者不完全履行职责,造成被代理人损害的,应当承担民事责任。

代理人和相对人恶意串通,损害被代理人合法权益的,代理人和相对人应当承担连带责任。

第二节 委托代理

第一百六十九条 委托代理授权采用书面形式的,授权委托书应当载明代理人的姓名或者名称、代理事项、权限和期间,并由被代理人签名或者盖章。

第一百七十条 数人为同一委托事项的代理人的,应当共同行使代理权,法律另有规定或者但是当事人另有约定的除外。

第一百七十一条　代理人知道或者应当知道代理的事项违法仍然实施代理行为,或者被代理人知道或者应当知道代理人的代理行为违法未作反对表示的,被代理人和代理人应当承担连带责任。

第一百七十二条　代理人不得以被代理人的名义与自己实施民事法律行为,法律另有规定或者但是被代理人同意、追认的除外。

代理人不得以被代理人的名义与自己同时代理的其他人实施民事法律行为,法律另有规定或者但是被代理的双方同意、追认的除外。

第一百七十三条　代理人需要转委托第三人代理的,应当取得被代理人的同意或者追认。

转委托代理经被代理人同意或者追认的,被代理人可以就代理事务直接指示转委托的第三人,代理人仅就第三人的选任以及对第三人的指示承担责任。

转委托代理未经被代理人同意或者追认的,代理人应当对转委托的第三人的行为承担责任,但是在紧急情况下代理人为了维护被代理人的利益需要转委托第三人代理的除外。

第一百七十四条　执行法人或者非法人组织工作任务的人员,就其职权范围内的事项,以法人或者非法人组织的名义实施民事法律行为,对法人或者非法人组织发生效力。

法人或者非法人组织对执行其工作任务的人员职权范围的限制,不得对抗善意相对人。

第一百七十五条　行为人没有代理权、超越代理权或者代理权终止后,仍然实施代理行为,未经被代理人追认的,对被代理人不发生效力代理行为无效。

相对人可以催告被代理人自收到通知之日起一个月内予以追认。被代理人未作表示的,视为拒绝追认。无权代理人实施的行为被追认前,善意相对人有撤销的权利。撤销应当以通知的方式作出。

无权代理人实施的行为未被追认的,善意相对人有权请求无权代理人履行债务或者就其受到的损害请求无权代理人赔偿,但是赔偿的范围不得超过代理行为有效被代理人追认时相对人所能获得的利益。

相对人知道或者应当知道代理人无权代理的,相对人和代理人按照各自的过错承担责任。

第一百七十六条　行为人没有代理权、超越代理权或者代理权终止后,仍然实施代理行为,相对人有理由相信行为人有代理权的,代理行为有效。,但是有下列情形之一的除外：

（一）行为人伪造他人的公章、合同书或者授权委托书等，假冒他人的名义实施民事法律行为的；

（二）被代理人的公章、合同书或者授权委托书等遗失、被盗，或者与行为人特定的职务关系已经终止，并且已经以合理方式公告或者通知，相对人应当知悉的；

（三）法律规定的其他情形。

第三节　代理的终止

第一百七十七条　有下列情形之一的，委托代理终止：

（一）代理期间届满或者代理事务完成的；

（二）被代理人取消委托或者代理人辞去委托的；

（三）代理人丧失民事行为能力的；

（四）代理人或者被代理人死亡的；

（五）作为代理人或者被代理人的法人、非法人组织终止的。

第一百七十八条　被代理人死亡后，有下列情形之一的，委托代理人实施的代理行为有效：

（一）代理人不知道并且不应当知道被代理人死亡的；

（二）被代理人的继承人均予以承认的；

（三）授权中明确代理权在代理事项完成时终止的；

（四）在被代理人死亡前已经实施，在被代理人死亡后为了被代理人的继承人的利益继续代理完成的。

作为被代理人的法人、非法人组织终止的，参照适用前款规定。

第一百七十九条　有下列情形之一的，法定代理终止：

（一）被代理人取得或者恢复完全民事行为能力的；

（二）代理人丧失民事行为能力的；

（三）代理人或者被代理人死亡的；

（四）法律规定的其他情形。

第八章　民事责任

第一百八十条　民事主体应当依照法律规定或者当事人约定履行民事义务。

民事主体不履行或者不完全履行民事义务的,应当依法承担民事责任。

第一百八十一条 二人以上依法承担按份责任,能够确定责任大小的,各自承担相应的责任;难以确定责任大小的,平均承担责任。

第一百八十二条 二人以上依法承担连带责任的,权利人有权请求部分或者全部连带责任人承担责任。

连带责任人的责任份额根据各自责任大小确定责任份额;难以确定责任大小的,平均承担责任。实际承担责任超过自己责任份额的连带责任人,有权向其他连带责任人追偿。

第一百八十三条 承担民事责任的方式主要有:

(一)停止侵害;

(二)排除妨碍;

(三)消除危险;

(四)返还财产;

(五)恢复原状;

(六)修理、重作、更换;

(七)继续履行;

(八)赔偿损失;

(九)支付违约金;

(十)消除影响、恢复名誉;

(十一)赔礼道歉。

法律规定惩罚性赔偿的,依照其规定。

本条规定的承担民事责任的方式,可以单独适用,也可以合并适用。

第一百八十四条 因不可抗力不能履行民事义务的,不承担民事责任。法律另有规定的,依照其规定。

不可抗力是指不能预见、不能避免并且不能克服的客观情况。

第一百八十五条 因正当防卫造成损害的,不承担民事责任。正当防卫超过必要的限度,造成不应有的损害的,正当防卫人应当承担适当的民事责任。

第一百八十六条 因紧急避险造成损害的,由引起险情发生的人承担民事责任。如果危险是由自然原因引起的,紧急避险人不承担民事责任或者给予适当补偿。紧急避险采取措施不当或者超过必要的限度,造成不应有的损害的,紧急避险人应当承担适当的民事责任。

第一百八十七条 因自愿实施紧急救助行为造成受助人损害的,除有重大过失外,救助人不承担民事责任。**但是救助人因重大过失造成受助人不应有的重大损害的,承担适当的民事责任。**

第一百八十八条 ~~为~~因保护他人民事权益而使自己受到损害的,由侵权人承担民事责任,受益人可以给予适当补偿。没有侵权人、侵权人逃逸或者无力承担民事责任,受害人请求补偿的,受益人应当给予适当补偿。

第一百八十九条 因当事人一方的违约行为,损害对方人身**权益**、财产权益的,受损害方有权选择请求其承担违约责任或者侵权责任。

第一百九十条 民事主体因同一行为应当承担民事责任、行政责任和刑事责任的,承担行政责任或者刑事责任不影响承担民事责任;民事主体的财产不足以支付的,**优先用于**承担民事责任。

第九章 诉讼时效

第一百九十一条 向人民法院请求保护民事权利的诉讼时效期间为三年。法律另有规定的,依照其规定。

诉讼时效期间自权利人知道或者应当知道权利受到损害以及义务人之日起计算。法律另有规定的,依照其规定。但是自权利受到损害之日起超过二十年的,人民法院不予保护;有特殊情况的,人民法院可以**根据权利人的申请决定**延长。

第一百九十二条 当事人约定同一债务分期履行的,诉讼时效期间自最后一期履行期限届满之日起计算。

第一百九十三条 无民事行为能力人或者限制民事行为能力人对其法定代理人的请求权的诉讼时效期间,自该法定代理终止之日起计算。

第一百九十四条 未成年人遭受性侵害的损害赔偿请求权的诉讼时效期间,自受害人年满十八周岁之日起计算。

第一百九十五条 诉讼时效期间届满的,义务人可以提出不履行义务的抗辩。

诉讼时效期间届满后,**义务人同意履行的,不得以诉讼时效期间届满为由抗辩**;义务人已自愿履行的,不得请求返还。

第一百九十六条 人民法院不得主动适用诉讼时效的规定。

第一百九十七条 在诉讼时效期间的最后六个月内,因下列障碍,不能行使请求权的,诉讼时效中止:

(一)不可抗力;

(二)无民事行为能力人或者限制民事行为能力人没有法定代理人,或者法定代理人死亡、丧失代理权、丧失民事行为能力;

(三)继承开始后未确定继承人或者遗产管理人;

(四)权利人被义务人或者其他人控制;

(五)其他导致权利人不能行使请求权的障碍。

自中止时效的原因消除之日起满六个月,诉讼时效期间届满。

第一百九十八条 有下列情形之一的,诉讼时效中断,从中断或者有关程序终结时起,诉讼时效期间重新计算:

(一)权利人向义务人提出履行请求的;

(二)义务人同意履行义务的;

(三)权利人提起诉讼或者申请仲裁的;

(四)与提起诉讼或者申请仲裁具有同等效力的其他情形。

第一百九十九条 对连带权利人或者连带义务人中的一人发生诉讼时效中断的,中断的效力及于全部连带权利人或者连带义务人。

第二百条 下列请求权不适用诉讼时效的规定:

(一)请求停止侵害、排除妨碍、消除危险;

(二)登记的物权人请求返还财产;

(三)请求支付赡养费、抚养费或者扶养费;

(四)依法不适用诉讼时效的其他请求权。

第二百零一条 诉讼时效的期间、计算方法以及中止、中断的事由由法律规定,当事人约定无效。

当事人对诉讼时效利益的预先放弃无效。

第二百零二条 法律对仲裁时效有规定的,适用依照其规定;。法律对仲裁时效没有规定的,适用诉讼时效的规定。

第二百零三条 法律规定或者当事人约定的撤销权、解除权等权利的存续期间,除法律另有规定外,自权利人知道或者应当知道权利产生之日起计算,不适用有关诉讼时效中止、中断和延长的规定。存续期间届满,撤销权、解除权等权利消灭。

第十章 期间的计算

第二百零四条 民法所称的期间按照公历年、月、日、小时计算。

第二百零五条　按照小时计算期间的,自法律规定或者当事人约定的时间起计算。

按照年、月、日日、月、年计算期间的,开始的当日不计入,自下一日起开始计算。

按照小时计算期间的,自法律规定或者当事人约定的时间开始计算。

第二百零六条　按照年、月月、年计算期间的,到期月的对应日为期间的最后一日;没有对应日的,月末日为期间的最后一日。

第二百零七条　期间的最后一日是法定休假日的,以法定休假日结束的次日为期间的最后一日。

期间的最后一日的截止时间为二十四时点;有业务时间的,到截止时间为停止业务活动的时间截止。

第二百零八条　期间的计算方法依照本法的规定,但是法律另有规定或者当事人另有约定的除外。

第十一章　附　　则

第二百零九条　民法所称的"以上"、"以下"、"以内"、"届满",包括本数;所称的"不满"、"超过"、"以外",不包括本数。

第二百一十条　本法自　　年　月　日起施行。

大会草案干净稿

目　录

第一章　基本原则

第二章　自然人

　第一节　民事权利能力和民事行为能力

　第二节　监　护

　第三节　宣告失踪和宣告死亡

　第四节　个体工商户和农村承包经营户

第三章　法　人

　第一节　一般规定

　第二节　营利法人

　第三节　非营利法人

　第四节　特别法人

第四章　非法人组织

第五章　民事权利

第六章　民事法律行为

　第一节　一般规定

　第二节　意思表示

　第三节　民事法律行为的效力

　第四节　民事法律行为的附条件和附期限

第七章　代　理

　第一节　一般规定

　第二节　委托代理

　第三节　代理终止

第八章　民事责任

第九章　诉讼时效

第十章　期间计算

第十一章　附　则

第一章　基本原则

第一条　为了保护民事主体的合法权益,调整民事关系,维护社会和经济秩序,适应中国特色社会主义发展要求,弘扬社会主义核心价值观,根据宪法,制定本法。

第二条　民法调整平等主体的自然人、法人和非法人组织之间的人身关系和财产关系。

第三条　民事主体在民事活动中的法律地位一律平等。

第四条　民事主体从事民事活动,应当遵循自愿原则,按照自己的意思设立、变更、终止民事法律关系。

第五条　民事主体从事民事活动,应当遵循公平原则,合理确定各方的权利和义务。

第六条　民事主体从事民事活动,应当遵循诚信原则,秉持诚实、恪守承诺。

第七条　民事主体从事民事活动,不得违反法律,不得违背公序良俗。

第八条　民事主体从事民事活动,应当有利于节约资源、保护生态环境。

第九条　民事主体的人身权利、财产权利以及其他合法权益受法律保护,任何组织或者个人不得侵犯。

第十条　民事主体行使权利时,应当履行法律规定的或者当事人约定的义务。

第十一条　处理民事纠纷,应当依照法律;法律没有规定的,可以适用习惯,但是不得违背公序良俗。

第十二条　其他法律对民事关系有特别规定的,依照其规定。

第十三条　中华人民共和国领域内的民事活动,适用中华人民共和国法律。法律另有规定的,依照其规定。

第二章　自　然　人

第一节　民事权利能力和民事行为能力

第十四条　自然人从出生时起到死亡时止,具有民事权利能力,依法享有民事权利,承担民事义务。

大会草案干净稿

第十五条　自然人的民事权利能力一律平等。

第十六条　自然人的出生时间和死亡时间,以出生证明、死亡证明记载的时间为准;没有出生证明、死亡证明的,以户籍登记或者其他有效身份登记记载的时间为准。有其他证据足以推翻以上记载时间的,以相关证据证明的时间为准。

第十七条　涉及遗产继承、接受赠与等胎儿利益保护的,胎儿视为具有民事权利能力。但是胎儿出生时为死体的,其民事权利能力自始不存在。

第十八条　十八周岁以上的自然人为成年人。不满十八周岁的自然人为未成年人。

第十九条　成年人为完全民事行为能力人,可以独立实施民事法律行为。

第二十条　六周岁以上的未成年人为限制民事行为能力人,实施民事法律行为由其法定代理人代理或者经其法定代理人同意、追认,但是可以独立实施纯获利益的民事法律行为或者与其年龄、智力相适应的民事法律行为。

十六周岁以上的未成年人,以自己的劳动收入为主要生活来源的,视为完全民事行为能力人。

第二十一条　不满六周岁的未成年人为无民事行为能力人,由其法定代理人代理实施民事法律行为。

第二十二条　不能辨认自己行为的成年人为无民事行为能力人,由其法定代理人代理实施民事法律行为。

六周岁以上的未成年人不能辨认自己行为的,适用前款规定。

第二十三条　不能完全辨认自己行为的成年人为限制民事行为能力人,实施民事法律行为由其法定代理人代理或者经其法定代理人同意、追认,但是可以独立实施纯获利益的民事法律行为或者与其智力、精神健康状况相适应的民事法律行为。

第二十四条　无民事行为能力人、限制民事行为能力人的监护人是其法定代理人。

第二十五条　不能辨认或者不能完全辨认自己行为的成年人,其利害关系人或者有关组织,可以向人民法院申请认定该成年人为无民事行为能力人或者限制民事行为能力人。

被人民法院认定为无民事行为能力人或者限制民事行为能力人的,经本人、利害关系人或者有关组织申请,人民法院可以根据其智力、精神健康恢复的状况,认定该成年人恢复为限制民事行为能力人或者完全民事行为能力人。

本条规定的有关组织包括:居民委员会、村民委员会、学校、医疗机构、妇女联合会、残疾人联合会、依法设立的老年人组织、民政部门等。

第二十六条 自然人以户籍登记或者其他有效身份登记记载的居所为住所；经常居所与住所不一致的，经常居所视为住所。

第二节 监 护

第二十七条 父母对未成年子女负有抚养、教育和保护的义务。

成年子女对父母负有赡养、扶助和保护的义务。

第二十八条 父母是未成年人的监护人。

未成年人的父母已经死亡或者没有监护能力的，由下列有监护能力的人按顺序担任监护人：

（一）祖父母、外祖父母；

（二）兄、姐；

（三）其他愿意担任监护人的个人或者有关组织，但是须经未成年人住所地的居民委员会、村民委员会或者民政部门同意。

第二十九条 无民事行为能力或者限制民事行为能力的成年人，由下列有监护能力的人按顺序担任监护人：

（一）配偶；

（二）父母、子女；

（三）其他近亲属；

（四）其他愿意担任监护人的个人或者有关组织，但是须经被监护人住所地的居民委员会、村民委员会或者民政部门同意。

第三十条 被监护人的父母担任监护人的，可以通过遗嘱指定监护人。

第三十一条 依法具有监护资格的人之间可以协议确定监护人。协议确定监护人应当尊重被监护人的真实意愿。

第三十二条 对监护人的确定有争议的，由被监护人住所地的居民委员会、村民委员会或者民政部门指定监护人，有关当事人对指定不服的，可以向人民法院提出申请指定监护人；有关当事人也可以直接向人民法院提出申请指定监护人。

居民委员会、村民委员会、民政部门或者人民法院应当尊重被监护人的真实意愿，根据最有利于被监护人的原则在依法具有监护资格的人中指定监护人。

依照本条第一款规定指定监护人前，被监护人的人身权利、财产权利以及其他合法权益处于无人保护状态的，由被监护人住所地的居民委员会、村民委员会、法律规定的有关组织或者民政部门担任临时监护人。

监护人被指定后,不得擅自变更;擅自变更的,不免除被指定的监护人的责任。

第三十三条 没有依法具有监护资格的人的,监护人由民政部门担任,也可以由具备条件的被监护人住所地的居民委员会、村民委员会担任。

第三十四条 具有完全民事行为能力的成年人,可以与近亲属、其他愿意担任监护人的个人或者有关组织事先协商,以书面形式确定自己的监护人。协商确定的监护人在该成年人丧失或者部分丧失民事行为能力时,履行监护职责。

第三十五条 监护人的职责是代理被监护人实施民事法律行为,对被监护人的人身权利、财产权利以及其他合法权益进行保护等。

监护人依法履行监护职责产生的权利,受法律保护。

监护人不履行监护职责或者侵害被监护人合法权益的,应当承担责任。

第三十六条 监护人应当按照最有利于被监护人的原则履行监护职责。监护人除为被监护人利益外,不得处分被监护人的财产。

未成年人的监护人履行监护职责,在作出与被监护人权益有关的决定时,应当根据被监护人的年龄和智力状况,尊重被监护人的真实意愿。

成年人的监护人履行监护职责,应当最大程度地尊重被监护人的真实意愿,保障并协助被监护人实施与其智力、精神健康状况相适应的民事法律行为。对被监护人有能力独立处理的事务,监护人不得干涉。

第三十七条 监护人有下列情形之一的,人民法院根据有关个人或者组织的申请,撤销其监护人资格,安排必要的临时监护措施,并根据最有利于被监护人的原则依法指定监护人:

(一)实施严重损害被监护人身心健康行为的;

(二)怠于履行监护职责,或者无法履行监护职责并且拒绝将监护职责部分或者全部委托给他人,导致被监护人处于危困状态的;

(三)实施严重侵害被监护人合法权益的其他行为的。

本条规定的有关个人和组织包括:其他依法具有监护资格的人,居民委员会、村民委员会、学校、医疗机构、妇女联合会、残疾人联合会、未成年人保护组织、依法设立的老年人组织、民政部门等。

前款规定的个人和民政部门以外的组织未及时向人民法院提出撤销监护人资格申请的,民政部门应当向人民法院提出申请。

第三十八条 依法对被监护人负担抚养费、赡养费、扶养费的父母、子女、配偶等,被人民法院撤销监护人资格后,应当继续负担。

第三十九条 被监护人的父母或者子女被人民法院撤销监护人资格后,除对被监护人实施故意犯罪的外,确有悔改表现的,经其申请,人民法院可以在尊重被监护人真实意愿的前提下,视情况恢复其监护人资格,人民法院指定的监护人与被监护人的监护关系同时终止。

第四十条 有下列情形之一的,监护关系终止:
(一)被监护人取得或者恢复完全民事行为能力;
(二)监护人丧失监护能力;
(三)被监护人或者监护人死亡;
(四)人民法院认定监护关系终止的其他情形。
监护关系终止后,被监护人仍然需要监护的,应当依法另行确定监护人。

第三节 宣告失踪和宣告死亡

第四十一条 自然人下落不明满二年的,利害关系人可以向人民法院申请宣告该自然人为失踪人。

第四十二条 自然人下落不明的时间从其失去音讯之日起计算。战争期间下落不明的,下落不明的时间自战争结束之日或者有关机关确定的下落不明之日起计算。

第四十三条 失踪人的财产由其配偶、父母、成年子女或者其他愿意担任财产代管人的人代管。

代管有争议,没有前款规定的人,或者前款规定的人无代管能力的,由人民法院指定的人代管。

第四十四条 财产代管人应当妥善管理失踪人的财产,维护其财产权益。

失踪人所欠税款、债务和应付的其他费用,由财产代管人从失踪人的财产中支付。

财产代管人因故意或者重大过失造成失踪人财产损失的,应当承担赔偿责任。

第四十五条 财产代管人不履行代管职责、侵害失踪人财产权益或者丧失代管能力的,失踪人的利害关系人可以向人民法院申请变更财产代管人。

财产代管人有正当理由的,可以向人民法院申请变更财产代管人。

人民法院变更财产代管人的,变更后的财产代管人有权要求原财产代管人及时移交有关财产并报告财产代管情况。

第四十六条 失踪人重新出现,经本人或者利害关系人申请,人民法院应当撤销失踪宣告。

失踪人重新出现,有权要求财产代管人及时移交有关财产并报告财产代管情况。

第四十七条 自然人有下列情形之一的,利害关系人可以向人民法院申请宣告该自然人死亡:

(一)下落不明满四年;

(二)因意外事件,下落不明满二年。

因意外事件下落不明,经有关机关证明该自然人不可能生存的,申请宣告死亡不受二年时间的限制。

第四十八条 对同一自然人,有的利害关系人申请宣告死亡,有的利害关系人申请宣告失踪,符合本法规定的宣告死亡条件的,人民法院应当宣告死亡。

第四十九条 被宣告死亡的人,人民法院判决确定的日期视为其死亡的日期;判决未确定死亡日期的,判决作出之日视为其死亡的日期。

第五十条 自然人并未死亡但是被宣告死亡的,不影响该自然人在被宣告死亡期间实施的民事法律行为的效力。

第五十一条 被宣告死亡的人重新出现,经本人或者利害关系人申请,人民法院应当撤销死亡宣告。

第五十二条 被宣告死亡的人的婚姻关系,自死亡宣告之日起消灭。死亡宣告被撤销的,婚姻关系自撤销死亡宣告之日起自行恢复,但是其配偶再婚或者向婚姻登记机关书面声明不愿意恢复的除外。

第五十三条 被宣告死亡的人的子女被他人依法收养的,在死亡宣告被撤销后,不得以未经本人同意为由主张收养关系无效。

第五十四条 被撤销死亡宣告的人有权请求依照继承法取得其财产的民事主体返还财产。无法返还原物的,应当给予补偿。

利害关系人隐瞒真实情况,致使他人被宣告死亡而取得其财产的,除应当返还财产外,还应当对由此造成的损失承担赔偿责任。

第四节 个体工商户和农村承包经营户

第五十五条 自然人经依法登记,从事工商业经营的,为个体工商户。个体工商户可以起字号。

第五十六条 农村集体经济组织的成员,依法取得农村土地承包经营权,从事家庭承包经营的,为农村承包经营户。

第五十七条 个体工商户的债务,个人经营的,以个人财产承担;家庭经营的,以家庭财产承担;无法区分的,以家庭财产承担。

农村承包经营户的债务,以从事农村土地承包经营的农户财产承担;事实上由农户部分成员经营的,以该部分成员的财产承担。

第三章 法　　人

第一节　一般规定

第五十八条 法人是指具有民事权利能力和民事行为能力,依法独立享有民事权利和承担民事义务的组织。

第五十九条 法人应当依法成立。

法人应当有自己的名称、组织机构、住所、财产或者经费。法人成立的具体条件和程序,依照法律、行政法规的规定。

设立法人,法律、行政法规规定须经有关机关批准的,依照其规定。

第六十条 法人的民事权利能力和民事行为能力,从法人成立时产生,到法人终止时消灭。

第六十一条 法人以其全部财产独立承担民事责任。

第六十二条 依照法律或者法人章程的规定,代表法人从事民事活动的负责人,为法人的法定代表人。

法定代表人以法人名义从事的民事活动,其法律后果由法人承受。

法人章程或者权力机构对法定代表人的代表权的限制,不得对抗善意相对人。

第六十三条 法定代表人因执行职务造成他人损害的,由法人承担民事责任。

法人承担民事责任后,依照法律或者法人章程的规定,可以向有过错的法定代表人追偿。

第六十四条 法人以其主要办事机构所在地为住所。依法需要办理法人登记的,应当将主要办事机构所在地登记为住所。

第六十五条 法人在存续期间登记事项发生变化的,应当依法向登记机关申请变更登记。

第六十六条 法人的实际情况与登记的事项不一致的,不得对抗善意相对人。

第六十七条 登记机关应当依法及时公示法人登记的有关信息。

第六十八条 法人合并的,其权利和义务由合并后的法人享有和承担。

法人分立的,其权利和义务由分立后的法人享有连带债权,承担连带债务,但是债权人和债务人另有约定的除外。

第六十九条 有下列原因之一并依法完成清算、注销登记程序的,法人终止:

(一)法人解散;

(二)法人被宣告破产;

(三)法律规定的其他原因。

法人终止,法律、行政法规规定须经有关机关批准的,依照其规定。

第七十条 有下列情形之一的,法人解散:

(一)法人章程规定的存续期间届满或者法人章程规定的其他解散事由出现;

(二)法人的权力机构决议解散;

(三)因法人合并或者分立需要解散;

(四)法人依法被吊销营业执照、登记证书,被责令关闭或者被撤销;

(五)法律规定的其他情形。

第七十一条 法人解散的,清算义务人应当及时组成清算组进行清算。

法人的董事、理事等执行机构成员为清算义务人。法律另有规定的,依照其规定。

清算义务人未及时履行清算义务,造成损害的,应当承担民事责任;主管机关或者利害关系人可以申请人民法院指定有关人员组成清算组进行清算。

第七十二条 法人的清算程序和清算组职权,依照有关法律的规定;没有规定的,参照适用公司法的有关规定。

第七十三条 清算期间,法人存续,但是不得从事与清算无关的活动。

法人清算后的剩余财产,根据法人章程的规定或者法人权力机构的决议处理。法律另有规定的,依照其规定。

清算结束,并完成法人注销登记时,法人终止;依法不需要办理法人登记的,清算结束时,法人终止。

第七十四条 法人被宣告破产的,依法进行破产清算并完成法人注销登记时,法人终止。

第七十五条 法人可以依法设立分支机构。法律、行政法规规定分支机构应当登记的,依照其规定。

分支机构以自己的名义从事民事活动,产生的民事责任由法人承担;也可以先以该分支机构管理的财产承担,不足以承担的,由法人承担。

第七十六条 设立人为设立法人从事的民事活动,其法律后果在法人成立后由法人承受;法人未成立的,其法律后果由设立人承受,设立人为二人以上的,享有连带债权,承担连带债务。

设立人为设立法人以自己的名义从事民事活动产生的民事责任,第三人有权选择请求法人或者设立人承担。

第二节 营利法人

第七十七条 以取得利润并分配给其股东等出资人为目的成立的法人,为营利法人。

营利法人包括有限责任公司、股份有限公司和其他企业法人等。

第七十八条 营利法人经依法登记成立。

第七十九条 依法设立的营利法人,由登记机关发给营利法人营业执照。营业执照签发日期为营利法人的成立日期。

第八十条 设立营利法人应当依法制定法人章程。

第八十一条 营利法人应当设权力机构。

权力机构行使修改法人章程,选举或者更换执行机构、监督机构成员,以及法人章程规定的其他职权。

第八十二条 营利法人应当设执行机构。

执行机构行使召集权力机构会议,决定法人的经营计划和投资方案,决定法人内部管理机构的设置,以及法人章程规定的其他职权。

执行机构为董事会或者执行董事的,董事长、执行董事或者经理依照法人章程的规定担任法定代表人;未设董事会或者执行董事的,法人章程规定的主要负责人为其执行机构和法定代表人。

第八十三条 营利法人设监事会或者监事等监督机构的,监督机构依法行使检查法人财务,对执行机构成员以及高级管理人员执行法人职务的行为进行监督,以及法人章程规定的其他职权。

第八十四条 法律对营利法人的组织机构、法定代表人另有规定的,依照其规定。

第八十五条 营利法人的出资人不得滥用出资人权利损害法人或者其他出资人的利益。滥用出资人权利给法人或者其他出资人造成损失的,应当依法承担民事责任。

营利法人的出资人不得滥用法人独立地位和出资人有限责任损害法人的债权人利益。滥用法人独立地位和出资人有限责任,逃避债务,严重损害法人的债权人利益的,应当对法人债务承担连带责任。

第八十六条 营利法人的控股出资人、实际控制人、董事、监事、高级管理人员不得利用其关联关系损害法人的利益。利用关联关系给法人造成损失的,应当承担赔偿责任。

第八十七条 营利法人的权力机构、执行机构的会议召集程序、表决方式违反法律、行政法规、法人章程,或者决议内容违反法人章程的,营利法人的出资人可以请求人民法院予以撤销,但是营利法人依据该决议与善意相对人形成的民事法律关系不受影响。

第八十八条 营利法人从事经营活动,应当遵守商业道德,维护交易安全,接受政府和社会的监督,承担社会责任。

第八十九条 本节没有规定的,适用公司法等有关法律的规定。

第三节 非营利法人

第九十条 为公益目的或者其他非营利目的成立,不向其出资人或者设立人分配所取得利润的法人,为非营利法人。

非营利法人包括事业单位、社会团体、基金会、社会服务机构等。

第九十一条 为公益目的成立的非营利法人终止时,不得向其出资人或者设立人分配剩余财产;其剩余财产应当按照法人章程的规定或者权力机构的决议用于公益目的;不能按照法人章程规定或者权力机构的决议处理的,由主管机关主持转给宗旨相同或者相近的以公益为目的的法人,并向社会公告。

第九十二条 具备法人条件,为实现公益目的设立的事业单位,经依法登记成立,取得事业单位法人资格;依法不需要办理法人登记的,从成立之日起,具有事业单位法人资格。

第九十三条 事业单位法人设理事会的,理事会为其决策机构。事业单位法人的法定代表人按照法人章程的规定产生。

第九十四条 具备法人条件,基于会员共同意愿,为实现公益目的或者会员共同利益等非营利目的设立的社会团体,经依法登记成立,取得社会团体法人资格;依法不需要办理法人登记的,从成立之日起,具有社会团体法人资格。

第九十五条 设立社会团体法人应当依法制定法人章程。

社会团体法人应当设会员大会或者会员代表大会等权力机构。

社会团体法人应当设理事会等执行机构。理事长或者会长等负责人依照法人章程的规定担任法定代表人。

第九十六条 具备法人条件,为实现公益目的,以捐助财产设立的基金会、社会服务机构等,经依法登记成立,取得捐助法人资格。

依法设立的宗教活动场所,具备法人条件的,可以申请法人登记,取得捐助法人资格。

第九十七条 设立捐助法人应当依法制定法人章程。

捐助法人应当设理事会、民主管理组织等决策机构,并设执行机构。理事长等负责人依照法人章程的规定担任法定代表人。

捐助法人应当设监事会等监督机构。

第九十八条 捐助人有权向捐助法人查询捐助财产的使用、管理情况,并提出意见和建议,捐助法人应当及时、如实答复。

捐助法人的决策机构、执行机构或者法定代表人作出决定的程序违反法律、行政法规、法人章程,或者决定内容违反法人章程的,捐助人等利害关系人或者主管机关可以请求人民法院予以撤销,但是捐助法人依据该决定与善意相对人形成的民事法律关系不受影响。

第四节 特别法人

第九十九条 本节规定的机关法人、农村集体经济组织法人、合作经济组织法人、基层群众性自治组织法人,为特别法人。

第一百条 有独立经费的机关和承担行政职能的法定机构从成立之日起,具有机关法人资格,可以从事为履行职能所需要的民事活动。

第一百零一条 机关法人被撤销的,法人终止,其民事权利和义务由继任的机关法人享有和承担;没有继任的机关法人的,由作出撤销决定的机关法人享有和承担。

第一百零二条 农村集体经济组织依法取得法人资格。

法律、行政法规对农村集体经济组织有规定的,依照其规定。

第一百零三条 城镇、农村的合作经济组织依法取得法人资格。

法律、行政法规对城镇、农村的合作经济组织有规定的,依照其规定。

第一百零四条　居民委员会、村民委员会具有基层群众性自治组织法人资格,可以从事为履行职能所需要的民事活动。

未设立村集体经济组织的,村民委员会可以依法代行村集体经济组织的职能。

第四章　非法人组织

第一百零五条　非法人组织是指不具有法人资格,但是能够依法以自己的名义从事民事活动的组织。

非法人组织包括个人独资企业、合伙企业、不具有法人资格的专业服务机构等。

第一百零六条　非法人组织应当依照法律的规定登记。

设立非法人组织,法律、行政法规规定须经有关机关批准的,依照其规定。

第一百零七条　非法人组织的财产不足以清偿债务的,其出资人或者设立人承担无限责任。法律另有规定的,依照其规定。

第一百零八条　非法人组织可以确定一人或者数人代表该组织从事民事活动。

第一百零九条　有下列情形之一的,非法人组织解散:

(一)章程规定的存续期间届满或者章程规定的其他解散事由出现;

(二)出资人或者设立人决定解散;

(三)法律规定的其他情形。

第一百一十条　非法人组织解散的,应当依法进行清算。

第一百一十一条　非法人组织除适用本章规定外,参照适用本法第三章第一节的有关规定。

第五章　民事权利

第一百一十二条　自然人的人身自由、人格尊严受法律保护。

第一百一十三条　自然人享有生命权、健康权、身体权、姓名权、肖像权、名誉权、荣誉权、隐私权、婚姻自主权等权利。

法人、非法人组织享有名称权、名誉权、荣誉权等权利。

第一百一十四条　自然人的个人信息受法律保护。任何组织和个人应当确保依法取得的个人信息安全,不得非法收集、使用、加工、传输个人信息,不得非法买卖、提供或者公开个人信息。

第一百一十五条　自然人因婚姻、家庭关系等产生的人身权利受法律保护。

第一百一十六条　民事主体的财产权利受法律平等保护。

第一百一十七条　民事主体依法享有物权。

物权是指权利人依法对特定的物享有直接支配和排他的权利,包括所有权、用益物权和担保物权。

第一百一十八条　物包括不动产和动产。法律规定权利作为物权客体的,依照其规定。

第一百一十九条　物权的种类和内容,由法律规定。

第一百二十条　为了公共利益的需要,依照法律规定的权限和程序征收、征用不动产或者动产的,应当给予公平、合理的补偿。

第一百二十一条　民事主体依法享有债权。

债权是指因合同、侵权行为、无因管理、不当得利以及法律的其他规定,权利人请求特定义务人为或者不为一定行为的权利。

第一百二十二条　依法成立的合同,对当事人具有法律约束力。

第一百二十三条　民事权益受到侵害的,被侵权人有权请求侵权人承担侵权责任。

第一百二十四条　没有法定的或者约定的义务,为避免他人利益受损失而进行管理的人,有权请求受益人偿还由此而支出的必要费用。

第一百二十五条　因他人没有法律根据,取得不当利益,受损失的人有权请求其返还不当利益。

第一百二十六条　民事主体依法享有知识产权。

知识产权是指权利人依法就下列客体所享有的专属的和支配的权利:

(一)作品;

(二)发明、实用新型、外观设计;

(三)商标;

(四)地理标志;

(五)商业秘密;

(六)集成电路布图设计;

(七)植物新品种;

(八)法律规定的其他客体。

第一百二十七条　自然人依法享有继承权。

第一百二十八条　自然人合法的私有财产,可以依法继承。

第一百二十九条　民事主体依法享有股权和其他投资性权利。

第一百三十条　民事主体享有法律规定的其他民事权利和利益。

第一百三十一条　法律对数据、网络虚拟财产的保护有规定的,依照其规定。

第一百三十二条　法律对未成年人、老年人、残疾人、妇女、消费者等的民事权利保护有特别规定的,依照其规定。

第一百三十三条　民事权利可以依据民事法律行为、事实行为、法律规定的事件或者法律规定的其他方式取得。

第一百三十四条　民事主体按照自己的意愿依法行使民事权利,不受干涉。

第一百三十五条　民事主体不得滥用民事权利损害社会公共利益或者他人合法权益。

第六章　民事法律行为

第一节　一般规定

第一百三十六条　民事法律行为是指民事主体通过意思表示设立、变更、终止民事法律关系的行为。

第一百三十七条　民事法律行为可以基于双方或者多方的意思表示一致成立,也可以基于单方的意思表示成立。

法人、非法人组织依照法律或者章程规定的议事方式和表决程序作出决议的,该决议行为成立。

第一百三十八条　民事法律行为可以采用书面形式、口头形式或者其他形式;法律、行政法规规定或者当事人约定采用特定形式的,应当采用特定形式。

第一百三十九条　民事法律行为自成立时生效,但是法律另有规定或者当事人另有约定的除外。

行为人非依法律规定或者未经对方同意,不得擅自变更或者解除民事法律行为。

第二节　意思表示

第一百四十条　以对话方式作出的意思表示,相对人知道其内容时生效。

以非对话方式作出的意思表示,到达相对人时生效。以非对话方式作出的采用数据电文形式的意思表示,相对人指定特定系统接收数据电文的,该数据电文进入该特定系统时生效;未指定特定系统的,相对人知道或者应当知道该数据电文进入其系统时生效。当事人对采用数据电文形式的意思表示的生效时间另有约定的,按照其约定。

第一百四十一条 无相对人的意思表示,表示完成时生效。法律另有规定的,依照其规定。

第一百四十二条 以公告方式作出的意思表示,公告发布时生效。

第一百四十三条 行为人可以明示或者默示作出意思表示。

沉默只有在有法律规定、当事人约定或者当事人之间的交易习惯时,才可以视为意思表示。

第一百四十四条 行为人可以撤回意思表示。撤回意思表示的通知应当在意思表示到达相对人前或者与意思表示同时到达相对人。

第一百四十五条 有相对人的意思表示的解释,应当按照所使用的词句,结合相关条款、行为的性质和目的、习惯以及诚信原则,确定意思表示的含义。

无相对人的意思表示的解释,不能拘泥于所使用的词句,而应当结合相关条款、行为的性质和目的、习惯以及诚信原则,确定行为人的真实意思。

第三节 民事法律行为的效力

第一百四十六条 具备下列条件的民事法律行为有效:

(一)行为人具有相应的民事行为能力;

(二)意思表示真实;

(三)不违反法律、行政法规的效力性强制规定,不违背公序良俗。

第一百四十七条 无民事行为能力人实施的民事法律行为无效。

第一百四十八条 限制民事行为能力人实施的纯获利益的民事法律行为或者与其年龄、智力、精神健康状况相适应的民事法律行为有效;实施的其他民事法律行为经法定代理人同意或者追认后有效。

相对人可以催告法定代理人自收到通知之日起一个月内予以追认。法定代理人未作表示的,视为拒绝追认。民事法律行为被追认前,善意相对人有撤销的权利。撤销应当以通知的方式作出。

第一百四十九条 行为人与相对人以虚假的意思表示实施的民事法律行为无效,但是双方均不得以此对抗善意第三人。

行为人以虚假的意思表示隐藏的民事法律行为的效力,依照有关法律规定处理。

第一百五十条 基于重大误解实施的民事法律行为,行为人有权请求人民法院或者仲裁机构予以撤销。

第一百五十一条 一方以欺诈手段,使对方在违背真实意思的情况下实施的民事法律行为,受欺诈方有权请求人民法院或者仲裁机构予以撤销。

第一百五十二条 第三人实施欺诈行为,使一方在违背真实意思的情况下实施的民事法律行为,对方知道或者应当知道该欺诈行为的,受欺诈方有权请求人民法院或者仲裁机构予以撤销。

第一百五十三条 一方或者第三人以胁迫手段,使对方在违背真实意思的情况下实施的民事法律行为,受胁迫方有权请求人民法院或者仲裁机构予以撤销。

第一百五十四条 一方利用对方处于危困状态、缺乏判断能力等情形,致使民事法律行为成立时显失公平的,受损害方有权请求人民法院或者仲裁机构予以撤销。

第一百五十五条 民事法律行为因重大误解、欺诈、显失公平被撤销的,不得对抗善意第三人。

第一百五十六条 有下列情形之一的,撤销权消灭:

(一)当事人自知道或者应当知道撤销事由之日起一年内、重大误解的当事人自知道或者应当知道撤销事由之日起三个月内没有行使撤销权;

(二)当事人受胁迫,自胁迫行为终止之日起一年内没有行使撤销权;

(三)当事人知道撤销事由后明确表示或者以自己的行为表明放弃撤销权。

当事人自民事法律行为发生之日起五年内没有行使撤销权的,撤销权消灭。

第一百五十七条 行为人与相对人恶意串通,损害他人合法权益的民事法律行为无效。

第一百五十八条 无效的或者被撤销的民事法律行为自始没有法律约束力。

第一百五十九条 民事法律行为部分无效,不影响其他部分效力的,其他部分仍然有效。

第一百六十条 民事法律行为无效、被撤销或者确定不发生效力后,行为人因该行为取得的财产,应当予以返还;不能返还或者没有必要返还的,应当折价补偿。有过错的一方应当赔偿对方由此所受到的损失;各方都有过错的,应当各自承担相应的责任。法律另有规定的,依照其规定。

第四节 民事法律行为的附条件和附期限

第一百六十一条 民事法律行为可以附条件,但是依照其性质不得附条件的除外。附生效条件的民事法律行为,自条件成就时生效。附解除条件的民事法律行为,自条件成就时失效。

第一百六十二条 附条件的民事法律行为,当事人为自己的利益不正当地阻止条件成就的,视为条件已成就;不正当地促成条件成就的,视为条件不成就。

第一百六十三条 民事法律行为可以附期限,但是依照其性质不得附期限的除外。附生效期限的民事法律行为,自期限届至时生效。附终止期限的民事法律行为,自期限届满时失效。

第七章 代 理

第一节 一般规定

第一百六十四条 民事主体可以通过代理人实施民事法律行为。

依照法律规定、当事人约定或者民事法律行为的性质,应当由本人亲自实施的民事法律行为,不得代理。

第一百六十五条 代理人在代理权限内,以被代理人名义实施的民事法律行为,对被代理人发生效力。

第一百六十六条 代理人在代理权限内以自己的名义与第三人实施民事法律行为,第三人知道代理人与被代理人之间的代理关系的,该民事法律行为直接约束被代理人和第三人,但是有证据证明该民事法律行为只约束代理人和第三人的除外。

第一百六十七条 代理包括委托代理和法定代理。

委托代理人按照被代理人的委托行使代理权。法定代理人依照法律的规定行使代理权。

第一百六十八条 代理人不履行或者不完全履行职责,造成被代理人损害的,应当承担民事责任。

代理人和相对人恶意串通,损害被代理人合法权益的,代理人和相对人应当承担连带责任。

第二节　委托代理

第一百六十九条　委托代理授权采用书面形式的,授权委托书应当载明代理人的姓名或者名称、代理事项、权限和期间,并由被代理人签名或者盖章。

第一百七十条　数人为同一委托事项的代理人的,应当共同行使代理权,但是当事人另有约定的除外。

第一百七十一条　代理人知道或者应当知道代理的事项违法仍然实施代理行为,或者被代理人知道或者应当知道代理人的代理行为违法未作反对表示的,被代理人和代理人应当承担连带责任。

第一百七十二条　代理人不得以被代理人的名义与自己实施民事法律行为,但是被代理人同意、追认的除外。

代理人不得以被代理人的名义与自己同时代理的其他人实施民事法律行为,但是被代理的双方同意、追认的除外。

第一百七十三条　代理人需要转委托第三人代理的,应当取得被代理人的同意或者追认。

转委托代理经被代理人同意或者追认的,被代理人可以就代理事务直接指示转委托的第三人,代理人仅就第三人的选任以及对第三人的指示承担责任。

转委托代理未经被代理人同意或者追认的,代理人应当对转委托的第三人的行为承担责任,但是在紧急情况下代理人为了维护被代理人的利益需要转委托第三人代理的除外。

第一百七十四条　执行法人或者非法人组织工作任务的人员,就其职权范围内的事项,以法人或者非法人组织的名义实施民事法律行为,对法人或者非法人组织发生效力。

法人或者非法人组织对执行其工作任务的人员职权范围的限制,不得对抗善意相对人。

第一百七十五条　行为人没有代理权、超越代理权或者代理权终止后,仍然实施代理行为,未经被代理人追认的,对被代理人不发生效力。

相对人可以催告被代理人自收到通知之日起一个月内予以追认。被代理人未作表示的,视为拒绝追认。无权代理人实施的行为被追认前,善意相对人有撤销的权利。撤销应当以通知的方式作出。

无权代理人实施的行为未被追认的,善意相对人有权请求无权代理人履行债务或者就其受到的损害请求无权代理人赔偿,但是赔偿的范围不得超过被代理人追认时相对人所能获得的利益。

相对人知道或者应当知道代理人无权代理的,相对人和代理人按照各自的过错承担责任。

第一百七十六条 行为人没有代理权、超越代理权或者代理权终止后,仍然实施代理行为,相对人有理由相信行为人有代理权的,代理行为有效。

第三节 代理终止

第一百七十七条 有下列情形之一的,委托代理终止:

(一)代理期间届满或者代理事务完成;

(二)被代理人取消委托或者代理人辞去委托;

(三)代理人丧失民事行为能力;

(四)代理人或者被代理人死亡;

(五)作为代理人或者被代理人的法人、非法人组织终止。

第一百七十八条 被代理人死亡后,有下列情形之一的,委托代理人实施的代理行为有效:

(一)代理人不知道并且不应当知道被代理人死亡的;

(二)被代理人的继承人予以承认;

(三)授权中明确代理权在代理事项完成时终止;

(四)被代理人死亡前已经实施,为了被代理人的继承人的利益继续代理。

作为被代理人的法人、非法人组织终止的,参照适用前款规定。

第一百七十九条 有下列情形之一的,法定代理终止:

(一)被代理人取得或者恢复完全民事行为能力;

(二)代理人丧失民事行为能力;

(三)代理人或者被代理人死亡;

(四)法律规定的其他情形。

第八章 民事责任

第一百八十条 民事主体应当依照法律规定或者当事人约定履行民事义务。

民事主体不履行或者不完全履行民事义务的,应当依法承担民事责任。

第一百八十一条 二人以上依法承担按份责任,能够确定责任大小的,各自承担相应的责任;难以确定责任大小的,平均承担责任。

第一百八十二条 二人以上依法承担连带责任的,权利人有权请求部分或者全部连带责任人承担责任。

连带责任人的责任份额根据各自责任大小确定;难以确定责任大小的,平均承担责任。实际承担责任超过自己责任份额的连带责任人,有权向其他连带责任人追偿。

第一百八十三条 承担民事责任的方式主要有:

(一)停止侵害;

(二)排除妨碍;

(三)消除危险;

(四)返还财产;

(五)恢复原状;

(六)修理、重作、更换;

(七)继续履行;

(八)赔偿损失;

(九)支付违约金;

(十)消除影响、恢复名誉;

(十一)赔礼道歉。

法律规定惩罚性赔偿的,依照其规定。

本条规定的承担民事责任的方式,可以单独适用,也可以合并适用。

第一百八十四条 因不可抗力不能履行民事义务的,不承担民事责任。法律另有规定的,依照其规定。

不可抗力是指不能预见、不能避免且不能克服的客观情况。

第一百八十五条 因正当防卫造成损害的,不承担民事责任。正当防卫超过必要的限度,造成不应有的损害的,正当防卫人应当承担适当的民事责任。

第一百八十六条 因紧急避险造成损害的,由引起险情发生的人承担民事责任。如果危险是由自然原因引起的,紧急避险人不承担民事责任或者给予适当补偿。紧急避险采取措施不当或者超过必要的限度,造成不应有的损害的,紧急避险人应当承担适当的民事责任。

第一百八十七条 因自愿实施紧急救助行为造成受助人损害的,救助人不承担民事责任。但是救助人因重大过失造成受助人不应有的重大损害的,承担适当的民事责任。

第一百八十八条　因保护他人民事权益而使自己受到损害的,由侵权人承担民事责任,受益人可以给予适当补偿。没有侵权人、侵权人逃逸或者无力承担民事责任,受害人请求补偿的,受益人应当给予适当补偿。

第一百八十九条　因当事人一方的违约行为,损害对方人身权益、财产权益的,受损害方有权选择请求其承担违约责任或者侵权责任。

第一百九十条　民事主体因同一行为应当承担民事责任、行政责任和刑事责任的,承担行政责任或者刑事责任不影响承担民事责任;民事主体的财产不足以支付的,优先用于承担民事责任。

第九章　诉讼时效

第一百九十一条　向人民法院请求保护民事权利的诉讼时效期间为三年。法律另有规定的,依照其规定。

诉讼时效期间自权利人知道或者应当知道权利受到损害以及义务人之日起计算。法律另有规定的,依照其规定。但是自权利受到损害之日起超过二十年的,人民法院不予保护;有特殊情况的,人民法院可以根据权利人的申请决定延长。

第一百九十二条　当事人约定同一债务分期履行的,诉讼时效期间自最后一期履行期限届满之日起计算。

第一百九十三条　无民事行为能力人或者限制民事行为能力人对其法定代理人的请求权的诉讼时效期间,自该法定代理终止之日起计算。

第一百九十四条　未成年人遭受性侵害的损害赔偿请求权的诉讼时效期间,自受害人年满十八周岁之日起计算。

第一百九十五条　诉讼时效期间届满的,义务人可以提出不履行义务的抗辩。

诉讼时效期间届满后,义务人同意履行的,不得以诉讼时效期间届满为由抗辩;义务人已自愿履行的,不得请求返还。

第一百九十六条　人民法院不得主动适用诉讼时效的规定。

第一百九十七条　在诉讼时效期间的最后六个月内,因下列障碍,不能行使请求权的,诉讼时效中止:

(一)不可抗力;

(二)无民事行为能力人或者限制民事行为能力人没有法定代理人,或者法

定代理人死亡、丧失代理权、丧失民事行为能力;

(三)继承开始后未确定继承人或者遗产管理人;

(四)权利人被义务人或者其他人控制;

(五)其他导致权利人不能行使请求权的障碍。

自中止时效的原因消除之日起满六个月,诉讼时效期间届满。

第一百九十八条 有下列情形之一的,诉讼时效中断,从中断或者有关程序终结时起,诉讼时效期间重新计算:

(一)权利人向义务人提出履行请求;

(二)义务人同意履行义务;

(三)权利人提起诉讼或者申请仲裁;

(四)与提起诉讼或者申请仲裁具有同等效力的其他情形。

第一百九十九条 对连带权利人或者连带义务人中的一人发生诉讼时效中断的,中断的效力及于全部连带权利人或者连带义务人。

第二百条 下列请求权不适用诉讼时效的规定:

(一)请求停止侵害、排除妨碍、消除危险;

(二)登记的物权人请求返还财产;

(三)请求支付赡养费、抚养费或者扶养费;

(四)依法不适用诉讼时效的其他请求权。

第二百零一条 诉讼时效的期间、计算方法以及中止、中断的事由由法律规定,当事人约定无效。

当事人对诉讼时效利益的预先放弃无效。

第二百零二条 法律对仲裁时效有规定的,依照其规定;没有规定的,适用诉讼时效的规定。

第二百零三条 法律规定或者当事人约定的撤销权、解除权等权利的存续期间,除法律另有规定外,自权利人知道或者应当知道权利产生之日起计算,不适用有关诉讼时效中止、中断和延长的规定。存续期间届满,撤销权、解除权等权利消灭。

第十章 期间计算

第二百零四条 民法所称的期间按照公历年、月、日、小时计算。

第二百零五条 按照年、月、日计算期间的,开始的当日不计入,自下一日开始计算。

按照小时计算期间的,自法律规定或者当事人约定的时间开始计算。

第二百零六条 按照年、月计算期间的,到期月的对应日为期间的最后一日;没有对应日的,月末日为期间的最后一日。

第二百零七条 期间的最后一日是法定休假日的,以法定休假日结束的次日为期间的最后一日。

期间的最后一日的截止时间为二十四时;有业务时间的,截止时间为停止业务活动的时间。

第二百零八条 期间的计算方法依照本法的规定,但是法律另有规定或者当事人另有约定的除外。

第十一章 附 则

第二百零九条 民法所称的"以上"、"以下"、"以内"、"届满",包括本数;所称的"不满"、"超过"、"以外",不包括本数。

第二百一十条 本法自　　年　月　日起施行。

从大会草案到民法总则介绍

一、从大会草案到民法总则期间的重要立法活动

2017年3月8日下午

第十二届全国人民代表大会第五次会议举行第二次全体会议,听取全国人大常委会副委员长李建国关于中华人民共和国民法总则草案的说明。

2017年3月10日

十二届全国人大五次会议各代表团上午召开全体会议,下午召开小组会议,审议民法总则草案。

2017年3月11日

法工委形成民法总则草案(2017年3月11日法律委员会审议稿)。

2017年3月11日上午

全国人大法律委员会召开会议,根据各代表团的审议意见,审议民法总则草案(2017年3月11日法律委员会审议稿)。全国人大内务司法委员会、最高人民法院、最高人民检察院、国务院法制办公室、中国社会科学院、中国法学会等五家民法典编纂工作参加单位的有关负责同志列席会议。法律委员会会议认真研究了代表们提出的意见,对民法总则草案的修改完善进行了研究,提出了审议结果的报告和草案修改稿。将按法定程序提请大会主席团常务主席会议、主席团会议审议后,再次提交各代表团全体会议审议。

2017年3月11日下午

十二届全国人大五次会议主席团常务主席、全国人大常委会委员长张德江主持十二届全国人大五次会议主席团常务主席第一次会议。会议听取了全国人大法律委员会主任委员乔晓阳作的全国人大法律委员会关于民法总则草案审议结果的报告。会议同意将报告和民法总则草案修改稿提请大会主席团第二次会议审议。

2017年3月12日上午

十二届全国人大五次会议主席团举行第二次会议。会议听取了全国人大法律委员会主任委员乔晓阳作的法律委员会关于民法总则草案审议结果的报告。会议经过表决,决定将民法总则草案修改稿提请各代表团审议。

2017年3月12日下午

十二届全国人大五次会议各代表团召开全体会议,审议民法总则草案修改稿。

2017年3月13日

全国人大法律委员会召开会议。全国人大内务司法委员会,最高人民法院、最高人民检察院、国务院法制办公室、中国社会科学院、中国法学会等五家民法典编纂工作参加单位的有关负责同志列席会议。法律委员会会议对草案修改稿进行了认真审议,继续本着尽可能予以采纳的精神,对代表们提出的意见逐条研究,提出了修改意见的报告和草案建议表决稿。法律委员会同时建议,本法自2017年10月1日起施行。

2017年3月14日上午

十二届全国人大五次会议主席团常务主席、全国人大常委会委员长张德江主持十二届全国人大五次会议主席团常务主席第二次会议。会议听取了全国人大法律委员会主任委员乔晓阳作的全国人大法律委员会关于民法总则草案修改稿修改意见的报告。会议同意将报告和民法总则草案建议表决稿提请大会主席团第三次会议审议。

2017年3月14日上午

十二届全国人大五次会议主席团举行第三次会议。会议听取了全国人大法律委员会主任委员乔晓阳作的法律委员会关于民法总则草案修改意见的报告。会议表决通过了修改意见的报告,并决定将民法总则草案建议表决稿提请各代表团审议。

2017年3月14日下午

十二届全国人大五次会议各代表团召开全体会议,审议民法总则草案建议表决稿。

2017年3月14日下午

十二届全国人大五次会议主席团常务主席、全国人大常委会委员长张德江主持十二届全国人大五次会议主席团常务主席第三次会议。会议听取了大会副秘书长乔晓阳作的大会秘书处关于审议民法总则草案建议表决稿情况的汇报。会议同意将民法总则草案表决稿提请大会主席团第四次会议审议。

2017年3月14日下午

十二届全国人大五次会议主席团举行第四次会议。会议经过表决，决定将民法总则草案提请大会全体会议表决。

2017年3月15日

十二届全国人大五次会议闭幕会表决民法总则草案，2782票赞成、30票反对、21票弃权，通过《中华人民共和国民法总则》。

二、从大会草案到民法总则期间的主要修改情况和立法背景

（一）基本规定

1. 章名

大会草案第一章的章名为"基本原则"。

有的意见提出，第一章规定的内容不限于基本原则，还包括立法目的、调整范围、法律渊源等，建议将章名修改为"民法的任务、基本原则和适用范围"。有的意见建议修改为"目的、范围和基本原则"。有的意见建议修改为"一般规定"或者"基本规定"。经研究，《民法总则》将章名修改为"基本规定"。

2. 民事权益受法律保护

大会草案第九条规定："民事主体的人身权利、财产权利以及其他合法权益受法律保护，任何组织或者个人不得侵犯。"

有的意见提出，保护民事主体的合法权益，是制定民法典的重要精神，在草案第一条立法目的中也是首先规定。为了体现民事权益受法律保护的重要性，并与第一条相呼应，建议将草案第九条的位置提前到第二条之后。有的意见建议提前到第三条之后。经研究，《民法总则》第九条提前到第二条之后，作为第三条规定。

3. 权利义务相适应原则

大会草案第十条规定："民事主体行使权利时，应当履行法律规定的或者当事人约定的义务。"

有的意见认为,19世纪、20世纪的民法典侧重强调权利,进入21世纪,经济社会生活愈发复杂,法学理念也在发生变化,越来越重视个体义务的履行。从法理学上来说,权利的总和与义务的总和是一致的,一方行使权利的背后是另一方履行义务。民法典也应当体现法学理念的变化,支持本条放在民法总则第一章,作为民法的基本原则予以规定。有的意见提出,民事义务的履行虽然重要,但民法还是应当侧重于保护民事权利。在民法总则基本原则中过于强调履行民事义务,不符合民法作为权利法的定位,建议将本条移到"民事权利"一章,作为民事权利行使应当遵循的原则。有的意见认为,第一章规定的自愿原则、公平原则、诚信原则、守法和公序良俗原则等,既规范权利的行使,又规范义务的履行,本条内容体现的精神已经包含在里面,无需写在第一章重复强调。有的意见提出,前面基本原则的几条规定的都是"民事主体从事民事活动",而本条规定的是"民事主体行使权利",显得不协调,是不是基本原则也不清楚。经研究,民法总则将本条移到"民事权利"一章,作为第一百三十一条。

(二)自然人

1. 胎儿利益的保护

大会草案第十七条规定:"涉及遗产继承、接受赠与等胎儿利益保护的,胎儿视为具有民事权利能力。但是胎儿出生时为死体的,其民事权利能力自始不存在。"

有的意见提出,"胎儿出生时为死体的"中的"出生"与"为死体"相矛盾,建议将"出生"修改为"娩出"。经研究,民法总则采纳了这一意见。第十六条规定:"涉及遗产继承、接受赠与等胎儿利益保护的,胎儿视为具有民事权利能力。但是胎儿娩出时为死体的,其民事权利能力自始不存在。"

2. 视为完全民事行为能力人

大会草案第二十条第二款规定:"十六周岁以上的未成年人,以自己的劳动收入为主要生活来源的,视为完全民事行为能力人。"

有的意见提出,本条落脚在完全民事行为能力人,应当将本条作为草案第十九条第二款,与第十九条第一款,共同构成对完全民事行为能力人的完整规定。经研究,民法总则采纳了这一意见。第十八条第一款规定:"成年人为完全民事行为能力人,可以独立实施民事法律行为。"第二款规定:"十六周岁以上的未成年人,以自己的劳动收入为主要生活来源的,视为完全民事行为能力人。"

3. 限制民事行为能力的未成年人

大会草案第二十条第一款规定:"六周岁以上的未成年人为限制民事行为能力人,实施民事法律行为由其法定代理人代理或者经其法定代理人同意、追认,但是可以独立实施纯获利益的民事法律行为或者与其年龄、智力相适应的民事法律行为。"

有的意见提出,限制民事行为能力人年龄下限从十周岁下调到六周岁,下降幅度过大,根据当前未成年人的心理发育程度和未成年人参与民事活动的实际情况,建议适当上调。有的建议将"六周岁"提高到"八周岁"。有的意见建立提高到"七周岁"。有的意见建议维持民法通则"十周岁"的规定。有的意见提出,对于农村来说,规定六周岁就可以作为限制民事行为能力人是非常不利的,建议区别城市与农村对此作出规定。有的意见提出,鉴于六周岁的未成年人已进入小学,已开始参与社会公共生活,草案的规定是合适的,规定六周岁比八岁周岁更好,建议维持不改。经研究,民法总则将限制民事行为能力人年龄下限提高到"八周岁"。

4. 有关组织担任监护人

大会草案第二十八条第二款第三项规定:"其他愿意担任监护人的个人或者有关组织,但是须经未成年人住所地的居民委员会、村民委员会或者民政部门同意。"

有的意见提出,本项中的"有关组织"指代不明,建议删去"有关"二字。实践中,具体哪些组织可以担任监护人,由居民委员会、村民委员会或者民政部门根据该组织的人员、资金状况、声誉等情况进行判断。经研究,民法总则采纳了这一意见。第二十七条第二款第三项规定:"其他愿意担任监护人的个人或者组织,但是须经未成年人住所地的居民委员会、村民委员会或者民政部门同意。"第二十八条第四项也作出了相应的修改。

5. 财产代管人的顺序

大会草案第四十三条第一款规定:"失踪人的财产由其配偶、父母、成年子女或者其他愿意担任财产代管人的人代管。"

有的意见建议在"由其配偶"前增加"依次",明确财产代管人的先后次序。有的意见提出,不宜增加"依次",财产代管人的确定要考虑实际的代管能力等各方面因素,设定顺序过于僵化。有的意见提出,最高人民法院《关于适用〈中华人民共和国民事诉讼法〉的解释》第三百四十三条规定,法院宣告自然人失踪的同时就应当指定财产代管人。建议把这个内容在本条中明确规定。有的意见建议将"父母、成年子女"修改为"成年子女、父母",换一下顺序,更符合中国人财产传承的观念。《继承法》第十条第一款规定的第一顺序的法定继承人顺序即是配偶、子女、父母。虽然财产代管人不同于继承人,但在顺序的安排上也可以适当借鉴。经研究,民法总则采纳了部分意见,将父母、成年子女的顺序调换。第四十二条第一款规定:"失踪人的财产由其配偶、成年子女、父母或者其他愿意担任财产代管人的人代管。"

6. 宣告死亡死亡日期的确定

大会草案第四十九条规定:"被宣告死亡的人,人民法院判决确定的日期视为其死亡的日期;判决未确定死亡日期的,判决作出之日视为其死亡的日期。"

有的意见提出,死亡日期涉及继承的开始、身份关系解除等,比如遗产的具体范围、继承人的具体范围、遗嘱效力发生的时间以及代位继承是否发生等遗产继承有关重大事项,具有重要的法律意义。宣告死亡情形下,法院也不可能查清准确的死亡日期,如果能查清准确的死亡日期,也就不是宣告死亡了。本条规定由法官在判决中确定具体的死亡日期,赋予了法官过大的自由裁量权。本条应当对死亡日期确定具体、明确的判断标准,建议借鉴司法解释的规定,将本条修改为:"被宣告死亡的人,人民法院宣告死亡的判决作出之日视为其死亡的日期。"对这种修改方案,有的意见认为太过绝对,没有一点灵活性。对于因意外事件下落不明宣告死亡的情形,被申请宣告死亡的人真正死亡的概率很大,建议借鉴一些国外立法例,规定对于这种情形,以意外事件的结束之日视为其死亡日期。也有的意见认为意外事件发生之日与意外事件结束之日,被申请宣告死亡的人死亡概率差别并非悬殊,如规定意外事件结束之日,对于类似"马航事件"这种难下结论的意外事件来说,会生出何时作为意外事件结束之日的争论。建议以意外事件发生之日视为死亡的日期。经研究,民法总则采纳了这一意见。第四十八条规定:"被宣告死亡的人,人民法院宣告死亡的判决作出之日视为其死亡的日期;因意外事件下落不明宣告死亡的,意外事件发生之日视为其死亡的日期。"

7. 撤销死亡宣告对财产关系的影响

大会草案第五十四条第一款规定:"被撤销死亡宣告的人有权请求依照继承法取得其财产的民事主体返还财产。无法返还原物的,应当给予补偿。"

有的意见建议,不仅原物可能无法返还,像股权以及其他一些投资性权益等都可能发生无法返还的问题。建议将"无法返还原物"修改为"无法返还财产"。经研究,民法总则采纳了这一意见。第五十三条第一款规定:"被撤销死亡宣告的人有权请求依照继承法取得其财产的民事主体返还财产。无法返还的,应当给予适当补偿。"

(三)关于法人

1. 法人清算

大会草案第七十一条第一款规定:"法人解散的,清算义务人应当及时组成清算组进行清算。"第二款规定:"法人的董事、理事等执行机构成员为清算义务人。法律另有规定的,依照其规定。"

有的意见提出,根据草案七十条的规定,法人解散有几种情形,因法人合并或者分立需要解散的,法人并不必然进行清算,建议排除这种情况。有的意见提出,捐助法人的清算义务人应当是决策机构的成员。有的意见提出,清算义务人如何确定,不一定属于民事基本制度,不一定非要在法律中规定,建议在第二款法律后增加规定"行政法规"。经研究,民法总则采纳了这些意见。第七十条第一款规定:"法人解散的,除合并或者分立的情形外,清算义务人应当及时组成清算组进行清算。"第二款规定:"法人的董事、理事等执行机构或者决策机构的成员为清算义务人。法律、行政法规另有规定的,依照其规定。"

2. 非营利法人的定义

大会草案第九十条第一款规定:"为公益目的或者其他非营利目的成立,不向其出资人或者设立人分配所取得利润的法人,为非营利法人。"

有的意见提出,本条中的"出资人或者设立人"可能涵盖不了社会团体法人的会员,建议修改。经研究,民法总则将"出资人或者设立人"修改为"出资人、设立人或者会员"。第八十七条第一款规定:"为公益目的或者其他非营利目的成立,不向出资人、设立人或者会员分配所取得利润的法人,为非营利法人。"

3. 非营利法人的剩余财产分配

大会草案第九十一条规定:"为公益目的成立的非营利法人终止时,不得向其出资人或者设立人分配剩余财产;其剩余财产应当按照法人章程的规定或者权力机构的决议用于公益目的;不能按照法人章程规定或者权力机构的决议处理的,由主管机关主持转给宗旨相同或者相近的以公益为目的的法人,并向社会公告。"

有的意见提出,非营利法人一节的内容结构上,可以先写定义,接下来分别规定各类非营利法人,最后再讲什么性质的非营利法人不得分配剩余财产。这样规定,条理分明,对本条内容的理解和适用也更加清晰。经研究,民法总则采纳这一意见,将本条移后,作为本节最后一条规定。

4. 事业单位法人

大会草案第九十二条规定:"具备法人条件,为实现公益目的设立的事业单位,经依法登记成立,取得事业单位法人资格;依法不需要办理法人登记的,从成立之日起,具有事业单位法人资格。"

有的意见提出,按照事业单位改革的要求,事业单位主要是适应社会需要提供公益服务的法人组织,与一般的公益性非营利法人不完全相同。另外,大会草案第九十一条规定,为公益目的成立的非营利法人终止时,不得向其出资人或者设立人分配剩余财产。这一规定适用于全部事业单位法人也不一定合适。经研究,民法总则作出修改。第八十八条规定:"具备法人条件,为适应经济社会发展需要,提供公益服务设立的事业单位,经依法登记成立,取得事业单位法人资格;依法不需要办理法人登记的,从成立之日起,具有事业单位法人资格。"

5. 宗教活动场所

大会草案第九十六条第二款规定:"依法设立的宗教活动场所,具备法人条件的,可以申请法人登记,取得捐助法人资格。"

有的意见提出,宗教活动场所涉及佛教、道教、伊斯兰教、天主教、基督教五大教,全国有十多万个,情况比较复杂,很多具体问题有必要通过相关行政法规加以明确。宗教事务条例的修改工作正在进行中,建议在本条增加关于行政法规的指引性规定。经研究,民法总则采纳了这一意见。第九十二条第二款规定:"依法设立的宗教活动场所,具备法人条件的,可以申请法人登记,取得捐助法人资格。法律、行政法规对宗教活动场所有规定的,依照其规定。"

(四)关于民事权利

1. 人格权

大会草案第一百一十三条第一款规定:"自然人享有生命权、健康权、身体权、姓名权、肖像权、名誉权、荣誉权、隐私权、婚姻自主权等权利。"

有的意见提出,先有身体再有健康,建议将"身体权"移至"健康权"之前规定。有的意见建议增加规定"信用权"。有的意见建议增加规定"安详死权""个人信息被遗忘权"。有的意见建议增加规定"生育权""知识权""学习权"。经研究,民法总则采纳了部分意见。第一百一十条第一款规定:"自然人享有生命权、身体权、健康权、姓名权、肖像权、名誉权、荣誉权、隐私权、婚姻自主权等权利。"

2. 个人信息受法律保护

大会草案第一百一十四条规定:"自然人的个人信息受法律保护。任何组织和个人应当确保依法取得的个人信息安全,不得非法收集、使用、加工、传输个人信息,不得非法买卖、提供或者公开个人信息。"

有的意见建议,对个人信息的内涵和外延应作出明确规定。不是所有的个人信息都是不能公开的,建议明确法律保护的个人信息的范围。有的意见建议,将第一句话中的"个人信息"修改为"个人信息权"。有的意见提出,有的法律对取得他人个人信息需经他人同意作了规定,任何组织和个人需要获取他人个人信息的,首先应当依法取得,然后才是确保依法取得的个人信息安全。经研究,民法总则采纳了部分意见。第一百一十一条规定:"自然人的个人信息受法律保护。任何组织和个人需要获取他人个人信息的,应当依法取得并确保信息安全,不得非法收集、使用、加工、传输他人个人信息,不得非法买卖、提供或者公开他人个人信息。"

3. 知识产权

大会草案第一百二十六条第二款规定:"知识产权是指权利人依法就下列客体所享有的专属的和支配的权利:(一)作品;(二)发明、实用新型、外观设计;(三)商标;(四)地理标志;(五)商业秘密;(六)集成电路布图设计;(七)植物新品种;(八)法律规定的其他客体。"

有的意见提出,民法总则草案三次审议稿增加的"专属的和支配的权利"这一表述,引发了很大的争议,建议删去这一结论性规定,避免争论,保持知识产权的开放性。有的意见认为,知识产权既然是权利,总归要有一个定性。经研究,民法总则作出修改。第一百二十三条第二款规定:"知识产权是权利人依法就下列客体享有的专有的权利:(一)作品;(二)发明、实用新型、外观设计;(三)商标;(四)地理标志;(五)商业秘密;(六)集成电路布图设计;(七)植物新品种;(八)法律规定的其他客体。"

4. 继承权

大会草案第一百二十七条规定:"自然人依法享有继承权。"第一百二十八条规定:"自然人合法的私有财产,可以依法继承。"

有的意见提出,草案第一百二十八条只是规定可以依法继承的对象,没有必要单独作为一条,建议与第一百二十七条合并规定。经研究,民法总则采纳了这一意见。第一百二十四条第一款规定:"自然人依法享有继承权。"第二款规定:"自然人合法的私有财产,可以依法继承。"

5. 权利不得滥用

大会草案第一百三十五条规定:"民事主体不得滥用民事权利损害社会公共利益或者他人合法权益。"

有的意见提出,大会草案在草案三次审议稿"他人合法权益"的基础上,增加了"社会公共利益"。除了"社会公共利益",还有"国家利益"也不能遗漏,建议补充。经研究,民法总则采纳了这一意见。第一百三十二条规定:"民事主体不得滥用民事权利损害国家利益、社会公共利益或者他人合法权益。"

(五)民事法律行为

1. 无相对人意思表示的解释

大会草案第一百四十五条第二款规定:"无相对人的意思表示的解释,不能拘泥于所使用的词句,而应当结合相关条款、行为的性质和目的、习惯以及诚信原则,确定行为人的真实意思。"

有的意见提出,本款中"不能拘泥于"容易让人理解为所使用的词句不重要,在解释意思表示时可以不用理会。在对无相对人的意思表示进行解释时,所使用的词句虽然没有对有相对人的意思表示的解释那么重要,但也应当作为一个重要的考量因素。建议将"不能拘泥于"修改为"不能完全拘泥于"。经研究,民法总则作出修改。第一百四十二条第二款规定:"无相对人的意思表示的解释,不能完全拘泥于所使用的词句,而应当结合相关条款、行为的性质和目的、习惯以及诚信原则,确定行为人的真实意思。"

2. 民事法律行为的有效条件

大会草案稿第一百四十六条规定:"具备下列条件的民事法律行为有效:(一)行为人具有相应的民事行为能力;(二)意思表示真实;(三)不违反法律、行政法规的效力性强制规定,不违背公序良俗。"

有的意见提出,本条规定的民事法律行为有效的三个要件应同时具备,建议增加"同时"的限定。有的意见建议,将第三项中的"法律、行政法规"修改为"法律法规",即违反法律、行政法规、地方性法规效力性强制规定的民事法律行为均无效。有的意见提出,第三项中的"不违背公序良俗"与"不违反法律、行政法规的效力性强制规定"具有不同的含义,适用上属于不同的层次,建议将"不违背公序良俗"单列作为一项。有的意见建议明确第三项中"效力性强制规定"的内涵。有的意见提出,"效力性"概念模糊,不易理解。有的意见认为,强制性规定即是必须要遵守的规定,应当把不违反法律、行政法规的强制性规定作为民事法律行为的生效要件。经研究,民法总则作出修改,将"效力性强制规定"修改为"强制性规定"。第一百四十三条规定:"具备下列条件的民事法律行为有效:(一)行为人具有相应的民事行为能力;(二)意思表示真实;(三)不违反法律、行政法规的强制性规定,不违背公序良俗。"

3. 意思表示瑕疵导致的民事法律行为无效或者被撤销对第三人的效力

大会草案第一百四十九条第一款规定:"行为人与相对人以虚假的意思表示实施的民事法律行为无效,但是双方均不得以此对抗善意第三人。"大会草案第一百五十五条规定:"民事法律行为因重大误解、欺诈、显失公平被撤销的,不得对抗善意第三人。"

有的意见提出,意思表示瑕疵导致的民事法律行为无效或者被撤销,能否对抗第三人,只考虑第三人是否为善意还不够。依照《物权法》第一百零六条的规定,还要考虑标的物是否以合理的价格转让,是否已经登记或者交付等条件。鉴于上述条文中规定的对抗第三人问题,涉及的就是物的归属,民法总则在此可以不作规定,适用物权法专门解决此问题的善意取得制度即可。经研究,民法总则采纳这一意见,作出修改。第一百四十六条第一款规定:"行为人与相对人以虚假的意思表示实施的民事法律行为无效。"删去大会草案第一百五十五条。

4. 违反强制性规定和违背公序良俗的民事法律行为

草案三次审议稿第一百五十五条规定:"违反法律、行政法规的效力性强制规定或者违背公序良俗的民事法律行为无效。"大会草案删去了这一规定。

有的意见建议恢复该规定。一是,本条是现代民法据以限制民事主体滥用意思自治,维护国家重大核心利益,包括国家政治经济基本制度、国家政治经济财政税收金融治安等秩序、公正竞争秩序、市场交易秩序、家庭生活秩序、社会核心价值观、伦理道德基准、文明程度及生态环境等的最强有力的法律手段,司法实务中大量使用。民法总则规定可以作为法院认定行为无效的法律条文很少,其他几个条文主要目的都不是保护国家重大核心利益。本条专为维护国家重大核心利益而设。删除本条的结果,使国家重大核心利益失去保护屏障和强有力的法律救济手段。二是,草案第一百四十六条关于法律行为有效要件的规定并不能取代本条规定。草案第一百四十六条属于概括规定、一般条款,本条规定违反法律、行政法规效力性强制规定、违背公共秩序、善良风俗的行为无效,属于具体规定、裁判规范。法庭审理民商事纠纷案件,凡对于本案事实,现行法律、行政法规有效力性强制规定的,或者现行法律、行政法规无效力性强制规定,而法院认为违背公共秩序、善良风俗的,即应适用本条认定法律行为无效;仅在现行法律、行政法规无效力性强制规定,并且法庭认为本案事实不违背公共秩序、善良风俗时,方能适用草案第一百四十六条认定法律行为有效。有的意见提出,民法要尽量使民事法律行为有效,促成交易的达成,促进社会财富的增加。最高人民法院司法解释区分效力性强制性规定与管理性强制性规定来处理合同效力问题,即是这个目的。民法总则也要体现这一理念,并不是所有违反法律、行政法规强制性规定的民事法律行为都无效。有的意见提出,违反法律、行政法规的强制性规定与违背公序良俗,尽管都导致民事法律行为无效,但适用的刚性不同,违反法律、行政法规的强制性规定,较为明确,法院审理案件中必须适用。违背公序良俗在判断时带有一定的弹性空间。如果要恢复民法总则草案三次审议稿第一百五十五条的规定,也应分成两款,分别作出规定。经研究,民法总则采纳了这些意见,恢复了草案三次审议稿第一百五十五条规定,并针对"效力性强制规定"概念模糊的问题,作适当修改,以解释其意涵。第一百五十三条第一款规定:"违反法律、行政法规的强制性规定的民事法律行为无效,但是该强制性规定不导致该民事法律行为无效的除外。"第二款规定:"违背公序良俗的民事法律行为无效。"

(六)代理

1. 间接代理

大会草案第一百六十六条规定:"代理人在代理权限内以自己的名义与第三人实施民事法律行为,第三人知道代理人与被代理人之间的代理关系的,该民事法律行为直接约束被代理人和第三人,但是有证据证明该民事法律行为只约束代理人和第三人的除外。"

有的意见提出,本条与《合同法》第四百零二条的规定一致。实践中对于合同法的这一条规定,还有一定争议。有的意见提出,制定合同法时作出这条规定,主要是为了解决外贸代理领域中的问题。这一内容属于代理制度的特别规定,经济活动中如有必要,继续适用《合同法》第四百零二条即可,民法总则以只规定代理制度一般性内容的直接代理为妥。经研究,民法总则删去这一条。

2. 表见代理

大会草案第一百七十六条规定:"行为人没有代理权、超越代理权或者代理权终止后,仍然实施代理行为,相对人有理由相信行为人有代理权的,代理行为有效。"

有的意见提出,本条删除了三次审议稿关于排除表见代理适用的三项内容,是不妥当的,建议恢复,表述上可以再精炼。经研究,民法总则未再对本条内容作修改。

(七)关于民事责任

1. 民事义务与民事责任

大会草案第一百八十条第一款规定:"民事主体应当依照法律规定或者当事人约定履行民事义务。"第二款规定:"民事主体不履行或者不完全履行民事义务的,应当依法承担民事责任。"

有的意见提出,本条第二款未涵盖承担民事责任的全部情况,有时民事主体没有义务,依照法律规定也需承担责任,如侵权责任法对公平责任、无过错责任作了规定。有的意见提出,将第二款分为三款,分别对过错责任、无过错责任、公平责任作出规定。有的意见建议,在第二款"义务"后增加规定"或者滥用民事权利"。经研究,民法总则作出修改,将两款合并规定。第一百七十六条规定:"民事主体依照法律规定和当事人约定,履行民事义务,承担民事责任。"

2. 连带责任

大会草案第一百八十二条第一款规定:"二人以上依法承担连带责任的,权利人有权请求部分或者全部连带责任人承担责任。"第二款规定:"连带责任人的责任份额根据各自责任大小确定;难以确定责任大小的,平均承担责任。实际承担责任超过自己责任份额的连带责任人,有权向其他连带责任人追偿。"

有的意见提出,连带责任是两个或者两个以上的债务人共同向债权人承担民事责任,是一种较为严厉的责任方式,对当事人的权利义务影响很大,应当明确除当事人有约定外,只能由法律作出规定,行政法规、地方性法规、司法解释等都不能设定连带责任。经研究,民法总则采纳了这一意见,在本条增加一款作为第三款:"连带责任,由法律规定或者当事人约定。"

3. 紧急救助

大会草案第一百八十七条规定:"因自愿实施紧急救助行为造成受助人损害的,救助人不承担民事责任。但是救助人因重大过失造成受助人不应有的重大损害的,承担适当的民事责任。"

有的意见提出,本条规定具有很强的针对性,对鼓励见义勇为,保护救助人,有积极意义。但草案中"但书"规定不能完全消除救助人的后顾之忧,对救助人的保护不够彻底,建议修改。经研究,大会草案修改稿从举证责任、是否有重大过失等方面对救助人在特殊情况下承担民事责任予以进一步严格限定,将这一条修改为:"因自愿实施紧急救助行为造成受助人损害的,救助人不承担民事责任。受助人能够证明救助人有重大过失造成自己不应有的重大损害的,救助人承担适当的民事责任。"对此,有的意见提出,大会草案三次审议稿中本条的后一句规定较大会草案的规定虽作了进一步严格限定,针对的是在实践中可能出现的特殊情况,但仍难以免除见义勇为者的后顾之忧,不利于倡导培育见义勇为、乐于助人的良好社会风尚,建议删除。有的意见提出,立法要适应国情,关于紧急救助问题,匡正风气是目前社会大众的普遍关切。这种情况下,在其他国家和地区被认定为重大过失的情形,没有考虑自己缺乏特殊疾病的救助知识,在我国就不一定要认定为重大过失,这样可能更得人心。至于个别极端恶劣的情形,例如全然放任不能给受助人造成的重大损害,就应当不作为救助行为来看待。经研究,民法总则删除了本条"但书"规定。第一百八十四条规定:"因自愿实施紧急救助行为造成受助人损害的,救助人不承担民事责任。"

4. 侵害英雄烈士等的姓名、肖像、名誉、荣誉等的民事责任

大会草案未对侵害英雄烈士等的姓名、肖像、名誉、荣誉的民事责任作出规定。

有的意见提出,现实生活中,一些人利用歪曲事实、诽谤抹黑等方式恶意诋毁侮辱英烈的名誉、荣誉,损害了社会公共利益,社会影响很恶劣,应对此予以规范。经研究,英雄和烈士是一个国家和民族精神的体现,是引领社会风尚的标杆,加强对英烈姓名、名誉、荣誉等的法律保护,对于促进社会尊崇英烈,扬善抑恶,弘扬社会主义核心价值观意义重大,民法总则为此增加一条规定。第一百八十五条规定:"侵害英雄烈士等的姓名、肖像、名誉、荣誉,损害社会公共利益的,应当承担民事责任。"

(八)诉讼时效

1. 诉讼时效期间

大会草案第一百九十一条规定:"向人民法院请求保护民事权利的诉讼时效期间为三年。法律另有规定的,依照其规定。"

有的意见建议将诉讼时效期间规定为二年。二年对老百姓和司法机关来说,已经约定俗成、深入民心。民事主体的权利应当平等保护,权利人也要有行使权利的责任意识,权利被侵害了应当积极主张权利,而不是通过延长诉讼时效期间来保护其权利。时效越长,对证据、审判等都会带来问题。而且会导致诉讼增加,社会效果不一定好。有的意见提出,当前社会关系十分复杂,诉讼时效期间太短不利于保护民事主体的合法权益,建议将诉讼时效期间延长到五年。经研究,民法总则对诉讼时效期间未作修改。

2. 诉讼时效中断对连带权利人或者连带义务人的效力

大会草案第一百九十九条规定:"对连带权利人或者连带义务人中的一人发生诉讼时效中断的,中断的效力及于全部连带权利人或者连带义务人。"

有的意见提出,连带债务人中的一人承认了债务,对其发生诉讼时效中断的效力,但把其他连带债务人的诉讼时效一并中断,违背了其他连带债务人的意思,违反意思自治原则。国外立法例如德国民法典规定仅对该一人发生效力。本条规定不合理,建议删去。经研究,民法总则采纳了这一意见,删去本条。

3. 不适用诉讼时效的请求权

大会草案第二百条规定:"下列请求权不适用诉讼时效的规定:(一)请求停止侵害、排除妨碍、消除危险;(二)登记的物权人请求返还财产;(三)请求支付赡养费、抚养费或者扶养费;(四)依法不适用诉讼时效的其他请求权。"

有的意见提出,立法应当考虑国情,我国农村宅基地上建造的房屋往往是没有登记的,很多外出的农民工往往超过三年不返家。如果这些房屋也适用诉讼时效,会极大损害农民权益。经研究,民法总则考虑这一意见,对本条作出修改。第一百九十六条规定:"下列请求权不适用诉讼时效的规定:(一)请求停止侵害、排除妨碍、消除危险;(二)不动产物权和登记的动产物权的权利人请求返还财产;(三)请求支付抚养费、赡养费或者扶养费;(四)依法不适用诉讼时效的其他请求权。"

(九)附则

大会草案第二百零九条规定:"民法所称的'以上'、'以下'、'以内'、'届满',包括本数;所称的'不满'、'超过'、'以外',不包括本数。"

有的意见提出,根据2012年6月1日实施的国家标准《标点符号用法》GB/T 15834-2011第4.5.3.5,连续引号或书名号的并列成分之间通常不用顿号,建议删去本条"以上""以下""以内""届满"和"不满""超过""以外"之间的顿号。经研究,民法总则采纳了这一意见。第二百零五条规定:"民法所称的'以上''以下''以内''届满',包括本数;所称的'不满''超过''以外',不包括本数。"

民法总则花脸稿（以大会草案为底稿）

目　录

第一章　基本 **规定** ~~原则~~

第二章　自然人

　　第一节　民事权利能力和民事行为能力

　　第二节　监　护

　　第三节　宣告失踪和宣告死亡

　　第四节　个体工商户和农村承包经营户

第三章　法　人

　　第一节　一般规定

　　第二节　营利法人

　　第三节　非营利法人

　　第四节　特别法人

第四章　非法人组织

第五章　民事权利

第六章　民事法律行为

　　第一节　一般规定

　　第二节　意思表示

　　第三节　民事法律行为的效力

　　第四节　民事法律行为的附条件和附期限

第七章　代　理

　　第一节　一般规定

　　第二节　委托代理

　　第三节　代理终止

第八章　民事责任

第九章　诉讼时效

第十章　期间计算

第十一章　附　则

第一章　基本规定原则

第一条　为了保护民事主体的合法权益,调整民事关系,维护社会和经济秩序,适应中国特色社会主义发展要求,弘扬社会主义核心价值观,根据宪法,制定本法。

第二条　民法调整平等主体的自然人、法人和非法人组织之间的人身关系和财产关系。

第九条　民事主体的人身权利、财产权利以及其他合法权益受法律保护,任何组织或者个人不得侵犯。

第三条　民事主体在民事活动中的法律地位一律平等。

第四条　民事主体从事民事活动,应当遵循自愿原则,按照自己的意思设立、变更、终止民事法律关系。

第五条　民事主体从事民事活动,应当遵循公平原则,合理确定各方的权利和义务。

第六条　民事主体从事民事活动,应当遵循诚信原则,秉持诚实、恪守承诺。

第七条　民事主体从事民事活动,不得违反法律,不得违背公序良俗。

第八条　民事主体从事民事活动,应当有利于节约资源、保护生态环境。

~~**第九条**　民事主体的人身权利、财产权利以及其他合法权益受法律保护,任何组织或者个人不得侵犯。~~**(移至第二条后)**

~~**第十条**　民事主体行使权利时,应当履行法律规定的或者当事人约定的义务。~~**(移至第一百三十四条后并修改)**

第十一条　处理民事纠纷,应当依照法律;法律没有规定的,可以适用习惯,但是不得违背公序良俗。

第十二条　其他法律对民事关系有特别规定的,依照其规定。

第十三条　中华人民共和国领域内的民事活动,适用中华人民共和国法律。法律另有规定的,依照其规定。

第二章　自然人

第一节　民事权利能力和民事行为能力

第十四条　自然人从出生时起到死亡时止,具有民事权利能力,依法享有民事权利,承担民事义务。

第十五条 自然人的民事权利能力一律平等。

第十六条 自然人的出生时间和死亡时间,以出生证明、死亡证明记载的时间为准;没有出生证明、死亡证明的,以户籍登记或者其他有效身份登记记载的时间为准。有其他证据足以推翻以上记载时间的,以~~相关~~该证据证明的时间为准。

第十七条 涉及遗产继承、接受赠与等胎儿利益保护的,胎儿视为具有民事权利能力。但是胎儿~~娩~~出生时为死体的,其民事权利能力自始不存在。

第十八条 十八周岁以上的自然人为成年人。不满十八周岁的自然人为未成年人。

第十九条 成年人为完全民事行为能力人,可以独立实施民事法律行为。

十六周岁以上的未成年人,以自己的劳动收入为主要生活来源的,视为完全民事行为能力人。

第二十条 ~~六~~八周岁以上的未成年人为限制民事行为能力人,实施民事法律行为由其法定代理人代理或者经其法定代理人同意、追认,但是可以独立实施纯获利益的民事法律行为或者与其年龄、智力相适应的民事法律行为。

~~十六周岁以上的未成年人,以自己的劳动收入为主要生活来源的,视为完全民事行为能力人。~~(移至第十九条)

第二十一条 不满~~六~~八周岁的未成年人为无民事行为能力人,由其法定代理人代理实施民事法律行为。

第二十二条 不能辨认自己行为的成年人为无民事行为能力人,由其法定代理人代理实施民事法律行为。

~~六~~八周岁以上的未成年人不能辨认自己行为的,适用前款规定。

第二十三条 不能完全辨认自己行为的成年人为限制民事行为能力人,实施民事法律行为由其法定代理人代理或者经其法定代理人同意、追认,但是可以独立实施纯获利益的民事法律行为或者与其智力、精神健康状况相适应的民事法律行为。

第二十四条 无民事行为能力人、限制民事行为能力人的监护人是其法定代理人。

第二十五条 不能辨认或者不能完全辨认自己行为的成年人,其利害关系人或者有关组织,可以向人民法院申请认定该成年人为无民事行为能力人或者限制民事行为能力人。

被人民法院认定为无民事行为能力人或者限制民事行为能力人的,经本人、利害关系人或者有关组织申请,人民法院可以根据其智力、精神健康恢复的状况,认定该成年人恢复为限制民事行为能力人或者完全民事行为能力人。

本条规定的有关组织包括:居民委员会、村民委员会、学校、医疗机构、妇女联合会、残疾人联合会、依法设立的老年人组织、民政部门等。

第二十六条 自然人以户籍登记或者其他有效身份登记记载的居所为住所;经常居所与住所不一致的,经常居所视为住所。

第二节 监 护

第二十七条 父母对未成年子女负有抚养、教育和保护的义务。

成年子女对父母负有赡养、扶助和保护的义务。

第二十八条 父母是未成年子女大的监护人。

未成年人的父母已经死亡或者没有监护能力的,由下列有监护能力的人按顺序担任监护人:

(一)祖父母、外祖父母;

(二)兄、姐;

(三)其他愿意担任监护人的个人或者有关组织,但是须经未成年人住所地的居民委员会、村民委员会或者民政部门同意。

第二十九条 无民事行为能力或者限制民事行为能力的成年人,由下列有监护能力的人按顺序担任监护人:

(一)配偶;

(二)父母、子女;

(三)其他近亲属;

(四)其他愿意担任监护人的个人或者有关组织,但是须经被监护人住所地的居民委员会、村民委员会或者民政部门同意。

第三十条 被监护人的父母担任监护人的,可以通过遗嘱指定监护人。

第三十一条 依法具有监护资格的人之间可以协议确定监护人。协议确定监护人应当尊重被监护人的真实意愿。

第三十二条 对监护人的确定有争议的,由被监护人住所地的居民委员会、村民委员会或者民政部门指定监护人,有关当事人对指定不服的,可以向人民法院提出申请指定监护人;有关当事人也可以直接向人民法院提出申请指定监护人。

居民委员会、村民委员会、民政部门或者人民法院应当尊重被监护人的真实意愿,~~根据~~按照最有利于被监护人的原则在依法具有监护资格的人中指定监护人。

依照本条第一款规定指定监护人前,被监护人的人身权利、财产权利以及其他合法权益处于无人保护状态的,由被监护人住所地的居民委员会、村民委员会、法律规定的有关组织或者民政部门担任临时监护人。

监护人被指定后,不得擅自变更;擅自变更的,不免除被指定的监护人的责任。

第三十三条 没有依法具有监护资格的人的,监护人由民政部门担任,也可以由具备履行监护职责条件的被监护人住所地的居民委员会、村民委员会担任。

第三十四条 具有完全民事行为能力的成年人,可以与其近亲属、其他愿意担任监护人的个人或者有关组织事先协商,以书面形式确定自己的监护人。协商确定的监护人在该成年人丧失或者部分丧失民事行为能力时,履行监护职责。

第三十五条 监护人的职责是代理被监护人实施民事法律行为,~~对~~保护被监护人的人身权利、财产权利以及其他合法权益~~进行保护~~等。

监护人依法履行监护职责产生的权利,受法律保护。

监护人不履行监护职责或者侵害被监护人合法权益的,应当承担法律责任。

第三十六条 监护人应当按照最有利于被监护人的原则履行监护职责。监护人除为维护被监护人利益外,不得处分被监护人的财产。

未成年人的监护人履行监护职责,在作出与被监护人权益有关的决定时,应当根据被监护人的年龄和智力状况,尊重被监护人的真实意愿。

成年人的监护人履行监护职责,应当最大程度地尊重被监护人的真实意愿,保障并协助被监护人实施与其智力、精神健康状况相适应的民事法律行为。对被监护人有能力独立处理的事务,监护人不得干涉。

第三十七条 监护人有下列情形之一的,人民法院根据有关个人或者组织的申请,撤销其监护资格,安排必要的临时监护措施,并~~根据~~按照最有利于被监护人的原则依法指定监护人:

(一)实施严重损害被监护人身心健康行为的;

(二)怠于履行监护职责,或者无法履行监护职责并且拒绝将监护职责部分或者全部委托给他人,导致被监护人处于危困状态的;

(三)实施严重侵害被监护人合法权益的其他行为的。

本条规定的有关个人和组织包括:其他依法具有监护资格的人,居民委员会、村民委员会、学校、医疗机构、妇女联合会、残疾人联合会、未成年人保护组织、依法设立的老年人组织、民政部门等。

前款规定的个人和民政部门以外的组织未及时向人民法院提出申请撤销监护人资格申请的,民政部门应当向人民法院提出申请。

第三十八条 依法对负担被监护人负担抚养费、赡养费、扶养费的父母、子女、配偶等,被人民法院撤销监护人资格后,应当继续履行负担的义务。

第三十九条 被监护人的父母或者子女被人民法院撤销监护人资格后,除对被监护人实施故意犯罪的外,确有悔改表现的,经其申请,人民法院可以在尊重被监护人真实意愿的前提下,视情况恢复其监护人资格,人民法院指定的监护人与被监护人的监护关系同时终止。

第四十条 有下列情形之一的,监护关系终止:

(一)被监护人取得或者恢复完全民事行为能力;

(二)监护人丧失监护能力;

(三)被监护人或者监护人死亡;

(四)人民法院认定监护关系终止的其他情形。

监护关系终止后,被监护人仍然需要监护的,应当依法另行确定监护人。

第三节 宣告失踪和宣告死亡

第四十一条 自然人下落不明满二年的,利害关系人可以向人民法院申请宣告该自然人为失踪人。

第四十二条 自然人下落不明的时间从其失去音讯之日起计算。战争期间下落不明的,下落不明的时间自战争结束之日或者有关机关确定的下落不明之日起计算。

第四十三条 失踪人的财产由其配偶、成年子女、父母、成年子女或者其他愿意担任财产代管人的人代管。

代管有争议,没有前款规定的人,或者前款规定的人无代管能力的,由人民法院指定的人代管。

第四十四条 财产代管人应当妥善管理失踪人的财产,维护其财产权益。

失踪人所欠税款、债务和应付的其他费用,由财产代管人从失踪人的财产中支付。

财产代管人因故意或者重大过失造成失踪人财产损失的,应当承担赔偿责任。

第四十五条　财产代管人不履行代管职责、侵害失踪人财产权益或者丧失代管能力的,失踪人的利害关系人可以向人民法院申请变更财产代管人。

财产代管人有正当理由的,可以向人民法院申请变更财产代管人。

人民法院变更财产代管人的,变更后的财产代管人有权要求原财产代管人及时移交有关财产并报告财产代管情况。

第四十六条　失踪人重新出现,经本人或者利害关系人申请,人民法院应当撤销失踪宣告。

失踪人重新出现,有权要求财产代管人及时移交有关财产并报告财产代管情况。

第四十七条　自然人有下列情形之一的,利害关系人可以向人民法院申请宣告该自然人死亡:

(一)下落不明满四年;

(二)因意外事件,下落不明满二年。

因意外事件下落不明,经有关机关证明该自然人不可能生存的,申请宣告死亡不受二年时间的限制。

第四十八条　对同一自然人,有的利害关系人申请宣告死亡,有的利害关系人申请宣告失踪,符合本法规定的宣告死亡条件的,人民法院应当宣告死亡。

第四十九条　被宣告死亡的人,人民法院**判决确定的日期视为其死亡的日期;判决未确定死亡日期的,宣告死亡**的判决作出之日视为其死亡的日期**;因意外事件下落不明宣告死亡的,意外事件发生之日视为其死亡的日期**。

第五十条　自然人**被宣告死亡但是**并未死亡**但是被宣告死亡**的,不影响该自然人在被宣告死亡期间实施的民事法律行为的效力。

第五十一条　被宣告死亡的人重新出现,经本人或者利害关系人申请,人民法院应当撤销死亡宣告。

第五十二条　被宣告死亡的人的婚姻关系,自死亡宣告之日起消灭。死亡宣告被撤销的,婚姻关系自撤销死亡宣告之日起自行恢复,但是其配偶再婚或者向婚姻登记机关书面声明不愿意恢复的除外。

第五十三条　被宣告死亡的人**在被宣告死亡期间,其**子女被他人依法收养的,在死亡宣告被撤销后,不得以未经本人同意为由主张收养关系无效。

第五十四条　被撤销死亡宣告的人有权请求依照继承法取得其财产的民事主体返还财产。无法返还原物的,应当给予适当补偿。

利害关系人隐瞒真实情况,致使他人被宣告死亡而取得其财产的,除应当返还财产外,还应当对由此造成的损失承担赔偿责任。

第四节 个体工商户和农村承包经营户

第五十五条 自然人从事工商业经营,经依法登记,从事工商业经营的,为个体工商户。个体工商户可以起字号。

第五十六条 农村集体经济组织的成员,依法取得农村土地承包经营权,从事家庭承包经营的,为农村承包经营户。

第五十七条 个体工商户的债务,个人经营的,以个人财产承担;家庭经营的,以家庭财产承担;无法区分的,以家庭财产承担。

农村承包经营户的债务,以从事农村土地承包经营的农户财产承担;事实上由农户部分成员经营的,以该部分成员的财产承担。

第三章 法 人

第一节 一般规定

第五十八条 法人是指具有民事权利能力和民事行为能力,依法独立享有民事权利和承担民事义务的组织。

第五十九条 法人应当依法成立。

法人应当有自己的名称、组织机构、住所、财产或者经费。法人成立的具体条件和程序,依照法律、行政法规的规定。

设立法人,法律、行政法规规定须经有关机关批准的,依照其规定。

第六十条 法人的民事权利能力和民事行为能力,从法人成立时产生,到法人终止时消灭。

第六十一条 法人以其全部财产独立承担民事责任。

第六十二条 依照法律或者法人章程的规定,代表法人从事民事活动的负责人,为法人的法定代表人。

法定代表人以法人名义从事的民事活动,其法律后果由法人承受。

法人章程或者法人权力机构对法定代表人的代表权的限制,不得对抗善意相对人。

第六十三条 法定代表人因执行职务造成他人损害的,由法人承担民事责任。

法人承担民事责任后,依照法律或者法人章程的规定,可以向有过错的法定代表人追偿。

第六十四条 法人以其主要办事机构所在地为住所。依法需要办理法人登记的,应当将主要办事机构所在地登记为住所。

第六十五条 法人在存续期间登记事项发生变化的,应当依法向登记机关申请变更登记。

第六十六条 法人的实际情况与登记的事项不一致的,不得对抗善意相对人。

第六十七条 登记机关应当依法及时公示法人登记的有关信息。

第六十八条 法人合并的,其权利和义务由合并后的法人享有和承担。

法人分立的,其权利和义务由分立后的法人享有连带债权,承担连带债务,但是债权人和债务人另有约定的除外。

第六十九条 有下列原因之一并依法完成清算、注销登记**程序**的,法人终止:

(一)法人解散;

(二)法人被宣告破产;

(三)法律规定的其他原因。

法人终止,法律、行政法规规定须经有关机关批准的,依照其规定。

第七十条 有下列情形之一的,法人解散:

(一)法人章程规定的存续期间届满或者法人章程规定的其他解散事由出现;

(二)法人的权力机构决议解散;

(三)因法人合并或者分立需要解散;

(四)法人依法被吊销营业执照、登记证书,被责令关闭或者被撤销;

(五)法律规定的其他情形。

第七十一条 法人解散的,**除合并或者分立的情形外,**清算义务人应当及时组成清算组进行清算。

法人的董事、理事等执行机构**或者决策机构**的成员为清算义务人。法律、**行政法规**另有规定的,依照其规定。

清算义务人未及时履行清算义务,造成损害的,应当承担民事责任;主管机关或者利害关系人可以申请人民法院指定有关人员组成清算组进行清算。

第七十二条 法人的清算程序和清算组职权,依照有关法律的规定;没有规定的,参照适用公司法的有关规定。

第七十三条 清算期间,法人存续,但是不得从事与清算无关的活动。

法人清算后的剩余财产,根据法人章程的规定或者法人权力机构的决议处理。法律另有规定的,依照其规定。

清算结束,并完成法人注销登记时,法人终止;依法不需要办理法人登记的,清算结束时,法人终止。

第七十四条 法人被宣告破产的,依法进行破产清算并完成法人注销登记时,法人终止。

第七十五条 法人可以依法设立分支机构。法律、行政法规规定分支机构应当登记的,依照其规定。

分支机构以自己的名义从事民事活动,产生的民事责任由法人承担;也可以先以该分支机构管理的财产承担,不足以承担的,由法人承担。

第七十六条 设立人为设立法人从事的民事活动,其法律后果 在法人成立后 由法人承受;法人未成立的,其法律后果由设立人承受,设立人为二人以上的,享有连带债权,承担连带债务。

设立人为设立法人以自己的名义从事民事活动产生的民事责任,第三人有权选择请求法人或者设立人承担。

第二节 营利法人

第七十七条 以取得利润并分配给其股东等出资人为目的成立的法人,为营利法人。

营利法人包括有限责任公司、股份有限公司和其他企业法人等。

第七十八条 营利法人经依法登记成立。

第七十九条 依法设立的营利法人,由登记机关发给营利法人营业执照。营业执照签发日期为营利法人的成立日期。

第八十条 设立营利法人应当依法制定法人章程。

第八十一条 营利法人应当设权力机构。

权力机构行使修改法人章程,选举或者更换执行机构、监督机构成员,以及法人章程规定的其他职权。

第八十二条 营利法人应当设执行机构。

执行机构行使召集权力机构会议,决定法人的经营计划和投资方案,决定法人内部管理机构的设置,以及法人章程规定的其他职权。

执行机构为董事会或者执行董事的,董事长、执行董事或者经理依照法人章程的规定担任法定代表人;未设董事会或者执行董事的,法人章程规定的主要负责人为其执行机构和法定代表人。

第八十三条　营利法人设监事会或者监事等监督机构的,监督机构依法行使检查法人财产,对监督执行机构成员以及、高级管理人员执行法人职务的行为进行监督,以及法人章程规定的其他职权。

第八十四条　法律对营利法人的组织机构、法定代表人另有规定的,依照其规定。

第八十五条　营利法人的出资人不得滥用出资人权利损害法人或者其他出资人的利益。滥用出资人权利给法人或者其他出资人造成损失的,应当依法承担民事责任。

营利法人的出资人不得滥用法人独立地位和出资人有限责任损害法人的债权人利益。滥用法人独立地位和出资人有限责任,逃避债务,严重损害法人的债权人利益的,应当对法人债务承担连带责任。

第八十六条　营利法人的控股出资人、实际控制人、董事、监事、高级管理人员不得利用其关联关系损害法人的利益。利用关联关系给法人造成损失的,应当承担赔偿责任。

第八十七条　营利法人的权力机构、执行机构作出决议的会议召集程序、表决方式违反法律、行政法规、法人章程,或者决议内容违反法人章程的,营利法人的出资人可以请求人民法院予以撤销该决议,但是营利法人依据该决议与善意相对人形成的民事法律关系不受影响。

第八十八条　营利法人从事经营活动,应当遵守商业道德,维护交易安全,接受政府和社会的监督,承担社会责任。

第八十九条　本节没有规定的,适用公司法等有关法律的规定。

第三节　非营利法人

第九十条　为公益目的或者其他非营利目的成立,不向其出资人、或者设立人或者会员分配所取得利润的法人,为非营利法人。

非营利法人包括事业单位、社会团体、基金会、社会服务机构等。

第九十一条　为公益目的成立的非营利法人终止时,不得向其出资人或者设立人分配剩余财产;其剩余财产应当按照法人章程的规定或者权力机构的决议用于公益目的;不能按照法人章程规定或者权力机构的决议处理的,由主管机关主持转给宗旨相同或者相近的以公益为目的的法人,并向社会公告。(移至第九十八条后并修改)

第九十二条 具备法人条件,为**实现公益目的适应经济社会发展需要,提供公益服务**设立的事业单位,经依法登记成立,取得事业单位法人资格;依法不需要办理法人登记的,从成立之日起,具有事业单位法人资格。

第九十三条 事业单位法人设理事会的,**除法律另有规定外,**理事会为其决策机构。事业单位法人的法定代表人**按依**照**法律、行政法规或者**法人章程的规定产生。

第九十四条 具备法人条件,基于会员共同意愿,为**实现**公益目的或者会员共同利益等非营利目的设立的社会团体,经依法登记成立,取得社会团体法人资格;依法不需要办理法人登记的,从成立之日起,具有社会团体法人资格。

第九十五条 设立社会团体法人应当依法制定法人章程。

社会团体法人应当设会员大会或者会员代表大会等权力机构。

社会团体法人应当设理事会等执行机构。理事长或者会长等负责人依照法人章程的规定担任法定代表人。

第九十六条 具备法人条件,为**实现**公益目的,以捐助财产设立的基金会、社会服务机构等,经依法登记成立,取得捐助法人资格。

依法设立的宗教活动场所,具备法人条件的,可以申请法人登记,取得捐助法人资格。**法律、行政法规对宗教活动场所有规定的,依照其规定。**

第九十七条 设立捐助法人应当依法制定法人章程。

捐助法人应当设理事会、民主管理组织等为决策机构,并设执行机构。理事长等负责人依照法人章程的规定担任法定代表人。

捐助法人应当设监事会等监督机构。

第九十八条 捐助人有权向捐助法人查询捐助财产的使用、管理情况,并提出意见和建议,捐助法人应当及时、如实答复。

捐助法人的决策机构、执行机构或者法定代表人作出决定的程序违反法律、行政法规、法人章程,或者决定内容违反法人章程的,捐助人等利害关系人或者主管机关可以请求人民法院**予以撤销该决定**,但是捐助法人依据该决定与善意相对人形成的民事法律关系不受影响。

第九十一条 为公益目的成立的非营利法人终止时,不得向**其出资人或者、**设立人**或者会员**分配剩余财产。**;**其剩余财产应当按照法人章程的规定或者权力机构的决议用于公益目的;**不能无法**按照法人章程**的**规定或者权力机构的决议处理,由主管机关主持转给宗旨相同或者相近的**以公益为目的的**法人,并向社会公告。

第四节 特别法人

第九十九条 本节规定的机关法人、农村集体经济组织法人、城镇农村的合作经济组织法人、基层群众性自治组织法人，为特别法人。

第一百条 有独立经费的机关和承担行政职能的法定机构从成立之日起，具有机关法人资格，可以从事为履行职能所需要的民事活动。

第一百零一条 机关法人被撤销的，法人终止，其民事权利和义务由继任的机关法人享有和承担；没有继任的机关法人的，由作出撤销决定的机关法人享有和承担。

第一百零二条 农村集体经济组织依法取得法人资格。

法律、行政法规对农村集体经济组织有规定的，依照其规定。

第一百零三条 城镇、农村的合作经济组织依法取得法人资格。

法律、行政法规对城镇、农村的合作经济组织有规定的，依照其规定。

第一百零四条 居民委员会、村民委员会具有基层群众性自治组织法人资格，可以从事为履行职能所需要的民事活动。

未设立村集体经济组织的，村民委员会可以依法代行村集体经济组织的职能。

第四章 非法人组织

第一百零五条 非法人组织是指不具有法人资格，但是能够依法以自己的名义从事民事活动的组织。

非法人组织包括个人独资企业、合伙企业、不具有法人资格的专业服务机构等。

第一百零六条 非法人组织应当依照法律的规定登记。

设立非法人组织，法律、行政法规规定须经有关机关批准的，依照其规定。

第一百零七条 非法人组织的财产不足以清偿债务的，其出资人或者设立人承担无限责任。法律另有规定的，依照其规定。

第一百零八条 非法人组织可以确定一人或者数人代表该组织从事民事活动。

第一百零九条 有下列情形之一的，非法人组织解散：

（一）章程规定的存续期间届满或者章程规定的其他解散事由出现；

（二）出资人或者设立人决定解散；

（三）法律规定的其他情形。

第一百一十条 非法人组织解散的,应当依法进行清算。

第一百一十一条 非法人组织除适用本章规定外,参照适用本法第三章第一节的有关规定。

第五章 民事权利

第一百一十二条 自然人的人身自由、人格尊严受法律保护。

第一百一十三条 自然人享有生命权、**身体权**、健康权、**身体权**、姓名权、肖像权、名誉权、荣誉权、隐私权、婚姻自主权等权利。

法人、非法人组织享有名称权、名誉权、荣誉权等权利。

第一百一十四条 自然人的个人信息受法律保护。任何组织和个人**需要获取他人个人信息的,**应当**确保**依法取得**并确保**的个人信息安全,不得非法收集、使用、加工、传输**他人**个人信息,不得非法买卖、提供或者公开**他人**个人信息。

第一百一十五条 自然人因婚姻、家庭关系等产生的人身权利受法律保护。

第一百一十六条 民事主体的财产权利受法律平等保护。

第一百一十七条 民事主体依法享有物权。

物权是指权利人依法对特定的物享有直接支配和排他的权利,包括所有权、用益物权和担保物权。

第一百一十八条 物包括不动产和动产。法律规定权利作为物权客体的,依照其规定。

第一百一十九条 物权的种类和内容,由法律规定。

第一百二十条 为了公共利益的需要,依照法律规定的权限和程序征收、征用不动产或者动产的,应当给予公平、合理的补偿。

第一百二十一条 民事主体依法享有债权。

债权是指因合同、侵权行为、无因管理、不当得利以及法律的其他规定,权利人请求特定义务人为或者不为一定行为的权利。

第一百二十二条 依法成立的合同,对当事人具有法律约束力。

第一百二十三条 民事权益受到侵害的,被侵权人有权请求侵权人承担侵权责任。

第一百二十四条 没有法定的或者约定的义务,为避免他人利益受损失而进行管理的人,有权请求受益人偿还由此而支出的必要费用。

第一百二十五条 因他人没有法律根据,取得不当利益,受损失的人有权请求其返还不当利益。

第一百二十六条 民事主体依法享有知识产权。

知识产权是指权利人依法就下列客体所享有的专有属的和支配的权利：

（一）作品；

（二）发明、实用新型、外观设计；

（三）商标；

（四）地理标志；

（五）商业秘密；

（六）集成电路布图设计；

（七）植物新品种；

（八）法律规定的其他客体。

第一百二十七条 自然人依法享有继承权。

第一百二十八条 自然人合法的私有财产，可以依法继承。

第一百二十九条 民事主体依法享有股权和其他投资性权利。

第一百三十条 民事主体享有法律规定的其他民事权利和利益。

第一百三十一条 法律对数据、网络虚拟财产的保护有规定的，依照其规定。

第一百三十二条 法律对未成年人、老年人、残疾人、妇女、消费者等的民事权利保护有特别规定的，依照其规定。

第一百三十三条 民事权利可以依据民事法律行为、事实行为、法律规定的事件或者法律规定的其他方式取得。

第一百三十四条 民事主体按照自己的意愿依法行使民事权利，不受干涉。

第十条 民事主体行使权利时，应当履行法律规定的或者和当事人约定的义务。

第一百三十五条 民事主体不得滥用民事权利损害国家利益、社会公共利益或者他人合法权益。

第六章 民事法律行为

第一节 一般规定

第一百三十六条 民事法律行为是指民事主体通过意思表示设立、变更、终止民事法律关系的行为。

第一百三十七条 民事法律行为可以基于双方或者多方的意思表示一致成立,也可以基于单方的意思表示成立。

法人、非法人组织依照法律或者章程规定的议事方式和表决程序作出决议的,该决议行为成立。

第一百三十八条 民事法律行为可以采用书面形式、口头形式或者其他形式;法律、行政法规规定或者当事人约定采用特定形式的,应当采用特定形式。

第一百三十九条 民事法律行为自成立时生效,但是法律另有规定或者当事人另有约定的除外。

行为人非依法律规定或者未经对方同意,不得擅自变更或者解除民事法律行为。

第二节 意思表示

第一百四十条 以对话方式作出的意思表示,相对人知道其内容时生效。

以非对话方式作出的意思表示,到达相对人时生效。以非对话方式作出的采用数据电文形式的意思表示,相对人指定特定系统接收数据电文的,该数据电文进入该特定系统时生效;未指定特定系统的,相对人知道或者应当知道该数据电文进入其系统时生效。当事人对采用数据电文形式的意思表示的生效时间另有约定的,按照其约定。

第一百四十一条 无相对人的意思表示,表示完成时生效。法律另有规定的,依照其规定。

第一百四十二条 以公告方式作出的意思表示,公告发布时生效。

第一百四十三条 行为人可以明示或者默示作出意思表示。

沉默只有在有法律规定、当事人约定或者**符合**当事人之间的交易习惯时,才可以视为意思表示。

第一百四十四条 行为人可以撤回意思表示。撤回意思表示的通知应当在意思表示到达相对人前或者与意思表示同时到达相对人。

第一百四十五条 有相对人的意思表示的解释,应当按照所使用的词句,结合相关条款、行为的性质和目的、习惯以及诚信原则,确定意思表示的含义。

无相对人的意思表示的解释,不能**完全**拘泥于所使用的词句,而应当结合相关条款、行为的性质和目的、习惯以及诚信原则,确定行为人的真实意思。

第三节 民事法律行为的效力

第一百四十六条 具备下列条件的民事法律行为有效:

（一）行为人具有相应的民事行为能力；

（二）意思表示真实；

（三）不违反法律、行政法规的效力性强制性规定，不违背公序良俗。

第一百四十七条 无民事行为能力人实施的民事法律行为无效。

第一百四十八条 限制民事行为能力人实施的纯获利益的民事法律行为或者与其年龄、智力、精神健康状况相适应的民事法律行为有效；实施的其他民事法律行为经法定代理人同意或者追认后有效。

相对人可以催告法定代理人自收到通知之日起一个月内予以追认。法定代理人未作表示的，视为拒绝追认。民事法律行为被追认前，善意相对人有撤销的权利。撤销应当以通知的方式作出。

第一百四十九条 行为人与相对人以虚假的意思表示实施的民事法律行为无效，但是双方均不得以此对抗善意第三人。

行为人以虚假的意思表示隐藏的民事法律行为的效力，依照有关法律规定处理。

第一百五十条 基于重大误解实施的民事法律行为，行为人有权请求人民法院或者仲裁机构予以撤销。

第一百五十一条 一方以欺诈手段，使对方在违背真实意思的情况下实施的民事法律行为，受欺诈方有权请求人民法院或者仲裁机构予以撤销。

第一百五十二条 第三人实施欺诈行为，使一方在违背真实意思的情况下实施的民事法律行为，对方知道或者应当知道该欺诈行为的，受欺诈方有权请求人民法院或者仲裁机构予以撤销。

第一百五十三条 一方或者第三人以胁迫手段，使对方在违背真实意思的情况下实施的民事法律行为，受胁迫方有权请求人民法院或者仲裁机构予以撤销。

第一百五十四条 一方利用对方处于危困状态、缺乏判断能力等情形，致使民事法律行为成立时显失公平的，受损害方有权请求人民法院或者仲裁机构予以撤销。

第一百五十五条 民事法律行为因重大误解、欺诈、显失公平被撤销的，不得对抗善意第三人。

第一百五十六条 有下列情形之一的，撤销权消灭：

（一）当事人自知道或者应当知道撤销事由之日起一年内、重大误解的当事人自知道或者应当知道撤销事由之日起三个月内没有行使撤销权；

（二）当事人受胁迫，自胁迫行为终止之日起一年内没有行使撤销权；

(三)当事人知道撤销事由后明确表示或者以自己的行为表明放弃撤销权。

当事人自民事法律行为发生之日起五年内没有行使撤销权的,撤销权消灭。

第　　条　违反法律、行政法规的强制性规定的民事法律行为无效,但是该强制性规定不导致该民事法律行为无效的除外。

违背公序良俗的民事法律行为无效。

第一百五十七条　行为人与相对人恶意串通,损害他人合法权益的民事法律行为无效。

第一百五十八条　无效的或者被撤销的民事法律行为自始没有法律约束力。

第一百五十九条　民事法律行为部分无效,不影响其他部分效力的,其他部分仍然有效。

第一百六十条　民事法律行为无效、被撤销或者确定不发生效力后,行为人因该行为取得的财产,应当予以返还;不能返还或者没有必要返还的,应当折价补偿。有过错的一方应当赔偿对方由此所受到的损失;各方都有过错的,应当各自承担相应的责任。法律另有规定的,依照其规定。

第四节　民事法律行为的附条件和附期限

第一百六十一条　民事法律行为可以附条件,但是依照其性质不得附条件的除外。附生效条件的民事法律行为,自条件成就时生效。附解除条件的民事法律行为,自条件成就时失效。

第一百六十二条　附条件的民事法律行为,当事人为自己的利益不正当地阻止条件成就的,视为条件已成就;不正当地促成条件成就的,视为条件不成就。

第一百六十三条　民事法律行为可以附期限,但是依按照其性质不得附期限的除外。附生效期限的民事法律行为,自期限届至时生效。附终止期限的民事法律行为,自期限届满时失效。

第七章　代　　理

第一节　一般规定

第一百六十四条　民事主体可以通过代理人实施民事法律行为。

依照法律规定、当事人约定或者民事法律行为的性质,应当由本人亲自实施的民事法律行为,不得代理。

第一百六十五条　代理人在代理权限内,以被代理人名义实施的民事法律行为,对被代理人发生效力。

第一百六十六条　代理人在代理权限内以自己的名义与第三人实施民事法律行为,第三人知道代理人与被代理人之间的代理关系的,该民事法律行为直接约束被代理人和第三人,但是有证据证明该民事法律行为只约束代理人和第三人的除外。

第一百六十七条　代理包括委托代理和法定代理。

委托代理人按照被代理人的委托行使代理权。法定代理人依照法律的规定行使代理权。

第一百六十八条　代理人不履行或者不完全履行职责,造成被代理人损害的,应当承担民事责任。

代理人和相对人恶意串通,损害被代理人合法权益的,代理人和相对人应当承担连带责任。

第二节　委托代理

第一百六十九条　委托代理授权采用书面形式的,授权委托书应当载明代理人的姓名或者名称、代理事项、权限和期间,并由被代理人签名或者盖章。

第一百七十条　数人为同一委托代理事项的代理人的,应当共同行使代理权,但是当事人另有约定的除外。

第一百七十一条　代理人知道或者应当知道代理的事项违法仍然实施代理行为,或者被代理人知道或者应当知道代理人的代理行为违法未作反对表示的,被代理人和代理人应当承担连带责任。

第一百七十二条　代理人不得以被代理人的名义与自己实施民事法律行为,但是被代理人同意、或者追认的除外。

代理人不得以被代理人的名义与自己同时代理的其他人实施民事法律行为,但是被代理的双方同意、或者追认的除外。

第一百七十三条　代理人需要转委托第三人代理的,应当取得被代理人的同意或者追认。

转委托代理经被代理人同意或者追认的,被代理人可以就代理事务直接指示转委托的第三人,代理人仅就第三人的选任以及对第三人的指示承担责任。

转委托代理未经被代理人同意或者追认的,代理人应当对转委托的第三人的行为承担责任,但是在紧急情况下代理人为了维护被代理人的利益需要转委托第三人代理的除外。

第一百七十四条 执行法人或者非法人组织工作任务的人员,就其职权范围内的事项,以法人或者非法人组织的名义实施民事法律行为,对法人或者非法人组织发生效力。

法人或者非法人组织对执行其工作任务的人员职权范围的限制,不得对抗善意相对人。

第一百七十五条 行为人没有代理权、超越代理权或者代理权终止后,仍然实施代理行为,未经被代理人追认的,对被代理人不发生效力。

相对人可以催告被代理人自收到通知之日起一个月内予以追认。被代理人未作表示的,视为拒绝追认。无权代理行为人实施的行为被追认前,善意相对人有撤销的权利。撤销应当以通知的方式作出。

无权代理行为人实施的行为未被追认的,善意相对人有权请求无权代理行为人履行债务或者就其受到的损害请求无权代理行为人赔偿,但是赔偿的范围不得超过被代理人追认时相对人所能获得的利益。

相对人知道或者应当知道代理行为人无权代理的,相对人和代理行为人按照各自的过错承担责任。

第一百七十六条 行为人没有代理权、超越代理权或者代理权终止后,仍然实施代理行为,相对人有理由相信行为人有代理权的,代理行为有效。

第三节 代理终止

第一百七十七条 有下列情形之一的,委托代理终止:
(一)代理期间届满或者代理事务完成;
(二)被代理人取消委托或者代理人辞去委托;
(三)代理人丧失民事行为能力;
(四)代理人或者被代理人死亡;
(五)作为代理人或者被代理人的法人、非法人组织终止。

第一百七十八条 被代理人死亡后,有下列情形之一的,委托代理人实施的代理行为有效:
(一)代理人不知道并且不应当知道被代理人死亡;
(二)被代理人的继承人予以承认;
(三)授权中明确代理权在代理事务项完成时终止;

（四）被代理人死亡前已经实施，为了被代理人的继承人的利益继续代理。

作为被代理人的法人、非法人组织终止的，参照适用前款规定。

第一百七十九条　有下列情形之一的，法定代理终止：

（一）被代理人取得或者恢复完全民事行为能力；

（二）代理人丧失民事行为能力；

（三）代理人或者被代理人死亡；

（四）法律规定的其他情形。

第八章　民事责任

第一百八十条　民事主体应当依照法律规定或者和当事人约定，履行民事义务，承担民事责任。

民事主体不履行或者不完全履行民事义务的，应当依法承担民事责任。

第一百八十一条　二人以上依法承担按份责任，能够确定责任大小的，各自承担相应的责任；难以确定责任大小的，平均承担责任。

第一百八十二条　二人以上依法承担连带责任的，权利人有权请求部分或者全部连带责任人承担责任。

连带责任人的责任份额根据各自责任大小确定；难以确定责任大小的，平均承担责任。实际承担责任超过自己责任份额的连带责任人，有权向其他连带责任人追偿。

连带责任，由法律规定或者当事人约定。

第一百八十三条　承担民事责任的方式主要有：

（一）停止侵害；

（二）排除妨碍；

（三）消除危险；

（四）返还财产；

（五）恢复原状；

（六）修理、重作、更换；

（七）继续履行；

（八）赔偿损失；

（九）支付违约金；

（十）消除影响、恢复名誉；

(十一)赔礼道歉。

法律规定惩罚性赔偿的,依照其规定。

本条规定的承担民事责任的方式,可以单独适用,也可以合并适用。

第一百八十四条 因不可抗力不能履行民事义务的,不承担民事责任。法律另有规定的,依照其规定。

不可抗力是指不能预见、不能避免且不能克服的客观情况。

第一百八十五条 因正当防卫造成损害的,不承担民事责任。<mark>正当防卫超过必要的限度,造成不应有的损害的,正当防卫人应当承担适当的民事责任。</mark>

<u>正当防卫超过必要的限度,造成不应有的损害的,正当防卫人应当承担适当的民事责任。</u>

第一百八十六条 因紧急避险造成损害的,由引起险情发生的人承担民事责任。<mark>如果危险是由自然原因引起的,紧急避险人不承担民事责任或者给予适当补偿。紧急避险采取措施不当或者超过必要的限度,造成不应有的损害的,紧急避险人应当承担适当的民事责任。</mark>

<u>危险由自然原因引起的,紧急避险人不承担民事责任,可以给予适当补偿。</u>

<u>紧急避险采取措施不当或者超过必要的限度,造成不应有的损害的,紧急避险人应当承担适当的民事责任。</u>

第一百八十八条 因保护他人民事权益而使自己受到损害的,由侵权人承担民事责任,受益人可以给予适当补偿。没有侵权人、侵权人逃逸或者无力承担民事责任,受害人请求补偿的,受益人应当给予适当补偿。

第一百八十七条 因自愿实施紧急救助行为造成受助人损害的,救助人不承担民事责任。<mark>但是救助人因重大过失造成受助人不应有的重大损害的,承担适当的民事责任。</mark>

<u>第 条 侵害英雄烈士等的姓名、肖像、名誉、荣誉,损害社会公共利益的,应当承担民事责任。</u>

第一百八十九条 因当事人一方的违约行为,损害对方人身权益、财产权益的,受损害方有权选择请求其承担违约责任或者侵权责任。

第一百九十条 民事主体因同一行为应当承担民事责任、行政责任和刑事责任的,承担行政责任或者刑事责任不影响承担民事责任;民事主体的财产不足以支付的,优先用于承担民事责任。

第九章 诉讼时效

第一百九十一条 向人民法院请求保护民事权利的诉讼时效期间为三年。法律另有规定的,依照其规定。

诉讼时效期间自权利人知道或者应当知道权利受到损害以及义务人之日起计算。法律另有规定的,依照其规定。但是自权利受到损害之日起超过二十年的,人民法院不予保护;有特殊情况的,人民法院可以根据权利人的申请决定延长。

第一百九十二条 当事人约定同一债务分期履行的,诉讼时效期间自最后一期履行期限届满之日起计算。

第一百九十三条 无民事行为能力人或者限制民事行为能力人对其法定代理人的请求权的诉讼时效期间,自该法定代理终止之日起计算。

第一百九十四条 未成年人遭受性侵害的损害赔偿请求权的诉讼时效期间,自受害人年满十八周岁之日起计算。

第一百九十五条 诉讼时效期间届满的,义务人可以提出不履行义务的抗辩。

诉讼时效期间届满后,义务人同意履行的,不得以诉讼时效期间届满为由抗辩;义务人已自愿履行的,不得请求返还。

第一百九十六条 人民法院不得主动适用诉讼时效的规定。

第一百九十七条 在诉讼时效期间的最后六个月内,因下列障碍,不能行使请求权的,诉讼时效中止:

(一)不可抗力;

(二)无民事行为能力人或者限制民事行为能力人没有法定代理人,或者法定代理人死亡、丧失民事行为能力、丧失代理权、丧失民事行为能力;

(三)继承开始后未确定继承人或者遗产管理人;

(四)权利人被义务人或者其他人控制;

(五)其他导致权利人不能行使请求权的障碍。

自中止时效的原因消除之日起满六个月,诉讼时效期间届满。

第一百九十八条 有下列情形之一的,诉讼时效中断,从中断、或者有关程序终结时起,诉讼时效期间重新计算:

(一)权利人向义务人提出履行请求;

(二)义务人同意履行义务;
(三)权利人提起诉讼或者申请仲裁;
(四)与提起诉讼或者申请仲裁具有同等效力的其他情形。

~~第一百九十九条 对连带权利人或者连带义务人中的一人发生诉讼时效中断的,中断的效力及于全部连带权利人或者连带义务人。~~

第二百条 下列请求权不适用诉讼时效的规定:
(一)请求停止侵害、排除妨碍、消除危险;
(二)**不动产物权和**登记的**动产**物权**的权利**人请求返还财产;
(三)请求支付**抚养费、**赡养费~~、抚养费~~或者扶养费;
(四)依法不适用诉讼时效的其他请求权。

第二百零一条 诉讼时效的期间、计算方法以及中止、中断的事由由法律规定,当事人约定无效。

当事人对诉讼时效利益的预先放弃无效。

第二百零二条 法律对仲裁时效有规定的,依照其规定;没有规定的,适用诉讼时效的规定。

第二百零三条 法律规定或者当事人约定的撤销权、解除权等权利的存续期间,除法律另有规定外,自权利人知道或者应当知道权利产生之日起计算,不适用有关诉讼时效中止、中断和延长的规定。存续期间届满,撤销权、解除权等权利消灭。

第十章 期间计算

第二百零四条 民法所称的期间按照公历年、月、日、小时计算。

第二百零五条 按照年、月、日计算期间的,开始的当日不计入,自下一日开始计算。

按照小时计算期间的,自法律规定或者当事人约定的时间开始计算。

第二百零六条 按照年、月计算期间的,到期月的对应日为期间的最后一日;没有对应日的,月末日为期间的最后一日。

第二百零七条 期间的最后一日是法定休假日的,以法定休假日结束的次日为期间的最后一日。

期间的最后一日的截止时间为二十四时;有业务时间的,~~截止时间为停止~~业务活动的时间**为截止时间**。

第二百零八条　期间的计算方法依照本法的规定,但是法律另有规定或者当事人另有约定的除外。

第十一章　附　　则

第二百零九条　民法所称的"以上""以下""以内""届满",包括本数;所称的"不满""超过""以外",不包括本数。

第二百一十条　本法自**2017**年**10**月**1**日起施行。

民法总则

目 录

第一章 基本规定
第二章 自 然 人
　第一节 民事权利能力和民事行为能力
　第二节 监　护
　第三节 宣告失踪和宣告死亡
　第四节 个体工商户和农村承包经营户
第三章 法　人
　第一节 一般规定
　第二节 营利法人
　第三节 非营利法人
　第四节 特别法人
第四章 非法人组织
第五章 民事权利
第六章 民事法律行为
　第一节 一般规定
　第二节 意思表示
　第三节 民事法律行为的效力
　第四节 民事法律行为的附条件和附期限
第七章 代　理
　第一节 一般规定
　第二节 委托代理
　第三节 代理终止
第八章 民事责任
第九章 诉讼时效
第十章 期间计算
第十一章 附　则

第一章　基本规定

第一条　为了保护民事主体的合法权益,调整民事关系,维护社会和经济秩序,适应中国特色社会主义发展要求,弘扬社会主义核心价值观,根据宪法,制定本法。

第二条　民法调整平等主体的自然人、法人和非法人组织之间的人身关系和财产关系。

第三条　民事主体的人身权利、财产权利以及其他合法权益受法律保护,任何组织或者个人不得侵犯。

第四条　民事主体在民事活动中的法律地位一律平等。

第五条　民事主体从事民事活动,应当遵循自愿原则,按照自己的意思设立、变更、终止民事法律关系。

第六条　民事主体从事民事活动,应当遵循公平原则,合理确定各方的权利和义务。

第七条　民事主体从事民事活动,应当遵循诚信原则,秉持诚实,恪守承诺。

第八条　民事主体从事民事活动,不得违反法律,不得违背公序良俗。

第九条　民事主体从事民事活动,应当有利于节约资源、保护生态环境。

第十条　处理民事纠纷,应当依照法律;法律没有规定的,可以适用习惯,但是不得违背公序良俗。

第十一条　其他法律对民事关系有特别规定的,依照其规定。

第十二条　中华人民共和国领域内的民事活动,适用中华人民共和国法律。法律另有规定的,依照其规定。

第二章　自　然　人

第一节　民事权利能力和民事行为能力

第十三条　自然人从出生时起到死亡时止,具有民事权利能力,依法享有民事权利,承担民事义务。

第十四条　自然人的民事权利能力一律平等。

第十五条　自然人的出生时间和死亡时间,以出生证明、死亡证明记载的时间为准;没有出生证明、死亡证明的,以户籍登记或者其他有效身份登记记载的时间为准。有其他证据足以推翻以上记载时间的,以该证据证明的时间为准。

第十六条 涉及遗产继承、接受赠与等胎儿利益保护的,胎儿视为具有民事权利能力。但是胎儿娩出时为死体的,其民事权利能力自始不存在。

第十七条 十八周岁以上的自然人为成年人。不满十八周岁的自然人为未成年人。

第十八条 成年人为完全民事行为能力人,可以独立实施民事法律行为。

十六周岁以上的未成年人,以自己的劳动收入为主要生活来源的,视为完全民事行为能力人。

第十九条 八周岁以上的未成年人为限制民事行为能力人,实施民事法律行为由其法定代理人代理或者经其法定代理人同意、追认,但是可以独立实施纯获利益的民事法律行为或者与其年龄、智力相适应的民事法律行为。

第二十条 不满八周岁的未成年人为无民事行为能力人,由其法定代理人代理实施民事法律行为。

第二十一条 不能辨认自己行为的成年人为无民事行为能力人,由其法定代理人代理实施民事法律行为。

八周岁以上的未成年人不能辨认自己行为的,适用前款规定。

第二十二条 不能完全辨认自己行为的成年人为限制民事行为能力人,实施民事法律行为由其法定代理人代理或者经其法定代理人同意、追认,但是可以独立实施纯获利益的民事法律行为或者与其智力、精神健康状况相适应的民事法律行为。

第二十三条 无民事行为能力人、限制民事行为能力人的监护人是其法定代理人。

第二十四条 不能辨认或者不能完全辨认自己行为的成年人,其利害关系人或者有关组织,可以向人民法院申请认定该成年人为无民事行为能力人或者限制民事行为能力人。

被人民法院认定为无民事行为能力人或者限制民事行为能力人的,经本人、利害关系人或者有关组织申请,人民法院可以根据其智力、精神健康恢复的状况,认定该成年人恢复为限制民事行为能力人或者完全民事行为能力人。

本条规定的有关组织包括:居民委员会、村民委员会、学校、医疗机构、妇女联合会、残疾人联合会、依法设立的老年人组织、民政部门等。

第二十五条 自然人以户籍登记或者其他有效身份登记记载的居所为住

所;经常居所与住所不一致的,经常居所视为住所。

<h3 style="text-align:center">第二节 监 护</h3>

第二十六条 父母对未成年子女负有抚养、教育和保护的义务。

成年子女对父母负有赡养、扶助和保护的义务。

第二十七条 父母是未成年子女的监护人。

未成年人的父母已经死亡或者没有监护能力的,由下列有监护能力的人按顺序担任监护人:

(一)祖父母、外祖父母;

(二)兄、姐;

(三)其他愿意担任监护人的个人或者组织,但是须经未成年人住所地的居民委员会、村民委员会或者民政部门同意。

第二十八条 无民事行为能力或者限制民事行为能力的成年人,由下列有监护能力的人按顺序担任监护人:

(一)配偶;

(二)父母、子女;

(三)其他近亲属;

(四)其他愿意担任监护人的个人或者组织,但是须经被监护人住所地的居民委员会、村民委员会或者民政部门同意。

第二十九条 被监护人的父母担任监护人的,可以通过遗嘱指定监护人。

第三十条 依法具有监护资格的人之间可以协议确定监护人。协议确定监护人应当尊重被监护人的真实意愿。

第三十一条 对监护人的确定有争议的,由被监护人住所地的居民委员会、村民委员会或者民政部门指定监护人,有关当事人对指定不服的,可以向人民法院申请指定监护人;有关当事人也可以直接向人民法院申请指定监护人。

居民委员会、村民委员会、民政部门或者人民法院应当尊重被监护人的真实意愿,按照最有利于被监护人的原则在依法具有监护资格的人中指定监护人。

依照本条第一款规定指定监护人前,被监护人的人身权利、财产权利以及其他合法权益处于无人保护状态的,由被监护人住所地的居民委员会、村民委员会、法律规定的有关组织或者民政部门担任临时监护人。

监护人被指定后,不得擅自变更;擅自变更的,不免除被指定的监护人的责任。

第三十二条 没有依法具有监护资格的人的,监护人由民政部门担任,也可以由具备履行监护职责条件的被监护人住所地的居民委员会、村民委员会担任。

第三十三条 具有完全民事行为能力的成年人,可以与其近亲属、其他愿意担任监护人的个人或者组织事先协商,以书面形式确定自己的监护人。协商确定的监护人在该成年人丧失或者部分丧失民事行为能力时,履行监护职责。

第三十四条 监护人的职责是代理被监护人实施民事法律行为,保护被监护人的人身权利、财产权利以及其他合法权益等。

监护人依法履行监护职责产生的权利,受法律保护。

监护人不履行监护职责或者侵害被监护人合法权益的,应当承担法律责任。

第三十五条 监护人应当按照最有利于被监护人的原则履行监护职责。监护人除为维护被监护人利益外,不得处分被监护人的财产。

未成年人的监护人履行监护职责,在作出与被监护人利益有关的决定时,应当根据被监护人的年龄和智力状况,尊重被监护人的真实意愿。

成年人的监护人履行监护职责,应当最大程度地尊重被监护人的真实意愿,保障并协助被监护人实施与其智力、精神健康状况相适应的民事法律行为。对被监护人有能力独立处理的事务,监护人不得干涉。

第三十六条 监护人有下列情形之一的,人民法院根据有关个人或者组织的申请,撤销其监护人资格,安排必要的临时监护措施,并按照最有利于被监护人的原则依法指定监护人:

(一)实施严重损害被监护人身心健康行为的;

(二)怠于履行监护职责,或者无法履行监护职责并且拒绝将监护职责部分或者全部委托给他人,导致被监护人处于危困状态的;

(三)实施严重侵害被监护人合法权益的其他行为的。

本条规定的有关个人和组织包括:其他依法具有监护资格的人,居民委员会、村民委员会、学校、医疗机构、妇女联合会、残疾人联合会、未成年人保护组织、依法设立的老年人组织、民政部门等。

前款规定的个人和民政部门以外的组织未及时向人民法院申请撤销监护人资格的,民政部门应当向人民法院申请。

第三十七条 依法负担被监护人抚养费、赡养费、扶养费的父母、子女、配偶等,被人民法院撤销监护人资格后,应当继续履行负担的义务。

第三十八条 被监护人的父母或者子女被人民法院撤销监护人资格后,除对被监护人实施故意犯罪的外,确有悔改表现的,经其申请,人民法院可以在尊重被监护人真实意愿的前提下,视情况恢复其监护人资格,人民法院指定的监护人与被监护人的监护关系同时终止。

第三十九条 有下列情形之一的,监护关系终止:

(一)被监护人取得或者恢复完全民事行为能力;

(二)监护人丧失监护能力;

(三)被监护人或者监护人死亡;

(四)人民法院认定监护关系终止的其他情形。

监护关系终止后,被监护人仍然需要监护的,应当依法另行确定监护人。

第三节 宣告失踪和宣告死亡

第四十条 自然人下落不明满二年的,利害关系人可以向人民法院申请宣告该自然人为失踪人。

第四十一条 自然人下落不明的时间从其失去音讯之日起计算。战争期间下落不明的,下落不明的时间自战争结束之日或者有关机关确定的下落不明之日起计算。

第四十二条 失踪人的财产由其配偶、成年子女、父母或者其他愿意担任财产代管人的人代管。

代管有争议,没有前款规定的人,或者前款规定的人无代管能力的,由人民法院指定的人代管。

第四十三条 财产代管人应当妥善管理失踪人的财产,维护其财产权益。

失踪人所欠税款、债务和应付的其他费用,由财产代管人从失踪人的财产中支付。

财产代管人因故意或者重大过失造成失踪人财产损失的,应当承担赔偿责任。

第四十四条 财产代管人不履行代管职责、侵害失踪人财产权益或者丧失代管能力的,失踪人的利害关系人可以向人民法院申请变更财产代管人。

财产代管人有正当理由的,可以向人民法院申请变更财产代管人。

人民法院变更财产代管人的,变更后的财产代管人有权要求原财产代管人及时移交有关财产并报告财产代管情况。

第四十五条 失踪人重新出现,经本人或者利害关系人申请,人民法院应当撤销失踪宣告。

失踪人重新出现,有权要求财产代管人及时移交有关财产并报告财产代管情况。

第四十六条　自然人有下列情形之一的,利害关系人可以向人民法院申请宣告该自然人死亡:

(一)下落不明满四年;

(二)因意外事件,下落不明满二年。

因意外事件下落不明,经有关机关证明该自然人不可能生存的,申请宣告死亡不受二年时间的限制。

第四十七条　对同一自然人,有的利害关系人申请宣告死亡,有的利害关系人申请宣告失踪,符合本法规定的宣告死亡条件的,人民法院应当宣告死亡。

第四十八条　被宣告死亡的人,人民法院宣告死亡的判决作出之日视为其死亡的日期;因意外事件下落不明宣告死亡的,意外事件发生之日视为其死亡的日期。

第四十九条　自然人被宣告死亡但是并未死亡的,不影响该自然人在被宣告死亡期间实施的民事法律行为的效力。

第五十条　被宣告死亡的人重新出现,经本人或者利害关系人申请,人民法院应当撤销死亡宣告。

第五十一条　被宣告死亡的人的婚姻关系,自死亡宣告之日起消灭。死亡宣告被撤销的,婚姻关系自撤销死亡宣告之日起自行恢复,但是其配偶再婚或者向婚姻登记机关书面声明不愿意恢复的除外。

第五十二条　被宣告死亡的人在被宣告死亡期间,其子女被他人依法收养的,在死亡宣告被撤销后,不得以未经本人同意为由主张收养关系无效。

第五十三条　被撤销死亡宣告的人有权请求依照继承法取得其财产的民事主体返还财产。无法返还的,应当给予适当补偿。

利害关系人隐瞒真实情况,致使他人被宣告死亡取得其财产的,除应当返还财产外,还应当对由此造成的损失承担赔偿责任。

第四节　个体工商户和农村承包经营户

第五十四条　自然人从事工商业经营,经依法登记,为个体工商户。个体工商户可以起字号。

第五十五条　农村集体经济组织的成员,依法取得农村土地承包经营权,从事家庭承包经营的,为农村承包经营户。

第五十六条　个体工商户的债务,个人经营的,以个人财产承担;家庭经营的,以家庭财产承担;无法区分的,以家庭财产承担。

农村承包经营户的债务,以从事农村土地承包经营的农户财产承担;事实上由农户部分成员经营的,以该部分成员的财产承担。

第三章 法 人

第一节 一般规定

第五十七条 法人是具有民事权利能力和民事行为能力,依法独立享有民事权利和承担民事义务的组织。

第五十八条 法人应当依法成立。

法人应当有自己的名称、组织机构、住所、财产或者经费。法人成立的具体条件和程序,依照法律、行政法规的规定。

设立法人,法律、行政法规规定须经有关机关批准的,依照其规定。

第五十九条 法人的民事权利能力和民事行为能力,从法人成立时产生,到法人终止时消灭。

第六十条 法人以其全部财产独立承担民事责任。

第六十一条 依照法律或者法人章程的规定,代表法人从事民事活动的负责人,为法人的法定代表人。

法定代表人以法人名义从事的民事活动,其法律后果由法人承受。

法人章程或者法人权力机构对法定代表人代表权的限制,不得对抗善意相对人。

第六十二条 法定代表人因执行职务造成他人损害的,由法人承担民事责任。

法人承担民事责任后,依照法律或者法人章程的规定,可以向有过错的法定代表人追偿。

第六十三条 法人以其主要办事机构所在地为住所。依法需要办理法人登记的,应当将主要办事机构所在地登记为住所。

第六十四条 法人存续期间登记事项发生变化的,应当依法向登记机关申请变更登记。

第六十五条 法人的实际情况与登记的事项不一致的,不得对抗善意相对人。

第六十六条 登记机关应当依法及时公示法人登记的有关信息。

第六十七条 法人合并的,其权利和义务由合并后的法人享有和承担。

法人分立的,其权利和义务由分立后的法人享有连带债权,承担连带债务,但是债权人和债务人另有约定的除外。

第六十八条 有下列原因之一并依法完成清算、注销登记的,法人终止:

(一)法人解散;

(二)法人被宣告破产;

(三)法律规定的其他原因。

法人终止,法律、行政法规规定须经有关机关批准的,依照其规定。

第六十九条 有下列情形之一的,法人解散:

(一)法人章程规定的存续期间届满或者法人章程规定的其他解散事由出现;

(二)法人的权力机构决议解散;

(三)因法人合并或者分立需要解散;

(四)法人依法被吊销营业执照、登记证书,被责令关闭或者被撤销;

(五)法律规定的其他情形。

第七十条 法人解散的,除合并或者分立的情形外,清算义务人应当及时组成清算组进行清算。

法人的董事、理事等执行机构或者决策机构的成员为清算义务人。法律、行政法规另有规定的,依照其规定。

清算义务人未及时履行清算义务,造成损害的,应当承担民事责任;主管机关或者利害关系人可以申请人民法院指定有关人员组成清算组进行清算。

第七十一条 法人的清算程序和清算组职权,依照有关法律的规定;没有规定的,参照适用公司法的有关规定。

第七十二条 清算期间法人存续,但是不得从事与清算无关的活动。

法人清算后的剩余财产,根据法人章程的规定或者法人权力机构的决议处理。法律另有规定的,依照其规定。

清算结束并完成法人注销登记时,法人终止;依法不需要办理法人登记的,清算结束时,法人终止。

第七十三条 法人被宣告破产的,依法进行破产清算并完成法人注销登记时,法人终止。

第七十四条 法人可以依法设立分支机构。法律、行政法规规定分支机构应当登记的,依照其规定。

分支机构以自己的名义从事民事活动,产生的民事责任由法人承担;也可以先以该分支机构管理的财产承担,不足以承担的,由法人承担。

第七十五条 设立人为设立法人从事的民事活动,其法律后果由法人承受;法人未成立的,其法律后果由设立人承受,设立人为二人以上的,享有连带债权,承担连带债务。

设立人为设立法人以自己的名义从事民事活动产生的民事责任,第三人有权选择请求法人或者设立人承担。

第二节 营利法人

第七十六条 以取得利润并分配给股东等出资人为目的成立的法人,为营利法人。

营利法人包括有限责任公司、股份有限公司和其他企业法人等。

第七十七条 营利法人经依法登记成立。

第七十八条 依法设立的营利法人,由登记机关发给营利法人营业执照。营业执照签发日期为营利法人的成立日期。

第七十九条 设立营利法人应当依法制定法人章程。

第八十条 营利法人应当设权力机构。

权力机构行使修改法人章程,选举或者更换执行机构、监督机构成员,以及法人章程规定的其他职权。

第八十一条 营利法人应当设执行机构。

执行机构行使召集权力机构会议,决定法人的经营计划和投资方案,决定法人内部管理机构的设置,以及法人章程规定的其他职权。

执行机构为董事会或者执行董事的,董事长、执行董事或者经理按照法人章程的规定担任法定代表人;未设董事会或者执行董事的,法人章程规定的主要负责人为其执行机构和法定代表人。

第八十二条 营利法人设监事会或者监事等监督机构的,监督机构依法行使检查法人财务,监督执行机构成员、高级管理人员执行法人职务的行为,以及法人章程规定的其他职权。

第八十三条 营利法人的出资人不得滥用出资人权利损害法人或者其他出资人的利益。滥用出资人权利给法人或者其他出资人造成损失的,应当依法承担民事责任。

营利法人的出资人不得滥用法人独立地位和出资人有限责任损害法人的债

权人利益。滥用法人独立地位和出资人有限责任,逃避债务,严重损害法人的债权人利益的,应当对法人债务承担连带责任。

第八十四条 营利法人的控股出资人、实际控制人、董事、监事、高级管理人员不得利用其关联关系损害法人的利益。利用关联关系给法人造成损失的,应当承担赔偿责任。

第八十五条 营利法人的权力机构、执行机构作出决议的会议召集程序、表决方式违反法律、行政法规、法人章程,或者决议内容违反法人章程的,营利法人的出资人可以请求人民法院撤销该决议,但是营利法人依据该决议与善意相对人形成的民事法律关系不受影响。

第八十六条 营利法人从事经营活动,应当遵守商业道德,维护交易安全,接受政府和社会的监督,承担社会责任。

第三节 非营利法人

第八十七条 为公益目的或者其他非营利目的成立,不向出资人、设立人或者会员分配所取得利润的法人,为非营利法人。

非营利法人包括事业单位、社会团体、基金会、社会服务机构等。

第八十八条 具备法人条件,为适应经济社会发展需要,提供公益服务设立的事业单位,经依法登记成立,取得事业单位法人资格;依法不需要办理法人登记的,从成立之日起,具有事业单位法人资格。

第八十九条 事业单位法人设理事会的,除法律另有规定外,理事会为其决策机构。事业单位法人的法定代表人依照法律、行政法规或者法人章程的规定产生。

第九十条 具备法人条件,基于会员共同意愿,为公益目的或者会员共同利益等非营利目的设立的社会团体,经依法登记成立,取得社会团体法人资格;依法不需要办理法人登记的,从成立之日起,具有社会团体法人资格。

第九十一条 设立社会团体法人应当依法制定法人章程。

社会团体法人应当设会员大会或者会员代表大会等权力机构。

社会团体法人应当设理事会等执行机构。理事长或者会长等负责人按照法人章程的规定担任法定代表人。

第九十二条 具备法人条件,为公益目的以捐助财产设立的基金会、社会服务机构等,经依法登记成立,取得捐助法人资格。

依法设立的宗教活动场所,具备法人条件的,可以申请法人登记,取得捐助法人资格。法律、行政法规对宗教活动场所有规定的,依照其规定。

第九十三条 设立捐助法人应当依法制定法人章程。

捐助法人应当设理事会、民主管理组织等决策机构,并设执行机构。理事长等负责人按照法人章程的规定担任法定代表人。

捐助法人应当设监事会等监督机构。

第九十四条 捐助人有权向捐助法人查询捐助财产的使用、管理情况,并提出意见和建议,捐助法人应当及时、如实答复。

捐助法人的决策机构、执行机构或者法定代表人作出决定的程序违反法律、行政法规、法人章程,或者决定内容违反法人章程的,捐助人等利害关系人或者主管机关可以请求人民法院撤销该决定,但是捐助法人依据该决定与善意相对人形成的民事法律关系不受影响。

第九十五条 为公益目的成立的非营利法人终止时,不得向出资人、设立人或者会员分配剩余财产。剩余财产应当按照法人章程的规定或者权力机构的决议用于公益目的;无法按照法人章程的规定或者权力机构的决议处理的,由主管机关主持转给宗旨相同或者相近的法人,并向社会公告。

第四节 特别法人

第九十六条 本节规定的机关法人、农村集体经济组织法人、城镇农村的合作经济组织法人、基层群众性自治组织法人,为特别法人。

第九十七条 有独立经费的机关和承担行政职能的法定机构从成立之日起,具有机关法人资格,可以从事为履行职能所需要的民事活动。

第九十八条 机关法人被撤销的,法人终止,其民事权利和义务由继任的机关法人享有和承担;没有继任的机关法人的,由作出撤销决定的机关法人享有和承担。

第九十九条 农村集体经济组织依法取得法人资格。

法律、行政法规对农村集体经济组织有规定的,依照其规定。

第一百条 城镇农村的合作经济组织依法取得法人资格。

法律、行政法规对城镇农村的合作经济组织有规定的,依照其规定。

第一百零一条 居民委员会、村民委员会具有基层群众性自治组织法人资格,可以从事为履行职能所需要的民事活动。

未设立村集体经济组织的,村民委员会可以依法代行村集体经济组织的职能。

第四章 非法人组织

第一百零二条 非法人组织是不具有法人资格,但是能够依法以自己的名义从事民事活动的组织。

非法人组织包括个人独资企业、合伙企业、不具有法人资格的专业服务机构等。

第一百零三条 非法人组织应当依照法律的规定登记。

设立非法人组织,法律、行政法规规定须经有关机关批准的,依照其规定。

第一百零四条 非法人组织的财产不足以清偿债务的,其出资人或者设立人承担无限责任。法律另有规定的,依照其规定。

第一百零五条 非法人组织可以确定一人或者数人代表该组织从事民事活动。

第一百零六条 有下列情形之一的,非法人组织解散:

(一)章程规定的存续期间届满或者章程规定的其他解散事由出现;

(二)出资人或者设立人决定解散;

(三)法律规定的其他情形。

第一百零七条 非法人组织解散的,应当依法进行清算。

第一百零八条 非法人组织除适用本章规定外,参照适用本法第三章第一节的有关规定。

第五章 民事权利

第一百零九条 自然人的人身自由、人格尊严受法律保护。

第一百一十条 自然人享有生命权、身体权、健康权、姓名权、肖像权、名誉权、荣誉权、隐私权、婚姻自主权等权利。

法人、非法人组织享有名称权、名誉权、荣誉权等权利。

第一百一十一条 自然人的个人信息受法律保护。任何组织和个人需要获取他人个人信息的,应当依法取得并确保信息安全,不得非法收集、使用、加工、传输他人个人信息,不得非法买卖、提供或者公开他人个人信息。

第一百一十二条 自然人因婚姻、家庭关系等产生的人身权利受法律保护。

第一百一十三条 民事主体的财产权利受法律平等保护。

第一百一十四条 民事主体依法享有物权。

物权是权利人依法对特定的物享有直接支配和排他的权利,包括所有权、用益物权和担保物权。

第一百一十五条 物包括不动产和动产。法律规定权利作为物权客体的,依照其规定。

第一百一十六条 物权的种类和内容,由法律规定。

第一百一十七条 为了公共利益的需要,依照法律规定的权限和程序征收、征用不动产或者动产的,应当给予公平、合理的补偿。

第一百一十八条 民事主体依法享有债权。

债权是因合同、侵权行为、无因管理、不当得利以及法律的其他规定,权利人请求特定义务人为或者不为一定行为的权利。

第一百一十九条 依法成立的合同,对当事人具有法律约束力。

第一百二十条 民事权益受到侵害的,被侵权人有权请求侵权人承担侵权责任。

第一百二十一条 没有法定的或者约定的义务,为避免他人利益受损失而进行管理的人,有权请求受益人偿还由此支出的必要费用。

第一百二十二条 因他人没有法律根据,取得不当利益,受损失的人有权请求其返还不当利益。

第一百二十三条 民事主体依法享有知识产权。

知识产权是权利人依法就下列客体享有的专有的权利:

(一)作品;

(二)发明、实用新型、外观设计;

(三)商标;

(四)地理标志;

(五)商业秘密;

(六)集成电路布图设计;

(七)植物新品种;

(八)法律规定的其他客体。

第一百二十四条 自然人依法享有继承权。

自然人合法的私有财产,可以依法继承。

第一百二十五条 民事主体依法享有股权和其他投资性权利。

第一百二十六条 民事主体享有法律规定的其他民事权利和利益。

第一百二十七条 法律对数据、网络虚拟财产的保护有规定的,依照其规定。

第一百二十八条 法律对未成年人、老年人、残疾人、妇女、消费者等的民事权利保护有特别规定的,依照其规定。

第一百二十九条 民事权利可以依据民事法律行为、事实行为、法律规定的事件或者法律规定的其他方式取得。

第一百三十条 民事主体按照自己的意愿依法行使民事权利,不受干涉。

第一百三十一条 民事主体行使权利时,应当履行法律规定的和当事人约定的义务。

第一百三十二条 民事主体不得滥用民事权利损害国家利益、社会公共利益或者他人合法权益。

第六章 民事法律行为

第一节 一般规定

第一百三十三条 民事法律行为是民事主体通过意思表示设立、变更、终止民事法律关系的行为。

第一百三十四条 民事法律行为可以基于双方或者多方的意思表示一致成立,也可以基于单方的意思表示成立。

法人、非法人组织依照法律或者章程规定的议事方式和表决程序作出决议的,该决议行为成立。

第一百三十五条 民事法律行为可以采用书面形式、口头形式或者其他形式;法律、行政法规规定或者当事人约定采用特定形式的,应当采用特定形式。

第一百三十六条 民事法律行为自成立时生效,但是法律另有规定或者当事人另有约定的除外。

行为人非依法律规定或者未经对方同意,不得擅自变更或者解除民事法律行为。

第二节 意思表示

第一百三十七条 以对话方式作出的意思表示,相对人知道其内容时生效。以非对话方式作出的意思表示,到达相对人时生效。以非对话方式作出的采用数据电文形式的意思表示,相对人指定特定系统接收数据电文的,该数据电文进入该特定系统时生效;未指定特定系统的,相对人知道或者应当知道该数据电文进入其系统时生效。当事人对采用数据电文形式的意思表示的生效时间另有约定的,按照其约定。

第一百三十八条　无相对人的意思表示,表示完成时生效。法律另有规定的,依照其规定。

第一百三十九条　以公告方式作出的意思表示,公告发布时生效。

第一百四十条　行为人可以明示或者默示作出意思表示。

沉默只有在有法律规定、当事人约定或者符合当事人之间的交易习惯时,才可以视为意思表示。

第一百四十一条　行为人可以撤回意思表示。撤回意思表示的通知应当在意思表示到达相对人前或者与意思表示同时到达相对人。

第一百四十二条　有相对人的意思表示的解释,应当按照所使用的词句,结合相关条款、行为的性质和目的、习惯以及诚信原则,确定意思表示的含义。

无相对人的意思表示的解释,不能完全拘泥于所使用的词句,而应当结合相关条款、行为的性质和目的、习惯以及诚信原则,确定行为人的真实意思。

第三节　民事法律行为的效力

第一百四十三条　具备下列条件的民事法律行为有效:
(一)行为人具有相应的民事行为能力;
(二)意思表示真实;
(三)不违反法律、行政法规的强制性规定,不违背公序良俗。

第一百四十四条　无民事行为能力人实施的民事法律行为无效。

第一百四十五条　限制民事行为能力人实施的纯获利益的民事法律行为或者与其年龄、智力、精神健康状况相适应的民事法律行为有效;实施的其他民事法律行为经法定代理人同意或者追认后有效。

相对人可以催告法定代理人自收到通知之日起一个月内予以追认。法定代理人未作表示的,视为拒绝追认。民事法律行为被追认前,善意相对人有撤销的权利。撤销应当以通知的方式作出。

第一百四十六条　行为人与相对人以虚假的意思表示实施的民事法律行为无效。

以虚假的意思表示隐藏的民事法律行为的效力,依照有关法律规定处理。

第一百四十七条 基于重大误解实施的民事法律行为,行为人有权请求人民法院或者仲裁机构予以撤销。

第一百四十八条 一方以欺诈手段,使对方在违背真实意思的情况下实施的民事法律行为,受欺诈方有权请求人民法院或者仲裁机构予以撤销。

第一百四十九条 第三人实施欺诈行为,使一方在违背真实意思的情况下实施的民事法律行为,对方知道或者应当知道该欺诈行为的,受欺诈方有权请求人民法院或者仲裁机构予以撤销。

第一百五十条 一方或者第三人以胁迫手段,使对方在违背真实意思的情况下实施的民事法律行为,受胁迫方有权请求人民法院或者仲裁机构予以撤销。

第一百五十一条 一方利用对方处于危困状态、缺乏判断能力等情形,致使民事法律行为成立时显失公平的,受损害方有权请求人民法院或者仲裁机构予以撤销。

第一百五十二条 有下列情形之一的,撤销权消灭:

(一)当事人自知道或者应当知道撤销事由之日起一年内、重大误解的当事人自知道或者应当知道撤销事由之日起三个月内没有行使撤销权;

(二)当事人受胁迫,自胁迫行为终止之日起一年内没有行使撤销权;

(三)当事人知道撤销事由后明确表示或者以自己的行为表明放弃撤销权。

当事人自民事法律行为发生之日起五年内没有行使撤销权的,撤销权消灭。

第一百五十三条 违反法律、行政法规的强制性规定的民事法律行为无效,但是该强制性规定不导致该民事法律行为无效的除外。

违背公序良俗的民事法律行为无效。

第一百五十四条 行为人与相对人恶意串通,损害他人合法权益的民事法律行为无效。

第一百五十五条 无效的或者被撤销的民事法律行为自始没有法律约束力。

第一百五十六条 民事法律行为部分无效,不影响其他部分效力的,其他部分仍然有效。

第一百五十七条 民事法律行为无效、被撤销或者确定不发生效力后,行为人因该行为取得的财产,应当予以返还;不能返还或者没有必要返还的,应当折价补偿。有过错的一方应当赔偿对方由此所受到的损失;各方都有过错的,应当各自承担相应的责任。法律另有规定的,依照其规定。

第四节　民事法律行为的附条件和附期限

第一百五十八条　民事法律行为可以附条件,但是按照其性质不得附条件的除外。附生效条件的民事法律行为,自条件成就时生效。附解除条件的民事法律行为,自条件成就时失效。

第一百五十九条　附条件的民事法律行为,当事人为自己的利益不正当地阻止条件成就的,视为条件已成就;不正当地促成条件成就的,视为条件不成就。

第一百六十条　民事法律行为可以附期限,但是按照其性质不得附期限的除外。附生效期限的民事法律行为,自期限届至时生效。附终止期限的民事法律行为,自期限届满时失效。

第七章　代　　理

第一节　一般规定

第一百六十一条　民事主体可以通过代理人实施民事法律行为。

依照法律规定、当事人约定或者民事法律行为的性质,应当由本人亲自实施的民事法律行为,不得代理。

第一百六十二条　代理人在代理权限内,以被代理人名义实施的民事法律行为,对被代理人发生效力。

第一百六十三条　代理包括委托代理和法定代理。

委托代理人按照被代理人的委托行使代理权。法定代理人依照法律的规定行使代理权。

第一百六十四条　代理人不履行或者不完全履行职责,造成被代理人损害的,应当承担民事责任。

代理人和相对人恶意串通,损害被代理人合法权益的,代理人和相对人应当承担连带责任。

第二节　委托代理

第一百六十五条　委托代理授权采用书面形式的,授权委托书应当载明代理人的姓名或者名称、代理事项、权限和期间,并由被代理人签名或者盖章。

第一百六十六条　数人为同一代理事项的代理人的,应当共同行使代理权,但是当事人另有约定的除外。

第一百六十七条 代理人知道或者应当知道代理事项违法仍然实施代理行为,或者被代理人知道或者应当知道代理人的代理行为违法未作反对表示的,被代理人和代理人应当承担连带责任。

第一百六十八条 代理人不得以被代理人的名义与自己实施民事法律行为,但是被代理人同意或者追认的除外。

代理人不得以被代理人的名义与自己同时代理的其他人实施民事法律行为,但是被代理的双方同意或者追认的除外。

第一百六十九条 代理人需要转委托第三人代理的,应当取得被代理人的同意或者追认。

转委托代理经被代理人同意或者追认的,被代理人可以就代理事务直接指示转委托的第三人,代理人仅就第三人的选任以及对第三人的指示承担责任。

转委托代理未经被代理人同意或者追认的,代理人应当对转委托的第三人的行为承担责任,但是在紧急情况下代理人为了维护被代理人的利益需要转委托第三人代理的除外。

第一百七十条 执行法人或者非法人组织工作任务的人员,就其职权范围内的事项,以法人或者非法人组织的名义实施民事法律行为,对法人或者非法人组织发生效力。

法人或者非法人组织对执行其工作任务的人员职权范围的限制,不得对抗善意相对人。

第一百七十一条 行为人没有代理权、超越代理权或者代理权终止后,仍然实施代理行为,未经被代理人追认的,对被代理人不发生效力。

相对人可以催告被代理人自收到通知之日起一个月内予以追认。被代理人未作表示的,视为拒绝追认。行为人实施的行为被追认前,善意相对人有撤销的权利。撤销应当以通知的方式作出。

行为人实施的行为未被追认的,善意相对人有权请求行为人履行债务或者就其受到的损害请求行为人赔偿,但是赔偿的范围不得超过被代理人追认时相对人所能获得的利益。

相对人知道或者应当知道行为人无权代理的,相对人和行为人按照各自的过错承担责任。

第一百七十二条 行为人没有代理权、超越代理权或者代理权终止后,仍然实施代理行为,相对人有理由相信行为人有代理权的,代理行为有效。

第三节　代理终止

第一百七十三条　有下列情形之一的,委托代理终止：

（一）代理期间届满或者代理事务完成；

（二）被代理人取消委托或者代理人辞去委托；

（三）代理人丧失民事行为能力；

（四）代理人或者被代理人死亡；

（五）作为代理人或者被代理人的法人、非法人组织终止。

第一百七十四条　被代理人死亡后,有下列情形之一的,委托代理人实施的代理行为有效：

（一）代理人不知道并且不应当知道被代理人死亡；

（二）被代理人的继承人予以承认；

（三）授权中明确代理权在代理事务完成时终止；

（四）被代理人死亡前已经实施,为了被代理人的继承人的利益继续代理。

作为被代理人的法人、非法人组织终止的,参照适用前款规定。

第一百七十五条　有下列情形之一的,法定代理终止：

（一）被代理人取得或者恢复完全民事行为能力；

（二）代理人丧失民事行为能力；

（三）代理人或者被代理人死亡；

（四）法律规定的其他情形。

第八章　民事责任

第一百七十六条　民事主体依照法律规定和当事人约定,履行民事义务,承担民事责任。

第一百七十七条　二人以上依法承担按份责任,能够确定责任大小的,各自承担相应的责任；难以确定责任大小的,平均承担责任。

第一百七十八条　二人以上依法承担连带责任的,权利人有权请求部分或者全部连带责任人承担责任。

连带责任人的责任份额根据各自责任大小确定；难以确定责任大小的,平均承担责任。实际承担责任超过自己责任份额的连带责任人,有权向其他连带责任人追偿。

连带责任,由法律规定或者当事人约定。

第一百七十九条 承担民事责任的方式主要有:

(一)停止侵害;

(二)排除妨碍;

(三)消除危险;

(四)返还财产;

(五)恢复原状;

(六)修理、重作、更换;

(七)继续履行;

(八)赔偿损失;

(九)支付违约金;

(十)消除影响、恢复名誉;

(十一)赔礼道歉。

法律规定惩罚性赔偿的,依照其规定。

本条规定的承担民事责任的方式,可以单独适用,也可以合并适用。

第一百八十条 因不可抗力不能履行民事义务的,不承担民事责任。法律另有规定的,依照其规定。

不可抗力是指不能预见、不能避免且不能克服的客观情况。

第一百八十一条 因正当防卫造成损害的,不承担民事责任。

正当防卫超过必要的限度,造成不应有的损害的,正当防卫人应当承担适当的民事责任。

第一百八十二条 因紧急避险造成损害的,由引起险情发生的人承担民事责任。

危险由自然原因引起的,紧急避险人不承担民事责任,可以给予适当补偿。

紧急避险采取措施不当或者超过必要的限度,造成不应有的损害的,紧急避险人应当承担适当的民事责任。

第一百八十三条 因保护他人民事权益使自己受到损害的,由侵权人承担民事责任,受益人可以给予适当补偿。没有侵权人、侵权人逃逸或者无力承担民事责任,受害人请求补偿的,受益人应当给予适当补偿。

第一百八十四条 因自愿实施紧急救助行为造成受助人损害的,救助人不承担民事责任。

第一百八十五条 侵害英雄烈士等的姓名、肖像、名誉、荣誉,损害社会公共利益的,应当承担民事责任。

第一百八十六条 因当事人一方的违约行为,损害对方人身权益、财产权益的,受损害方有权选择请求其承担违约责任或者侵权责任。

第一百八十七条 民事主体因同一行为应当承担民事责任、行政责任和刑事责任的,承担行政责任或者刑事责任不影响承担民事责任;民事主体的财产不足以支付的,优先用于承担民事责任。

第九章 诉讼时效

第一百八十八条 向人民法院请求保护民事权利的诉讼时效期间为三年。法律另有规定的,依照其规定。

诉讼时效期间自权利人知道或者应当知道权利受到损害以及义务人之日起计算。法律另有规定的,依照其规定。但是自权利受到损害之日起超过二十年的,人民法院不予保护;有特殊情况的,人民法院可以根据权利人的申请决定延长。

第一百八十九条 当事人约定同一债务分期履行的,诉讼时效期间自最后一期履行期限届满之日起计算。

第一百九十条 无民事行为能力人或者限制民事行为能力人对其法定代理人的请求权的诉讼时效期间,自该法定代理终止之日起计算。

第一百九十一条 未成年人遭受性侵害的损害赔偿请求权的诉讼时效期间,自受害人年满十八周岁之日起计算。

第一百九十二条 诉讼时效期间届满的,义务人可以提出不履行义务的抗辩。

诉讼时效期间届满后,义务人同意履行的,不得以诉讼时效期间届满为由抗辩;义务人已自愿履行的,不得请求返还。

第一百九十三条 人民法院不得主动适用诉讼时效的规定。

第一百九十四条 在诉讼时效期间的最后六个月内,因下列障碍,不能行使请求权的,诉讼时效中止:

(一)不可抗力;

(二)无民事行为能力人或者限制民事行为能力人没有法定代理人,或者法定代理人死亡、丧失民事行为能力、丧失代理权;

(三)继承开始后未确定继承人或者遗产管理人;

(四)权利人被义务人或者其他人控制;

(五)其他导致权利人不能行使请求权的障碍。

自中止时效的原因消除之日起满六个月,诉讼时效期间届满。

第一百九十五条 有下列情形之一的,诉讼时效中断,从中断、有关程序终结时起,诉讼时效期间重新计算:

(一)权利人向义务人提出履行请求;

(二)义务人同意履行义务;

(三)权利人提起诉讼或者申请仲裁;

(四)与提起诉讼或者申请仲裁具有同等效力的其他情形。

第一百九十六条 下列请求权不适用诉讼时效的规定:

(一)请求停止侵害、排除妨碍、消除危险;

(二)不动产物权和登记的动产物权的权利人请求返还财产;

(三)请求支付抚养费、赡养费或者扶养费;

(四)依法不适用诉讼时效的其他请求权。

第一百九十七条 诉讼时效的期间、计算方法以及中止、中断的事由由法律规定,当事人约定无效。

当事人对诉讼时效利益的预先放弃无效。

第一百九十八条 法律对仲裁时效有规定的,依照其规定;没有规定的,适用诉讼时效的规定。

第一百九十九条 法律规定或者当事人约定的撤销权、解除权等权利的存续期间,除法律另有规定外,自权利人知道或者应当知道权利产生之日起计算,不适用有关诉讼时效中止、中断和延长的规定。存续期间届满,撤销权、解除权等权利消灭。

第十章　期间计算

第二百条 民法所称的期间按照公历年、月、日、小时计算。

第二百零一条 按照年、月、日计算期间的,开始的当日不计入,自下一日开始计算。

按照小时计算期间的,自法律规定或者当事人约定的时间开始计算。

第二百零二条 按照年、月计算期间的,到期月的对应日为期间的最后一日;没有对应日的,月末日为期间的最后一日。

第二百零三条 期间的最后一日是法定休假日的,以法定休假日结束的次日为期间的最后一日。

期间的最后一日的截止时间为二十四时;有业务时间的,停止业务活动的时间为截止时间。

第二百零四条 期间的计算方法依照本法的规定,但是法律另有规定或者当事人另有约定的除外。

第十一章 附 则

第二百零五条 民法所称的"以上""以下""以内""届满",包括本数;所称的"不满""超过""以外",不包括本数。

第二百零六条 本法自2017年10月1日起施行。

后　记

本书以民法总则的几个重要草稿以及它们之间的变化为载体，反映立法的过程和相关的背景，也是对这部重要法律立法工作的一种记录。为本书内容贡献力量的包括在立法工作机构从事民法总则立法具体工作的诸同事，尤其是孙娜娜、李恩正两位，付出了很多精力，做了大量编辑整理工作。

民法总则是全社会智慧的结晶，立法工作机构在工作层面处于民法学界、司法机关、部门、地方、常委委员、人大代表和社会公众等各方面意见的交汇处。本书内容只是编著者结合个人从事民法总则立法工作的感受体会，反映在草案起草修改的过程中，面对、考虑和吸收各方面意见的情况，以为读者参考，并不代表官方的正式意见。如本书能对感兴趣者有所裨益，则幸甚！

由于篇幅所限，很多细节不能尽述，加之时间仓促，错漏在所难免。种种不足，还望读者雅谅。

编者

2017 年7月

图书在版编目(CIP)数据

民法总则的诞生:民法总则重要草稿及立法过程背景介绍/杜涛主编. —北京:北京大学出版社,2017.9
 ISBN 978-7-301-28540-4

Ⅰ.①民… Ⅱ.①杜… Ⅲ.①民法—总则—研究—中国 Ⅳ.①D923.14

中国版本图书馆 CIP 数据核字(2017)第 172743 号

书　　　名	民法总则的诞生:民法总则重要草稿及立法过程背景介绍 Minfa Zongze de Dansheng: Minfa Zongze Zhongyao Caogao ji Lifa Guocheng Beijing Jieshao
著作责任者	杜　涛　主编
责 任 编 辑	田　鹤
标 准 书 号	ISBN 978-7-301-28540-4
出 版 发 行	北京大学出版社
地　　　址	北京市海淀区成府路 205 号　100871
网　　　址	http://www.pup.cn　http://www.yandayuanzhao.com
电 子 信 箱	yandayuanzhao@163.com
新 浪 微 博	@北京大学出版社　@北大出版社燕大元照法律图书
电　　　话	邮购部 62752015　发行部 62750672　编辑部 62117788
印 刷 者	北京中科印刷有限公司
经 销 者	新华书店
	650 毫米×980 毫米　16 开本　29.75 印张　512 千字 2017 年 9 月第 1 版　2017 年 9 月第 1 次印刷
定　　　价	128.00 元

未经许可,不得以任何方式复制或抄袭本书之部分或全部内容。
版权所有,侵权必究
举报电话:010-62752024　电子信箱:fd@pup.pku.edu.cn
图书如有印装质量问题,请与出版部联系,电话:010-62756370